中国社会科学院学部委员专题文集
ZHONGGUOSHEHUIKEXUEYUAN XUEBUWEIYUAN ZHUANTI WENJI

南越国考古学研究

黄展岳◎著

中国社会科学出版社

图书在版编目(CIP)数据

南越国考古学研究/黄展岳著 . —北京：中国社会科学

出版社，2015.6

(中国社会科学院学部委员专题文集)

ISBN 978 - 7 - 5161 - 6069 - 5

Ⅰ.①南… Ⅱ.①黄… Ⅲ.①南越(古族名)—考古

学—研究 Ⅳ.①K874

中国版本图书馆 CIP 数据核字(2015)第 094832 号

出　版　人	赵剑英
责 任 编 辑	郭　鹏
责 任 校 对	王　斐
责 任 印 制	李寡寡

出　　　版	中国社会科学出版社
社　　　址	北京鼓楼西大街甲 158 号
邮　　　编	100720
网　　　址	http://www.csspw.cn
发 行 部	010 - 84083685
门 市 部	010 - 84029450
经　　　销	新华书店及其他书店

印刷装订	环球印刷(北京)有限公司
版　　　次	2015 年 6 月第 1 版
印　　　次	2015 年 6 月第 1 次印刷

开　　　本	710×1000　1/16
印　　　张	22.25
插　　　页	2
字　　　数	356 千字
定　　　价	69.00 元

凡购买中国社会科学出版社图书,如有质量问题请与本社联系调换
电话:010 - 84083683

前　　言

　　哲学社会科学是人们认识世界、改造世界的重要工具，是推动历史发展和社会进步的重要力量。哲学社会科学的研究能力和成果是综合国力的重要组成部分。在全面建设小康社会、开创中国特色社会主义事业新局面、实现中华民族伟大复兴的历史进程中，哲学社会科学具有不可替代的作用。繁荣发展哲学社会科学事关党和国家事业发展的全局，对建设和形成有中国特色、中国风格、中国气派的哲学社会科学事业，具有重大的现实意义和深远的历史意义。

　　中国社会科学院在贯彻落实党中央《关于进一步繁荣发展哲学社会科学的意见》的进程中，根据党中央关于把中国社会科学院建设成为马克思主义的坚强阵地、中国哲学社会科学最高殿堂、党中央和国务院重要的思想库和智囊团的职能定位，努力推进学术研究制度、科研管理体制的改革和创新，2006 年建立的中国社会科学院学部即是践行"三个定位"、改革创新的产物。

　　中国社会科学院学部是一项学术制度，是在中国社会科学院党组领导下依据《中国社会科学院学部章程》运行的高端学术组织，常设领导机构为学部主席团，设立文哲、历史、经济、国际研究、社会政法、马克思主义研究学部。学部委员是中国社会科学院的最高学术称号，为终生荣誉。2010 年中国社会科学院学部主席团主持进行了学部委员增选、荣誉学部委员增补，现有学部委员 57 名（含已故）、荣誉学部委员 133 名（含已故），均为中国社会科学院学养深厚、贡献突出、成就卓著的学者。编辑出版《中国社会科学院学部委员专题文集》，即是从一个侧面展示这些学者治学之道的重要举措。

　　《中国社会科学院学部委员专题文集》（下称《专题文集》），是中国社会科学院学部主席团主持编辑的学术论著汇集，作者均为中国社会科学院学部委员、荣誉学部委员，内容集中反映学部委员、荣誉学部委员在相关学科、专业方向中的专题性研究成果。《专题文集》体现了著作者在科学研究实践中长期关注的某一专业方向或研究主题，历时动态地展现了著作者在这一专题中不断深化的研究路径和学术心得，从中不难体味治学道路之铢积寸累、循序渐进、与时俱进、未有穷期的孜孜以求，感知学问有道之修养理论、注重实证、坚持真理、服务社会的学者责任。

2011 年，中国社会科学院启动了哲学社会科学创新工程，中国社会科学院学部作为实施创新工程的重要学术平台，需要在聚集高端人才、发挥精英才智、推出优质成果、引领学术风尚等方面起到强化创新意识、激发创新动力、推进创新实践的作用。因此，中国社会科学院学部主席团编辑出版这套《专题文集》，不仅在于展示"过去"，更重要的是面对现实和展望未来。

这套《专题文集》列为中国社会科学院创新工程学术出版资助项目，体现了中国社会科学院对学部工作的高度重视和对这套《专题文集》给予的学术评价。在这套《专题文集》付梓之际，我们感谢各位学部委员、荣誉学部委员对《专题文集》征集给予的支持，感谢学部工作局及相关同志为此所做的组织协调工作，特别要感谢中国社会科学出版社为这套《专题文集》的面世做出的努力。

《中国社会科学院学部委员专题文集》编辑委员会

2012 年 8 月

目　　录

自序 ……………………………………………………………… （1）

南越国的考古发现和研究 ……………………………………… （1）

从南越国墓葬看南越国 ………………………………………… （45）

论南越国出土青铜器 …………………………………………… （67）

论南越国出土铁器 ……………………………………………… （91）

铜提筒考略 ……………………………………………………… （109）

南越王墓的丝缕玉衣和组玉佩 ………………………………… （125）

论南越王墓出土玉璧 …………………………………………… （139）

角形玉杯赏析 …………………………………………………… （149）

高足玉杯赏析 …………………………………………………… （153）

南越国六夫人印 ………………………………………………… （159）

"朱庐执刲"印和"劳邑执刲"印

　　——兼论南越国自镑官印 ………………………………… （165）

广州汉代考古与海交史研究 …………………………………… （173）

汉代南方牛耕与火耕水耨 ……………………………………… （177）

关于两广出土北方动物纹牌饰问题 …………………………… （189）

从出土遗物看南越王的饮食 …………………………………… （198）

南越王墓出土文字资料汇考 …………………………………… （205）

南越木简选释 …………………………………………………… （234）

关于广州南越王墓的墓主问题 ………………………………… （245）

关于贵县罗泊湾汉墓的墓主问题 ……………………………… （251）

南越政权与赵佗 ………………………………………………… （262）

赵佗年寿与第二代南越王 ……………………………………… （272）

论两广出土的先秦青铜器 ……………………………………（275）

两广先秦文化 …………………………………………………（307）

南越、闽越和夷洲的比较研究 ………………………………（319）

附录:黄展岳考古学著作目录 …………………………………（334）

自 序

　　我于 1950 年考入北京大学史学系,1952 年选读考古专业,1954 年毕业后分配到中国科学院(1977 年改属中国社会科学院)考古研究所工作。"文革"以前主要从事汉唐两京(西安、洛阳)发掘,对中国南方考古资料接触很少。真正接触南越国考古资料开始于 1983 年参与主持广州南越王墓的发掘及其后的资料整理编写。1991 年,《西汉南越王墓》发掘专著公开出版。事后相继荣获中国社会科学院优秀研究成果奖(1993)、夏鼐考古学研究成果一等奖(1995)、首届国家社会科学基金项目优秀成果二等奖(1999)。在发掘专著编写期间,我和麦英豪合写《南越国的考古发现和研究》、《从南越国墓葬看南越国》。自撰《墓主与年代》(后来修订为《关于南越王墓的墓主问题》)、《丝缕玉衣和组玉佩》、《南越王墓出土文字资料汇考》。在发掘专著排印期间和出版以后,又陆续撰写《论南越国的青铜器》、《论南越国的铁器》、《南越王墓出土玉璧》、《南越政权与赵佗》,以及与南越国问题有关的一些文章。收入本书的就是这些文章的汇集,故定名《南越国考古学研究》。

　　下面把自己感觉比较重要的一些文章稍作介绍。

　　《南越国的考古发现和研究》原是为《西汉南越王墓》的总结而写的。这篇文章突破过去发掘报告只总结该墓资料的写法,采取以南越王墓出土资料为中心,把前此发掘的南越国考古资料也适当收集进去。内容归纳为都城(番禺城)、农业经济、重要的手工业(下分冶铸业、制陶业、纺织业、漆器制造业、玻璃业、玉牙雕刻、金银工艺七节)、交通与贸易、度量衡制度、武器、墓葬七个方面,分别进行探讨,把南越国和当时岭南地区的社会经济研究推向了一个新的阶段。

　　《从南越国墓葬看南越国》的写作思路与《南越国的考古发现和研究》基本相同。该文专门就南越国的政权建制、生产水平和社会结构作了阐述,为读者勾勒出一个真实的南越王国。

古籍中的南越国史料,可靠的仅见于《史记·南越列传》、《汉书·南粤列传》及其他少数列传的简短记述。记述又局限在汉越关系、王位更迭方面。后人对南越国的社会经济、物质文化生活等情况,所知甚少。上面两篇文章属于概括性、综合性的叙述,缺乏深度,显然不能满足读者的要求,所以,我又陆续写出论南越国出土的青铜器、铁器、丝缕玉衣、组玉佩、玉璧、提筒、动物纹牌饰、六夫人印、南越国自镌官印、南越王的饮食生活、水稻种植、海上交通等文章。这些文章,大部分是论南越国和南越王,也有少数跨越南越国时空的论著,例如《铜提筒考略》、《汉代南方牛耕和火耕水耨》、《广州汉代考古与海上交通》等。收入的这些文章,长短不一,写法大体相同,都是在忠实介绍考古资料的基础上,再按用途分类逐一分析,然后展开讨论。结论从资料中来,目的是填补文献史料在这些方面的空白,期望有助于对南越国的全方位认识。

南越王墓随葬器物上有很多铭刻、墨书、印章、封泥,可以用来对照或填补文献史料的缺失,所以,我又专门撰写了《南越王墓出土文字资料汇考》,文章开头先将墓中带有文字的随葬器物分类列表集中报道,然后归纳出二十二个专题,结合历史文献逐一考释。其中有不少用功较多且具有独到之处的见解。例如"文帝行玺"金印、"右夫人玺"金印、"景巷令"铜印、"文帝九年乐府工造"铜勾𨱔、"王命＝车駠"铜虎节、"王四年相邦［张］义"铜戈等的考释。

2005年,南越王宫遗址264号井内发现木简一百多枚。这是岭南首次发现的汉代简册,当然受到格外重视。经初步释读后被认定是南越王宫早期记事简。承发掘主持人嘱托参与释读。收入本书的是从中选释的三十三枚。

南越王墓的墓主是谁,这是大家格外关注的一件事。这座墓的发掘简报,根据墓主身上有"文帝行玺"金印、"帝印"玉印、"赵眜"玉印和有关的许多出土器物,肯定墓主是第二代南越王赵眜,即《史记》、《汉书》本传中的赵胡。因名章与史汉记载不合,有些学者提出多种不同意见,想改变墓主所属世系,并牵动南越国存亡年限等重大问题。所以我在该墓发掘简报的基础上写了《关于广州南越王墓的墓主问题》,从三个方面作了详细的申辩,论证

《史记》、《汉书》二书均谓南越国"传五世九十三岁而国亡"是正确的,不能随意更改。虽然目前还不能找到最直接、最合理的解释,但都不能动摇墓主赵眜即《史记》、《汉书》记载的赵佗之孙赵胡的结论。

为了增强说服力,我又写了《赵佗年寿与第二代南越王》,澄清赵佗的实际年龄和"处粤"时间,证明《史记》记赵佗"至建元四年卒,佗孙胡为南越王"不误。《汉书》脱一"卒"字,并不影响全句本意。

等级仅次于南越王墓的广西贵县罗泊湾汉墓,其墓主是谁,同样引起学者的关注,出现多种不同的推测。收入本书的《关于贵县罗泊湾汉墓的墓主问题》,根据墓葬形制、人殉制度、出土的文字资料、南越国的分封制度和瓯骆故地问题五个方面,论证罗泊湾1号墓可能是受南越王册封的当地土著首领西瓯君的墓葬,2号墓可能是西瓯君的夫人,或嗣位的西瓯君夫人。

南越国开国国主赵佗,在位六十七年,占南越国存世年限的三分之二有余。南越国制定和推行的各项政策,以及对岭南历史的影响,皆与赵佗有关。所以,我又写了《南越政权与赵佗》一文。在简单介绍南越国的兴亡历史之后,专门就赵佗"割据"岭南的功过是非做点评论。在文献史料匮乏、封建史观占主导地位的漫长岁月里,历代史学家对赵佗往往采取贬多于褒的态度,特别是对赵佗的"割据",表示深恶痛绝。有些历史学家虽然肯定赵佗对岭南的开发,但也不能容忍他的"割据"。本文针对这种现象,指出中国历史上曾出现过无数次"割据",但"割据"的性质各有不同,应具体分析。赵佗的"割据"是时代的赋予,无可厚非。从当时局势发展的角度看,不论是刘邦打赵佗,还是赵佗主动上钩,皆属下策。我们应该从客观的历史事实出发,全面衡量他在历史进程中到底起了促进作用还是遏阻作用,才能对他的历史地位作出公正的评价。

在研究南越国考古资料时,我深感不能孤立地静止地看待南越国历史,必须上溯岭南先秦社会形态的研究。看到很多争论岭南先秦社会形态的文章,也促使我下决心熟悉这方面的考古资料。收入本书末尾的三篇文章就是在这种心态下写出来的。

《两广先秦文化》和《论两广出土的先秦青铜器》,讨论的焦点是先秦时期两广地区的青铜文化。主要的论证资料是当时广东已发掘的三十多座先秦墓和广西平乐银山岭墓地出土的青铜器及同出陶器。论定这批墓葬的年代大多属战国末到汉初,出土的青铜器呈现出相当复杂的文化关系。随葬器物没有一定规律,没有明显的贫富分化、等级区别,类似中原的那一套"礼乐制度"尚未出现,推测两广先秦社会可能还没有最后脱离原始社会形态。两广社会要到秦统一岭南,南越政权的建立,才开始进入新的历史时期。

《南越、闽越和夷洲的比较研究》的写作意图与上两篇近似。南越与闽越的兴亡轨迹基本一致,但两地的历史进程差异巨大。夷洲即今中国台湾,其社会发展进程又是另一种情况。该文利用考古资料结合文献史料,试论秦汉时期这三个地区的社会发展变化,进而探讨造成不平衡的原因。

本书是利用考古资料研究南越国史的为数不多的著作之一。虽尽心竭力,考察所及皆为南越国史文浅显之论,谈不上广度深度。尚需说明的是,收入本书的文章,写作年限跨度较大,又分散发表在不同书刊,个别内容难免稍有重复,敬希读者鉴谅。现在我已步入垂暮之年,无能为力,唯有希望后来的同行们继续努力。

感谢中国社会科学院科研局和《中国社会科学院学部委员专题文集》编委会的关爱并给予资助;感谢中国社会科学出版社的鼎力支持和编辑同志付出的辛勤劳动。在本书即将出版之际,我再次向他们表示谢意。

南越国的考古发现和研究

南越王墓的发掘，揭开了岭南汉初的文化宝库。[①] 隐藏深邃的石室墓穴，以及埋葬在墓穴中的数千件奇珍异宝，为我们研究汉初岭南社会提供了最直接最形象的材料。我们本来打算在南越王墓的资料报道后面，写几点看法，作为这次发掘报告的总结。后来考虑到应该通过这次发掘，提出一个对南越国社会的比较全面的看法，但在着手撰写时，又感觉到仅就南越王墓的资料研究，将无法包括当时南越国西部（今广西）的问题以及南越国都城等问题，所以，我们决定以南越王墓发掘资料为中心，把过去发掘的南越国资料也适当收集，进行一次综合性的初步研究。

通过对南越国考古资料的初步研究，我们把资料能够反映的主要问题归纳为七类：都城（番禺城）、农业经济、重要的手工业、交通与贸易、度量衡制度、武器、墓葬。下面依次论述。

一　都城（番禺城）

"番禺"一名最早见于《淮南子·人间训》和《史记·南越列传》，稍后的《汉书·地理志》"南海郡"所载尤详。"南海郡"条下班固自注："秦置。秦败，尉佗王此地。"又说，南海郡辖县六，番禺居首，"尉佗都"。清楚表明，番禺既是秦汉时期的南海郡治，又是南越国的都城。《史记·南越列传》记秦首任南海郡尉任嚣说，"番禺负山险，阻南海，东西数千里，颇有中国人相辅，此亦一州之主也，可以立国"。反映了任嚣建

①　广州文管会等：《西汉南越王墓》，文物出版社 1991 年版。本文以下只标注书名、页码，编写单位和出版社、年份一律省去。

造的南海郡治番禺城是负山阻海，形势险要，颇具规模的。赵佗建南越国后，以秦南海郡治番禺为都城，必定又有所营建。

关于赵佗番禺城的所在地，直接的史料记载不多。除了上引《南越列传》"番禺负山险，阻南海"这一条以外，同书《西南夷列传》载，唐蒙在南越食到蜀地产的枸酱，问所从来，曰："道西北牂柯，牂柯江广数里，出番禺城下。"又同书《南越列传》记武帝元鼎六年汉平南越之战："楼船将军（杨僕）将精卒先陷寻陕，破石门，得越船粟，因推而前……至番禺。建德、吕嘉皆城守。楼船自择便处，居东南面，伏波居西北面。会暮，楼船攻败越人，纵火烧城……吕嘉、建德已夜与其属数百人亡入海，以船西去。"从这几段简短的记述中，可以推知番禺城址位于石门东南，珠江之滨。今广州市区有小北江，自石门沿增埗河顺流南下抵广州西村，应是汉伏波将军为营攻城处；由此入白鹅潭，江流分为两支，一支流往东南为珠江后航道，另一支东流即今市区的长堤、沿江路一段，应是楼船将军发起攻城之地。吕嘉、建德西去之船，大抵是由白鹅潭往西的一条古河道，经盐步、佛山，折向西北注入三水西南而溯西江主流。依水道位置推定，当日的番禺城应在今广州城区之内。①

多年来的广州考古勘察发掘，证明秦汉番禺城确实在广州市区内。城内中心一直没有变迁，历代的民居、官署与城郭等遗存层层叠压，深埋于今广州市区的下面，给南越国都城的探明造成很大困难。

1976年，在珠江前航道北岸，位于今中山四路西段广州市文化局和儿童公园内发现一处规模巨大的秦汉之际造船工场遗址，在遗址上面覆盖着南越国的部分宫署建筑遗迹。揭出的一段宫署走道，是用大型砖石铺砌的，长20余米，东北—西南延伸，走道两端不见尽头。从地形观察，宫署建筑可能在东北面。走道做工十分讲究。在砖石的路面下铺垫一层很薄的朱红色土，土质纯净。在这层朱红色土的上面铺砌砂岩石板。石板有方形和长方形两种，厚5—7厘米。分两行错列间砌，共宽1.15米。石路面的两侧各砌一行大型印花方砖作夹边，走道全宽2.55米。印花铺地方砖

---

① 麦英豪：《广州城始建年代及其他》，《中国考古学会第五次年会论文集（1985）》，文物出版社1988年版。

边长 70 厘米见方，厚 12—15 厘米。在走道的北面发现砖质窗棂、涂朱瓦当，还有涂朱色、绿色的灰塑脊饰等宫室建筑残件。在走道上面还遗留许多残瓦片和木炭灰烬，覆盖一层厚 3—8 厘米的红烧土，有的地方炭屑成层。残瓦中有板瓦、筒瓦和模印"万岁"二字的瓦当和卷云纹瓦当，板瓦、筒瓦中有"公"、"官"、"卢"等文字的戳印。板瓦形体硕大，质地坚硬，与关中秦汉宫殿用瓦相比，并不逊色。① 联系上引《南越列传》元鼎六年"楼船攻败越人，纵火烧城"的史实考察，证明这是南越国的一处重要宫署遗址。

南越国宫署的发现，为确定番禺城的具体方位提供了重要线索。广州考古工作者经常利用市区施工挖掘房基和地下管道的机会四出勘察，经过多年努力，终于把南越国都城的城垣范围基本上确定了下来：南垣大约在秦汉之际造船工场遗址之南约 300 米，即广州市第一工人文化宫大礼堂东侧；西垣大约在秦汉之际造船工场遗址的西边；北垣与宋代子城的北界相近，约当今东风路以南；东垣宋时为盐仓，约今之旧仓巷处。连接四边城垣，平面略近方形，周长约 5 公里。②

广州南越国墓葬及其以后的汉墓分布，为南越国都城的确定，提供了可靠的旁证。20 世纪 50 年代以来，在广州近郊已发掘几百座汉墓。经过分析、比较，判明墓葬分布离城区的远近与年代早晚相关联。南越国时期的墓葬，距离城区最近，说明当时城区最小；西汉中期以后，距离城区渐远，说明当时城区渐大。这种现象表明，汉武帝灭南越国后，番禺城内人口增多，城区扩大，所以才出现葬地愈来愈远的现象。广州南越国时期墓，西边最近点在人民公园至解放北路广东迎宾馆处，东边最近点在烈士陵园的红花岗，东西直线相距不足 2 公里。在这条直线的范围内，应该就是南越国番禺城的所在。红花岗、人民公园已是葬地，在当日应是附郊之野。如果推论可以成立，赵佗增益的番禺城大约是个周长十里的小城。

先秦时期，广州未出现城市。旧史所谓楚庭、南武城、五羊城，皆属

---

① 《广州市文物志》编委会：《广州市文物志》，岭南美术出版社 1990 年版，第 53 页。
② 麦英豪：《广州城始建年代及其他》，《中国考古学会第五次年会论文集（1985）》，文物出版社 1988 年版。

附会之谈。只有任嚣始建、赵佗增益的南越国番禺城，才是岭南最早兴起的城市。① 由于都城遗址几全泯灭，都城内的布局已无从究明。从出土的"长乐宫器"陶文、"长秋居室"、"泰官"等封泥以及建筑材瓦等判断，番禺城内的宫室布局很可能是模仿汉长安的都城建制，但规模要小得多。

二 农业经济

南越国墓葬中出土的许多农具、粮食作物、禽畜、水产品以及有关模型器，是研究南越国农业经济的重要实物资料。南越国灭亡后才兴起的随葬模型器的习俗，其出土物也可作为南越国农业研究的参考资料。

在南越国时期的遗址和墓葬中，没有发现可以确认为青铜农具的遗物。出土的农具，刃部皆铁制，主要有两种。一种是耒，直装木柄，下端木叶前端包嵌凹形的铁刃，或呈三角形的铁刃。另一种是锄，横装木柄，下端木叶前端包嵌刃口比较平直的凹形铁刃。耒主要用于挖坑（或挖沟）起土。锄用于中耕除草、间苗、松土、点种，也用于挖坑（或挖沟）起土，是古代南方农业生产中的"万能农具"，岭南地区农村至今仍广泛使用。耒和锄的铁刃宽度一般在10厘米或稍大一点，少于10厘米以下的刃口，大约是短柄的手锄或斧、锛。广西贵县西汉后期墓出土的全铁制的方直裤式锄和半环圆刃式锄②，在南越国时期恐怕还没有出现。

广西贵县罗泊湾1号墓出土2件记田器的木牍，其一自题为《东阳田器志》③。这2件木牍，可以帮助了解南越国的农具来源及使用情况。"田器"是汉人称农业生产工具的习用语。"田器志"就是墓中随葬农器的登记单。"东阳"是地名，春秋时鲁地、晋地、齐地皆有东阳。④ 这里似指

---

① 麦英豪：《广州城始建年代及其他》，《中国考古学会第五次年会论文集（1985）》，文物出版社1988年版。

② 广西壮族自治区文管会：《广西贵县汉墓的清理》，《考古学报》1957年第1期。

③ 广西壮族自治区博物馆：《广西贵县罗泊湾汉墓》，文物出版社1988年版，第84—86页。本文以下简称《罗泊湾》，不再标注编写单位和出版社、年份。

④ 参阅《辞源》"东阳"条，商务印书馆1980年版。

秦置东阳县。秦末陈婴为东阳令史，率众 2 万人参加项梁起义，即此。故址在今安徽天长县（今天长市，下不再专门注）西北。牍文开列的农器名称和数量已部分漫漶不清，残存可辨的有"人梩卅"、"梩五十三"、"钿一百一十六"、"梩卅八其一郎"、"钿一百廿具"、"钦十五具"。[①] 梩即耒、锸，钿即锄。钦，《说文解字》释为"锸属"，当亦与耒近似的起土农器。由此可以帮助说明，南越国的农器是从中原内地引进的，刃部嵌以凹形铁口的耒锄是南越国农业生产中的主要农器。

收割作物可能已用铁镰，广州南越国墓（M1117）出土 1 件带有齿刃的弓形镰，后端圆筒形，较短，圆銎透底，以安木柄，通长 17 厘米。[②] 这种形式的铁镰，可能也用于砍伐灌木、草莽。

南越国是否使用牛耕，史文无征。在南越国时期的遗址或墓中也没有发现铁犁铧（包括较原始的 V 形铁铧冠）及有关牛耕的遗物。《东阳田器志》是一份从中原内地引进农具的清单，牍文可辨认的全是耒、锄、钦，不见标志牛耕的犁铧和齿耙。水牛至今仍是珠江三角洲水田犁耕的主要畜力，在广东新石器时代和汉代遗址中都有水牛骸骨出土，但没有发现可供说明先秦或南越国时期岭南有用水牛犁田的任何痕迹。岭南目前已知的最早铁犁铧发现于贺县（今贺州市，下不再专门注）莲圹的东汉墓中，铧断面三角形，底面平，正面隆起，中空，以容犁头，这是当时已用犁耕的实例。[③]《后汉书·循吏传·任延传》载，"九真俗以射猎为业，不知牛耕"。建武初，任延任九真郡太守，"乃令铸作田器，教之垦辟"。如果这段记载可以理解东汉初牛耕已在九真郡推行，则岭南地区的铁犁牛耕，大概是在南越国灭亡之后，汉廷扩大这个地区的郡县建置，加强对南疆的统治之后才逐步推广的。

与农业相关的家畜饲养业也得到发展。南越王墓中发现很多猪、牛、羊的骸骨，还有少量鸡骨。在广州和贵县等地南越国时期的中小型墓中，也经常有鸡骨和其他家畜头骨出土。可见猪、牛、羊、鸡这类禽畜，已被

---

① 见《罗泊湾》，第 85 页；蒋廷瑜：《广西汉代农业考古概述》，《农业考古》1981 年第 2 期。
② 广州市文管会等：《广州汉墓》，文物出版社 1981 年版，第 163 页。本文以下只标注书名、页码。
③ 蒋廷瑜：《广西汉代农业考古概述》，《农业考古》1981 年第 2 期。

作为食物。如果没有一定规模的农业生产，是不可能普遍饲养家禽家畜的。

西汉中期，岭南地区开始流行表现农家生活的模型器随葬，鉴于墓中随葬品的出现往往比现实存在晚出，它们所反映的农家生活当有一部分适用于南越国时期。模型器以灶、井、仓囷、房屋等四种最可注意。这四种模型器的构筑和造型，在珠江三角洲农村至今仍可见到，特别是上下两层的干栏式住屋，上为人居，下为畜栏，正对畜圈的屋内地台中挖有厕所坑穴，人居和畜圈合在一起。厕所和圈栏相通连，说明当时已使用厩肥。珠江三角洲河网交错，水源丰沛，利用天然河渠灌溉似亦无可怀疑。虽然目前我们还无法估算当时的作物产量，也无法判断当时是否有"两造制"，但从掌握水、肥而言，作物产量恐怕不会很低。与畜圈、厕所同出的用于储藏粮食的仓囷模型器，均作干栏式构筑。这种构筑，利用通风防潮，适应南方潮湿多雨的自然环境。仓囷的普遍出现，也是农业发展、粮食增多的反映。

出土的粮食作物，经鉴定的有黍、稻、粟、大麻籽。黍发现于广州1134号墓陶瓮中，尚存半瓮，已炭化成黑色。[1] 稻、粟、大麻籽发现于罗泊湾1号墓。这些粮食作物原用竹笥盛装或草袋包裹入葬。出土时，笥袋已残朽，粮食炭化漂散于椁室淤泥中。[2]

岭南是我国野生稻的主要分布区之一，目前已知的时代最早的岭南栽培稻发现于石峡新石器时代遗址中。经鉴定有籼型稻和粳型稻，而以籼型稻为主。[3] 罗泊湾1号墓出土的炭化稻谷，与石峡所出籽粒相同，同属于我国现在栽培稻的 Oryza Sation L. 种。稍晚于南越国的岭南汉墓中，也经常有稻谷发现。[4] 看来稻谷应是南越国的主要粮食作物之一。

除种植水稻以外，黍、粟、大麻籽也是不容忽视的旱地作物。长沙马王堆、江陵凤凰山西汉前期（与南越国时代相当）墓出土的粮食品种大多

① 《广州汉墓》，第93、180页。
② 《罗泊湾》，第87页。
③ 杨式挺：《谈谈石峡发现的栽培稻遗迹》，《文物》1978年第7期。
④ 《广州汉墓》，第357页；广西壮族自治区文物工作队：《广西合浦县堂排汉墓发掘简报》，《文物资料丛刊》（四），1981年。

是旱地作物（黍、粟、麦、菽、麻），稻谷约占三分之一。[1] 凤凰山6座西汉前期墓出土粮食品种有稻、粟、麦、菽、麻，遣策所记稻、粟数量相当。[2] 江陵、长沙是汉代南方的农业先进地区，农业种植尚且要杂种五谷，岭南地形复杂，自然条件远不及江陵、长沙，进入岭南的数十万军民又都是北方人，杂种五谷当无可疑。罗泊湾1号墓与稻、粟、大麻共出的植物种实中尚有芋、葫芦、黄瓜、冬瓜；在出土的木简中，其中有2枚分别记"客秅（籼）米一石"、"客秅（籼）☐"。[3] 这又从一个侧面说明，当时岭南的农业种植，除食粮外，还要杂种一些辅助作物，以供食用，甚至还要从外地运进食粮以补不足。

除了农业种植以外，水产捕捞也不容忽视。南越国时期墓中屡有鱼的骨头，或龟足、笠藤壶、楔形斧蛤、青蚶等海产发现。南越王墓随葬水产品的种类更多，除了上述几种以外，还有虾、龟、鳖、笋光螺、耳状耳螺、大黄鱼、广东鲂等。这说明渔业经济在南越国的经济结构中占有很大比重。农业、渔业之外，狩猎也是一项副业。在南越王墓中发现了百余只禾花雀，还有竹鼠残骸，说明这些小动物也是南越人捕食的对象。

人工栽培的瓜果，品类很多，广州[4]、贵县[5]、梧州[6]、合浦[7]等地的南越国时期墓及稍后的汉墓中屡有发现。经鉴定的就有梅、杨梅、酸枣、橄榄、乌榄、柑橘、桃、李、荔枝、人面子、甜瓜、木瓜等。《盐铁论·未通》云："孝武皇帝平百越以为园圃。"可见岭南瓜果之盛。《三辅黄图》"扶荔宫"条载："汉武帝元鼎六年，破南越起扶荔宫，以植所得奇草异木。菖蒲百本，山姜十本……龙眼、荔枝、槟榔、橄榄、千岁子、柑橘皆百余本。" 1960年陕西省文物管理委员会在韩城县芝川镇南门外发现扶

---

① 周世荣：《马王堆出土古文字看汉代农业科学》，《农业考古》1983年第1期。

② 陈振裕：《从凤凰山简牍看文景时期的农业生产》，《农业考古》1982年第1期。陈文把遣策所记"粢米"误为稻米，从而误认汉初江陵以稻米为主食。据上注周世荣研究，粢米应是粟米，故得出稻、粟数量相当。

③ 《罗泊湾》，第85页。

④ 《广州汉墓》，第180、249、357、483页。

⑤ 《罗泊湾》，第87页。

⑥ 梧州市博物馆：《广西梧州市近年来出土的一批汉代文物》，《文物》1977年第2期。

⑦ 广西壮族自治区文物工作队：《广西合浦县堂排汉墓发掘简报》，《文物资料丛刊》（四），文物出版社1981年版。

荔宫遗址，出土有"夏阳扶荔宫令辟，与天地无极"十二字篆文方砖。[①]
南越荔枝等珍果移植长安，于此得到印证。

三 重要的手工业

广州和两广各地的南越国墓中，出土的青铜器、铁器、陶器、漆木器、丝织衣物以及玉石器，数以千万计，通过对这批遗物的研究，可以对南越王国的生产发展水平有个基本认识。

(一) 冶铸业

大约在两周之际，岭南地区开始使用青铜器，并学会原始的铸铜技术，生产的青铜器绝大多数是斧、钺类工具和短剑、矛、镞等武器，除个别制作较精外，铸造大多粗糙，形体薄小，显示独特的南越文化风格的青铜器不多，标志独特的铸造工艺水平的重器更少。虽然先秦越人较早学会炼铜技术，但青铜冶铸技术并没有在生产上或社会结构上引起重大变革。战国中期以后，楚国势力进逼岭南，五岭通道开始打通，大约也在这个时期，岭南才拥有自己的冶铜业，同外界有了较多的接触。青铜冶铸业也得到较快的进展。[②] 秦平岭南以后，本地区的青铜冶铸业又有进一步发展。南越王墓出土的 500 多件青铜器和罗泊湾 1 号墓出土的 200 多件青铜器，是南越国青铜冶铸技术最高水平的标志。这时在中原内地，由于铁器和漆器的大量使用，青铜器已逐渐屈居次要地位。但在这两座南越国最高统治者墓中，青铜器仍占主要地位。南越王墓出土的青铜器，以乐器、酒器、炊器和服饰用器中的铜镜、熏炉最具特色。置东耳室的 3 套青铜乐器，有钮钟 1 套 14 件，甬钟 1 套 5 件，句鑃 1 套 8 件。酒器有壶、钫、瓿、提筒等，都是大型器。提筒共 9 件，大小有序，其中有 1 件饰羽人船纹（B59）与石寨山型铜鼓的纹饰近似。炊烤器中最具特色的是鼎、鎏和烤炉。共出铜鼎大小 37 件，分属具有中原汉文化、南方楚文化和当地越文化特点的 3

---

① 陕西省文管会：《陕西韩城芝川镇汉扶荔宫遗址的发现》，《考古》1961 年第 3 期。
② 黄展岳：《论两广出土的先秦青铜器》，《考古学报》1986 年第 4 期。

个类型。在越式鼎中，又分 3 种不同式样。有一部分铜鼎还刻有"蕃禺"和标志容量、重量的铭文。烤炉 3 件，大小不同，其中以后藏室的 2 件最为考究。烤炉一大一小，堆放在炉上的各种烤炙配件齐全，有悬炉的铁链，烤肉的铁钎和长叉。大烤炉底部还装有 4 个铁轮，便于移动。出土时，两件烤炉内仍塞满黄泥范，表明它们是刚刚铸出便成了随葬品的。熏炉有铜、陶两种，其中铜熏炉 11 件，炉身分单体和四连体两种，通体镂空。此外，还有铜镜 39 面，多数属楚式镜，其中有六山纹镜、彩绘人物画像镜、带托镜，为考古发掘中所罕见。这批青铜器，多数属于南越国赵氏宫廷中的专用品，由南越国工官在本地铸造。有一部分楚式器、汉式器，则可能是汉廷赐予或从内地购置的。

罗泊湾 1 号墓出土的青铜器，也具有浓厚的地方特色。乐器有铜鼓 2 面，铜锣 1 面，錾钮式钟和筒形钟 3 件。铜鼓分胴、腰、足 3 部分，鼓面中心有太阳纹 12 芒，胴部以羽人划船纹为主纹，腰部有 8 组羽人舞蹈纹。器形纹饰均与云南晋宁石寨山滇墓所出近似。炊器有楚式鼎、越式鼎，共 5 件。酒器有器形相同、大小递减的提筒 4 件。又有壶、钫、扁壶、弹形壶、镳壶、九枝灯、镜、带钩等多种容器和服饰用器。还有彩绘人物山水画像的铜壶、铜盆、筒形器。有铜鼓改制的三足案，带有加热锻压出辐射线状的铜盘，等等。这些青铜器，多数属于南越国西瓯君府中的专用品，由桂林郡官营制铜作坊铸作。部分汉式器和滇式器，则可能是通过贸易由外地输入的。

南越王墓和罗泊湾 1 号墓的青铜器，多数属于南越国高级贵族的专用品，它显示了南越国青铜冶铸所能达到的最高技术水平，但不能作为南越国青铜冶铸业的一般情况。从已发掘的南越国时期墓葬出土的青铜器看，即便是当时王国的官员也很难拥有像这样豪华的青铜器，一般南越国墓葬很少随葬青铜器（平乐银山岭的秦末汉初墓，似为西瓯戍卒墓地，随葬较多的铜兵器和铜工具，情况特殊，另当别论）。本地区冶炼出来的铜材能否满足铸造器物需求，似乎还是个问题。《汉书·南粤传》记赵佗在上汉文帝书中，曾埋怨高后禁绝"蛮夷外粤金铁田器"，金，即铜，表明南越国的铜材和铜制生产工具，至少有一部分还要依靠中原内地的供应。冶金史学者曾对南越王墓出土铜器进行系统检验，判定越式铜器（鼎、提筒）

的材质都是铅锡青铜，并且认为，三合金的原料可能是利用当地矿产，就地冶炼铸造。但所含的铅锡成分，各地略有不同，这应是由于地区差异和铸造年代早晚不同所造成。南越国铜器的制作工艺，例如铜盆的加热锻打和铜匜、屏风构件等的火法鎏金，与中原所见相同，很可能是南下汉人传授的。还有一些铜器，如楚式镜，它们的合金配比（含锡均在20%以上）和金相组织，与原楚地出土的铜镜完全相同，明显是从原楚地输入的。在制作技术方面仍多沿用中原东周时期的传统工艺，例如两分范合铸容器，活芯垫控制器壁厚度，以及圈足器的浇口设在器底中部的技术，中原地区多见于东周时期，秦汉之际已大为减少，但南越国青铜器仍普遍采用这些过时的传统工艺铸造，表明南越国铸铜工艺水平与中原内地还有一些距离。

岭南使用铁器为时较晚。始兴白石坪战国晚期窑址中发现1件铁臿、1件铁斧，是岭南地区迄今已知的出土铁器中年代最早的标本。[①] 始兴地处大庾岭南麓，浈水之滨，位居沟通岭北岭南的要冲，这两件铁器，应是楚人进逼岭南后流入。估计流入的数量不多，分布范围也不大。秦平百越后，铁器才大量在岭南出现。下列几批可以作为代表：南越王墓出土246件，罗泊湾1号墓出土25件，广州秦汉造船工场遗址出土14件，广州182座南越国墓中有51座出土铁器110件，平乐银山岭123座秦末汉初墓中有98座出土铁器206件。出土铁器的品类有农具、手工业工具、武器和日常用的炊具、杂器。最常见的农具是锄、臿；手工具是斧、锛、凿、刮刀、削刀；武器是剑、矛、戟、铠甲和铁铤铜镞；炊具杂器有鼎、釜、三足架、镬、锥，等等。其中以南越王墓出土的数以百计的铁武器、成箱的小型铁工具以及造型巨大的越式铁鼎最具典型。从出土的铁器数量和品类可以看出，南越国使用铁器已经比较普遍，掌握了热煅加工和淬火处理，而且学会铸造铁器。虽然材质不够理想，但大多加工细致，尤其是小型铁工具硬度很高，有的可能是用铸铁脱碳钢作为原料，经加热锻打表面渗碳而成。例如其中有9把锉刀，长短不一，锉齿齿型不同，都是用含碳不同的钢料锻打制成的。反映了当时锻铁的高超技艺，钢组织的硬度已能

---

① 莫稚：《广东始兴白石坪山战国遗址》，《考古》1963年第4期。

满足需要。铁器的广泛使用，使砍伐林莽、开垦荒地、兴修水利、深耕细作都可以有较大规模的发展，是促进农业生产及整个社会物质文明的一个重要物质条件。但应该看到，南越国的铁器是在特定的历史条件下出现的，即秦末汉初用兵岭南，数十万北方军民拥入岭南带来的。南越国虽然已经掌握锻铸技术，但是否有自己的冶铁业，目前仍无法论定。据《史记》、《汉书》的《南越（粤）列传》记载，赵佗与汉廷交恶的一个主要原因是吕后"禁南越关市铁器"，实施对南越国的金铁田器禁运，为此迫使赵佗三次向汉廷上书请求解禁。这充分说明南越国所需铁器要依靠中原供应，或者要从中原输入铁材，然后在本地加工锻铸。《山海经》和《汉书·地理志》记载当时全国的产铁地点和铁官设置，岭南是个空白点，这说明本地铁矿资源缺乏，到汉武帝时这里还没有建立较具规模的冶铁业。南越国墓出土铁器的金相检验，也为我们的这种看法提供了佐证。检验表明，南越国铁器大部分采用热锻加工，大多是几种含碳不同的原料锻打在一起制成的，而且经常利用废料重新加工锻制。这种把不同原料锻打在一起，以及反复利用废料的做法，足以证明这些铁器是在缺乏原料的南越地区生产的。当时中原铁材充足，生铁冶铸已达到较高水平，很少采用废料反复锻打的做法。南越王墓发现的铸铁脱碳钢锻件，其坯料也可确定是由中原运来的。南越国虽然学会了铸造铁器，但大多是共晶白口铁铸件。这些都反映了南越国铁矿资源缺乏，炼铁技术水平还不够高。岭南的北境，即使在南越国时代就出现了零星的冶铁业，对南越国整个社会经济的发展也不会有多大作用。

另一方面，还应看到，所谓"使用铁器比较普遍"，是同岭南战国时期相比较而言的。南越国时期的一部分墓葬并没有发现铁器，例如广州柳园岗墓群，虽然多属小型墓，但亦有棺椁保存完好、各种质料制作的随葬器物超过百件的中型墓，在整个墓群中竟无一件铁器。肇庆松山的大型木椁墓以及贺县的南越国时期墓，也都没有铁器随葬。这和当时铁器还较难得不无关系。

《后汉书·循吏列传·卫飒传》载，汉平南越后，政府在南越故地广置郡县，把原属南越北部的含洭、浈阳、曲江三县地（今广东英德、曲江一带）内属桂阳郡。东汉初，卫飒任桂阳太守，凿山通道，发展生产，对郡内的民间冶铁也不放过。郡内"耒阳县出铁石，佗郡民庶常依因聚会，私为冶铸，遂招来亡命，多致奸盗。飒乃上起铁官，罢斥私铸，岁所增入五百余万"。这段记述，虽然意在表彰卫飒禁止民间采矿冶铁，把冶铁业收为官营的功绩，但由此透露出，原南越北部地区，至迟在西汉末已存在民间冶铁业，东汉初又有较大发展，联系上引同书《任延传》，建武初，任延为九真太守，令民"铸作田器，教之垦辟"来考察，我们认为，岭南地区建立自己的冶铁业很可能与推广铁犁牛耕同步，都是在汉平南越以后，特别是在东汉初加强对岭南的统治时才逐步推广的。

（二）　制陶业

南越国的制陶业是岭南新石器时代几何印纹陶制陶工艺的继承和发展。在岭南新石器时代遗址中，就有许多制作精美的印纹硬陶出土。东周时期，几何形印纹硬陶达到鼎盛阶段，形成独具地方特色的一个陶系，及至南越国时期又有所发展。发现于南越国墓葬和南越国遗址中的陶器数以万计，主要是储容器、炊煮器、日用器，也有少数模型器。造型匀称精美。器形有50多种，主要的是各种瓮、罐、瓿、盒、鼎、壶、钫、提筒、匏壶、酒樽、联罐、联盒、釜甑、杯、盏和熏炉，等等。陶器是南越人不可缺少的日常生活必需品，也是南越国墓葬中的重要随葬品。

南越国陶器有三个特点：一是以灰白色硬陶为主，釉陶占有一定比例，釉色青黄而透明，属南方早期的青釉系统；二是器形明显分两类，一类是仿中原地区汉式陶器，另一类是带有浓厚地方色彩的器形，两者共存；三是陶器纹饰以印纹和刻划纹为主，构图基本上是几何图形。[①]

泥质硬陶在出土的南越国总陶器中占半数以上。陶土经过淘洗，掺有少量细砂，体形稍大的圆形器皆泥条盘筑，慢轮拍打，器底后加，钮耳等附件另外模制或捏塑成形后贴上。胎质灰白色，少数呈青灰色或灰褐色，火候高，叩之声响清脆，硬度多数为摩斯氏（Fried Mohs）硬度计3—5度，有的达到6度。器表大部分施釉，釉色呈黄绿、黄褐，部分近黑褐色，釉层很薄，有的不太均匀。此外有泥质软陶和夹砂粗陶。泥质软陶大

---

① 《广州汉墓》，第80页。

多呈灰红色或红黄色，硬度为摩斯氏硬度计 1—2 度，主要用于制作明器。夹砂粗陶掺有粗砂和石英，最常见于釜、鼎等炊煮器。

陶器上大多施加纹饰，纹样繁杂，且富变化，具有独特的风格。一器器表通常都施多种不同花纹，某几种花纹常配于某几种陶器上；形成器形与纹饰之间有一定的配合施用关系。例如几何图形印纹，最常见于瓮罐器表上，且必有方格纹作地纹相衬，以戳印的图形为主纹。纹饰的施制可分为模印、拍印、旋压、刻划、镂孔、附加和彩绘 7 种。在不少的陶器上还有各种不同的刻划记号和戳印文字。戳印文字中有"食官"、"大厨"、"居室"、"长秋居室"、"常御"、"长乐宫器"等官署名称，表明南越国高级贵族墓中的部分陶器是王国司陶官署所监制。但从整体看，从同一墓中所出的陶器，陶色、胎质往往不一致，纹饰精粗有别，刻划记号有同有不同等情况分析，南越国墓中的陶器并不是一墓一窑专门烧制，而是在若干窑场中统一预烧，丧家通过某种渠道取得而入葬的。

南越国西部的瓯雒人居住区（今广西），出土陶器也以泥质硬陶为主，不论器形、纹饰作风以及刻划记号都与广州所出的近似，胎质、硬度、制法、煅烧、火候也是一致的。稍有差异的是，广州硬陶造型比较精细，器形变化较多，而贵县、平乐、贺县南越国墓所出陶器制作较粗，器形也比较简单。广州的硬陶纹饰以拍印方格纹带几何图案戳印居多，而贵县、平乐、贺县不带几何图案戳印。这种微小的区别，并不妨碍它们同属于一个陶系。

南越国制陶业的另一个主要内容是烧造砖瓦等建筑材料。在广州发现的南越国官署遗址中，有板瓦、筒瓦、瓦当、铺地砖，形体硕大，质地坚硬。南越国宫署走道的方形铺地砖，每边长达 70 厘米，砖面印几何图案花纹，与秦汉宫殿用瓦相比，并不逊色。有些瓦片上戳印"官"、"公"，瓦当上模印"万岁"[1]，表明遗址中出土的用瓦亦为王国司陶官署所监制。

（三）　纺织业

在广州和贵县的南越国墓中，常有残破的丝织品和麻织品出土。罗泊

---

[1]　广州市文物管理处：《广州秦汉造船工场遗址试掘》，《文物》1977 年第 4 期。

湾1号墓还发现一套包括纬刀、绞线棒、工字形器等在内的木质纺织工具，表明南越国已有原始纺织业。[①] 但因出土织物残破过甚，使我们对南越国的纺织业实况难有具体了解。南越王墓中发现大批丝织衣物，虽然大多残朽，但仍有不少残片可供鉴定，从而对南越国的纺织业有一些初步认识。

南越王墓中随葬的丝织物，数量之多并不亚于马王堆汉墓，可惜已全部炭化。经细心检验加固，在放大镜下，织物的组织结构尚清晰可认，印染的花纹图案也能看得清楚。经初步观察，织物原料绝大多数是蚕丝，少数是苎麻纤维。品种有平纹绢、方孔纱、斜纹绮、刺绣，以及组织复杂的绵、罗、绉纱和提花锦、绒圈锦等高级织物。此外，还发现手工编织的绶带、罗带和组带等多种编织物。估计当时除有一般织机以外，可能已出现提花装置的织机。在平纹织物中，发现了经纬密度每平方厘米为 320×80 根的超细绢，在10倍以上的放大镜下才观察得清楚。这是目前已知的汉代平纹绢中经纬密度最高的织物。

出土织物的涂染工艺，见到的有朱染丝帛、漆纱、云母碾光丝绢和黑油绢。

朱染有染丝、染帛（匹染）。无论是匹染或染丝，均先染后织，色泽均衡，无色糨糊孔，无斑块，代表了汉代高超的朱砂涂染的工艺水平。涂漆工艺有漆缃纱，色泽漆黑，漆液涂布十分均匀，上漆后的织物硬朗挺括，坚韧光亮。云母碾光丝绢系在绢上涂云母粉末后加以碾轧，使织物轻薄坚牢，平整，而且产生泛光感。黑油绢是用植物油类涂抹织物以防雨。目前已知的黑油绢实物以南越王墓所见为最早。岭南潮湿多雨，这种织物可称为上佳衣料。

还应提到的是，在南越王墓西耳室叠置丝绢的附近，发现两件青铜铸造的印花凸版[②]，纹样与马王堆1号墓出土的金银色印花纱图案非常近似。[③] 这显然是两地文化交流的结果之一。马王堆1号墓出土的金银色印

[①] 《罗泊湾》，第65—67页。

[②] 吕烈丹：《南越王墓出土的青铜印花凸版》，《考古》1989年第2期。

[③] 湖南省博物馆等：《长沙马王堆一号汉墓》，文物出版社1973年版，第56页。图四七：左，图版一一七。

花纱，被认为是目前世界上最早的彩色套印织物；南越王墓印花凸版的发现，为这批彩色套印织物提供了套印工具的实物资料。这对中国古代印染工艺的研究具有重要的科学价值。

南越王墓出土织物的原料、色泽、图案、工艺，有很大一部分与中原同期织物十分相似，它们有可能是汉朝赐予南越王的，或通过贸易关系输入的。但从整体看，南越国的纺织物及其原料来源，大部分应是本地生产和织造的。贵县罗泊湾1号墓出土的纺织工具和南越国时期墓所出的苎麻织物，表现南越国已有自己的纺织业。《汉书·地理志》载，儋耳、珠厓"男子耕农，种禾稻苎麻；女子桑蚕织绩"。史料反映的时代虽然稍晚，但说的是远处海岛之地。那里的古代文明，多半来自南越国。作为南越国政治、经济中心的番禺及各郡治所，当不会呈现空白。据《西汉南越王墓》附录一六的鉴定报告，南越王墓西耳室出土一筩丝绵，说明当时已经知道利用缫丝后的碎乱蚕丝。同时也说明，当时有缫丝工匠和作坊，才能将缫丝后的碎丝集中梳理，打制成绵。再说南越王墓出土的大小器物，几乎全部用丝绢包裹捆扎，西耳室丝绢整匹叠置，数量巨大，耗费惊人，如果没有自己的纺织业那也是不可想象的。由此推测，南越国宫廷中已有专门的丝织作坊。上述印花凸版的发现，进一步说明墓中出土的印花纱，应是宫廷织造作坊印染的。有些织物，如超细绢、黑油绢、云母砑光绢、绣纱等，目前尚不见于其他地区，可能也是在当地加工制作的。

（四）　漆器制造业

南越国出土的漆器，数量不少，20世纪50年代在广州市郊发掘的南越国墓葬中，曾出土比较完整的漆器87件。[1] 1976—1980年，贵县罗泊湾1号墓、2号墓[2]和贺县金钟1号墓[3]又有大批出土。1983年发掘南越王墓，出土漆器更多。虽然腐朽严重，但遗存尚多，通过复原研究，对南越

---

① 《广州汉墓》，第174—177页。
② 《罗泊湾》，第69—77、110页。
③ 广西壮族自治区文物工作队：《广西贺县金钟1号汉墓》，《考古》1986年第3期。

国的漆器制造业才有一些基本认识。

南越国漆器与长沙①、江陵②、扬州③等地出土的同时期漆器大同小异。胎骨质地主要是木胎，小型器多用夹纻胎。木胎的制法还可以分为旋木胎、斫木胎和卷木胎。器形可辨的以耳杯、盘、案、盒、卮、扁壶等饮食器和梳妆奁为最多，造型大多工整优美。棺木、革鼓、拐杖、皮甲以及刀、剑的革鞘、木鞘和矛戟柄上也多有髹漆绘画。此外，南越王墓出土的漆博局、漆花翎饰屏风、漆画铜镜以及罗泊湾1号墓出土的漆画铜筒、铜盆，均为汉代考古中所罕见。

南越国漆器大多表里髹漆，一般外表髹黑漆，内里髹红漆，然后又在黑漆地上施彩绘。能辨认的大约都是漆绘，即用生漆制成的半透明漆加入某种颜料，描绘于已髹漆的器物上。颜色以红、白为主，也有绿、墨绿、褐、黄、金色等。花纹有3种类型，一种是几何纹类型，这是主要的。最常见的是几何云纹、方连纹、雷纹、波浪纹、菱形纹、B形纹、涡纹、栉纹、点纹。二是龙凤、云气、花草纹类型，有云纹、凤纹、云龙纹、云凤纹、卷云纹、星云纹、鸟首形纹等。三是写生动物类型（广西漆器没有动物纹类型），有鱼纹、龟纹、蝉纹和犀牛纹等多种。彩绘与底色对比强烈，色彩有明有暗，显得富丽协调。如果把南越国漆器与长沙漆器（以马王堆1号墓为代表）作一比较，则可发现两地出土的漆器器类和花纹类型，都存在一定差别。两地出土的漆器均以耳杯、盘、案、奁、盒等几种器类为主，但马王堆还有不少鼎、钫、钟、壶、匜等较大型的饮食器，在南越国尚少见。两地的3种花纹类型基本相同，但在每一种花纹类型中的主要纹样却有较大不同。如同是龙凤、云鸟、花草纹类型，马王堆漆器多见云龙纹、云凤纹、卷云纹等。广州出土的南越国漆器多见鱼形纹、蝉形纹，而这两种纹饰却是马王堆漆器上所未见的。又如写生动物纹类型，马王堆漆器有猫纹，广州漆器是犀牛纹。在两地漆器共有的纹样中，除了B形图案、菱形纹、卷云纹等传统纹饰几乎难

---

① 湖南省博物馆：《长沙马王堆一号汉墓》，文物出版社1973年版，第76页。
② 长江流域第二期文物工作训练班：《湖北江陵凤凰山西汉墓发掘简报》，《文物》1974年第6期。
③ 南京博物院：《江苏仪征烟袋山汉墓》，《考古学报》1987年第4期。

以区别外，其他就很难找出一种双方完全一致的纹饰。如果将两地发现数量最多的耳杯、盘加以比较，它们之间在工艺风格上的区别则更加清楚。马王堆漆耳杯的两耳和杯外一般光素无纹饰，但杯内黑漆书"君幸酒"、"君幸食"，杯耳背朱书有关容量内容的文字。南越国耳杯绝大多数口沿有纹饰，不见用途和容量方面的文字。[①] 广州漆器较多使用金色，甚至用金色作底。广州134号墓出土的漆圆盒，盖上有凹形宽弦纹带两周，把盖面分为内外两区。两区内髹金色漆作地，上绘云纹图案，疏落处又以细线勾勒的圆涡纹相衬。1048号墓出土的17件漆盘，盘面外圈髹朱漆，盘心黑漆为地，以金色漆绘四组凤形纹或鱼形纹，再用朱漆勾勒。金色光泽夺目，纹样突出，非常华丽。[②] 漆器上施用金色的做法，在其他地区较少见，岭北更少。通过以上的分析比较，可以看出，南越国漆器在工艺风格上不同于马王堆，应属另一个地方工艺。

铜器上施漆画也是南越国的一个特点。南越王墓西耳室出土的3件绘画铜镜，最大的一件镜背上彩绘山峦云兽人物图像。罗泊湾1号墓出土的铜提筒，器表满绘漆彩画。画面分4段，均作人物、禽兽、花木、山峦、云气，每段自成一个完整的画面，整体似在描述一个长篇的神话故事。[③] 铜盘的内外壁皆漆画，内壁以两条巨龙为主体，外壁似为战争叙事画。[④] 这种器形和漆画内容，在全国尚属首见。

较多使用鎏金铜框镶嵌漆器和使用金银玉片装饰漆器，也是南越国漆器的一个特点。最突出的是南越王墓出土的漆木彩翎饰屏风，周边全用鎏金铜框架镶嵌，托座、插座、转轴、包角等青铜构件也一律鎏金，屏面上又以象牙垫托的铜鎏金泡钉为饰。同墓出土的几件漆博局，也用鎏金铜框架镶嵌。博局面上饰以金银片饰。广州1097号墓出土的1件漆敦，盖面髹黑漆，嵌青玉片9片，玉片周边绘各种图案花纹[⑤]，造型别致。

南越国漆器上经常发现烙印或书写的文字，为漆器产地提供了直接

---

① 参见蓝日勇《漆器制造业》，载《古南越国史》，广西人民出版社1988年版，第132—133页。
② 《广州汉墓》，第174—176页，图版四五、图版四六。
③ 《罗泊湾》，第36—38页，图版一四—图版一六，彩版三、彩版四。
④ 《罗泊湾》，第41—42页，图版一九—图版二一，彩版五—彩版七。
⑤ 《广州汉墓》，第174页，图版四五：4。

依据。广州漆器有烙印"蕃禺",朱漆书"高乐"、"龙中";罗泊湾漆器有烙印"布山"、"市府草"、"市府□"等。"蕃禺"烙印文字的发现,表明广州南越国墓出土的漆器,大约都是南海郡番禺市府经营的漆器作坊制造的。"布山"烙印发现于罗泊湾1号墓出土的10多件耳杯的外底部,字外加方框,表明它们是布山市府经营的漆器作坊制造的。"市府草"、"市府口"烙印各数片,有的烙在耳杯外底部,也有烙在器形不明的漆片上,字外不加方框。这种形式的烙印,在同时期的江陵凤凰山8号墓和长沙马王堆1号墓也有发现。所不同的是,凤凰山和马王堆漆器上的"市府"烙印与"成市"烙印并见于同一漆器上,故推定皆出自成都市府作坊。罗泊湾1号墓漆器未见"成市"烙印,但"市府"二字字形近似,周边均无方框,所以这部分漆器也有可能同属成都市府产品,抑或由外地输入。

(五)　玻璃业

岭南出土的玻璃器,年代最早的属于南越国时期。过去在广州和贵县发掘的南越国墓中已有零星出土,这次在南越王墓中又有较多发现,部分经科学检验,从而对南越国的玻璃业有了初步了解。

南越国玻璃器全部发现于墓葬中。器形有璧、平板玻璃、圆圈纹珠(习称"蜻蜓眼式纹珠")、小串珠和贝饰、鼻塞、耳珰等多种,均属装饰性器物。饮食器皿未见。色泽有黄白、青白、青绿、深绿、浅蓝、深蓝、黑色等。透明、半透明的居多。其出土情况是:

璧12件,其中5件出自南越王墓,余7件分别出自广州1062、1068、1100、1101、1103、1129、1174号墓。[①]

平板玻璃22件,皆成对出自南越王墓。

圆圈纹珠4件,其中2件出自南越王墓,余2件分别出于广州1048号墓[②]和肇庆松山墓[③]。

---

① 《广州汉墓》,第165页。

② 同上。

③ 广东省博物馆等:《广东肇庆市北岭松山古墓发掘简报》,《文物》1974年第11期。

小串珠数以万计，直径 3—4 毫米，除广州 1120 号墓①、贺县河东高寨 7 号墓②有零星发现外，都集中出土于南越王墓。墓主身上有串珠数千粒，似为"珠襦"，东侧室、西侧室殉人身上也有发现，皆为佩饰。

贝饰 70 粒，出南越王墓墓主玉衣上胸腹部，为珠襦（？）的三条纹带饰物。

此外有鼻塞 2 件，出南越王墓西侧室；耳珰、管形珠各 1 件，透明玻璃碎片若干，皆出自罗泊湾 1 号墓。③

南越王墓出土的玻璃器，经鉴定的有璧 2 件（C192、C221）、平板玻璃 2 件（C181、C211）、圆圈纹珠 1 件（C138）、小串珠 1 粒（D140），结果皆属铅钡玻璃（详见《西汉南越王墓》附录八）。罗泊湾 1 号墓出土的管形珠，经鉴定，亦属铅钡玻璃。④

目前已知的时代最早的铅钡玻璃制品是湖南长沙、衡阳、资兴等地楚墓出土的玻璃璧⑤和河南辉县战国墓出土的圆圈纹珠⑥。时代与南越王墓相近的徐州北洞山西汉楚王墓，墓中出土玻璃杯 16 件、蜻蜓眼式纹玻璃片 3 片和重达 852 克的玻璃残兽 1 件，经鉴定，亦属铅钡玻璃。⑦ 据古玻璃学者研究，凡含有大量的氧化铅（PbO）和氧化钡（BaO）的玻璃制品，应是一种较为典型的古代中国独创的玻璃。⑧ 时代最早的铅钡玻璃制品大多发现于长沙楚墓，故推测长沙是中国最早（战国）制造玻璃的地区之

---

① 《广州汉墓》，第 166 页。

② 广西壮族自治区文物工作队等：《广西贺县河东高寨西汉墓》，《文物资料丛刊》（四），文物出版社 1981 年版。

③ 《罗泊湾》，第 55 页。

④ 黄启善：《广西古代玻璃制品的发现及其研究》，《考古》1988 年第 3 期。黄文误"管形珠"为"鼻塞"，此处据《罗泊湾》第 55 页改正。

⑤ 高至喜：《湖南出土战国玻璃璧和剑饰的研究》，《中国古玻璃研究》，中国建筑工业出版社 1986 年版，第 53—57 页；又《从长沙楚墓看春秋战国时期当地经济文化的发展》，《中国考古学会第二次年会论文集》，文物出版社 1982 年版；吴铭生：《资兴战国墓出土玻璃器的探讨》，《湖南考古辑刊》（三），岳麓书社 1986 年版。

⑥ 承鉴定者史美光先生面告。

⑦ 李银德：《徐州发现一批重要西汉玻璃器》，《东南文化》1990 年第 1、2 合期。

⑧ 史美光等：《一批中国古代铅玻璃的研究》，《中国古玻璃研究》，中国建筑工业出版社 1986 年版，第 8 页。

一。[①] 南越国墓出土的玻璃璧，器形与长沙、衡阳、资兴等地出土的战国西汉玻璃璧全同，但平板玻璃、小串珠和玻璃耳珰则为长沙及中原内地所未见。由此我们初步认为，南越国的玻璃制造业应是在原楚地（主要是长沙）的影响下建立起来的，归王国工官监造。

南越王墓出土的平板玻璃，是迄今已知的时代最早的透明平板玻璃。从外观特征判断，平板玻璃可能是先经浇铸成薄板状，再适当研磨切割加工成一定尺寸的平板。出土的平板玻璃，皆嵌入横长方形的铜框中，作为革带上的牌饰。嵌平板玻璃的铜牌饰与匈奴式动物纹铜牌饰同出，推测它是受到动物纹牌饰的启发而发明的。

自南越国灭亡后至东汉末，南越国故地——两广汉墓中出土的玻璃器更多，除玻璃饰品外，还有不少玻璃器皿。玻璃饰品大多沿袭南越国时期的形制，但平板玻璃和圆圈纹珠饰再未发现。经检验的样品表明，这个时期的两广玻璃几乎全部是 $K_2O—SiO_2$ 或 $K_2O—C_aO—SiO_2$ 系统，即钾玻璃系统，没有发现铅钡玻璃，也没有发现钠钙玻璃。[②] 古玻璃学家认为，两广汉代钾玻璃的 MgO 含量很低，一般仅为 0.18%—0.68%（仅昭平 5 号东汉墓出土的 1 件红色珠含镁量高达 2.83%）与西方中世纪钾、玻璃含 MgO 为 3%—9% 有着明显区别；两广钾玻璃的主要着色剂是铁、钴、锰、铜等元素，与西方也有明显区别；而且钾玻璃的造型、纹饰又属当地传统形式，与西方玻璃迥然不同。所以倾向于它们是中国制造或在外来技术影响下的两广地区自制产品。[③] 至于铅钡玻璃系统如何转变为钾玻璃系统，尚有待进一步探讨。

（六） 玉牙雕刻

南越国墓出土的玉器全是软玉制品，出自南越王墓的有 240 多件。除玉衣外，都是实用器物、礼仪用玉、佩饰品和工艺品。玉质多数呈青黄色，有不同程度的侵蚀，显现黄褐色斑纹，或鸡骨白；也有呈墨

① 高至喜：《湖南出土战国玻璃璧和剑饰的研究》，《中国古玻璃研究》，中国建筑工业出版社1986 年版，第 57 页。

② 黄启善：《广西古代玻璃制品的发现及其研究》，《考古》1988 年第 3 期。

③ 史美光等：《一批中国汉墓出土钾玻璃的研究》，《硅酸盐学报》1986 年第 14 卷第 3 期。

绿色，质地坚韧细致，可称为碧玉的。器形有角形杯、高足杯、盖盒、盖卮、印玺、璧、璜、环、佩、带钩、觿、镲形器、玦、玉具剑饰、玉舞人等。雕镂的纹样有谷纹、涡纹、蒲纹（主要见于玉璧上）、龙纹、凤纹、兽面纹、鹦鹉纹、云纹、勾连雷纹、柿蒂形纹、弦纹、绞索纹、鳞纹，等等。雕刻工艺有线刻、浅浮雕、高浮雕、镂空、圆雕、双面透雕等。

从表面上看，南越国玉器与全国各地出土的汉代玉器并没有太大区别。例如各地汉墓常见的玉璧、玉璜、玉环、带钩、玉衣的制作造型；雕刻纹样常用龙凤作主题，构图讲究对称平衡，等等。但仔细审察，不难发现南越国墓出土玉器中有不少器形是别具风格的；有些玉雕设计，亦为他处所未见。

汉代玉雕器皿不多，南越国拥有角形玉杯（D44）、玉盖盒（D46）和高足玉杯三种，且为中原内地所未见。角形玉杯用整块青玉雕成，形似犀角，中空及底，呈半透明状。底部作卷云纹状圆雕，杯身镂刻三层纹饰，有高浮雕卷云纹和双钩夔龙纹。器物造型与纹饰浑然一体，是汉代玉器中不可多得的稀世之珍。玉盖盒呈青黄色，局部有黄褐色斑。盒身深圆圜底，下附小圈足。盒身浅浮雕八瓣柿蒂纹，近口部有一周变体云纹。盖面隆起，顶上有桥形钮，内套绞索纹圆环。盖面饰勾连雷纹，近口沿处有变体云纹。盖里还用单线勾勒两凤鸟。器盖器体打磨光洁，雕镂精细，纹样互为对应调洽，不失为汉代玉器中的精粹。高足玉杯出自贵县罗泊湾1号汉墓。[①] 用一块浅蓝色玉雕成。杯体筒形，平口，深腹，圜底，下连豆把形空心足。器身刻勾连云纹和乳钉纹。呈半透明状，十分精致。南越王墓也出土1件高足玉杯（D102），置铜承盘托架上，是南越制玉工艺与金属细工相结合的杰作。

由制玉工艺与金属、漆木细工相结合而创造出错金嵌玉的作品，在南越王墓中发现很多。重要的有嵌玉盖杯（D47）、嵌玉盖卮（F18）和玉具剑饰。

嵌玉盖杯杯体呈八棱筒形，下连喇叭形座。杯身由镂孔的鎏金铜

---

① 《罗泊湾》，图版二八：3，彩版八。

框为支架，分两层嵌入薄板青玉 13 片。盖外沿亦作鎏金铜框，盖顶嵌一整块青玉，玉面浮雕螺纹形。嵌玉盖巵的巵体呈九棱筒形，平底，下附三短足。巵身亦由镂孔的鎏金铜框作支架，架内嵌入薄板青玉 9 片。玉片上浮雕勾连谷纹。底部嵌 1 圆形玉片。器腹上部附玉鋬。以圆形漆木作盖。盖顶玉雕钮饰，盖周嵌弯月形玉饰 3 个。造型典雅秀丽。附在铁剑上的剑首、剑格、剑璏、剑珌，玉质纯净，多数作圆雕龙虎纹。其中有 5 套附着在南越王腰间铁剑上，尚有 43 件存放西耳室漆盒中。形体硕大厚重，光洁润滑，雕工玲珑剔透，富于变化，为所见汉代玉剑饰之冠。

不少玉器的构图设计打破了传统的对称平衡，表现出标新立异的风格。例如出土于南越王头部上方的 3 件玉雕。1 件是金钩玉龙佩（D93），由 1 块青玉镂刻的蟠龙和 1 个虎头形的金钩所组成。金钩套入蟠龙下部，构成龙虎相争之态。另 1 件是兽首衔璧（D156），由整块青玉雕成。兽首近方形，形如铺首。左侧透雕 1 螭虎，右侧无，形成不对称的布局。兽鼻套璧。璧可前后摆动。全器兼用镂空、浅浮雕、线雕 3 种技法，线条流畅，镂刻精工。再 1 件是凤纹牌形珮（D158），双面透雕。当中有 1 长方形框，框内有倒悬的变形凤鸟，框外右侧有凤鸟踏璧，左侧透雕璎珞 1 串。方框下端又嵌以金樏。构思独特，别具匠心。在墓主头部玉衣面罩之上，还有镂刻精美的龙凤纹重环珮（D62）。珮作圆璧形，以圆圈分隔为内外两圈。内圈透雕 1 游龙，外圈透雕 1 凤鸟。图像十分和洽。此外，还有双连玉璧（D186）、龙虎并体带钩（D45、D152）、双龙首带钩（D151），都是不可多得的玉雕精品。

富丽豪华的组玉佩尤为引人注目。仅南越王墓就出土 10 多组。一般由数枚精致的玉雕饰品组成，有的还杂以其他质料的珠饰。最讲究的是墓主身上的组玉佩和右夫人的组玉佩。墓主组玉佩由 32 件饰品组成，右夫人组玉佩由 20 件各种质料的饰品组成。组玉佩内不乏玉雕品的上乘之作。例如墓主组玉佩中的龙凤涡纹璧（D77）、犀形璜（D121）、壶形玉饰（D121—2）；右夫人组玉佩中的连体双龙涡纹珮（E143—9）和三凤涡纹璧（E143—6）。

龙凤涡纹璧，玉色浅黄。璧中圆孔内透雕 1 奔龙，肉饰浮雕勾连涡纹。璧外两侧各雕1凤，呈攀缘回首状。犀形璜呈黄白色，玉质坚硬，通体透雕犀形，犀身浮雕涡纹，吻上有双角，张口，长尾下垂向上反卷，与头部成对称；前后肢蹲曲，三蹄趾。形象逼真。壶形饰泛黄白色，呈两个"山"字倒合形。细线勾边，光洁莹润，刻工精致。连体双龙涡纹珮平面呈椭圆形，以二龙连体构成。龙身上部双面透雕，下身双面涡纹，环绕外周。周边有5个穿孔。二龙张口对视，中间有1花蒂形饰物。三凤涡纹璧，璧肉双面涡纹，周边透雕3凤纹，对称分立，大小不一，姿态各异。此外还有右夫人另一组玉佩中的双面透雕两龙两兽纹环（E133—2）、左夫人组玉佩中的花蕾形玉珮（E41），均为汉代玉雕珍品。

值得一提的还有南越王墓出土的4件玉舞人。玉舞人用于佩饰，芳姿各有不同。东侧室和西耳室出土的2件长袖舞人尤为优美。西耳室出土的是跪姿圆雕舞人（C137），头梳一向右横出的螺髻，衣裙上刻卷云纹花边，左袖上扬至脑后，右手甩袖，头微右偏，雕工精细，舞姿曼妙，是出土汉代玉舞人中首见的圆雕作品。东侧室所出为立姿两面线雕舞人（E135）。头顶簪花，长袖曳地，腰系玉珮。右袖上扬至头顶，左袖横置细腰前。舞姿轻盈。从舞蹈姿态看，两人跳的都是"长袖舞"。它为我们了解2000多年前的舞蹈艺术提供了具体而形象的实物资料。

南越国玉器的制作工具和制作方法与同时期的中原玉器基本相同。据研究，在金属工具还不发达的古代，刻玉是用一种小而扁圆的工具，粘上坚硬的矿石细砂，在玉石表面磋磨成形。起刻划、磋磨作用的是矿砂。锯片、钻孔也是采用砂锯法、砂钻法。我们从南越王墓出土的玉璧中，发现有一部分玉璧的璧面只有粗糙的花纹轮廓，尚未打磨；其中1件玉璧（D54），四分之三的璧面花纹已磋磨光滑；尚有四分之一的花纹未修整，留下许多白色的刀刻痕迹，表明当时玉器加工，是以锋利刀刃刻划轮廓，然后打磨光滑的。从璧面上的刀痕看，花纹转折的地方常有线条破折，锋线滑出界外，明显是"跑刀"痕迹的存在，表明当时玉雕刀具的硬度还不够高，刻划费劲，稍微控制不好，刀刃就滑出界线之外。刻划圆转流畅的大弧线条，采用小直线的刀刻法，也说明刀刃硬度不够。有些又小又密的刻纹，则可能是用短小的刀具粘矿砂磋刻而留下的痕迹。

钻孔用竹管或金属管，加上水和砂，转动管子，砂对玉石产生摩擦作用，就能慢慢钻出小孔。南越王墓中发现的一些玉剑饰上有几个套叠在一起的小孔，直径只有 5 毫米左右。而有些直径 10 多厘米的玉璧，边缘上留有两面对钻错位的痕迹，分明是用管钻法做成圆孔的。钻孔口上打磨，就可以造出镂空、透雕的器物。南越王墓中有不少双面镂雕的玉饰品应是这样制成的。例如西耳室的 1 件玉剑格（C147—2），正中浮雕铺首纹，凸起的两耳部位透雕一对鹦鹉，雕镂极为精细，璧薄如线，宽仅 0.2 毫米，而且是横平竖直，一丝不苟。像这样精细的玉雕，现在仍需要有经验丰富的玉雕工才能胜任。出土的南越王墓玉器，表面大多圆滑润泽，部分玉衣片平整光滑如镜，显然都是经过抛光的。玉雕师傅认为，当时可能已经使用"砂轮"和"布轮"等打磨工具了。①

古玉学家对南越王墓出土的 18 件玉器作出鉴定研究，认为这部分玉器的玉料与中原、长沙等地的玉器质料不同，其产地可能在今曲江一带。②

根据以上对南越王墓出土玉器的初步观察和鉴定研究，联系《汉书·南粤列传》记赵佗曾向汉文帝献"白璧一双"一事，使我们有理由相信，南越王宫廷中必有规模不小的玉雕作坊。从玉器的制作方法、玉器造型和雕刻风格上看，南越国玉雕工艺应是在中原内地的影响下发展起来的。南越国的玉雕工，很可能是南下秦军中身怀玉雕技艺的士卒及其后代。他们保留了中原和楚地的传统玉雕风格，来岭南后，吸收当地文化，又有自己的一些创造，以致形成南越国玉器具有汉、楚、越三种文化汇合的独特风格；其中的一些玉器，也不能排除来自中原和原楚地的可能。从南越国玉器多半出自南越王墓，其他南越国墓却很少发现，器形也很有限这方面考察，似乎又说明，玉器在南越国的使用并不多，雕制玉器可能只限于南越王廷。其他南越国墓出土的玉器，多半似从外地

---

① 参考吕烈丹《南越王墓与南越王国》，广州文化出版社 1990 年版，第 110—118 页。
② 《西汉南越王墓》上册，附录二。

输入，少量可能来自南越王廷。例如贵县罗泊湾 1 号墓出土的高足杯[①]，造型风格酷似南越王墓的承盘高足杯，它有可能来自南越王的赐予或交易取得。

南越王廷除了雕制玉石外，还有象牙雕刻。南越王墓西耳室出土 5 支大象牙（C254），还有不少精致的象牙雕刻。从保存下来的象牙制品看，象牙器皿不多，主要是服饰品和其他工艺品。器皿有卮 1 件（C151—3）。服饰品和装饰工艺品有象牙印、象牙鞘、象牙算筹，以及装饰于漆屏风上的帽钉花托，漆博局下的鹰爪形座足，镶嵌在剑鞘上的象牙片饰，等等。出土时大多残碎或已朽成粉末，估计还有一部分已经全器朽殁，无法查究了。

象牙质软，雕刻较易，墓中出土的铁刻刀，完全可用来雕刻象牙器。在工艺上，除了常见的圆雕、线雕以外，还有针刻法。象牙卮呈圆筒形，口沿嵌以黄金扣，小钮、器底、把手均另作，再镶嵌于杯身上。杯身刻 3 头神兽，弓腰张口，形似豹子。兽身用针尖刺出点纹，然后涂红蓝相间的色带，给人以威猛的神态。这种汉代针刻填色的象牙制品，在全国尚属首次发现。

岭南古代多象，《淮南子·人间训》和《汉书·地理志》都有岭南产象的记载。象牙的来源当不成问题。岭南象属亚洲象，象牙较短较小。墓中出土的大象牙，牙长 120 厘米，粗大而弯曲。经过对比，确认为非洲象的象牙。它有可能是作为牙雕原料随葬的。至于墓中出土的牙雕工艺，其原料来源则有待进一步研究。

（七）　金银工艺

金银是贵重金属，除少量被用于制作器皿以外，一般被用于制作服饰品和其他工艺品。这些金银工艺品，在南越王墓中都有出土，其他南越国墓葬中出土不多。

南越王墓出土的金银器皿，金银服饰品和金银配饰，为数甚多。重要的有金带钩（C102）、银带钩（D150 等 7 件）、玉龙金钩（D93）、漆杯金

[①] 《罗泊湾》，第 54 页，图版二八：3，彩版八。

座（C136）、漆奁金羊（D199）、银洗（G82）、银盒（D2）、银匜（E86）、银卮（C151—7）、铜承盘高足玉杯（D102）上的3条金头银身蛇、组玉佩上的金珠（D86—1至D86—10）、金花泡饰；还有覆盖在墓主面上的杏叶形金箔片，贴在铜虎上的斑纹金片，以及贴在众多漆木器上的金箔片、银箔片。其他南越国墓出土的金银器物，已知的有罗泊湾1号墓出土的金耳挖、银针、银戒指①；广州1182号墓出土的金带钩和1120号墓出土的银镯②。这些金银器物，制作精美，制法有铸、压、锤打和抽丝等工艺。其中有些是国内罕见的珍品。例如，银带钩钩尾分叉，钩身饰七星纹，造型别致。金钩首作虎头形，颈部铸一"王"字，钩钮套接于玉龙尾部，构成金碧辉煌的龙虎争斗图像。银盒扁圆形，通体压出花瓣式纹。从造型和纹饰看，都与中国传统器物迥异。金花泡饰尤为精细，呈半圆球形，泡壁极薄，直径仅1.1厘米、高0.5厘米。泡里在底口稍下处焊接一根横梁，以供连缀。球面形的泡体上有9组图纹，均用金丝和小金珠焊接而成。在20倍显微镜下可看到焊接点，每一圈和每粒小珠全是焊接固定的。像这种微型的金细工，现代工艺也难于达到。金箔片色泽明亮，贴在非金银器物上，既可节约黄金，又能显示富丽，故使用较多。贴金的金片使用涂料粘贴，极薄，出土时大多已从器物上脱落。仅贴于铜虎上的斑纹金片得以保存，斑斓闪烁，实属难得。此外，南越王墓西耳室还发现银锭4块，应是制作银器饰的原料。

装饰于非金银器上的错金银、鎏金银工艺为数更多。见于南越王墓的有鎏金铜壶、鎏金铜印、鎏金带钩，各种漆器上的鎏金铜框架和鎏金铜配件，错金铭文的铜虎节，错金银薄片的铜矛镦，错金丝嵌象牙片的剑鞘，错金银嵌绿松石的带托镜和带钩，错银伞柄箍，以及肇庆松山墓出土的错银铜罍③，等等。

南越国的金银器皿、金银服饰品及其他工艺品，其来源可能是多方面的。银锭的发现，表明南越王廷应有金银手工业作坊。玉龙金钩、漆杯金

---

① 《罗泊湾》，第54页。
② 《广州汉墓》，第165页。
③ 广东省博物馆等：《广东肇庆市北岭松山古墓发掘简报》，《文物》1974年第11期。

座以及雕木镶金丝、象牙片的剑鞘，目前在别的地方还没有发现，大约可以认定是南越王廷所制。鎏金铜壶、银洗、银匜等的造型，与中原汉墓所出没有区别，其中至少有一部分应来自中原内地。银盒、金花泡饰造型奇特，不类中土所制，它们有可能是海外输入品，详见下文。

四　交通与贸易

西汉淮南王刘安上武帝书中说，越人的特长是"习于水斗，便于行舟"。[①] 在南越国稍后的西汉墓中，经常有木船模型出土，用牛车、马车随葬的却很少，这也反映出南越国的水上交通比陆上交通发达。

番禺是秦汉时期的南海郡郡治，南越国时期的都城。它位于珠江三角洲的北缘，西北东三江交汇处，水路四通八达，沿江而走可通南越国境内的许多郡县。东南是珠江出海口，在对外交通贸易方面占有非常优越的地理条件。广州西汉墓中出土的木船模型，种类很多，有适合在浅窄河涌划行的货艇；有作交通用的渡船；有行驶于江河湖泊上的航船。此外，还有航行海上的"楼船"之属。这种"楼船"模型，形体高大，结构复杂。船上建重楼，船后设舵，有10桨1橹，船板施彩画。[②] 从这里可以约略看到南越国楼船扬威海上的身影。通过对这批木船模型的观察，可以看到当时船舶的一些基本设备。例如推进器有楫、桨、橹，操掌航向有尾舵，停泊定位有爪锚，等等。虽然这批木船模型，均出土于南越国灭亡后的西汉中晚期墓中，但从南越国重视海上交通，墓中出土物的年代与该文物的创始年代一般应有一段距离等方面考虑，我们认为，这批木船模型所反映的造船技术水平在南越国时期是能够达到的。

1976年发掘的广州秦汉造船工场遗址，证实秦汉之际番禺已拥有相当规模的造船能力和先进的技术水平。这处造船工场建造在灰黑色的沉积黏土层上（初步鉴定属海相地层）。在船场的中心部位发现3个平行并列的造船台。1号船台在南，由两排平行的大木板组成滑道。滑板宽60—75厘

---

① 《汉书·严助传》。
② 《广州汉墓》，第356页，图版一二一—图版一二三。

米、厚 15—17 厘米。下面用枕木垫承。两排滑板上搁置架承船体的木墩。船台中宽 1.8 米，长度在 100 米以上。船台滑板与枕木没有用钉或榫卯固定，故宽窄可随需要调整。2 号船台居中，中宽 2.8 米，仅揭露出一小段。北面第 3 号船台未露。由船台现存宽度推算，1 号、2 号船台可分别建造身宽 5—8 米、载重 25—30 吨的大型木船。根据对船台结构的研究，这个造船工场主要生产的是平底船，吃水较浅，适合内河和沿海岸航行。① 如果判断不误，就应该承认，南越国初期，在番禺已建立起能够成批生产内河船只和沿海船只的造船基地。

有关南越国海上交通的考古资料已发现不少，重要的有镂孔熏炉、象牙、犀角模型、部分琥珀珠饰，以及新发现的乳香药物、圆形银盒和金花泡饰。这些器物，大多发现于广州，贵县、梧州和长沙等地也有部分出土，在当时的中原地区则甚为罕见。熏炉形如豆，器盖镂孔，是一种专用于燃熏香料木的室内生活用品。出土时，炉腹内常有灰烬或炭粒状香料残存。广州仅南越王墓就出土 13 件，贵县、长沙也出土不少。三地所出熏炉器形全同，说明它们同一来源。经研究，犀牛产自东南亚、印度和非洲；象牙、琥珀饰品和熏炉所用的香料木，虽然在当时的岭南和西南边境地区也有出产，但主要产地在东南亚和南亚诸国。② 南越王墓西耳室内发现原支大象牙 5 支，成堆叠放。经鉴定，确认为非洲象牙，这是南越国与海外通商贸易的最有力的物证。另外，在南越王墓西耳室一个漆盒（C223）内发现有树脂状药物，重 26 克，外形与泉州后渚宋船内发现的乳香类似③，虽然所含主要成分已经分解，但不排除它确实是乳香，故被视为珍品，而放入墓中。乳香主产于红海沿岸，南越国从南亚地区间接输入乳香是可能的。贵县秦时为桂林郡治，汉平南越后为郁林郡治，也有条件同海外直接交往。长沙出现南越式的熏炉和犀角、象牙模型，表明长沙国贵族受南越国贵族的影响，经由南越国引进香料木、犀角、象牙等海外珍品。《汉书·南粤传》记赵佗向汉文帝进献的方物中有"犀角十"，估计

---

① 广州市文物管理处：《广州秦汉造船工场遗址试掘》，《文物》1977 年第 4 期。
② 《广州汉墓》，第 476 页。
③ 泉州海外交通史博物馆：《泉州湾宋代海船发掘与研究》，海洋出版社 1987 年版，第 27 页。

也是从海路输入而转送朝廷的。

在南越王墓新发现的圆形银盒和金花泡饰尤引人注目。圆形银盒（D2）出自墓主足端。器身器盖均用锤牒法压出蒜瓣形花纹。从器体造型和纹饰看，均不同于中国传统风格。再看后刻的铭文，后又添加盖钮和器底的铜质圈足，愈显出是流入中国后按照中国的传统工艺加以改造的。一般认为，锤牒压制金银器起源于波斯文化。与此银盒同作蒜瓣形花纹的金银器皿，在西方多有发现。例如伊朗哈马丹（Hamadan）出土的刻有波斯阿塔薛西斯一世（Artaxerxes I，公元前464—前425年）的银酒杯及其他金银器皿。① 在罗多彼山脉和爱琴海地区的色雷斯（Thrace）时代（公元前5世纪）墓中也有类似的银杯出土。② 耐人寻味的是，山东临淄汉初齐王墓器物坑出土1件银盒③，云南晋宁石寨山滇墓出土2件铜盒④，造型和纹饰均与南越王墓出土的这一件差不多，只是稍粗糙一些。这三座墓葬的年代大体相当，但相距千万里，为什么在同一时期内会出现彼此近似的海外珍品，目前还不易作出合理解释。

金花泡饰32枚（D138），出墓主身上。半圆球形，底口处为平折沿，泡壁极薄，直径1.1厘米、高0.5厘米。泡里近底口处焊接一根横梁，以供连缀。球面形的泡体上分布4堆小金珠，每堆由4粒小金珠作三下一上堆叠。它是用焊剂将金粒固定于器表，然后加热焊牢的。这种焊珠工艺（Granulation），与中国传统的金银细工不同，而与西方出土的多面金珠上的小珠焊法相同。据国外学者研究，焊珠工艺在两河流域乌尔（Ur）第一王朝（前4千年纪）已出现，随后流行于古埃及、克里特、波斯等地，亚历山大东征以后传至印度。巴基斯坦坦叉始逻遗址中出土的用焊珠工艺制作的多面金珠可早到公元前3—前2世纪⑤。南越王墓出土的蒜瓣纹银盒和金花泡饰，器形与制作工艺均非中国所固有，其来源很可能同这条海上交

---

① 《世界考古学大系》第11卷（《前第2千年纪以后ササン朝ペルシアまで》），东京平凡社1963年版，图323、图322；图版153、图版155。

② 《古代トラキア黄金展》，东京1979年版，图162、图223。

③ 山东省淄博市博物馆：《西汉齐王墓随葬器物坑》，《考古学报》1985年第2期。

④ 云南省博物馆：《云南晋宁石寨山古墓群发掘报告》，文物出版社1959年版，第69页。

⑤ H Margon, Metal Working in the Ancient World. *American Journal of Archaeology*，1949，111（2）：93—125。又见岑蕊《东汉魏晋墓葬中的多面金珠用途及其源流》，《考古与文物》1990年第3期。

通线有关。

汉代中国与东南亚、印度的海上通道，据《汉书·地理志》，由日南障塞（出海口在今越南岘港）或徐闻、合浦出发，沿印支半岛南下，船行5个月，到都元国（今越南南圻一带），全程1060海里；船再行4个月，到邑卢没国（今泰国华富里），全程840海里；再船行20余日，到谌离国（暹罗古都佛统），全程100余海里。由谌离舍舟登陆，横越中南半岛，前行10余日，到夫甘都卢国（今缅甸蒲甘地区），全程300公里。再船行2个月余，到黄支国（今印度东岸建志补罗，出海口为马德拉斯），全程1728海里。黄支之南有已程不国（Sihadvipa，意为狮子洲，今斯里兰卡），汉使至此乃循原路而归。[①]《地理志》又载，黄支国"其州广大，户口多，多异物"，所产明珠、璧琉璃、奇石异物，自武帝以来源源流入中国；中国的丝绸（杂缯）通过馈赠、贸易，不断输往上述各地。由此不难设想，如果没有南越国时期奠定的造船业基础和累积的海上交通经验，是不可能出现"武帝以来"的南海交通盛况的。从南越国墓出土的有关海外实物资料的原产地看，这条南海交通航线很可能在南越国时期就已经开辟了。

在内陆交通方面，南越国赵氏政权十分重视与汉朝的关市贸易，充分利用秦军统一岭南时开辟的"新道"。南越国建国初期，开发岭南所需的"金铁田器牛马羊"等生产物资大量南下，吕后"禁粤关市铁器"后，赵佗曾连续三次派出内史藩、中尉高、御史平等使者出使汉廷，请求恢复关市。[②] 可见南越国要求与中原关市贸易的殷切心情。南越国墓中随葬有中原器物的数量和种类越来越多，也可以说明。有些器物上还铭刻中原的地名。如罗泊湾1号墓的铜鼎上刻"析"字，铜钫上刻"莝"字，可知它们分别来自河南西峡和陕西武功[③]。在一件记录随葬品的木牍《从器志》上，记有"中土瓴卅"、"中土食物五笥"[④]，说明连中原的陶器和食物也

---

① 参看《中国大百科全书·中国历史·秦汉史》"南海交通"条，中国大百科全书出版社1986年版。

② 《史记·南越列传》；《汉书·南粤传》。

③ 《罗泊湾》，第33、24页。

④ 同上书，第83页。

输入岭南。南越国的翡翠、毒冒、珠玑、佳果等南方土特产也经由水陆路线或海路远销中原内地。《盐铁论·未通》提到汉武帝平南越，北方出现"民间厌橘柚"，可见当时南北通商贸易的兴盛。《汉书·食货志下》云，赵佗实行"故俗治，无赋税"政策。这对加强同内地的商业贸易，开发岭南地区经济是有利的。

南越国北境的长沙国和东北边的闽越国，与南越国关系一向不好，但并不因政治关系而断绝往来。南越国流行的以几何图案为特征的印纹硬陶，在长沙西汉墓[1]和福建崇安闽越国城址[2]都有出土，其制陶工艺应是受南越国的影响而在本地仿制的。

南越国与巴蜀、西南夷也有商业往来。《史记·西南夷列传》提到"南越以财物役属夜郎，西至同师"。又说，武帝初年，番阳令唐蒙出使南越，见"南越食蒙蜀枸酱"，知道是由夜郎经牂柯江转运而来。汉平南越国时，驰义侯率巴蜀罪人、夜郎兵东下，也走"下牂柯江"这条路。可见这是一条早已存在的交通要道。器形奇特的不对称形铜钺，在中国两广、云川贵，南及越南以南的广大东南亚地区都有发现，时代大约都在战国秦汉间，目前还难于判断其源流及彼此间的关系，但可以肯定，这是中国南方和东南亚青铜文明的共同文化特征，是各地文化互相影响的结果。[3] 进入南越国时期，各地交往仍持续不断。

广西贵县、田东、柳州、容县、浦北等地都发现有滇文化遗物，如石寨山型的铜鼓、羊角状鋬钮钟、铜水牯牛模型、柳叶形短剑、内缘突棱的玉环、周缘带花牙的玉玦，都有可能是从滇地输入的。[4] 南越王墓和罗泊湾1号墓出土的铜提筒，与越南北部东山文化的铜提筒类同，特别是南越王墓出土的羽人船纹提筒（B59）与越南玉镂铜鼓上所见的主晕纹饰极为近似。今越南北部，南越国时是骆越人的聚居地，他们曾受南越国"役属"，并在一段时期内归南越国管辖。两广南越墓

①　中国科学院考古研究所：《长沙发掘报告》，科学出版社1957年版。

②　福建省博物馆：《福建崇安城村汉城遗址试掘》，《考古》1960年第10期；福建省博物馆：《崇安城村汉城探掘简报》，《文物》1985年第11期。

③　汪宁生：《试论不对称形铜钺》，《考古》1985年第5期。

④　黄展岳：《论两广出土的先秦青铜器》，《考古学报》1986年第4期。

出土的铜提筒，有可能是受骆越人的影响而在本土仿制，也有可能是通过贸易交换得来，或者是骆越首领以提筒盛放方物进献于南越国王廷的。[①] 不论出于什么原因，都说明两地文化类同，关系密切，交通贸易早已存在。

还应该提到的是，南越国的对内、对外通商贸易虽然比较发达，但交换手段仍停留在比较落后的阶段。最突出的反映是南越国墓中很少发现钱币。先秦时期，两广地区与楚地已有交往，但楚国的钱币，在两广境内未曾发现。在中原和长沙的西汉早期墓中，经常发现原六国的铸币和半两钱（包括泥版冥钱）同出，而南越国墓中则未见过。这一现象说明：秦统一以前，岭南的社会经济活动尚处在以物易物或实物货币的经济状态。在南越国时期，政府没有颁行自己独立的钱币，使用秦汉钱币也不多。在已发掘的 300 多座南越国时期墓中，只有广州 6 座墓随葬半两钱。[②] 罗泊湾 2 号墓发现 1 枚楚国金饼（流入后可能不是作为流通货币使用的）。[③] 高贵的南越王墓和贵县罗泊湾 1 号墓，都没有发现钱币随葬，而同时期的汉朝诸侯王、列侯墓，随葬钱币都成千上万。由此我们对南越国的商品经济是否存在不能不产生怀疑。看来南越国境内的物资交换和南越国与中原内地的关市贸易，基本上都停留在以物易物的阶段；南越国与海外的贸易，可能也是采用以物易物的交换方式。

五　度量衡制度

南越国采用汉朝的度量衡制度，递进单位为：长度用寸、尺、丈，容量用升、斗，衡用两、斤、石，各种单位的计量值标准与汉朝基本上一致。这已从罗泊湾 1 号墓出土的计量铭文器物的研究中得到证实。南越王墓出土计量铭文器物的研究，再次得到证实。下面综合两地出土计量铭文器物实测数据作一简单介绍（表一）。

[①] 黄展岳：《略论铜提筒》，《考古》1989 年第 9 期。
[②] 《广州汉墓》，第 157—159 页。
[③] 《罗泊湾》，第 110 页。

表一　　　　　　　　　　　南越国出土计重计量器物实测表

出土墓号	器名（器号）	自铭	实测数	折合	备注
广州南越王墓	铜鼎（G9）	重二十八斤 容六斗大半斗	6725 克 12300 毫升	240.18 克/斤 184.52 毫升/升	保存完好，有薄锈未清除
	铜鼎（G10）	重十六斤 容三斗大半斗	4025 克 7000 毫升	251.56 克/斤 190.94 毫升/升	保存完好，有薄锈未清除
	铜鼎（G36）	三斗	5715 毫升	190.5 毫升/升	器底有动物骸骨痕迹
	铜鼎（G55）	一斗一升	2200 毫升	200 毫升/升	器底有少量海贝遗骸
	铜鼎（G54）	容一斗大半	3300 毫升	198.1 毫升/升	测点在口沿上线
	铜鼎（G53）	一斤九两（盖） 容一斗一升	350 克 2600 毫升	224 克/斤 236.36 毫升/升	器底有动物骸骨痕迹，测点在口沿下线
	铜灯（G62—1）	重十三斤十一两	3475 克	253.89 克/斤	
	铜灯（G62—2）	重十三斤十二两	3325 克	241.82 克/斤	
	铜匜（F56）	容二斗	3950 毫升	197.5 毫升/升	流上口处稍残缺，估计可多容 50 毫升
	银洗（G82）	六升 三斤二两	550 克 1100 毫升	176 克/斤 183.33 毫升/升	
	银卮（C151—7）	一升十二			刻外底部，极浅细，未测
	银盒（D2）	一斤四两 三升大半	275 克	220 克/斤	盒身已残漏，容量未测
	铜鼎（C64）	容二斗二升			器底有较厚的海贝遗骸层，无法测量
	铜壶（G46）	三斗			已残破，未测
	铜鼎（G66）	一斗二升少半			器底有较厚的海贝遗骸层，无法测量
广州西村石头岗1097 号墓	铜鼎（1097:22）	四斤九两（盖） 容二斗少半斗十 六斤七两（器身）			已残破，未测，参看《广州汉墓》第137 页

续表

出土墓号	器名（器号）	自铭	实测数	折合	备注
贵县罗泊湾1号汉墓	铜鼓（1:10）	百廿斤	30750 克	256.25 克/斤	
	铜钟（1:35）	布八斤四两	2190 克	265.45 克/斤	
	铜钟（1:36）	布七斤	1870 克	267.14 克/斤	
	铜提筒（1:4）	布十三斤	3485 克	268.08 克/斤	原报告作"铜桶"
	铜鼎（1:30）	二斗少半	4060 毫升	199.68 毫升/升	
	铜鼎（1:28）	二斗二升	4200 毫升	190.91 毫升/升	
	铜鼎（1:31）	析二斗一升	4000 毫升	190.5 毫升/升	
		二斗大半升		193.6 毫升/升	
	铜鼎（1:32）	一斗九斤	4000 毫升	210.5 毫升/升	流入布山后刻铭
		蕃二斗二升		181.8 毫升/升	流入番禺时刻铭
		析二斗大半升		193.6 毫升/升	析地刻铭

注：1. 南越王墓计重计量器由黄展岳、全洪测定。罗泊湾1号墓计重计量器由邱隆测定，参见《广西贵县罗泊湾汉墓》第143页。

2. 南越王墓"自铭"栏仅记录重量，非全文。

度　见于罗泊湾1号墓，计木尺2件，竹尺1件。1件木尺（1:323）完整，杉木制，长条形。表面光滑平整，正面刻出十等分，正中刻交叉十字，刻槽内填红色。一端有圆孔，可以穿绳系挂，每一刻分当为1分，实测长2.3厘米，全长23厘米。另2件（1:357、1:360）已残，形制同完整尺，残存每一刻分长2.3厘米，表明1尺是23厘米[1]。此长度与长沙出土的战国楚尺相等；与秦商鞅量尺（1尺=23.1厘米）相当接近；与满城汉墓出土刻有高度铭文的4件铜锭（灯）（1尺约合今22.5—23厘米）[2]也相差无几。罗泊湾尺可被视为秦统一后在岭南推行的标准尺。

量　南越王墓出土记容器12件，剔除残破4件，实测8件。测法采用标准量杯盛蒸馏水倒入器内，测定其容量，再据自铭容量折合成毫升。8件实测器的平均值是1升=197.655毫升。罗泊湾1号墓出土记容铜鼎4

① 《罗泊湾》，第57页。
② 中国社会科学院考古研究所等：《满城汉墓发掘报告》，文物出版社1980年版，第75页。

件，经国家标准计量局邱隆同志实测，平均值是 1 升 = 194. 37 毫升。[1]

目前公认的西汉前期容量标准是：

1 升合今 188—200 毫升（一般以 200 毫升为准）。[2] 南越王墓和罗泊湾 1 号墓揭示的容值分别为 197. 655 和 194. 37，与西汉前期容量标准是一致的。

衡　南越王墓出土记重器 7 件，经初步去锈，选用广州产的精密天平仪，逐一测定其重量。7 件实测器的平均值是：1 斤 = 229. 634 克。罗泊湾 1 号墓出土记重器 4 件，经国家标准计量局邱隆同志实测，平均值是：1 斤 = 264. 23 克。[3]

目前公认的西汉前期重量标准是：

1 斤合今 244—250 克（一般以 250 克为准）。[4]

南越王墓和罗泊湾 1 号墓揭示的衡值分别为 229. 634 克和 264. 23 克，与西汉前期重量标准稍有偏差。偏差数值均不到 15 克，这在古代是允许的。统一的量衡制出现微量偏差的原因很多，主要有：①古代量衡器皆手工铸制，精密度不可能绝对准确，何况出土的铜器又不是官方颁定标准器；②铜器久埋地下，因氧化、损伤，与初铸时已有变异，出现误差难于避免；③不同地区不同时期的单位值可能有差距；等等。罗泊湾出土一件铭刻三个地名三个容量的铜鼎（1∶32），很可以说明这个问题。此器实测容 4000 毫升，据铭刻，"析"地标"二斗大半升"，"蕃禺"标"二斗二升"，"布山"标"一斗九升"。折合今测，"布山"最大，1 升合 210. 5 毫升；"析"地次之，1 升合 193. 6 毫升；"蕃禺"最小，1 升合 181. 8 毫升。造成三地容量略有差异的原因，有可能来自实测时所依据的容量标准线不一致；也有可能是三地容量标准存在实际差异。但不论是哪一种原因或两种原因都存在，它们的同一单位的数值都在迄今发现的西汉前期容器的数值范围内，不能据以否认当时量制的统一性。

上述实况表明，南越国的度量衡制与汉朝相同，这应是秦统一岭南后

① 《罗泊湾》，第 143 页。
② 天石：《西汉度量衡略说》，《文物》1975 年第 12 期。
③ 《罗泊湾》，第 143 页。
④ 天石：《西汉度量衡略说》，《文物》1975 年第 12 期。

把中原的度量衡制推行到这里，南越国沿袭秦制不改。

六　武器

《淮南子·人间训》载，秦始皇"使尉屠睢发卒五十万为五军……三年不解甲弛弩。使监禄无以转饷，又以卒凿渠而通粮道，以与越人战。杀西呕君译吁宋，而越人皆入丛薄中，与禽兽处，莫肯为秦虏，相置桀骏以为将，而夜攻秦人，大破之，杀尉屠睢，伏尸流血数十万"。从这段文字的描述中，我们看到了越人的骁勇顽强和他们的作战方式。南越国墓出土的武器，为当时的作战实况提供了形象的资料。

为了比较全面地了解南越国的武器，我们选择 7 批（372 座）具有代表性的墓葬，其出土铜、铁兵器见表二。

表二　　　　　　　　　　　南越国出土铜、铁兵器登记表

地点	墓数	铜兵器								铁兵器					其他兵器	资料出处
		剑	短剑	矛	戈	钺	镦	弩机	镞	剑	矛	戟	铍	镞		
广州南越王墓	1	1		1	4		5	15	921（多数铁镞、少数铜镞）	15	7	2	1		铁利器1、铁甲1、皮甲1	《西汉南越王墓》
广州市郊墓群	182	7	6	11	6		2	6	11（铁镞）	7	13	3				《广州汉墓》第139—145、160—162 页
广州淘金坑墓地	20			2					10（铁镞）	2						《考古学报》1974 年第 1 期，163—165 页
广州柳园岗墓地	43				1											《穗港汉墓出土文物》第 250 页
肇庆松山 M1	1	2		1					20（铜镞）							《文物》1974 年第 11 期
平乐银山岭墓地	123	7	4	24	1	1	8	19	181（内铁镞10件，余铜镞）	1		3			墓地上采集铜剑1、短剑2、戈1、矛5、钺7、镞2	《考古学报》1978 年第 2 期　《考古学报》1978 年第 4 期

续表

地点	墓数	铜兵器 短剑	剑	矛	戈	钺	镞	弩机	镞	铁兵器 剑	矛	戟	钺	镞	其他兵器	资料出处
贵县罗泊湾 M1	1	3					3		43（铜铤）	2				4	铁利器1	《罗泊湾》，第47—52页
贵县罗泊湾 M2	1				3			1								《罗泊湾》，第108页
合计	372	204	8	60	11	8	29	22	1186	25	25	5	1	4		

从表二可以看出，南越国武器以铜制为多。主要的铜兵器是剑和矛，其次是戈和钺；弓矢和弩矢的使用很普遍。最常见的铁兵器也是剑和矛，其次是戟。主要的铜兵器大多出土于银山岭西瓯戍卒墓地，铁兵器则多见于南越王墓和南越国高级官吏墓中。这种现象似乎表明，青铜制的短剑、矛、钺和弓矢，应是南越国士卒的主要武器装备，铁剑、铁矛主要为南越国将官所使用。

铜剑（包括长剑、短剑），可以分为两种形式。一种与中原内地相同，剑身长宽，中脊微显，圆首茎，茎上有两道凸箍，有格。部分带木鞘或革鞘，并有玉剑饰。广州市郊出土的Ⅱ型、Ⅲ型剑①，肇庆松山出土的2把青铜剑②和银山岭Ⅰ—Ⅱ式剑③均属这种形式。另一种是形体短小的扁茎剑。剑身宽扁，中脊有突棱，折肩，无格，扁茎，多数无首或首茎分铸。首多作漏斗形或覆钵形，下附圆筒形柄。筒形柄上有矩形凹口，两侧对开有孔。茎上有孔，一般一孔，个别二孔。茎上有朽木痕迹，推测首与茎之间原有木柄衔接。这种具有明显的地方特色的短剑均出自银山岭（Ⅳ式、Ⅴ式剑）。此外，广州1175号墓出土的1件（列为Ⅰ型），剑身与前一种相同，但茎作扁条形，外套一个腰鼓形的铜筒作柄，柄上铸水波纹、圆涡纹，剑首八角星纹，格一字形，两端伸出，是一件富有地方特色的长剑。

① 《广州汉墓》，第140页，青铜剑Ⅱ型、Ⅲ型。
② 广东省博物馆等：《广东肇庆市北岭松山古墓发掘简报》，《文物》1974年第11期。
③ 广西壮族自治区文物工作队：《平乐银山岭战国墓》，《考古学报》1978年第2期；又《平乐银山岭汉墓》，《考古学报》1978年第4期。两文共收155座墓。经研究，其中有123座墓属南越国西瓯戍卒墓，详见《考古学报》1986年第4期黄展岳《论两广出土的先秦青铜器》。

铜矛器形变化较大，其基本特征是长刺短骹（或短刺长骹），凸脊，骹口大多作偃月形（少数骹口平直），并有鼻钮。与同时期的中原铜矛有别，应是本地铸造。出土时，木柄已朽没，有部分矛头与铜镦呈直线距离，一般相距约1.6米，这应是木柲的长度。加上矛头和铜镦的长度，可以推知铜矛全长约1.8米。

铜钺仅见于银山岭，有两种形式。一种是双肩（或双重肩）铲形，方銎弧刃；另一种呈风字形，刃部两端向上翘起，一侧有半环耳。这两种形式均不见于其他地区，亦属岭南特色的器物。

铜戈、铜镞和铁剑、铁矛、铁戟，与中原内地所习见的器形类同。铜戈内平直，援微扬，援胡内侧均为利刃。内上一穿，阑侧三穿。箭镞以双翼形为多，还有三突棱形和三棱形等。前期箭镞多铜铤，后期箭镞多铁铤。铁剑剑身狭长，中脊微显，后端呈直角与茎相连。茎扁条形，上下夹以木片，再在其上缚缠细线。多数有木鞘和玉剑饰。剑身一般长80—90厘米、茎长10多厘米。矛叶呈两侧外弧的三角形，骹圆筒形。戟作卜字形。铁镞仅见于罗泊湾1号墓，出土4件，其中3件双翼形，1件圆锥体，皆铁铤。[①] 此外，还有一种特长的铁剑，剑身、玉剑饰均与前一种无别，但茎部特长，一般长30—40厘米，加上剑身长度，通长达130—150厘米。南越王墓墓主腰间两侧放置的10件，罗泊湾1号墓[②]出土的2件以及广州1095号墓和1175号墓出土的Ⅲ型剑[③]均属之。类似这种茎部特长的铁剑亦见于巨野红土山汉墓[④]，看来是为高级贵族专门制作的，佩戴起来尤显威仪，但不适于实用。或者是为陪葬而专门制作的。

上述情况表明，南越国除了大量制造具有地方特色的青铜短剑、青铜矛以外，还大量输入或仿制中原形式的铜剑、铁剑、铁矛以及弩机和铁铤铜镞。

从出土的武器装备看，当时的战争除了远距离的弓矢（或弩矢）射杀

① 《罗泊湾》，第53页，图版二七：3。
② 同上书，图四六：3。
③ 《广州汉墓》，第160—161页，Ⅲ型剑，图九五：6。
④ 巨野红土山汉墓墓主似为汉昌邑王刘髆，出土铁长剑5件，置墓主腰间两侧。山东省菏泽地区汉墓发掘小组：《巨野红土山西汉墓》，《考古学报》1983年第4期，图一六：1。

外，主要是近距离的格斗。根据表二分析，前期的近战武器以铜制为主，后期逐渐为铁制所取代。铜铁兵器的这种消长情况，与同时期的长沙和中原内地是一致的。岭南多山，林莽溪谷遍布，陆上交通非常不方便，不适于车战，也不适于骑兵驰骋。凭借地形优势的南越士卒，可以利用剑矛等近战武器充分发挥战斗力。扼关自守，以逸待劳，立于不败之地。赵佗自恃"身定百邑之地，东西南北数千万里，带甲百万有余"[①]，这是同他的重视近战武器装备以及正确的扼关自守政策分不开的。

七　墓葬

在已发掘的 400 多座南越国墓中，有 300 座左右集中在南越国都城（番禺）附近，100 多座发现于平乐银山岭。其他零星发现于桂林郡治所在地（今贵县），以及肇庆、贺县、曲江等地。总共大约 10 个地点。除了南越王墓和贵县罗泊湾 1 号墓构筑比较复杂以外，其他都是采用长方形竖穴土坑。根据墓室构筑的不同和随葬品的差异，可分为两大类：一类是土著越人的墓葬；另一类是南下汉人和已汉化的越人墓。

土著越人墓主要发现于广西平乐银山岭[②]，都是竖穴土坑墓，无坟丘（个别在地面上有稍微隆起的封土堆），无墓道。四壁垂直平整。填土都用原坑土回填。多数在墓底约当棺位中部处设腰坑。腰坑平面有方形、长方形和圆形三种。以方形为最多。腰坑内放陶器 1 件，最常见的是陶盒，其次是三足盒、杯、罐、瓮、瓿。有的在墓底四周设二层台，或在墓底铺一层河卵石。一般来说，前期墓的墓室狭长，其长宽比例约为 3∶1，一般长 2—3.5 米、宽 0.7—1.2 米。随葬品比较简单。后期墓墓室比较宽大，长宽比例约为 2∶1。一般长 2—4 米、宽 0.8—2 米。随葬品稍多。出土时，葬具、人骨都已腐朽，从现存痕迹看，多数有木棺，单人葬；有的有棺有椁，个别墓可能无棺无椁。随葬品一般是实用兵器、生产工具、生活用

---

① 《汉书·南粤传》。

② 广西壮族自治区文物工作队：《平乐银山岭战国墓》，《考古学报》1978 年第 2 期；又《平乐银山岭汉墓》，《考古学报》1978 年第 4 期。

具。器物组合比较有规律，兵器一般是铜剑、矛、镞共出；生产工具一般是铁锄、刮刀共出；生活用具一般是陶鼎、盒、杯共出。有铜兵器的墓不出陶纺轮，有陶纺轮的墓不出铜兵器，推测前者是男性，后者属女性。随葬品最多的有40—50件，最少的仅1—2件，多数是10件左右。陈放位置比较一致，兵器、生产工具和佩饰品放棺内，或死者随身佩戴；陶器和铜容器一般置于棺外死者头端或一侧，排成一列，或呈曲尺形。砺石则常常与铜铁的利刃器伴出。

广州至今未发现土著越人的专门墓地，但在西村石头岗、下二望岗①和柳园岗②等地发现有少数墓底铺小石或棺底下设腰坑的墓，腰坑内放陶瓮1件，墓中不见有汉文化的陶器、铜器，所出陶器全属地方特色的器形，重要的有瓮、罐、瓿、小盒、盘口鼎等10多件，有的仅有鼎、盒、壶或罐、碗等三五件而已。个别墓随葬铜镜、玉饰。随葬器物多数放在一端，有的前后分置，或成曲尺形。墓主应是土著越人。广州和平乐的土著墓，随葬品虽略有不同，但均以地方特色的陶器为主。这种墓葬制度，明显是沿袭当地先秦土著人的传统葬俗。汉平南越后，这种墓葬消失，表明与汉文化迅速融合。

南下汉人或已汉化的越人墓，也都是竖穴土坑墓，但多数设置椁室，从地面尚有遗存看，墓口上都筑有坟丘。前期墓一般是单室墓，小型墓无墓道，中型墓有斜坡墓道。随葬品以陶器为多，主要是具有楚文化特点的鼎、盒、壶、钫和带有地方色彩的印纹硬陶瓮、罐、瓿、小盒。较大的墓，还有铜鼎、铜盆、铜剑、铜矛、玉璧、铁刮刀、漆耳杯等。后期墓一般有斜坡墓道，墓室分出前室和后室两部分，皆设椁室。后室是主室，前室用于祭奠。陶器类型与前期无大变化，但多属较晚期的型式，并常有戳印职官或官署的陶文。一般有铜器、铁器、漆木、玉石器随葬。重要的铜器有鼎、壶、钫、鍪、盆、熏炉、镜、带钩，铁器有剑、矛、凹口锄、削以及耳杯、奁、案等漆器和玉璧等。这种墓葬制度，与

---

① 《广州汉墓》，第25—41页，Ⅱ型墓之1式、2式、4式。

② 黄淼章：《广州瑶台柳园岗西汉墓群发掘记要》，《穗港汉墓出土文物》，香港中文大学文物馆1983年版，第248—252页。

长沙汉初墓相同，基本上沿袭战国时期的楚墓制度。墓群所在往往是十几座至一百几十座密集在一起，大墓、中小墓各有分处，大墓比较分散，几座大墓同位于一个岗头的甚少。从随葬印章大多为汉姓汉名（如李嘉、赵安、郑未、孙熹、梁奋、得之、臣偃①、赵望之②、臣辛③、如心、须甲④）以及伴出陶器有戳印官署⑤看，被葬者大多是南越国的官吏，其身份应是南下汉人或已汉化的越人。它们主要被发现于广州华侨新村、麻鹰岗、淘金坑和广西的贵县、贺县。同这种墓并存的还有广州二望岗、流花桥、柳园岗等地的小型土坑墓。这种小型墓，一般无墓道，四壁平直，墓室长宽约为2:1，一般长3—4米，宽1—2米。单人葬，多数有棺有椁，少数有棺无椁。随葬以陶器为主，一般是含有楚文化的陶器和带有地方特色的陶器各若干件，但器形组合不全。有的还有少量铁制的生产工具和漆木器。这种墓葬，大约是一般的南下汉人和已汉化的越人，也有南越国的下级小吏。总的来说，广州南越国前期墓，一般规模不大，随葬物不多，这和当时"新造未集"的创始阶段是符合的。文景以后，经过六七十年的开发经营，墓葬的构筑趋向宏大复杂，随葬器物也丰富多了。

随葬富有地方特色的器物，除了表明各地的历史文化传统或地理环境诸因素有所不同以外，有的可以是传统思想或某种制度的不同反映。例如平乐银山岭的西瓯人墓葬和广州柳园岗的本地南越人墓葬，一般随葬具有地方特色的青铜器和印纹硬陶器，例如瓮、罐、提筒、釜形鼎、盘口鼎、镂空圈足壶、三足盒、联罐、匏壶等。南下汉人除了随葬中原地区或原楚地汉墓中常见的鼎、盒、壶、钫一套象征性的礼器以外，还兼用本地色彩的器物随葬。这种现象，反映了南越国汉人统治者尊重越人葬俗，汉越"杂处"，实行了有利于民族团结和文化

---

① 《广州汉墓》，第149、171页。

② 广州市文物管理处：《广州淘金坑的西汉墓》，《考古学报》1974年第1期。

③ 广州博物馆等：《穗港汉墓出土文物》，香港中文大学文物馆1983年版，第249页。

④ 广西壮族自治区文物工作队等：《广西贺县河东高寨西汉墓》，《文物资料丛刊》（四），文物出版社1981年版。"如心"金印和"须甲"玉印同出河东高寨4号墓。"如心"显系汉名，"须甲"似为原来的越式名。如判断不误，则此墓死者应为已汉化的越人。

⑤ 《广州汉墓》，第91页；《广州淘金坑的西汉墓》，《考古学报》1974年第1期。

融合的政策。

南越王墓和贵县罗泊湾 1 号墓是两座比较特殊的墓例。但细加审察，仍然可以看出属于楚墓遗制。南越王墓构筑在广州象岗山腹心深处，从外形看，似是模仿霸陵"依山为陵"的建制；但它采用大揭顶深挖墓圹，在距岗顶深 20 米的土石圹中以大石板砌造墓室，南辟墓道，墓室内分 7 室，中间是主棺室，周围有前室、东西耳室、东西侧室和后藏室，显然是从楚制椁室设置头箱、足箱、左右边箱的形制演化而来的。南越王墓主身着玉衣，则是直接仿效汉朝的丧葬制度。贵县罗泊湾 1 号墓是一座有坟丘、有斜坡墓道的长方形竖穴木椁墓，椁室内的布局与寿县李三孤堆楚王墓①相同，都是椁室中部设一个主棺室，棺室周围设 8 个边箱，它比信阳长台关楚墓②、江陵天星观楚墓③多出两个边箱。此外，罗泊湾 1 号墓，还在椁室前端增设前堂，椁室底下增设殉人坑、器物坑，又在墓道前方两侧设置车马坑、仓厨坑。前堂之制，似仿自汉黄肠题凑的前室或甬道，殉人坑、器物坑和车马坑、仓厨坑，则是沿袭中原殷周高级贵族墓的墓制。南越王墓有 4 个夫人殉死，11 人殉葬；罗泊湾 1 号墓有 2 姬妾殉死，7 人殉葬④；罗泊湾 2 号墓有 1 人殉葬⑤。这又从一个侧面说明南越王国上层统治者，还没有废弃曾盛行于殷周时代的野蛮的殉葬制度。

八　结语

汉番禺城的勘察和王国宫室走道遗存的发掘，说明它很可能是秦南海尉嚣始建，后被赵佗用为南越国都城。它是目前已知的岭南最早出现的城市。它位于今广州市区中心，对它的全貌已经不容易搞清楚，但都城的规模和城中的宫殿官署位置，大致上是清楚的。从出土的建筑材瓦看，南

---

①　郭德维：《关于寿县楚王墓椁室形制复原问题》，《江汉考古》1982 年第 1 期。

②　河南省文物研究所：《信阳楚墓》，文物出版社 1986 年版，第 16 页。

③　荆州地区博物馆：《江陵天星观 1 号楚墓》，《考古学报》1982 年第 1 期。

④　《罗泊湾》，第 13—18、114—124 页。

⑤　《罗泊湾》，第 99 页。

越国都城的规划和宫殿布局、建筑形式，很可能是模仿汉长安城的建制的，当然规模要小一些。

作为衡量社会生产水平的冶铸业，已取得长足进展。大约在两周之际，岭南地区已掌握原始铸铜技术，但在秦平岭南以前，青铜器始终没有在社会生产中占据主要地位。秦平岭南后，本地区的青铜冶铸业得到大发展。南越王墓出土的500多件青铜器和罗泊湾1号墓出土的200多件青铜器，除少数青铜器可能来自中原以外，绝大多数应是南越国自行冶铸。它们是南越国青铜冶铸技术最高水平的标志。

岭南使用铁器为时较晚，基本上可以认定的最早记录是始兴白石坪战国晚期窑址中出土的1臿、1斧。秦平岭南后，铁器才大量在岭南出现。最常见的农具是锄、臿；手工业工具是斧、锛、凿、刮刀、削；武器是剑、矛、戟和铁铤铜镞；炊具杂器有鼎、釜、三足架、镊、锥，等等。可见社会经济的主要部门已普遍使用铁器。虽然目前还无法确定南越国有自己的冶铁业，但南越国已充分掌握锻铸技术则毋庸置疑。

农业以种植稻谷为主，渔猎经济也很发达。人工培植的蔬菜、瓜果已普遍出现。主要由王国工官和市府管理生产的造船业、制陶业、纺织业、漆器制造业、玻璃制造业以及玉石雕刻和金银细工，都具有相当规模。内河交通便利，海洋交通也初具规模。在陆地交通方面，赵氏政权十分重视与汉朝的关市贸易。充分利用秦军开辟的"新道"，大量引进"金铁田器牛马羊"，促进岭南的经济发展。到汉武帝灭南越国时，南越国都城、郡县所在地以及西江两岸和河网交错的平原地区，已得到充分的开发。人烟稠密，经济繁荣，文化也不低。其发展水平已接近中原内地。王国统治阶级，一部分南下汉人和汉化越人的经济文化生活，与中原内地的同阶层相比较，几乎不存在差异。到西汉末年，番禺已成为海外贸易的集散地，跃居当时全国十九个著名的都会之一。这不能不说是基于南越国打下的基础。

但是，南越国毕竟是一个僻处于汉朝南陲的地方割据政权，原有的社会经济基础很薄弱，立国后，本地区发展农牧业的"金铁田器马牛羊"需仰赖于中原，经济实力和所能达到的发展水平毕竟要受到较大限制。第二代南越王墓及其随葬器物所显示的规模和气势都远逊于同时代的中山靖王刘胜墓、曲阜九龙山的鲁王墓、徐州北洞山楚王墓，正是当时这种经济实力的反映。除了都城、郡县所在地，江河沿岸平原地区以外，当时的岭南东部、东北部、西部、西北部等山区，恐怕还是一片篁竹草莽之地。根据考古调查，左江流域不但不见几何印纹陶和青铜器，连汉墓也没有发现。遗留下来的还是石器、骨蚌器和简单的青铜器。① 这些山区的土著越人，可能还停留在初民社会阶段。即使在已开发的地区，除了农业种植以外，水产捕捞和狩猎也是重要的生活手段。如果说，中国历史上对岭南的开发是长期的、多阶段的，那么，南越政权对岭南的开发便是属于有限的、初期的阶段。

（本文是笔者在参加编写《西汉南越王墓》期间，与麦英豪先生共同讨论写成的，并以此文作为该书的结语。原载《西汉南越王墓》，文物出版社 1991 年版）

---

① 蒋廷瑜：《左江崖画的考古学研究》，《广西文物》1986 年第 2 期。

从南越国墓葬看南越国

　　南越国从赵佗僭越称帝到汉武帝元鼎六年被灭亡，共传五主九十三年（公元前203年到前111年）。强盛时，疆土拥有现在的中国广东、广西和越南北部。关于它的历史，《史记》和《汉书》的《南越（粤）列传》都有专门记载，但偏重于王位的更迭和统治阶级内部的政治斗争，对于南越国的社会经济和文化，很少涉及。后人对它的研究，基本上也局限在文献史料方面。新中国成立初期，在南越国的都城番禺（今广州），发掘了这个时期的墓葬182座，初步揭示了南越国的社会面貌。① 20世纪70年代又在广州淘金坑发掘南越国墓22座②，在柳园岗发掘南越国墓43座③，在广州市区发掘属于秦汉之际的造船工场遗址1处④，在肇庆松山发掘南越国大墓1座⑤。1983年发掘的第二代南越王墓尤为重要。⑥ 墓室中的器藏，如同一座文化宝库，它为研究南越国提供了最直接的形象资料。在广西壮族自治区，有1974年发掘的平乐银山

---

　　① 这批资料，后来全部收入《广州汉墓》第二章（该书第23—183页）。
　　② 广州市文物管理处：《广州淘金坑的西汉墓》，《考古学报》1974年第1期。
　　③ 黄淼章：《广州瑶台柳园岗西汉墓群发掘记要》，《穗港汉墓出土文物》，香港中文大学文物馆1983年版。
　　④ 广州市文物管理处等：《广州秦汉造船工场遗址试掘》，《文物》1977年第4期。
　　⑤ 《广东肇庆市北岭松山古墓发掘简报》，《文物》1974年第11期。原报告定为战国墓，经研究改定为南越时期墓，详见黄展岳《论两广出土的先秦青铜器》，《考古学报》1986年第1期。
　　⑥ 广州象岗汉墓发掘队：《西汉南越王墓发掘初步报告》，《考古》1984年第3期。以下提到南越王墓出土资料，均见此文；但有一部分资料是此文发表后的修正过程中发现的，恕不一一注明。

岭南越西瓯戍卒墓 123 座①，贵县罗泊湾 1、2 号墓②，贺县河东高寨、金钟南越墓 6 座③。此外，广东的曲江、南海和广西的梧州、柳州等地，也有零星发现。④ 这些都为探索南越国的社会问题，提供了重要的资料。本文试图利用这批资料，结合有关的文献史料，就南越国的政权建制、生产水平和社会结构三个问题，发表一点粗浅的看法。

一　南越国的政权建制

赵佗是秦始皇略定杨越时的秦军将领，秦置桂林、南海、象郡时为南海龙川县令。秦二世覆灭时，赵佗乘机击并桂林、象郡，自立为南越武王。汉高祖定天下后，承认既成事实，于十一年遣陆贾至岭南，册封赵佗为南越王。"与剖符通使，和集百越。"⑤ 高后时，因禁绝南越关市铁器，激怒赵佗，佗乃自尊号为南越武帝，发兵攻打长沙边邑，击败汉朝的征讨部队，借助战胜的军威，役属闽越、西瓯、骆，扩地"东西万余里。迺乘黄屋左纛，称制，与中国侔"。从此称霸南疆，成为汉朝南方的一大患。虽然自汉文帝以后，双方关系尚称平稳，南越表面上"愿长为藩臣"，但"其居国窃如故号名"，与汉朝关系始终若即若离，直至灭亡。这是探讨南越政权建制时首先要考虑到的基本历史事实。

其次，决定这个政权的有两个重要因素：一个是汉人的影响；另一个是"从越俗"。赵佗是北方汉人，随同他留戍岭南的还有南下的 50 万大军

---

① 广西壮族自治区文物工作队：《平乐银山岭战国墓》，《考古学报》1978 年第 2 期；又《平乐银山岭汉墓》，《考古学报》1978 年第 4 期。原报告定战国墓 110 座，经研究改定为南越时期墓，详见《论两广出土的先秦青铜器》。汉墓 45 座，其中属南越时期的 13 座。这 123 座墓，从年代和出土物的性质分析，可能是秦末汉初抗击秦兵的西瓯戍卒墓。详见《新中国的考古发现和研究》，文物出版社 1984 年版，第 438 页。

② 广西壮族自治区文物工作队：《广西贵县罗泊湾一号墓发掘简报》，《文物》1978 年第 9 期；又《广西贵县罗泊湾二号汉墓》，《考古》1982 年第 4 期。

③ 广西壮族自治区文物工作队等：《广西贺县河东高寨西汉墓》，《文物资料丛刊》（四），文物出版社 1981 年版。又《广西贺县金钟一号汉墓》，《考古》1986 年第 3 期。

④ 文物编辑委员会编：《文物考古工作三十年》，文物出版社 1979 年版，第 331、343 页。

⑤ 《史记·南越列传》、《汉书·南粤传》。以下引文未注出处者，均见此二传。

（在战争中，当然会有一部分死亡）；始皇三十四年，再徙置一批汉人到岭南①；随后，赵佗还上书"求女无夫家者三万人"，"奏皇帝可其万五千人"。② 这数十万汉人对南越政权具有举足轻重的作用。但是赵佗及其继承者尊重越人的风俗习惯，赵佗"魋结箕倨"，以"蛮夷"自居，提倡南下的汉人"同其风俗"，互通婚配，任用原越人的首领，有的还委以高位，如任用越人吕嘉为南越相，相三王。这些措施对南越政权也有巨大影响。

南越国建国的基本历史事实和上述的两个重要因素，决定南越国政权同汉朝中央的关系具有诸侯王和外藩的两重性；表现在政权建制上，也具有两重色彩，既有汉朝诸侯王的建制，又有超越诸侯王的建制；既有慕效汉朝、不甘自外的心理，而又处处以外藩自居，与汉朝抗衡。这种两重性，虽然随汉越关系的好坏而时有变化，但从赵佗僭越称帝到吕嘉叛乱灭亡，始终没有发生根本性的变化。

从赵佗反秦自守，到接受汉高祖封号前后，他的情况与当时的多数异姓诸侯王一样，并没有什么区别。所不同的是，许多异姓诸侯王很快被诛灭，而赵佗竟置不诛。吴楚之乱以后，诸侯王的直接统治权完全被剥夺，王国朝廷的高级官吏改由中央任命，"诸侯惟得衣食税租"③，不与政事。而赵佗照样设郡、县，置监、守，封侯、王；其朝廷百官如丞相、内史、中尉、太傅、校尉、司马等，都同汉中央一样，丝毫不受触动。南越王墓和其他南越国时期墓的发掘资料，进一步证实南越国使用汉字，佩带汉式印章，通行汉朝统一铸造的钱币；宫室名号、工官设置、度量衡制度、礼乐丧葬制度，也都仿效汉朝。下面举例说明。

第一，南越王墓和广州、贵县两地南越国时期墓出土的封泥、铭刻、烙印、陶文，属于中官和少府属官的有"私官"、"私府"、"食官"、"泰官"（图一，5）、"厨丞""厨"、"常御"（图一，4）、"居室"（图一，1）、"长秋居室"（图一，2）、"景（永）巷令"和"少内"等职官。除

---

① 《史记·秦始皇本纪》。
② 《史记·淮南衡山列传》。
③ 《汉书·高五王传》末赞文。

"常御"存在不同解释①以外，其他均见于《汉书·百官公卿表》。"乘舆"这一指汉廷御物的专用语，也在南越王墓出土的一件银洗上得到反映。

南越王墓还多处发现戳印"长乐宫器"（图一，3）的陶文。此"长乐宫"，似与上揭的"长秋居室"同例，指长乐宫居室令署所有。汉长乐宫和长秋宫居室令署的陶器不可能远运南越，只能理解为南越国的宫室名称和宫室官署建制都是模仿汉朝的。

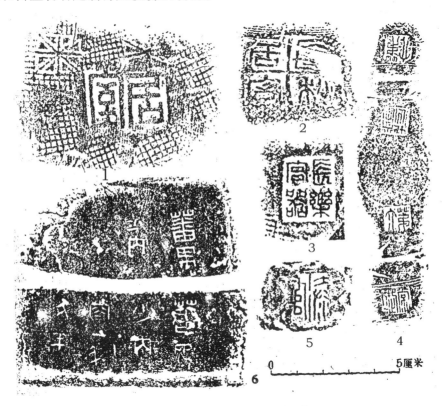

图一　南越国发现的戳印、封泥等

1. 陶罐上的"居室"戳印（广州 M1180：65）　2. 陶瓮上的"长秋居室"戳印（淘金坑 M16：6）　3. 南越王墓陶瓮上的"长乐宫器"戳印（H2）　4. 陶双耳罐上的"常御""第六"戳印（淘金坑 M1：11）　5. 南越王墓出土"泰官"封泥（G117）　6. 南越王墓铜鼎上的"蕃禺少内"铭刘（G54）

① "常御"不见于文献记载。古代常、尚、长通假，它可能是少府属官尚方、御府的合称（见《广州汉墓》，第473页），也可能是中官长御（见《汉书·戾太子传》、《元后传》、《王莽传中》）。

第二，标志市府（管理市井的官署）制作的铜器、漆器为数甚多，大多发现于南越王墓和罗泊湾1号墓，少数发现于广州南越国时期墓。发现最多的是"蕃"、"蕃禺"，有的在"蕃禺"下面加刻"少内"二字（图一，6）。表明它们是南海郡市府经营的工业作坊所制作，归王国少府属下的少内官署保管使用。罗泊湾1号墓的铜器铭文和漆器烙印大多标志"布"、"布山"字样。表明南越国桂林郡市府也有制作铜器和漆器的手工业作坊。

上述戳印"食官"、"厨"、"常御"、"居室"、"长秋居室"和"长乐宫器"等带有宫官的陶器，应属南越国主管陶业的官署所制作，亦归上述官署所使用。根据西汉长安城出土的陶文研究，西汉主管陶业的官署主要是宗正属官都司空令，其次是少府属官左右司空。[1]南越国当亦有这类官署的设置。

第三，南越王墓随葬有多件琴、瑟，以及成套的编钟、编磬、句鑃。器形与中原所出土的全同。在八件句鑃上铭刻"文帝九年乐府工造"，并分别刻"第一"至"第八"编码（图二）。说明南越王廷设置乐府，推行汉朝的礼乐制度。演奏的音律乐章，可能也是从中央移植来的。

第四，南越王墓和罗泊湾1号墓的铜器上，有许多标志容量和重量的铭刻。量衡单位称斤两、斗升。经实测，南越国的1斤约合250克，1升约合200毫升，与汉制同。罗泊湾1号墓出土的竹简，木牍记有长度单位寸、尺、丈。出土木尺2件，1件已杇，另1件完整，正面有十等分刻度，正中刻交叉十字。尺长23厘米，亦与汉制同。

第五，已发掘的南越国时期的墓葬，墓制与长沙汉初墓同，基本上都是采用战国时期楚国流行的长方形竖穴土坑木椁墓。从出土的墨书竹签和封泥匣文字判断，王室和高级贵族的随葬品，也都是由王室的泰官或封君的"家啬夫"经手检核，然后缄封入葬的。

南越王墓和罗泊湾1号墓的构筑比较复杂，仍然可以看出楚墓遗制。南越王墓构筑在象岗山腹心深处，从外形看，似是模仿霸陵"依山为陵"的建制；但它采用大揭顶深挖墓圹，在距岗顶深20米的土圹中以大石板

---

① 参看陈直《两汉经济史料丛刊》，陕西人民出版社1985年版，第170页。

砌造墓室，南辟墓道，墓室内分 7 室，中间是主棺室，周围有前室、东西耳室、东西侧室和后藏室，显然是从楚制椁室设置头箱、足箱、左右边箱的形制演化来的。南越王墓墓主身着玉衣，则是直接仿效汉朝的丧葬制度。罗泊湾 1 号墓是有封土有斜坡墓道的长方形竖穴木椁墓，椁室内的布局与寿县李三孤堆楚王墓①相同，都是椁室中部设 1 个主棺室，棺室周围设 8 个边箱；比信阳长台关楚墓②、江陵天星观楚墓③多两个边箱。此外，罗泊湾 1 号墓还在椁室前端增设前堂，椁室底下增设殉人坑、器物坑，又在墓道东侧设车马坑。前堂之制，似仿自汉黄肠题凑的前室或甬道；殉人坑、器物坑和车马坑，则是沿袭中原殷周高级贵族墓的制度。

图二   南越王墓铜句鑃上的铭刻 (2/3)

但是，南越王既然僭越称帝，以外藩自居，反映在政权建制上必然会有与一般诸侯王不同的一些做法。以考古资料而言，最明显的是不用汉朝颁赐的玺印，而用自立的帝号印，死后又以帝号印入葬。这种十分罕见的做法，充分暴露了这个割据政权的僭越行为。

随葬富有地方特色的器物，除了表明各地的历史文化传统或地理环境有所不同外，有的可能是统治思想或某种制度的不同反映。例如平乐银山岭的西瓯人墓葬和广州柳园岗的本地南越人墓葬，一般随葬具有地方特色的青铜器和印纹硬陶器，如瓿、罐、提筒、釜形鼎、盘口鼎、镂空圈足壶、三足盒，联罐、匏壶等。南下汉人除了随葬中原地区或原楚地汉墓中常见的鼎、盒、壶、钫一套象征性的礼器外，还随葬本地色彩的器物，高贵如南越王，墓中也随葬有许多精美贵重的南越式青铜器和陶器。这反映南越统治者重视民族关系，实行了有利于民族团结和文化融合的政策。汉高祖在册封赵佗为南越王的诏书中称许他"居南方

---

① 郭德维：《关于寿县楚王墓椁室形制复原问题》，《江汉考古》1982 年第 1 期。

② 河南省文物研究所：《信阳楚墓》，文物出版社 1986 年版，第 16 页。

③ 湖北省荆州地区博物馆：《江陵天星观一号墓》，《考古学报》1982 年第 1 期。

长治之，甚有文理，中县人以故不耗减，粤人相攻击之俗益止，俱赖其力"①。这一评价是中肯的。又如罗泊湾1号墓随葬木瑟、木腔皮鼓等中原形式的乐器，还随葬铜鼓、铜锣、竹笛等本族乐器，既表明文化传统有别，似亦说明在礼乐制度方面有所不同。

南越国与周围不同种姓和异族部落的关系，也可以利用考古资料作一些补充说明。

据《史记·南越列传》记载，赵佗僭越称帝后，"以兵威边，财物赂遗闽越、西瓯、骆，役属焉"。然终南越之世，西瓯、骆越从未反叛。罗泊湾1、2号墓构筑规模仅稍逊于南越王墓，较其他同时期墓要大得多，墓中随葬品也丰富得多，有"夫人"玉印和"家啬夫"封泥，又有人殉和车马坑，墓主似非郡守所可及，改定为南越王册封的西瓯君长，似较合理。"家啬夫"一名，仅见于战国秦汉时期，是为王侯管家的家吏。罗泊湾2号墓出"家啬夫"封泥，表明南越政权还把中原官制推及于种姓封君。如推论不误，则可说明，南越王对待境内不同种姓的首领，基本上是宽容的。

又据《史记·西南夷列传》记载，在汉武帝开通西南夷以前，南越曾"以财物役属夜郎，西至同师"。传世有"越归义青蛉长"铜印，款式与汉印同。有学者考订，此印为南越王颁赐青蛉君长者②。其说甚是。青蛉蛮在今云南大姚、姚安一带，距南越番禺相去数千里。南越王以"蛮夷大长老"自居，对南方诸异族部落采用汉朝对待外藩首领的办法，赐以印绶，授以官爵，赂以财物，互通盟好，受到西南夷各部族的信赖和依靠。

二 南越国的工农业生产

广州和两广各地的南越国墓中，出土的青铜器、铁器、陶器、漆木器、丝织衣物以及玉石器，数以千万计，通过对这批遗物的研究，可以对南越国的生产发展水平有个基本认识。

---

① 《汉书·高帝本纪》。

② 蒙默：《试沦汉代"越嶲"的"越"》，百越民族史研究会第四次年会论文，1984年。

（一）　冶铸业

大约在两周之际，岭南地区开始使用青铜器，并学会原始的铸铜技术，生产的青铜器绝大多数是斧、钺类工具和短剑、矛、镞等武器，除个别制作较精外，铸造大多粗糙，形体薄小，显示独特的南越文化风格的青铜器不多，标志独特的铸造工艺水平的重器更少。虽然先秦越人较早学会炼铜技术，但青铜冶铸技术并没有在生产上或社会结构上引起重大变革。战国中期以后，楚国势力进逼岭南，五岭通道开始打通，大约也在这个时期，岭南才开始拥有自己的冶铜业，同外界有了较多的接触，青铜冶铸业也得到较快的进展。

秦平岭南以后，本地区的青铜冶铸业又有进一步发展。南越王墓出土的 500 多件青铜器和罗泊湾 1 号墓出土的 200 多件青铜器，是南越国青铜冶铸技术最高水平的标志。这时，在中原内地，由于铁器和漆器的大量使用，青铜器已逐渐屈居次要地位。但在这两座南越国最高统治者墓中，青铜器仍占主要地位。南越王墓出土的青铜器，以乐器、酒器、炊器和服饰用器中的铜镜、熏炉最具特色。置该墓东耳室的三套青铜乐器，有钮钟一套 14 件，甬钟一套 5 件，句鑃一套 8 件。酒器有壶、钫、瓿、提筒等，都是大型器。提筒共九件，大小有序，纹饰与铜鼓的花纹相同（图三）。炊器中最具特色的是鼎、鍪和烤炉。共出大小铜鼎 37 件，分属具有中原汉文化、南方楚文化和当地越文化特点的三个类型。在越式鼎中，又分有三种不同式样。一部分铜鼎还刻有“蕃禺”和标志容量、重量的铭文。出自后藏室的两个长方形烤炉，大小各一，堆放在炉上的各种烤炙配件齐全，有悬炉的铁链、烤肉的铁钎和长叉。大烤炉底部还装有四个铁轮，便于移动。出土时，两件烤炉内仍塞满黄泥范，表明它们是刚刚铸出便成了随葬品的。熏炉有铜、陶两种，其中铜熏炉 11 件，炉身分单体和四连体两种，通体镂空。此外，还有铜镜 38 面，多属楚式镜，其中有六山纹镜、彩绘人物画像镜、带托镜，为考古发掘中所罕见。这批青铜器，多数属于南越国赵氏宫廷中的专用品，由南越工官在本地铸造。有一部分楚式器、汉式器，则可能是汉廷赐予或从内地购置的。

罗泊湾 1 号墓出土的青铜器，也具有浓厚的地方特色。乐器有铜鼓 2

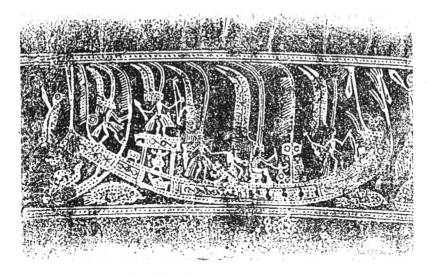

图三　南越墓铜提筒（B59）上的羽人船纹（1/2）

面，铜锣1面，錾钮式钟和筒形钟3件。铜鼓分胴、腰、足三部分，鼓面中心有太阳纹十二芒，胴部以羽人划船纹为主纹，腰部有八组羽人舞蹈纹。器形纹饰均与云南晋宁石寨山滇墓所出相同。炊器有楚式鼎、越式鼎，共5件。酒器有器形相同、大小递减的提筒4件。又有壶、钫、扁壶、弹形壶、镳壶、九枝灯、镜、带钩等多种容器和服饰用器。还有彩绘人物山水画像的铜壶、铜盆、筒形器。有铜鼓改制的三足案，带有冲压辐射线的铜盘等。这些青铜器，多为南越国西瓯君府中的专用品，由桂林郡管理市井的制铜作坊铸造。部分汉式器和滇式器，则可能是通过贸易由外地输入的。

上述两墓的青铜器，显示了南越国青铜冶铸所能达到的最高技术水平，但不能将其看作是南越国青铜冶铸业的一般情况。从已发掘的南越国时期墓出土的青铜器看，即便是王国的官员也很难拥有这样豪华的青铜器。一般南越国墓很少随葬青铜器（平乐银山岭南越墓，似为西瓯戍卒墓地，随葬较多的铜兵器和铜工具，情况特殊，另当别论）。本地区冶炼出来的铜材能否满足铸造需求，似乎也是个问题。《汉书·南粤传》记赵佗上汉文帝书中曾埋怨汉廷禁绝"外粤金铁田器"，金，即铜，表明南越国的铜材和铜制生产工具，至少有一部分还要依靠中原内地的供应。

岭南使用铁器为时较晚。始兴白石坪战国晚期窑址中发现 1 件铁臿、1 件铁斧，是岭南地区迄今已知的出土铁器中年代最早的标本。[1] 始兴地处大庾岭南麓，浈水之滨，位居沟通岭北岭南的要冲。这两件铁器，应是楚人进逼岭南后流入。估计流入的数量不多，流布范围也不大。秦平百越后，铁器才大量在岭南出现。下列几批可以作为代表：南越王墓出土 246 件，罗泊湾 1 号墓出土 25 件，广州秦汉造船工场遗址出土 14 件，广州 182 座南越墓中有 51 座出土铁器 110 件，平乐银山岭 123 座南越国墓中有 98 座出土铁器 206 件。出土铁器的品类有农具，手工业工具，武器和日常用的炊具、杂器。最常见的农具是锄、臿；手工业工具是斧、锛、凿、刮刀、削刀；武器是剑、戟和铁铤铜镞；炊具杂器有鼎、釜、三足架、锼、锥等。其中以南越王墓出土的数以百计的铁武器、成箱修治竹简的铁工具，以及造型巨大的越式铁鼎最典型。从出土的铁器数量和品类看，南越国使用铁器已经比较普遍，而且掌握了锻铸铁器的技术。铁器的广泛使用，使砍伐林莽，开垦荒地，兴修水利，深耕细作都可以有较大规模的发展，是促进农业生产及整个社会物质文明的一个重要物质条件。但应该看到，南越国的铁器是在特定的历史条件下出现的，即秦末汉初用兵岭南，数十万北方军民拥入岭南带来的。南越国虽然已经掌握锻铸技术，但是否有自己的冶铁业，目前仍无法论定。赵佗与汉廷交恶的一个主要原因是吕后"禁粤关市铁器"，说明南越国所需铁器要依靠中原供应，或者要从中原输入铁材，然后在本地加工锻铸。《山海经》和《汉书·地理志》记载当时全国的产铁地点和铁官设置，岭南是个空白点，这说明当地铁矿资源缺乏，到汉武帝时这里还没有建立较具规模的冶铁业。根据《晋书》中《庾翼传》、《陶璜传》和《滕修传》的记载，广州"大开鼓铸"，建立自己的冶铁业的时间，应在三国南朝时期。[2] 岭南的其他地方，即使在南越国时期就出现零星的冶铁业，对南越国整个社会经济的发展也不会有多大影响。

还应看到，所谓"使用铁器比较普遍"，是同战国时期比较而言的。

---

[1] 莫稚：《广东始兴白石坪山战国遗址》，《考古》1963 年第 4 期。

[2] 杨式挺：《关于广州早期铁器的若干问题》，《考古》1977 年第 2 期。

南越国时期的一部分墓葬并没有发现铁器，例如广州柳园岗墓群，虽然多为小型墓，但亦有棺椁保存完好、各种质料制作的随葬器物超过百件的中型墓，在整个墓群中竟无一件铁器。肇庆松山的大型木椁墓以及贺县的南越国时期墓，也都没有铁器随葬。这都说明南越国的铁器使用是有限的。我们曾对南越国墓出土的铜铁兵器略加统计，发现铁兵器与青铜兵器的出土数量比例大约是 2:3，这种现象，似亦反映南越国铁材还是比较缺乏的。

（二）　农业

南越国墓出土的许多农具、粮食作物和有关模型器，是研究南越国农业的重要实物资料。南越国灭亡后才兴起的随葬模型器习俗，其出土物也可作为南越国农业研究的参考资料。

在南越国时期的遗址和墓葬中，没有发现可以确认为青铜农具的遗物。出土的农具，刃部皆铁制，主要有两种。一种是耒，直装木柄，下端木叶前端包嵌凹形的铁刃，或呈三角形的铁刃。另一种是锄，横装木柄，下端木叶前端包嵌刃口比较平直的凹形铁刃。耒主要用于挖坑（或挖沟）起土。锄用于中耕除草，间苗，松土，点种，也用于挖坑（或挖沟）起土，是古代南方农业生产中的"万能农具"。岭南地区农村至今仍广泛使用。耒和锄的铁刃宽度一般在 10 厘米或稍大一点；宽度少于10 厘米以下的刃口，大约是短柄的手锄或斧、锛。贵县西汉后期墓出土的全铁制的方直裤式锄和半环圆刃式锄[①]，在南越国时期恐怕还没有出现。

罗泊湾 1 号墓出土一件自题为《东阳田器志》的木牍，可以帮助了解南越国的农具来源及使用情况。"田器"是汉人称农业生产工具的习用语。"田器志"就是墓中随葬农器的登记单。"东阳"是地名，春秋时鲁地、晋地、齐地皆有东阳。这里似指秦置东阳县。秦末陈婴为东阳令史，率众二万人参加项梁起义，即此。故址在今安徽天长县西北。[②] 牍文开列的农器名称和数量已部分漫漶不清，残存可辨的有"人桶卅"、"桶五十三"、

---

① 广西壮族自治区文管会：《广西贵县汉墓的清理》，《考古学报》1957 年第 1 期。
② 参阅《辞源》（修订本）第二册 1528 页"东阳"条，商务印书馆 1980 年版。

"钽二百二十二"、"桶卅八其（具）"、"钽一百廿具"、"钬十五具"。[1] 桶即耒、锸，钽即锄。钬，《说文解字》释为"锸属"，当是与耒近似的起土农器。由此可以帮助说明，南越国的农器是从中原内地引进的，耒、锄是南越国农业生产中的主要农器。

收割作物可能已用铁镰。广州南越国墓（M1117）出土一件带有齿刃的铁镰，筒形，较短，圆銎透底，以安木柄，通长 17 厘米。[2] 这种形式的铁镰，可能也用于砍伐灌木、草莽。

南越国是否使用牛耕，史文无征。在南越国时期的遗址或墓中也没有发现铁犁铧（包括较原始的 V 形铁铧冠）及有关牛耕的遗物。《东阳田器志》是一份从中原内地引进农具的清单，牍文可辨认的全是耒、锄、钬，不见标志牛耕的犁铧和齿耙。水牛至今仍是珠江三角洲水田犁耕的主要畜力，在广东新石器时代和汉代遗址中都有水牛骸骨出土，但没有发现可供说明先秦或南越国时期岭南有用水牛犁田的任何痕迹。岭南目前已知的最早铁犁铧发现于贺县莲圹的东汉墓中，铧断面三角形，底面平，正面隆起，中空，以容犁头，这是当时已用犁耕的实例。[3] 据《后汉书·任延传》载，"九真俗以射猎为业，不知牛耕"。建武初，任延任九真郡太守，"乃令铸作田器，教之垦辟"。如果这段记载可以理解为东汉初牛耕已在九真郡推行，则岭南地区的铁犁牛耕，大概是在南越国灭亡之后，汉廷扩大这个地区的郡县建置，加强对南疆的统治之后才逐步推广的。

出土的粮食作物主要是稻谷，粟、黍、豆、大麻籽也有零星发现。除了大、小麦可能尚未种植以外，其他"五谷"已经齐备了。在当时已经垦辟的地带，已过着主要以吃稻米为生的安定生活。岭南是我国野生稻的主要分布区之一，目前已知的时代最早的岭南栽培稻发现于石峡新石器时代遗址中，经鉴定有籼型稻、粳型稻，而以籼型稻为主。[4] 南越墓出土的炭化稻谷，与石峡所出籽粒相同，同属于我国现在栽培稻的 O. S. L. 种，仅

---

① 广西壮族自治区文物工作队等：《广西贵县罗泊湾一号汉墓发掘简报》，《文物》1978 年第 9 期。蒋廷瑜：《广西汉代农业考古概述》，《农业考古》1981 年第 2 期。

② 广州市文管会等：《广州汉墓》，文物出版社 1981 年版，第 163 页。

③ 蒋廷瑜：《广西汉代农业考古概述》，《农业考古》1981 年第 2 期。

④ 杨式挺：《谈谈石峡发现的栽培稻遗迹》，《文物》1978 年第 7 期。

籽粒长宽比石峡所出稍大。广州一座东汉初期墓（M4013）出土的一件釉陶提筒，筒内盛高粱，器盖上墨书"藏酒十石，令兴寿至三百岁"11字。[①] 高粱是北方干旱作物，何时开始人工栽培，尚未定论。如果鉴定属实，似可说明当时已知用高粱酿酒。假定高粱又是本地所产，这在中国农业史上则是一件大事。

此外，罗泊湾1号墓还有人工栽培的芋、葫芦、黄瓜等。

西汉晚期，岭南地区开始流行表现农家生活的模型器和陶塑品随葬，鉴于墓中随葬品的出现，往往比现实存在晚出，由此逆推，南越国的农业生产已经十分重视施肥，也掌握了水利灌溉技术。虽然目前我们还无法估计当时的作物产量，也无法判断当时是否有"双季稻"，但从重视"水"、"肥"而言，作物产量恐怕不会很低。在岭南西汉晚期墓中，还常见储藏粮食的仓囷模型器出土，均作干栏式构筑。这种构筑，利于通风防潮，适应南方潮湿多雨的自然坏境。仓囷的普遍出现，也是农业发展、粮食增多的反映。

人工栽培的瓜果，品类很多，见于南越国时期及稍后汉墓中的就有梅、杨梅、酸枣、橄榄、乌榄、柑橘、桃、李、荔枝、人面子、甜瓜，木瓜，等等。《盐铁论·未通》云，"孝武皇帝，平百越以为圃（原作"囿"，据清张敦仁《考证》改）"，可见岭南瓜果之盛。尤其是荔枝、龙眼，西汉时已传到长安，东汉时，便成为进贡的珍品了[②]。

（三）　制陶业、丝织业、漆器制造业

南越国的制陶业是岭南新石器时代几何印纹陶制陶工艺的继承和发展。在岭南新石器时代遗址中，就有许多制作精美的印纹硬陶出土。东周时期，几何形印纹硬陶达到鼎盛阶段，形成独具地方特色的一个陶系，及至南越国时期仍盛行不衰。主要器形是瓮、罐、联罐、鼎、壶、盒、钫、瓿、甑、杯、盏等。纹饰为拍印的方格纹，其上再拍印或刻划各种几何形

---

① 广州市文管会等：《广州汉墓》，文物出版社1981年版，第323页。
② 《三辅黄图》："元鼎六年破南越，起扶荔宫。"自注："宫以荔枝得名。"说明当时岭南已种植荔枝，故武帝移植关中。《后汉书·和帝纪》："元兴元年，旧南海献龙眼荔枝，十里一置，五里一侯，奔腾阻险，死者继路。"

图案。造型匀称精美。以灰白胎为主，火候高，硬度大，多数为摩斯氏（Fried Mohs）硬度计 3—5 度，有的达 6 度。经重烧试验，火候在 1200℃左右。釉层很薄，呈黄褐色，属高温玻璃质釉。[①] 此外，还有泥质软陶和夹砂粗陶。根据目前掌握的材料，这个陶系主要流行于南越国境内，并影响到邻近地区。当时属于长沙国的长沙、衡阳、资兴西汉墓中，以及福建崇安闽越国城址中都有这类陶器出土，其制陶工艺似受南越国的影响。

南越国制陶业的另一个主要内容是烧造砖瓦等建筑材料。在广州发现的南越国官署遗址中，有板瓦、筒瓦、瓦当、铺地砖，形体硕大，质地坚硬。南越国官署走道的方形铺地砖，每边长达 70 厘米，砖面印几何图案花纹，与秦汉宫殿用瓦相比，并不逊色。[②] 当亦为王国司陶官署所监制。

南越国的丝织业是 1983 年发掘南越王墓以后才得到认定的。在过去发掘的南越国时期墓中，常有一些丝织品的残片出土，由于数量少，炭化残碎严重，无从确认是当地所产抑或由岭北输入。南越王墓的发掘终于揭开了这个谜。墓中随葬的丝织物，数量之多并不亚于马王堆汉墓。大小器物几乎全用丝绢包扎捆缠，有几个铜熏炉还用绣花绢、绒圈锦这类高级织物包裹，糜费惊人。西耳室发现整匹叠置成堆的丝绢，虽然全部炭化，毫无强度，但经细心检验加固，在放大镜下，织物的组织结构尚清晰可认，印染的花纹图案也看得清楚。经初步观察，品中有平纹绢、方孔纱、斜纹绮、刺绣，以及组织复杂的锦、罗、绉纱。在铜镜、玉璧上，还发现手工编织的绶带、罗带和组带等多种编织物。有一种超细绢，其经纬密度竟达到每平方厘米 300 根经线乘以 100 根纬线，在 10 倍以上的放大镜下才观察得清楚。此外，还有提花锦、绒圈锦等高级织物。见到的印染颜色，以朱绢、朱罗为最多。还有云母绢、漆纱和黑油绢。尤其难得的是，在西耳室叠置丝绢的附近，发现了两件青铜铸造的印花凸版，纹样与马王堆 1 号汉墓出土的金银色印花纱图案非常近似[③]。这显然是两地文化交流的结果

---

① 麦英豪、黎金：《汉代的番禺》，《穗港汉墓出土文物》，香港中文大学文物馆 1983 年版。

② 广州市文物管理处等：《广州秦汉造船工场遗址试掘》，《文物》1977 年第 4 期。

③ 吕烈丹：《南越王墓出土的青铜印花凸版》，《考古》1989 年第 2 期。马王堆 1 号汉墓出土的金银色印花纱见《长沙马王堆一号汉墓》上册，第 56 页，图四七，左；下册，图版一一七，文物出版社 1973 年版。

之一。马王堆1号汉墓出土的金银色印花纱，被认为是目前世界上最早的彩色套印织物，南越王墓印花凸版的发现，为这批彩色套印织物提供了套印工具的实证。可以认为，它是目前世界纺织史上最早的一套彩色套印工具，在中国纺织技术史和印染工艺研究中都有重要的价值。罗泊湾1号墓也不少丝织残片山土，还发现一套包括纬刀、绞线棒、工字形器等在内的纺织工具。这充分说明南越国有自己的纺织业，织造技术也是比较发达的。它和制陶、冶铜、炼铁、制漆等手工业一样，都由王国的工官管理生产。

至于丝织原料，估计大部分应是本地生产。《汉书·地理志》载，儋耳、珠厓"女子桑蚕织绩"，远处海岛之地尚且如此，作为南越国政治经济中心的番禺及各郡治所，当不会呈现空白。汉代丝织品的主要产地在齐、蜀、襄邑，南越王墓中的高级丝绢，有一部分从中原输入，也是可能的。

南越国的漆器制造业，也是近年考古的新认识。广州南越国出土的漆器，数量不少，但多腐朽，器形可辨的仅耳杯、奁、盒、盘、案等。广州1097号墓出土的一件漆奁上发现有"蕃禺"烙印①，表明广州南越国墓出土的漆器，大约都是南海郡番禺市府经营的漆器作坊制造的。罗泊湾1号墓出土漆器是南越国墓中保存较好的一批，共有残片八百余片（件），器形可辨的有耳杯、盘、盆、奁、豆、盃、盒、案、直筒、妆奁盒等。在木棺、革鼓、拐杖、皮甲以及刀剑的革鞘上也髹漆绘画。漆画以几何形花纹为主，如波浪纹、点纹、鸟头纹、卷云纹、菱形纹、雷纹、B形纹、星云纹、栉纹、云凤纹、变形龙纹等，与马王堆漆器略有区别。② 烙印文字有"布山"、"市府草"，"市府□"。"布山"烙印见于十多件耳杯的外底部，字外加方框，表明它们是布山县管理市井机构的漆器作坊制造的。烙印"市府草"、"市府□"的漆器，有的烙在耳杯外底部，也有烙在器形不明的漆片上，字外不加方框。这种形式的烙印，

---

① 广州市文管会等：《广州汉墓》，文物出版社1981年版，第175页。

② 广西壮族自治区文物工作队：《广西贵县罗泊湾一号墓发掘简报》，《文物》1978年第9期。漆器的器形、花纹，承蓝日勇同志函告。

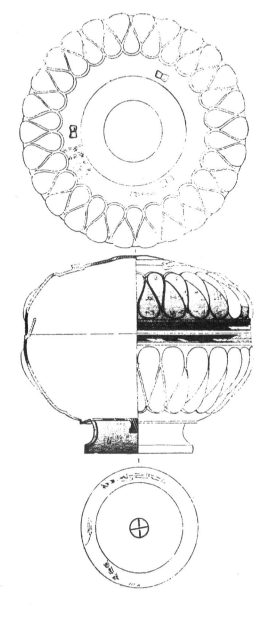

图四 南越王墓银盒（D2）

在江陵凤凰山 8 号墓和长沙马王堆 1 号墓都有发现。所不同的是，凤凰山和马王堆漆器上的"市府"烙印与"成市"烙印并见于同一漆器上，故推定出自成都市府作坊。罗泊湾 1 号墓漆器未见"成市"烙印，但"市府"二字字形近似，外围均无方框，所以，这部分漆器也有可能同属成都市府产品，抑或由外地输入。

（四）交通与贸易

越人习于行舟，水上交通比陆上交通发达。在南越国稍后的西汉墓中，经常有木船模型出土。木船的种类很多，有适合在浅窄河流划行的货艇，有作交通用的渡船，还有行驶于江河湖泊上的航船。船上已有锚、舵等较为完善的装置，足见当时造船技术相当进步。1976 年发掘的广州秦汉造船工场遗址，揭示了秦汉之际中国造船业的宏大规模和高超的工艺技术水平。在船场的中心部位发现三个平行并列的造船台，船台滑道长 88 米以上。根据对船台结构的研究，认为这里主要生产平底船，吃水较浅，适合内河和沿海航行。由船台滑道的宽距估算，这里可建造宽 6.8 米、长 20—30 米，载重数十吨的大型木船。如果判断不误，即可肯定南越国初期番禺已建立起能够成批生产内河船只和沿海船只的造船基地。

　　番禺是南越国的都城，地理条件优越，早在西汉时期就成为当时全国十九个著名的都会之一，同时又是海外贸易的集散地。《淮南子·人间训》说，秦始皇"又利越之犀角、象齿、翡翠、珠玑"。《汉书·地理志》也说，番禺"处近海，多犀、象、毒冒、珠玑、银、铜、果、布之凑，中国往商贾者多取富焉"。从这些记载中，我们可以推定远在秦始皇统一岭南以前，南越与邻近的海外地区就有贸易往来。在南越国时期墓中，经常发现熏炉、犀角、象牙、琥珀珠饰等物。我们曾提出犀角、象牙、熏炉所需的香料木，以及一部分琥珀，有可能是从海外输入的看法。[①] 南越王墓的出土资料，又为这个问题提供了研究线索。在西耳室中发现原支大象牙5枚，成堆叠置，经研究，确认为非洲象齿。在一个圆漆盒中，发现盛有26克酷似乳香的树脂类物质，可惜所含主要成分已无法测定。在墓主足端的成堆陶璧中，发现一个圆形银盒，通体压出蒜瓣式纹（图四）。从造型和纹饰看，都与中国传统器物迥异。这些迹象，似均与海外贸易有关，有待于进一步探研。虽然目前对这些问题还无法作出结论，但有一点是可以肯定的，即汉武帝平南越后，随着汉朝的大批船队远航东南亚诸国，"市明珠、壁流离、奇石异物，齎黄金杂缯而往"[②]。如此大规模的官方远洋活动，如果没有在南越国时期奠定了的造船业基础，那是不可能实现的。

　　在内陆交通方面，南越国赵氏政权十分重视与汉朝的关市贸易，充分利用秦军统一岭南时开辟的"新道"。南越国建国初期，开发岭南所需的"金铁田器牛马羊"等生产物资大量南下，吕后"禁粤关市铁器"后，赵佗曾连续三次派出内史藩、中尉高、御史平等使者出使汉廷，请求恢复关市，由此可见南越要求与中原关市贸易的殷切心情。南越国墓中随葬中原器物的数量和种类越来越多，也说明了这一点。有些器物上还铭刻中原的地名。如罗泊湾1号墓的铜鼎上刻"析"字，铜钫上刻"犛"字，可知它们分别来自河南西峡和陕西武功。在一件记录随葬品的木牍《从器志》

<hr />

① 广州市文管会等：《广州汉墓》，文物出版社1981年版，第475—479页。
② 《汉书·地理志下》。

上，记有"中土瓴卅"、"中土食物五筲"，说明连中原的陶器和食物也输入岭南。南越国的翡翠、毒冒、珠玑、佳果等南方土特产也经由水陆路线或海路远销中原内地。《盐铁论·未通》提到汉武帝平南越，北方出现"民间厌橘柚"，可见当时南北通商贸易的兴盛。《汉书·食货志下》引述赵佗实行"故俗治，无赋税"政策，这对加强同内地的商业贸易，开发岭南地区经济是有利的。

南越国与巴蜀、西南夷也有商业往来。《史记·西南夷列传》提到"南越以财物役属夜郎，西至同师"。又说，武帝初年，番阳令唐蒙出使南越国，见"南越食蒙蜀枸酱"，知道是由夜郎经牂牁江转运而来。汉平南越时，驰义侯率巴蜀罪人、夜郎兵东下，也走"下牂牁江"这条路。广西贵县、田东、柳州、容县、浦北等地都发现有滇文化遗物，如石寨山型的铜鼓、錾钮钟、桂叶形短剑、内缘突棱的玉环、周缘带花牙的玉玦，以及铜水牯牛，都有可能是从滇地输入的①。

三　南越国的社会结构

在探讨南越国的社会结构以前，有必要对先秦时期岭南地区的社会面貌先作一番历史的回顾。

根据我们的考察，本地区的青铜文化大约形成于春秋时期或稍早。战国中期以后，在楚国势力进逼岭南，受楚文化的强烈影响之下，才得到较大的发展。秦统一岭南前后，本地区开始使用铁器，从而进入铁器时代。截至目前，岭南地区没有发现先秦文字，没有发现城市遗址，没有发现成片的聚落遗址，能够真实反映岭南先秦青铜文化的东西并不多，代表铸造工艺水平的大型器很少。除制陶业比较发达以外，农具和手工业工具多半停留在石器、木器、骨蚌器阶段。先秦越人虽然较早学会炼铜术，但进展缓慢，没有在生产上或社会结构上引起重大变革。社会经济比较薄弱。可以认定的38座先秦墓葬，全是长方形的竖穴土坑墓，没有墓道，没有封土，墓坑大小区别不大。从随葬器物看，基本上可以反映墓主的性别差

---

① 黄展岳：《论两广出土的先秦青铜器》，《考古学报》1986 年第 4 期。

异，但看不出有显著的贫富分化，也看不出有表示特殊身份的器物，当然也无从判断墓中死者的身份。看来岭南在先秦时期并未最后脱离原始社会的范畴。①

秦始皇略定岭南以后，数十万中原军民迁徙岭南，与越人"杂处"，带来先进的文化和先进的生产技术，为岭南地区的开发准备了前提条件。由于秦朝迅速灭亡，岭南地区的开发，只有在南越国时期才得到实现。这是我们对南越国建立以前的岭南社会的一个基本认识。

南越国存在的 93 年间，整个岭南地区发生了重大变化。社会经济迅速发展，与中原先进地区的差距已经大大缩短。赵佗及其继承者们，在促进民族团结，开发岭南，发展岭南的经济文化方面，是有历史功绩的。

但是，南越国毕竟是一个僻处于汉朝南陲的地方割据政权，本地区发展农牧业的"金铁田器马牛羊"，需仰赖于中原，经济实力和所能达到的发展水平毕竟受到较大的限制。第二代南越王墓及其随葬器物所显示的规模和气势，都远逊于同时代的中山靖王刘胜墓、曲阜九龙山鲁王墓、徐州北洞山楚王墓，正是当时这种经济实力的反映。

还应指出的是，在社会基础低下建立起来的南越国，不免要留有旧基础的痕迹，或部分承袭旧制度；出于历史的原因，还要付出沉重的负担，等等。考古资料所能反映的，至少有下面这些问题。

（一）　社会发展不平衡

根据已知的材料，南越国墓有半数以上集中在广州（番禺），其他发现于北江沿岸的曲江，西江沿岸的肇庆、梧州（苍梧），郁江沿岸的桂平（桂林）、贵县（布山），桂江流域的贺县、平乐，总共大约十个地点。这说明都城、郡县所在地以及河网交错的平原地区已得到充分开发，人烟稠密，经济繁荣，文化也不低，政治机构的设置与汉朝无别。社会经济文化的发展水平，与中原内地相比较，并不逊色，但是，除此之外，我们所知甚少。这说明南越国赵氏政权对岭南的开发是很不平衡的。可以设想，当时岭南的东部、东北部、西部、西北部等广大地区还是一片篁竹草莽之

---

① 黄展岳：《论两广出土的先秦青铜器》，《考古学报》1986 年第 4 期。

地。根据考古调查，左江流域不但不见几何印纹陶和青铜器，连汉墓也没有发现。[①] 遗留下来的还是石器、骨蚌器和简单的青铜器，其社会面貌也就可想而知了。

　　还应注意到，已发掘的南越国墓大部分是南越国各级官吏或其他统治阶级的墓葬，这些墓中的随葬器物，一般反映的是统治阶级的生活习俗及所代表的上层社会概貌，不能代表土著越人和一般南下汉人的真实情况。银山岭墓地是一处西瓯人的戍卒墓地，反映的是一种特殊的屯戍生活，他们同一般的南越人或土著越人，也还有一些区别。由此我们认为，南越国时期，岭南经济文化的开发，虽比秦时有了长足的发展，但是，这种开发尚处于初期阶段。

（二）　　商品经济很微弱

　　两广地区与楚毗邻，秦汉以前已有交往，但楚国的钱币，在两广境内未曾发现。在中原和长沙的西汉早期墓中，经常发现原六国的铸币和半两钱（包括泥版冥钱）同出，而南越国墓中则罕见。这一现象也许可以说明：秦统一以前，岭南的社会经济活动尚处在以物易物或实物货币的经济状态。南越国时期，没有颁行自己独立的钱币，使用秦汉钱币也不多。在已发掘的三百多座南越国时期墓中，只有广州六座墓随葬半两钱[②]，罗泊湾 2 号墓发现一枚楚国金饼（流入岭南后，可能不是作为流通货币使用的）[③]，高贵如南越王墓和贵县罗泊湾 1 号墓，都没有发现钱币随葬，而同时期的汉朝诸侯王、列侯墓，随葬钱币大都成千上万。由此，我们对南越国的商品经济是否存在不能不产生怀疑。看来王国境内的物资交换和王国与中原内地的关市贸易，基本上都停留在以物易物的阶段；王国与海外的贸易，也采用以物易物的交换方式。钱币流通量不发达。

（三）　　沉重的军事负担

　　这点可分兵员和武器两方面来估计。

---

①　蒋廷瑜：《左江崖画的考古学研究》，《广西文物》1986 年第 2 期。

②　广州市文管会等：《广州汉墓》，文物出版社 1981 年版，第 157 页。

③　广西壮族自治区文物工作队：《广西贵县罗泊湾二号汉墓》，《考古》1982 年第 4 期。

《汉书·南粤传》载，赵佗自称"带甲百万有余"。同书《严助传》说，"越甲卒不下数十万"。假定赵佗有自夸成分，打个五折（即 50 万），大致是符合实际的。南越国的人口，史文缺佚。据《汉书·地理志》西汉元始二年统计，南海、郁林、苍梧、交趾、合浦、九真、日南七郡（缺儋耳、珠崖二郡），总户 21 万多，人口 137 万多。上溯一百多年的南越国时期，人口恐不及此数，假定此数为南越国人口数，其中甲卒占 50 万，看来南越的成年男子全部要去当兵打仗，生产只能由妇女承担，其劳动财富剩余，也就可想而知了。

南越国拥有各种金属武器，数量多，质量好，在随葬器物中占有很大比例。但武器多，并不是真实反映社会生产高水平的标志。往往有这样的情况：由于周围敌对势力的长期威胁，拥有武器成了小国的生命线，沉重的军事开支，紧张的军事生活，导致生产破坏，百业凋零。这样的实例，在现代仍屡见不鲜。南越国的北境，有长期与其为敌的汉朝支持的长沙国；东有剽悍好斗的闽越；西境有横亘千里的西南夷；南临大海，难有退路；国境内又有西瓯、骆越诸种姓。这就是南越国大量输入武器，大量制造武器的原因。其俗"好相攻击"，也需要武器自相残杀。虽然我们无法了解南越国的军事开支占国民经济收入的比例，但可以肯定，武器的生产，兵员军饷的消耗，必然削弱社会财富的累积，延缓社会经济的发展。

（四） 较多地保留殷周时期的野蛮制度

《史记》、《汉书》都说第三代南越王"婴齐尚乐擅杀生自恣，惧入见要用汉法"。其妻樛氏，"多从人，行至长安，虏卖以为僮仆"。简短数语，透露了第三代南越王施行残酷的刑罚制度，恣意杀戮无辜，掠卖奴隶。还较多地保留中原殷周时期的统治方式。

殉葬制度在西汉已被禁止，已发掘的西汉诸侯王、列侯墓已不见用人殉葬。南越国宫室百官制度同汉朝，唯独殉葬制不依"汉法"。南越王墓有 4 个夫人殉死，11 人殉葬；罗泊湾 1 号墓有 2 姬妾殉死，7 人殉葬；罗泊湾 2 号墓有 1 人殉葬。这又从一个方面说明南越国上层统治者，不愿意废弃曾盛行于殷周时代的野蛮的殉葬制度。

通过对南越国考古资料的分析研究后，我们再来看看司马迁、班固当时是怎样看待南越国的。《史记》把南越、东越、朝鲜、西南夷四传并列，《汉书》把四者合并在一篇列传里，说明在两位大史学家的眼里，这四个地区的情况基本相似，社会发展水平大体相当。两位大史学家又都对战国秦汉时期楚越江南之地的生产生活状况作过精辟而又翔实的描写。《史记·货殖列传》："楚越之地，地广人稀，饭稻羹鱼，或火耕而水耨，果隋赢蛤，不待贾而足，地势饶食，无饥馑之患，以故呰窳偷生，无积聚而多贫。是故江淮以南，无冻饿之人，亦无千金之家。"《汉书·地理志》略同。南越国地处楚越之南，王国统治阶级和一部分南下汉人，其经济文化生活与中原内地同阶层的人比较，几乎不存在差异，但对广大的汉越人民，特别是越人来说，他们的劳动生活情景，是与司马迁、班固的描述相符合的。

（本文与麦英豪合作。原载《庆祝苏秉琦考古五十五年论文集》，文物出版社 1989 年版）

论南越国出土青铜器

一

南越国青铜器，除少量见于广州秦汉造船工场遗址以外，都是在两广境内的南越国墓葬中发现的。当时曾经是南越国领地的今越南红河流域地区，因资料匮乏，暂缺。

据笔者统计，已发表的南越国墓葬共有382座，除个别外，全部发现于广东的广州和广西的贵县、贺县、平乐。其中有青铜器随葬的204座，共出土青铜器110种（不含漆木玉石象牙器上的青铜配件、半两钱和器形不明的残块，下同）总数3419件。随葬青铜器最多的是广州南越王墓，共58种，2128件，其中有铭文的27件①；其次是贵县罗泊湾1号墓，共37种83件，其中有铭文的3件②。南越国墓出土的青铜器可粗略分为饮食器、乐器、兵器、工具、杂用器、车马器和漆木玉石器上的配件等七类。重要的有：

饮食器：鼎、鍪、釜甑、勺、烤炉、煎炉、姜礤、壶、钫、瓿、鉴、扁壶、蒜头壶、盉（镳）、提筒、锅、盆、盘、匜；

乐器：钮钟、甬钟、句镶、钲、铎、鼓、锣、羊角钮钟、直筒形钟；

兵器：剑、匕首（短剑）、戈、矛、钺、弩机、镞；

工具：锛、斧、锯、锥、刮刀、削；

杂用器：熏炉、带钩、镜、牌饰；

---

① 广州文管会等：《西汉南越王墓》，文物出版社1991年版。
② 广西壮族自治区博物馆：《广西贵县罗泊湾汉墓》，文物出版社1988年版。

车马器：衔镳、盖弓帽、带扣、节约；

配件：主要用于漆博局、漆屏风、漆案、玉卮等器物上。

二

南越国的青铜器，绝大部分是沿用中原及楚地东周以来的铜器款式，基本上属于秦楚文化融合后的汉文化器物。本地区先秦时期使用的越式青铜器，这时已退居次要地位。为节省篇幅，下面不准备对南越国出土的青铜器进行逐一讨论，只想把重点放在讨论越式器物、带有越式装饰的汉式器、考古报告中定名可商的青铜器，以及对南越国有较大影响的部分汉式器。与中原所见完全相同的汉式器、做过专门研究的铜印章、铜器铭文以及科学鉴定的青铜器，则省略不论。

1. 饮食器

鼎　分楚式鼎、汉式鼎、越式鼎三种，分别代称Ⅰ型、Ⅱ型、Ⅲ型。出土时，三种鼎内都有发现牲骨或介壳类水产品的遗存。

Ⅰ型　器形高大。敛口，深圆腹，圜底，长方形附耳，高蹄足，断面为多棱柱体。子口，缺盖。腹上部有一圈凸棱。蹄足上部为高浮雕羊首形，衬以卷云纹地（图一，1）。

Ⅱ型　形体较小。敛口，圆腹，圜底，短蹄足，长方形附耳；子母合盖，腹部有一圈凸棱，盖面有三个环形钮，个别无钮（图一，2）。

Ⅲ型　以三撇足为主要特征，器耳、器身则有多种形式，粗分为三式：

Ⅲa式　形似釜，敛口，垂鼓腹，平底，下附三直足，足稍外撇，断面呈半月形，上腹近口处有长方形附耳。子口无盖，口沿下有一凸棱（图一，3）。

Ⅲb式　大盘口，束颈，垂鼓腹，平底。双环耳，作双股绞索形，对称竖立于盘口直唇外（图一，4）。

Ⅲc式　小盘口，口沿外折呈盘形，腹壁较直，大平底。下附三扁足。双耳作横长方形，竖立在口沿上（图一，5）。

Ⅰ型鼎流行于东周楚地（包括楚占领区），在两广先秦墓中已有发现。南越国时期，Ⅰ型鼎比较少见。Ⅲ型鼎流行于战国百越地区（包括两广），至南越国时期，在南越国境内仍大量存在，从鼎底大多遗留烟炱痕推定，Ⅲ型鼎应是烹煮食物的炊器。Ⅱ型鼎在战国中原地区已广为流行，有名的中山王十四年鼎、信安君鼎、平安君鼎、中敀鼎、私官鼎、平鼎①皆属此型。秦统一后，Ⅱ型鼎传播于各地，南越国墓中也有大量出土，出土数量逐渐超过Ⅰ型鼎和Ⅲ型鼎。从造型看，Ⅱ型鼎应是盛食器。南越王墓西耳室入口处有9件Ⅱ型鼎与铜勺同置一竹笥中，鼎体矮小（口径9.2厘米、通高11.4厘米），铸工精细，每件均用丝绢包裹，显然是以盛食器入葬的。此外，肇庆松山墓出土一件称之为锅的大型炊器，无足，器体似Ⅲc式鼎，立耳与Ⅲb式鼎耳同，口径48厘米、高30厘米（图二，6）。② 出土时底部有很厚的烟炱痕，可支架起来烹煮牲肉，也可置灶上烹煮。这件无足的鼎镬，应是南越国制作的炊器。

鍪　侈口，束颈，扁圆腹，圜底，肩腹处有一道凸棱。凸棱处有两个对称的环耳。环耳大多作绞索纹。长沙伍家岭201号西汉墓出土1件有铭刻，自名为鍪。③ 南越墓出土的铜鍪，多数是一大一小的双环耳（暂称Ⅰ型；图二，3），少数是大小一致的双环耳（暂称Ⅱ型；图二，2）。未见单环（鍪）耳。器形大小差不多，一般高10多厘米。出土时，外底部有的尚遗留烟炱底，有的还黏附铁三足架圆箍；器内还有青蚶、龟足等介壳类或鸡骨、鱼骨等遗骸。形象地说明铜鍪是套放在铁三足架上，用于烹煮的炊器。

早期铜鍪，单环（鍪）耳，垂圆腹，只发现于成都战国早期墓，应属巴蜀人创制。秦灭巴蜀后，单环（鍪）耳、垂圆腹的铜鍪逐渐被改造为扁圆腹、双环耳铜鍪，成为秦文化的组成部分。秦平百越期间，铜鍪随着秦兵南下而传播于两湖、两广和云贵各地。④ 南越墓出土的铜鍪，全部属于

① 中山王十四年鼎有两件：一件出土于河北平山中山王墓，见《文物》1979年第1期；另一件出土于陕西凤翔高庄战国秦墓，见《文物》1980年第9期。信安君鼎出土于陕西武功战国秦墓，见《考古与文物》1981年第2期（简报误释为"平安君鼎"）。平安君鼎出土于河南泌阳秦墓，见《文物》1980年第9期。私官鼎、中敀鼎、平鼎出土于咸阳塔儿坡秦墓，皆三晋器，见《文物》1975年第6期。

② 广东省博物馆等：《广东肇庆市北岭松山古墓发掘简报》，《文物》1974年第11期。

③ 中国科学院考古研究所：《长沙发掘报告》，科学出版社1957年版，第110页，图八七：5，器上铭文"时文仲铜鍪一，容二斗。重六斤三两，黄龙元年十月甲辰治"。

④ 参考陈文领博《铜鍪研究》，中国南方及东南亚古代铜鼓和青铜文化第二次国际讨论会论文，1991年。

秦文化系统的扁圆腹、双环耳类型。出土时，铜鍪经常与鼎、盆、勺等共置一起，是南越国的重要炊器。

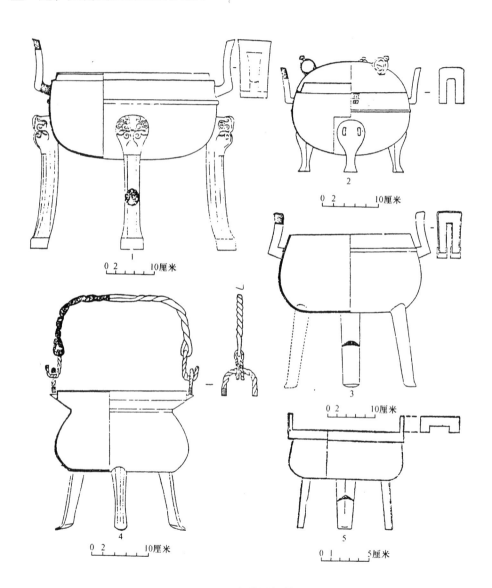

图一　南越国铜鼎

1. Ⅰ型（南越王墓出土）　2. Ⅱ型（贵县罗泊湾 M1 出土）　3. Ⅲ型 a 式（南越王墓出土）
4. Ⅲ型 b 式（贵县罗泊湾 M1 出土）　5. Ⅲ型 c 式（广州淘金坑 M8 出土）

值得注意的是，在出土的铜鍪中，有的在环耳处加设方柄，而把原来的一只环耳置于柄上。典型的实例出于贵县罗泊湾1号墓（图二，1）。出土时，外底部有烟炱痕。同出的木牍《从器志》称它为"温督"。① 督假为鍪，表明它是温器。此外，有的不但有方柄，还在器底加三足。实例见于广州淘金坑20号墓②，有盖。可称三足鍪或三足釜，或名"锜"。③ 出土时，腹与底有烟炱痕，可知在三足间燃火炊爨。用途与鍪同。

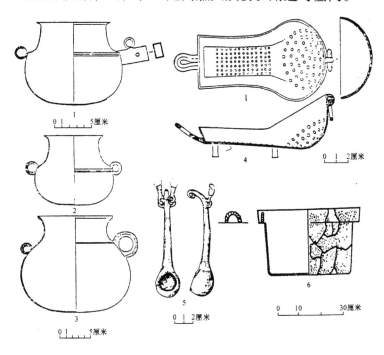

图二　南越国青铜饮食器

1. 温鍪（贵县罗泊湾 M1 出土，原作"鐎壶"）　2. Ⅱ型鍪（南越王墓出土）　3. Ⅰ型鍪（南越王墓出土）　4. 姜礤（南越王墓出土）　5. Ⅰ型勺（广州市郊 M1026 出土）　6. 锅（肇庆松山 M1 出土）

釜甑、甗釜形似鍪，由鬲演变而来。一般把有耳的称鍪，无耳的称

①　广西壮族自治区博物馆：《广西贵县罗泊湾汉墓》，文物出版社 1988 年版，第 35 页，图三二；第 23、83 页。

②　广州市文物管理处：《广州淘金坑的西汉墓》，《考古学报》1974 年第 1 期。

③　孙机：《汉代物质文化资料图说》，文物出版社 1991 年版，第 335 页。

釜。釜可单独使用，也可釜甑配套使用。釜甑配套，主要用于蒸饭。釜承甑，甑的圈足正好套合于釜口直唇外。另有甗①，其实是鼎（三足釜）甑的合体。稍有不同的是，釜甑可置铁三足架上燃火炊爨，也可置于炉灶上炊爨，而鼎（三足釜）甑合体的甗，只能在三足间燃火炊爨。

甗是中原地区古老的炊器，起初是鬲甑合体，随后是鼎甑合体、三足釜甑合体，其实都是三足合体炊器。东周时期，炉灶开始出现，三足合体炊器逐渐被无足分体炊器所取代。目前已知最早铜釜甑发现于战国时期的四川巴蜀墓②和关中秦墓③。两广出现釜甑是秦统一岭南以后的事。从出土实物看，南越国时期已出现炉灶④，但人们仍习惯于支架铁三足架燃炊。

勺　少数整体如匏（暂称Ⅰ型；图二，5），多数勺体平面呈椭圆形（暂称Ⅱ型）。Ⅰ型似由葫芦勺仿制，长沙楚墓已有发现。⑤Ⅱ型勺的勺柄有两种：一种扁平形实心长柄；另一种圆筒形空心短柄，需要套接木柄。中原东周墓常见。南越国出土的铜勺，大多置铜鼎、铜鏊内或近旁，说明中原的一套饮食用器已普及于岭南。

烤炉　3件，皆出南越王墓。一件（G41）炉体硕大，长61厘米、宽52.5厘米、高11厘米。另二件（C53、C40）较少，方形，边长27.5厘米、高11厘米。三器形制略同，皆宽平沿内折，炉壁垂直，炉底微呈圜底状。炉沿面和炉壁面上皆饰繁缛纹饰。有四足，大烤炉的四足带有轴轮，可以推动。三炉的炉壁侧面设铺首环，可供提吊。出土时，炉上均配备多种供烤炙用的零件，有悬炉用的铁链，烤肉用的铁钎、铁钩和长叉（双叉、三叉都有）。二件小炉的炉壁上还设有插放烧烤用具的装置，其中一件（C40）的插放用具装置是四头仰置的小猪。小猪四足朝天，中空，它形象地说明，烤炉的主要用途应是用于烧烤乳猪的。

　①　广州市文管会等：《广州汉墓》，文物出版社1981年版，第133页，图七五：9。
　②　出铜釜甑的四川巴蜀墓有新都木椁墓，见《文物》1981年第6期，图版叁；成都百花潭10号墓，见《文物》1976年第3期，第42页，图一二；涪陵小田溪土坑墓，见《文物》1974年第5期，第73页，图一七；等等。
　③　出自凤翔高庄秦墓，见《考古与文物》1981年第1期，图一七：6。
　④　广州市文管会等：《广州汉墓》，文物出版社1981年版，第128页，图七一：2；又见广州市文物管理处《广州淘金坑的西汉墓》，《考古学报》1974年第1期，第162页，图一五：1。
　⑤　湖南省博物馆：《长沙楚墓》，《考古学报》1959年第1期。

烤炙牲肉的炉子，在中原地区殷周时期已流行，但像这种形制的烤炉却甚罕见。出土时，炉内泥范尚未清除，说明它们都是在本地制造的。

煎炉　1件，出南越王墓，与大烤炉同置后藏室。炉体分上下两层，皆作浅盘形，底有四短足。两盘间由四根断面呈曲尺形的片条相连，与炉身同铸出。上层炉盘的底面有烟炱，表明下层炉盘是放置燃料的；上层炉盘放兽肉，置脂油，燃火干煎至熟。器形与中原所见不同，也应在本地铸造。

姜礤　如匙形，礤体分上下两半，下半为半球体，底部有密集的漏孔；上半为礤槽，方形凹槽状，平底上密布小乳钉，用以摩擦生姜，然后在漏孔处挤出姜汁（图二，4）。至今岭南民间仍有使用，可以看作是南越国特有的食器。

壶　分两型。Ⅰ型是常见的汉式壶，占多数。Ⅱ型是越式壶，直口，鼓腹，圜底，喇叭形圈足，圈足上有三角形镂孔，颈部附双耳（图三，2）。双耳半圆环形，环耳内有指环状的鼻，造型与提筒双耳同。耳用于穿绳提取，鼻用于穿绳系盖。广州柳园岗11号墓出土1件越式壶，木盖尚存（图三，3）。[①] 或以为越式壶系仿自匏壶。[②] 这种器底带镂孔圈足的越式器，不但见于壶上，还见于铜瓿（图三，4）、铜扁壶（图三，1）上，可视为当时越式器中比较流行的一种做法。相反地，在汉式铜器中，也常有越式装饰，如南越王墓出土的1件小铜钫[③]、罗泊湾1号墓出土的铜壶（图三，5）、铜钫[④]，盖上周边的四钮，均作越式的凤鸟形。

提筒　20件，造型基本相同，仅大小有差。从残存的木盖和器耳系绳推知，这批铜提筒应是盛酒器或酿酒器（当然也可用于盛水盛物）。广州东汉墓出土陶提筒，筒盖里面墨书"藏酒十石"，可供实证。[⑤] 铜提筒周身有几何形晕带，一般分隔为三组至五组，每组由若干晕带组成，而以弦纹作为晕带的间隔（图四，2）。常见的几何形纹有平行直线纹、复线菱形

①　黄淼章：《广州瑶台柳园岗西汉墓群发掘记要》，载《穗港汉墓出土文物》，香港中文大学文物馆1983年版。

②　孙机：《汉代物质文化资料图说》，文物出版社1991年版，第428页。

③　广州市文管会等：《西汉南越王墓》，文物出版社1991年版，第49页，图三二。

④　广西壮族自治区博物馆：《广西贵县罗泊湾汉墓》，文物出版社1988年版，第35页，图三二。

⑤　广州市文管会等：《广州汉墓》，文物出版社1981年版，第323页。

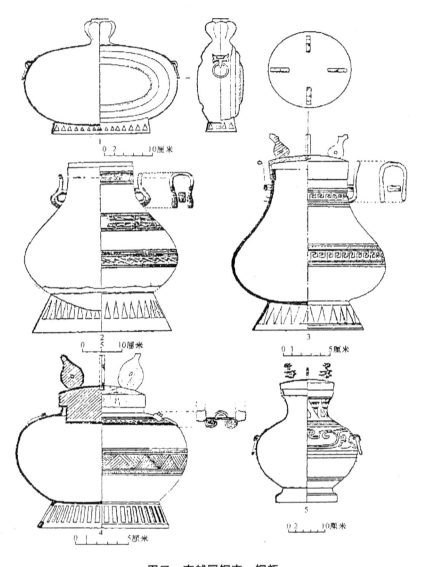

图三 南越国铜壶、铜瓿

1. 扁壶（贵县罗泊湾墓 M1 出土） 2. Ⅱ型壶（广州市郊 M1180 出土） 3. Ⅱ型壶（广州柳园岗 M11 出土） 4. 瓿（广州柳园岗 M11 出土） 5. Ⅰ型壶（贵县罗泊湾 M1 出土）

纹、圆圈纹、圆圈切线纹、斜行虚线纹、三角齿纹、螺旋纹，等等。以人物图像为主晕的提筒，见于南越王墓的 1 件提筒（B59）。① 这件铜提筒，共有晕带四组：第一、三、四组为几何形纹晕带，第二组饰羽人船 4 只，4 船首尾连接，每船羽人 5 人，船头尾两端高翘，有旌旗装饰，羽人分别作划桨、执弓箭、击鼓、抓俘虏、提首级等形象。越南玉镂铜鼓②所见的主晕图像与此极为近似。笔者认为，图像所表现的应是杀俘祭河（海）神的情景。广西西林句町墓铜鼓③、罗泊湾 1 号墓铜鼓以及云南和越南北部的许多石寨山型铜鼓上都有类似的图像，只是没有抓俘虏提首级的活动场面，反映了古代南方祀河神的习俗。

类似两广所见的南越国提筒，在越南北部也有大量出土，主要的流行时间都在南越国时期。今越南北部和中国广西西南部的接壤地带，在当时曾是雒越人的聚居区，他们很可能是铜提筒的首创者。广州发现的铜提筒，有可能是通过贸易交换得来，或者是骆越首领以提筒盛放酒浆进献于南越国统治者的。南越王墓出土铜提筒 9 件，有可能就是这种关系的遗存。④

铜提筒是岭南越人的典型器物，它的发明与中原汉文化无关，唯一例外的是，南越王墓 9 件提筒中有 1 件（C61）带有中原式提梁（图四，3）。说明这件提筒是岭南铸造，但吸收了中原铜锺提梁的形式。罗泊湾 1 号墓出土 1 件仿竹筒的提梁彩绘筒⑤，周身彩绘神人、异兽、云山图像，与中原所见的绘画题材不同，而所附提梁为链条和两端龙首的弓形把手，却是受中原铜锺的影响。

盆、盘、钵　南越国出土的直口（有的口沿外折）、浅腹、平底（或圜底）器，器形基本相同，但定名却有盆、盘、钵之别。从发表的器物图看，这类器物的腹壁大都分两段：上段垂直，下段内收平底或圜底，与马王堆汉墓出土的自名为"平盘"、"食盘"的漆器⑥有明显区别。推测其用途应是盛水而不是盛食，故宜定名为盆，其中的大型器，还有可能是沐浴

---

① 广州市文管会等：《西汉南越王墓》，文物出版社 1991 年版，第 50 页，图三八，彩版二五。
② 阮文煊、黄荣：《越南发现的东山铜鼓》，越南历史博物馆 1975 年版，梁志明译本。
③ 广西壮族自治区文物工作队：《广西西林县普驮铜鼓墓葬》，《文物》1978 年第 9 期。
④ 黄展岳：《铜提筒考略》，《考古》1989 年第 9 期。
⑤ 广西壮族自治区博物馆：《广西贵县罗泊湾汉墓》，文物出版社 1988 年版，第 37 页，图三三。
⑥ 湖南省博物馆等：《长沙马王堆一号汉墓》，上册，文物出版社 1973 年版，第 85、86 页。

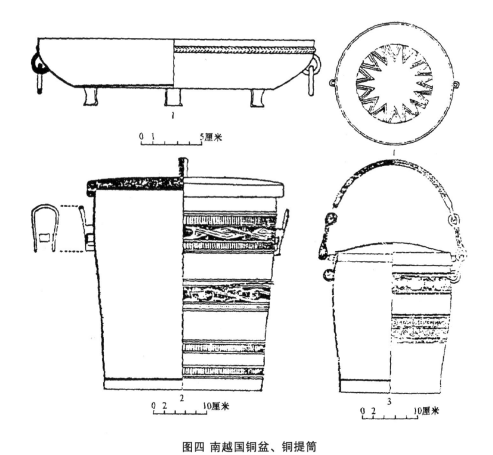

图四 南越国铜盆、铜提筒

1. 铜盆（南越王墓出土）　2. 提筒（贵县罗泊湾 M1 出土）　3. 有提梁的提筒（南越王墓出土）

用的沐盆。南越国出土的铜盆，除罗泊湾 1 号墓的彩绘盆[①]以外，其他大都光素无纹饰，腹两侧有对称环耳，皆为中原地区战国至汉初的常见之物。个别铜盆，如南越王墓出土的Ⅵ型盆（图四，1），底附三短足，近口处饰穗纹带一周，显示了自身的地方特点。

---

① 广西壮族自治区博物馆：《广西贵县罗泊湾汉墓》，文物出版社 1988 年版，第 40—42 页，彩版五、彩版七。

2. 乐器

鼓　3件，2件出罗泊湾1号墓，1件出田东锅盖岭①，均属石寨山型。罗泊湾1号墓还有1件利用残鼓改制的炭盆（原报告作"三足案"），从鼓胴造型和鼓面纹饰看，也应是石寨山型铜鼓。②

石寨山型鼓是万家坝型的继承和发展。这3件铜鼓和西林县汉句町墓出土的4件铜鼓③，其造型、纹饰均与滇东所见石寨山型鼓极为相似，金相检验和铸造工艺，两地所见基本相同④。由此表明，这3件南越国铜鼓很可能是从滇东经句町传入的⑤，而不大可能是本地仿造。越南北部也有不少石寨山型铜鼓出土，但人物图像与这4件稍有不同，彼此似无直接关系。今广西贵县和田东县境内，当时属南越国西部地区，主要居民是西瓯人和骆越人，在滇人和句町人的影响下，他们也采用铜鼓奏乐。而在南越国都城番禺以及南越国东部地区（今广东），至今未见石寨山型铜鼓出土，这似乎说明，铜鼓这种乐器并没有被南越国的乐府所采纳。

羊角钮钟　1件，出自罗泊湾1号墓。双范合铸，呈半截橄榄形，上小下大，顶部有外撇的羊角形錾钮，上端开长方形孔，鼓部铸人面形。类似的羊角钮钟在云南楚雄万家坝、晋宁石寨山、广西西林汉句町墓、浦北大岭脚、容县龙井坺以及越南北部都有发现，流行时代约在战国至西汉。羊角钮钟往往与石寨山型铜鼓同出，广西发现的羊角钮钟，可能是伴随着石寨山型铜鼓从滇东经句町而传入的。滇、句町与骆越毗邻，习俗相通，他们共同使用铜鼓和羊角钮钟是很自然的。⑥

与羊角钮钟同出的还有铜锣和直筒形钟。锣钟上都刻有"布"字铭文，音高律制相同。⑦类似的器形，在其他地区未见，推测为本地越人创造的乐器。

钮钟、甬钟、句镶　钮钟、甬钟是中原殷周时期的古老乐器，广东肇

①　广西壮族自治区文物工作队：《广西田东发现战国墓葬》，《考古》1978年第6期。

②　广西壮族自治区博物馆：《广西贵县罗泊湾汉墓》，文物出版社1988年版，第39页，图三四。

③　广西壮族自治区文物工作队：《广西西林县普驮铜鼓墓葬》，《文物》1978年第9期。

④　见王克荣主编《中国古代铜鼓》，文物出版社1988年版，第八章。

⑤　蒋廷瑜：《西林铜鼓墓与汉代句町国》，《考古》1982年第2期。

⑥　蒋廷瑜：《羊角钮铜钟初论》，《文物》1984年第5期。

⑦　广西壮族自治区博物馆：《广西贵县罗泊湾汉墓》，文物出版社1988年版，第127页。

庆松山墓甬钟①，形制与中原所见全同，应是传入品。南越王墓出土的钮钟、甬钟，鼓部内敛，与中原所见有所不同，应是本地仿制。句鑃流行于东周吴越地区，汉代已罕见。南越王墓出土的 8 件句鑃，大小相套，鼓部内敛，器形与东周流行的句鑃有别，正面钲部又皆阴刻篆文"文帝九年乐府工造"，表明它们是南越国乐府工官所监造。

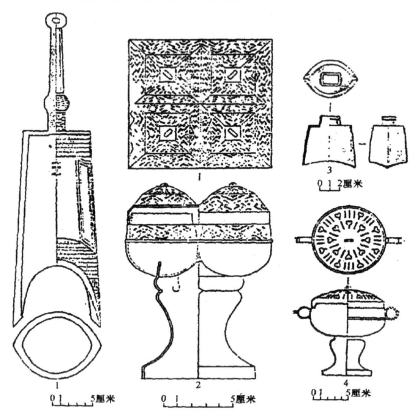

图五　南越国铜钲铎和铜熏炉

1. 钲（南越王墓出土，原作"铎"）　2. Ⅱ型熏炉（南越王墓出土）　3. 铎（广州市郊 M1095 出土，原作"铙"）　4. Ⅰ型熏炉（贵县罗泊湾 M2 出土）

① 广东省博物馆等：《广东肇庆市北岭松山古墓发掘简报》，《文物》1974 年第 1 期。

钲、铎　钲、铎也是中原殷周时期的古老乐器，先秦时已传入岭南。①关于钲、铎的形制异同，历来说法不一，考古报告中的定名也较混乱。古乐器学家李纯一先生认为：钲、铎的形制、大小相异，不可混同。铎体小，顶上有便于安装木柄的方銎，有的体内有舌，可供摇奏；有的体内无舌，可仰持锤击；钲体比铎大二三倍，圆柱柄或棱柱柄，柄端有冠，有的柄上有穿，一般执持锤击，或许也可悬置。②根据李氏的划分原则，南越国考古报告中应更正的钲、铎定名有4器。1器出南越王墓，原作铎（G86），应更名为钲（图五，1）。此器高大（通高42.8厘米），柄实心，断面八边形，柄端呈圆环状，可悬挂锤击。另3件出于广州市郊M1095、M1097、M1180，原作铙，应更名为铎（图五，3）。三器形体短小，通高仅10厘米，而且都有安装木柄的方銎，可仰持锤击。

3. 武器

剑　包括长剑、短剑，共75件。有中原东周式剑（暂称I型；图六，1—4）和越式剑（暂称II型；图六，6—8）两种。此外，还有少量滇式剑（暂称III型；图六，11、12）。有的东周式剑带有越式装饰，如广州1075号墓出土的1件（图六，5），剑身是典型的东周式，但剑格呈窄横条形，茎作扁条形，外套一个腰鼓形的铜筒作柄，柄上铸水波纹、圆涡纹，剑首圆饼形，以细点纹为地纹，其上突出八角星纹。成为带有地方特色的东周式剑。越式剑大多是形体短小的扁茎剑。剑身宽扁，中脊有凸棱，折肩，无格，茎部短扁，茎上大多有一个或两个穿孔，多数无首。少数越式剑为柄身分铸，柄多作空心圆筒形。首圆饼形，但也有扁茎无首的。可定为滇式剑的有2件。1件出银山岭77号墓（图六，12）；另1件出锅盖岭1号墓（图六，11），皆柄身合铸，短身有脊，一字形窄格。柄形不同，一作圆首扁茎，另一作圆首空心椭圆形茎。滇式剑是滇池地区战国至西汉时期的重要兵器。③这两件滇式剑在广西出土，表明南越与滇人之间的交往关系。

①　黄展岳：《论两广出土的先秦青铜器》，《考古学报》1986年第4期。
②　李纯一：《无者俞器为钲说》，《考古》1986年第4期。
③　童恩正：《我国西南地区青铜剑的研究》，《考古学报》1977年第2期。

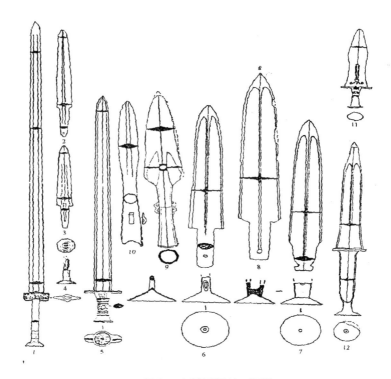

图六　南越国铜剑、铜矛

1. Ⅰ型剑（广州市郊 M1097 出土）　2. Ⅰ型剑（广州市郊 M1118 出土）　3. Ⅰ型剑（广州市郊 M1097 出土）　4. Ⅰ型剑首（广州市郊 M1026 出土）　5. Ⅰ型剑（广州市郊 M1175 出土）　6. Ⅱ型剑（平乐银山岭 M155 出土）　7. Ⅱ型剑（平乐银山岭 M74 出土）　8. Ⅱ型剑（平乐银山岭 108 出土）　9. Ⅱ型矛（平乐银山岭 M35 出土）　10. Ⅱ型矛（平乐银山岭 M24 出土）　11. Ⅲ型剑（平乐银山岭 M1 出土）　12. Ⅲ型剑（平乐银山岭 M77 出土）

　　矛　铜矛在两广先秦青铜武器中已占有重要地位，器形多样，基本上可以分为中原东周式矛（暂称Ⅰ型）和越式矛（暂称Ⅱ型；图六，9、10）两大类。南越国时期，两类铜矛继续流行，但器形纹饰都稍有变化。一般无纹饰，骹上的"王"字符号罕见。值得一提的是，南越王墓东侧室出土 1 件铜矛，叶呈三棱形，棱脊突出，两侧凹入有血槽。骹圆筒形，上有一穿，骹内有朽木。全长 10.3 厘米。[①] 从造型看，应是中原式，但甚短。我怀疑它是戟

[①]　广州市文管会等：《西汉南越王墓》，文物出版社 1991 年版，第 232 页，图版一四〇：3。

刺，但未见与之配套的铜戈，而且两广至今未见戈矛合戟。疑莫能释。

钺　8件。均出银山岭墓地。有双肩（或双重肩）铲形、凤字形、靴形三种。两广先秦时已广为流行，中国西南地区、越南北部也有出土。这类斧钺的源流关系，论者颇多，目前还难以作出比较准确的论断。南越国时期，这种富有地方特色的斧钺已少见。

镞　1200多件。有三棱形、双翼形、三翼形、圆柱形四种。除银山岭墓地出土少量铜铤外，多数带有铁铤竹槀（箭杆）。除圆柱形镞用于习射、弋射以外，均用于战争。三棱形镞数量最多，应是当时使用最普遍的箭镞。双翼形镞和三翼形镞，翼旁均有血槽，以竹筹包裹，似为毒箭。出土时，铁铤竹槀大多残断，少量保存完整，知铁铤长13.2厘米，竹槀长36厘米。[①]铁铤插入镞关銎中，外套竹槀。这种在竹槀中装置铁铤的三棱形箭镞，汉代称为"飞虻"、"虻矢"。[②]《方言》卷九："其三镰长尺六者谓之'飞虻'。"郭注，"镰，棱也。"知"三镰"就是指三棱形箭镞。汉尺"长尺六"，折合今制36.8厘米，与所见竹槀长度基本相符，是当时杀伤力最强的一种箭镞。与铁铤铜镞同出的有铜弩机22件，多数有铜郭，由此亦可证明，带有铁铤的三棱形镞，应是弩箭。

4. 工具

锛、斧、锯、锥、削　先秦时已出现，器形与中原东周以来的同类器全同。带有地方色彩的有刮刀、镬形器，可能还有刻刀。镬形器和刻刀，均出自肇庆松山墓，原报告未附图[③]，不便讨论。这里只谈刮刀。

刮刀　竹叶形，断面呈人字形。刃口在两侧，尖锋，个别尖锋上翘如钩。后端平直。一般长10厘米左右。出土时，器身后半段往往留有绳索捆缚的痕迹。有的还残存竹柄或木柄。刀柄全长约20厘米。这种器物，东周时已流行于长江以南地区，是百越青铜文化典型器物之一。主要用于编织竹器，也可修治竹简。[④]南越墓出土的刮刀，已大多改用铁制，器形有的加

---

①　广州市文管会等：《西汉南越王墓》，文物出版社1991年版，第89、161页。
②　杨泓：《中国古兵器论丛（增订本）》，文物出版社1986年版，第221—224页。
③　广东省博物馆等：《广东肇庆市北岭松山古墓发掘简报》，《文物》1974年第1期。
④　黄展岳：《论两广出土的先秦青铜器》，《考古学报》1986年第4期。

大。或以为刮刀原名"镈",是重要的平木工具。[①] 笔者认为,刮刀的用途应视其形体大小和不同质料制作而有所区别。大型的铁刮刀,可用于刮平木板,即所谓"镈";而本文所说的铜刮刀,只适于编织竹器或修理竹简,绝不堪平木。

5. 杂用器

熏炉　有单炉体（Ⅰ型;图五,4）和四炉体（Ⅱ型;图五,2）两种。单炉体呈方口圜底小盒形或圆口圜底小盒形,炉下有中空的束腰形高座足。子口合盖,盖顶镂孔,炉体镂孔或不镂孔。四炉体由四个方口圜底小盒组成,平面呈"田"字形。四小盒互不通连,共一方形炉盖。炉下共一中空的束腰形高座足。盖、体、座分铸,四小炉分铸后,嵌入座足内范中,在浇铸炉座时合成。

熏炉首见于广州南越国墓,除铜制外,尚有陶制,应是南越国的发明。熏炉的普遍存在,说明熏香已成为南越统治阶级的一种生活习俗。燃熏的香料主产于东南亚地区,从而透露南越国与海外已有交往的信息。

牌饰　40件,皆成对出土,其中嵌平板玻璃牌饰11对,镂空动物纹牌饰9对。两种牌饰均作横长方形,边框饰穗状纹带,鎏金,背面皆有丝绢衬托。不同处是前者牌心嵌一块平板玻璃,浅蓝色,背面贴铁板作背盖板,板上铸出两个竖立的半环钮。两钮间有木条（或丝带）,横置其中,推知原来是系于革带上的。嵌玻璃牌饰一般长10厘米、宽5厘米、厚0.8厘米。镂空动物牌纹饰仅在边框内镂出动物纹样,不贴背盖板。一般长8厘米、宽4厘米、厚0.4厘米。背面也有竖置的两个半环钮,钮中有木条横贯,当亦系于革带上。动物纹牌饰中有2对镂出龟蛇缠绕纹样（图七,1）。7对镂出雌雄二羊盘错纹样（图七,2）。这后一种铜牌饰,在宁夏同心县倒墩子匈奴墓中曾有较多发现。[②] 它形象地说明,在南平百越的秦军中有些是曾经参加北伐匈奴的勇士。这批来自匈奴的战利品被作为珍宝,藏于南越王室或留戍岭南的秦军官兵家中,直到被埋入墓中。嵌平板玻璃

---

① 孙机:《我国古代的平木工具》,《文物》1987年第10期。
② 宁夏回族自治区博物馆等:《宁夏同心倒墩子匈奴墓》,《考古学报》1988年第3期。

的铜牌饰与匈奴式动物纹铜牌饰同出，推测它是受到动物纹牌饰的启发而发明的。

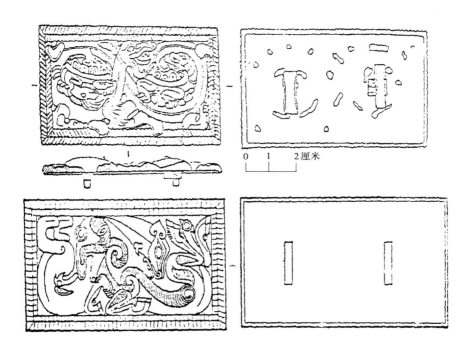

图七 南越国铜牌饰

1. 南越王墓主室出土　2. 南越王墓东侧室出土

镜　119 枚。根据背面纹样、钮饰的不同，分为十一型。Ⅰ型素镜，Ⅱ型山字纹镜，Ⅲ型兽纹镜，Ⅳ型龙纹镜，Ⅴ型龙凤纹镜，Ⅵ型连弧纹镜，Ⅶ型蟠螭纹镜，Ⅷ型蟠螭纹铭文镜，Ⅸ型草叶纹铭文镜，Ⅹ型彩绘镜，Ⅺ型带托镜。Ⅰ型至Ⅶ型，属于楚式镜系统。① 同楚镜对比，看不出有什么区别，估计是从楚地输入的。Ⅷ型的蟠螭纹和Ⅸ型的草叶纹，虽然保留了楚镜的作风，但已出现吉祥语铭文，这是楚镜所没有的，故应视为汉式镜。Ⅹ型的彩绘做法，显然是受了楚镜彩绘的影响，但画面内容不同。楚镜彩绘为几何形图像，而南越国彩绘镜出现人物成群，又有神话故

---

① 高至喜：《论楚镜》，《文物》1991 年第 5 期。

事叙事画，绘画风格与马王堆 1 号墓的帛画相似，应属汉式镜。XI型带托镜，面背分铸，然后用黏合剂把镜面套入镜托凹槽中。镜托背面错金银、红铜、绿松石嵌砌成复杂的勾连云纹图案。9 枚鎏金乳钉布列于图案中，边缘等分 3 个环钮，环钮上系组绶。经电子探针化学分析，镜托为铅青铜，镜面为锡青铜。这是考古发掘中的首次发现。类似的纹样设计曾见于山东临淄商王村出土的战国铜镜①，大小亦近似。传世的错石斜方云纹方壶的纹样风格亦与之相类②。他们可能同属中原东周文化系统。

6. 车马器

近 20 种，大都是中原东周时期已广为流行的器形。其中出自南越王墓的当卢纹饰③和牛头形泡钉④，具有地方特色。其他大约也是在本地仿制的。

当卢　弧顶三角形，背面有二钮。正面铸一长身怪兽，大耳，凸目，长吻部，露齿，面目略似猿类；体似龙蛇，爪有三趾。周边绕以绚纹。这种纹样似未见于其他地区。

牛头形泡钉　黄牛头形，双目大睁，额头正中有一尖锥形装饰。牛角硕大后弯。其他地区似未见。广州汉墓出土的陶牛模型全属黄牛⑤，南越王墓出土的牛骨也是黄牛⑥，亦为本地制作的看法添一旁证。

7. 配件

铜构件和铜配饰，大多发现于南越王墓和贵县罗泊湾汉墓。主要施于漆木屏风、漆卮、漆博局、漆案、玉盖杯、玉卮、高足玉杯等器物上。这些器物的造型和它们的铜配件，与中原所见没有区别。唯有屏风的铜配件具有浓

---

①　齐文涛：《概述近年来山东出土的商周青铜器》，《文物》1972 年第 5 期。

②　容庚：《商周彝器通考》，哈佛燕京学社 1941 年版。

③　广州市文管会等：《西汉南越王墓》，文物出版社 1991 年版，第 96 页，图六四：4，图版五一：30。

④　同上书，第 100 页，图六七：8，图版五四：30。

⑤　广州市文管会等：《广州汉墓》，文物出版社 1981 年版，第 483 页。

⑥　广州市文管会等：《西汉南越王墓》，文物出版社 1991 年版，第 466 页。

厚的地方色彩。[①]

屏风　主体漆木制，框架、座足、配饰皆铜制。屏风连接翼障下面的托座作力士形象。力士身着左衽褐衣，短裤，跣足，头顶屏壁，跪坐地上，口咬一条双头蛇，两手向后各操一蛇，两腿各夹一蛇，五蛇相互交错缠绕，似取材于"越人操蛇"的传说。屏风顶上的朱雀雕饰，卵圆形的兽面雕饰，以及两翼障下面的蟠龙形雕座，均属首见。堪称南越国漆木工艺和铸铜技术水平的代表作。

三

通过上面的出土情况介绍、器形考察，以及过去对南越国铜器铭文的研究，化学成分和铸造工艺的分析[②]，可以归纳为下面几点看法。

第一，先秦时期，岭南已拥有自己的青铜冶铸业。南越国时期，青铜冶铸业有较大发展。这时，在中原内地铁器和漆器大量使用，青铜器已逐渐屈居次要地位，但在南越国社会生活中，青铜器仍占有重要地位。与漆木细工、玉雕工艺相结合的青铜配饰，也比较发达。

第二，南越国青铜器，基本上可区分为中原汉文化和当地越文化两个系统。例如乐器中的钮钟、甬钟，属于汉文化系统；锣、直筒钟属本地越文化系统。句鑃、铎、钲则可能是受吴越文化的影响而在本地铸造的。同一器形的青铜器，有的还可以区分出汉文化系统、南方楚文化系统和当地越文化三个类型。例如铜鼎，既有圜底蹄足的汉式，又有平底高足的楚式，还有以三撇足为主要特征的越式。铜壶有鼓腹矮圈足的汉式，又有圆扁腹、镂空圈足的越式。铜镜大多是楚式，或在楚式影响下的汉式。在汉式、楚式铜器中，至少有一部分应是从中原内地或楚地输入的，如鼎、壶、钫、瓿、鉴、扁壶、蒜头壶、锅、匜、镜、带钩、剑、戈、矛、弩机，等等；也有相当一部分应是在本地仿制的，这一点往往可以从器表上的越式花纹或越式器钮得到确认。此外，还有一部分青铜器，

---

① 广州市文管会等：《西汉南越王墓》，文物出版社1991年版，第433—451页，彩版二八、彩版二九；图版二二〇—二二四。

② 广州市文管会等：《西汉南越王墓》，文物出版社1991年版，附录五；广州市文管会等：《广州汉墓》，文物出版社1981年版，附录四、附录五。

可能来自今广西与越南接壤的骆越部族聚居区，或今云贵高原的百濮部族聚居区。例如提筒、铜鼓和羊角钮钟。南越国青铜器的这种多谱系情况，表明南越国与周边地区有较多的交通贸易，善于吸收外来文化，特别是北方的楚汉文化，对南越国青铜器有深厚的影响。

第三，南越王墓出土的青铜器，多数属于南越王国赵氏宫廷中的专用品，由南越国工官监造。罗泊湾1号墓出土的青铜器，多数属于南越国西瓯君府中的专用品，由桂林郡市府监造。这些青铜器，显示了南越国青铜冶铸所能达到的最高技术水平。

第四，南越国的青铜器，大多集中发现于南越王墓、罗泊湾1号墓和平乐银山岭墓地。其他南越墓则不多见。南越王墓和罗泊湾墓是南越国最高统治者的墓葬，不能作为一般南越国墓的代表。银山岭似为西瓯戍卒墓地，随葬较多的铜兵器、铜工具，有其特殊情况，与一般南越国墓应有区别。比较具有代表性的一般南越国墓是广州柳园岗墓地。这里共发掘43座墓葬，其中只有3座较大的墓，共出土10件青铜器（鼎2、镜3、盆、壶、瓿、勺、矛各1）。广州市郊淘金坑以及贺县河东高寨等几处南越国官吏墓，随葬青铜器也很少；而且在随葬的青铜器中，经常发现修补焊接的痕迹。等级最高的南越王墓、肇庆松山墓和贵县罗泊湾1号墓的青铜器也不乏修补痕迹，尤其是罗泊湾1号墓，不但有利用残鼓改制的三足案，随葬的多件盘、盆、匜，也几乎都是焊补的旧器。这些现象都可以说明，南越国的青铜器并不宽裕，开采铜矿的能力有限，所需铜材至少有一部分还要由中原内地供应。

第五，化学分析判明，越式铜器的材质都是铅锡青铜，原料可以是利用当地矿产就地冶炼铸造。南越国青铜器的制作工艺，例如铜洗的加热锻打和铜匜、屏风构件等的火法鎏金，与中原所见相同，很可能是南下汉人传授的。还有一些铜器，如楚式镜，镜形纹样与长沙出土的楚镜极为近似，其合金配比和金相组织与长沙出土的楚镜相同，明显是从原楚地输入的。在制作技术方面，南越国铜器仍多沿用中原东周时期的传统工艺，例如，两分范合铸容器、活芯垫控制器壁厚度，以及圈足器的浇口设在器底中部的技术，中原地区多见于东周时期，秦汉之际已大为减少，而南越国青铜器仍普遍采用这些过时的传统工艺铸造。表明南越国铸铜工艺水平与中原内地还有一些差距。

（原载《铜鼓和青铜文化的新探索——中国南方及东南亚地区古代铜鼓和青铜文化第二次国际学术讨论会论文集》，广西民族出版社 1993 年版）

附表　南越国青铜器一览表

地点	墓数	件数	青　铜　器	备注	参考书目
广州南越王墓（1983 年发掘）	1	2128	饮食器：鼎 36（Ⅰ1、Ⅱ18、Ⅲa5、Ⅲb9、Ⅲc3）、鋻 16（Ⅰ3、Ⅱ13）、釜甑 1、勺 34、烤炉 3、煎炉 1、煎炉 1、姜礤 2、壶 9（Ⅰ）、异形壶 1、蒜头壶 1、钫 4、盉 1、提筒 9、鉴 3、瓿 4、钾 9、盆 15、匜 16 乐器：钮钟 14、甬钟 5、句鑃 8、铎 2 武器：剑 1（Ⅰ）、矛 1（Ⅰ）、戈 4、镦 3、弩机 15、镞 933 工具：锯 3、锥 1 杂用器：熏炉 11（Ⅰ6、Ⅱ5）、牌饰 32（Ⅰa6、Ⅱb4、Ⅱ22）、镜 38、灯 2、带钩 23、虎节 1、印 5、杵 1、臼 2、仪仗件 8、仪仗镦 9、阳燧 1、铃形器 5、钵形器 1、印花凸板 2、棘轮 1、门环 10、木椁铺首 6 车马器：衔 4、镳 4、盖弓帽 192、伞柄箍 8、冒 6、衡末饰 2、舆饰 4、当卢 4、缨座 3、络管饰 523、节约 64 配件：琴轸 48、瑟枘 12、轸钥 48、屏风构件 21、屏风上泡钉 615、凤首形饰 2、管形构件 1、钉形饰 1、鎏金饰 4、圆片饰 4、环 27、算珠饰 5、漆木构件 2	墓室完好	广州市文管会等：《西汉南越王墓》，文物出版社 1991 年版
广州市郊墓群（1953—1960 年发掘）	182	429	饮食器：鼎 32（Ⅱ5、Ⅲa3、Ⅲb18、Ⅲc3、不明 3）、鋻 21（Ⅰ）、釜 4、釜甑 2、甑 1、勺 37、壶 10（Ⅰ8、Ⅱ2）、扁壶 5、蒜头壶 1、钫 4、盉 4、提筒 2、瓿 8、锅 1、盆 29、方盆 1、温酒樽 3、卮 7 乐器：铙 3、铃 2 武器：剑 7（Ⅰ）、短剑 6（Ⅰ）、矛 11（Ⅰ）、戈 6、镦 2、弩机 6、镞 5 工具：锛 1、削 4 杂用器：熏炉 7（Ⅰ）、牌饰 6（Ⅰa）、镜 59、带钩 5、指环 2、印 4、俑 2 车马器：盖弓帽 66、伞柄箍 3、衡末饰 2、辕末饰 4、圆筒形器 21 配件：U 形饰 1、鸡形钮饰 1、长形器 2、鎏金铜冒 2、板瓦形器 1、钉形器 5、凿形器 2、游环 2、刷子柄 6、珠 1	90 座出青铜器。30 座被破坏盗扰。另有半两钱 191 枚未计入	广州市文管会等：《广州汉墓》，文物出版社 1981 年版

地点	墓数	件数	青　铜　器	备注	参考书目
广州淘金坑（1973年发掘）	22	46	饮食器：鼎3（Ⅱ1、Ⅲc 2）、鍪3（Ⅰ）、银壶（锜）1、勺3、瓿1、卮1、匜1 乐器：铎1、铃10 武器：矛2（Ⅰ）、镞10 工具：削1 杂用器：镜7、带钩1、印1	15座出青铜器。6座被破坏、盗扰	广州市文物管理处：《广州淘金坑的西汉墓》,《考古学报》1974年第1期
广州柳园岗（1982年发掘）	43	10	饮食器：鼎2（Ⅱ）、壶1（Ⅱ）、瓿1、勺1、盆1 武器：矛1（Ⅰ） 工具：镜3	基本完好，3座出青铜器	黄淼章：《广州瑶台柳园岗西汉墓群发掘记要》,《穗港汉墓出土文物》，香港中文大学文物馆1983年版
广州秦汉之际造船工场（1975年发掘）		36	武器：镞34 杂用器：镜1、带钩1	另有器形不明铜器3件，半两钱13枚未计入	广州市文物管理处等：《广州秦汉造船工场遗址试掘》,《文物》1977年第4期
肇庆北岭松山1号墓（1972年发掘）	1	105	饮食器：鼎5（Ⅲa1、Ⅲc2、不明2）、锅1、罍2、提梁壶1、提筒1、长方形盘1、三足盘1、铲形器1 乐器：甬钟6 武器：剑2（Ⅰ）、矛1（Ⅰ）、镞20 工具：斧1、锛1、削15、刻刀10、镬形器12 杂用器：镜1、方形器4、柱形器4、木棺铺首8 配件：环4、圆管1、圆柱1、器盖1、圆箍1、兽头饰1	未盗	广东省博物馆等:《广东肇庆市北岭松山古墓发掘简报》,《文物》1974年第1期
贵县罗泊湾1号墓（1976年发掘）	1	191	饮食器：鼎6（Ⅱ3、Ⅲb3）、勺4、钫1、壶1（Ⅰ）、扁壶1、杯形壶1、镶壶（温鍪）1、提筒4、提梁彩绘筒1、铜1、盘4、盆6、钵1、匜3、三足案1 乐器：鼓2、锣1、羊角钮钟1、直筒形钟2 武器：剑3（Ⅰ）、镦3、镞43 杂用器：镜2、带钩7、九支灯1 车马器：衔1、盖弓帽30、车轴头3,衡末饰6,轭钩2、方箍1、踵饰1、环7、軧泡6、圆刀11、带扣2、节约12 配件：鞭首2、钮饰3、吊锤1（Ⅰ）、镜刷柄2	被盗	广西壮族自治区博物馆：《广西贵县罗泊湾汉墓》，文物出版社1988年版

续表

地点	墓数	件数	青 铜 器	备注	参考书目
贵县罗泊湾2号墓（1979年发掘）	1	28	饮食器：鼎2（Ⅱ1、Ⅲb1）、壶1（Ⅰ），提筒1、镶斗Ⅰ、盆1 武器：矛3（Ⅰ）、弩机1 杂用器：熏炉1（Ⅰ）、镜2、小坩埚1 车马器：车器2、盖弓帽10 配件：钮2	被盗	广西壮族自治区博物馆：《广西贵县罗泊湾汉墓》，文物出版社1988年版
贺县河东高寨（1976年发掘）	5	35	饮食器：鼎6（Ⅲa1、Ⅲb3、Ⅲc2）、勺3、钫1、壶1（Ⅰ）、蒜头壶1、提筒2、罍1，奁1、杯1、洗1、碗1 武器：剑6（Ⅰ）、剑首1 杂用器：熏炉1（Ⅰ）、牌饰2（Ⅰa）、镜4 车马器：车器1 配件：钮1	M5被盗，余完好	广西壮族自治区文物工作队：《广西贺县河东高寨西汉墓》，《文物资料丛刊》（四），文物出版社1981年版
贺县金钟1号墓（1980年发掘）	1	7	杂用器：镜2、印2、襟钩2 车马器：车器1	被盗，另有残器多件	广西壮族自治区文物工作队等：《广西贺县金钟1号汉墓》，《考古》1986年第3期
平乐银山岭墓群（1974年发掘）	123	391	饮食器：鼎14（Ⅱ1、Ⅲa1、Ⅲc12）、勺19、盆7、盘1、钵2 乐器：铃1 武器：剑48（Ⅰ8、Ⅱ39、Ⅲ1）、矛41（Ⅰ24、Ⅱ17）、戈1、钺8、镞19、矩1、镞181 工具：斧7、削9、刮刀15、钻头1 杂用器：带钩1、杖头6、T形器1 车马器：盖弓帽8	84座出青铜器。10座被破坏。还有器形不明的残器多件，半两钱5枚，未计入	广西壮族自治区文物工作队：《平乐银山岭战国墓》，《考古学报》1978年第2期；又《平乐银山岭汉墓》，《考古学报》1978年第4期
田东锅盖岭1号墓、2号墓（1977年发掘）	2	13	乐器：鼓1 武器：剑2（Ⅰ1、Ⅲ1）、矛2（Ⅰ）、戈1、镞1、钺1 工具：斧3 杂用器：叉3	已破坏	广西壮族自治区文物工作队：《广西田东发现战国墓葬》，《考古》1978年第6期

说明：1. 表中器名一律照原报告定名；

　　　2. 括号内的器物型式是笔者粗略划分的；

3. 阿拉伯数字是件数；

4. 平乐银山岭墓群和田东锅盖岭 1 号墓、2 号墓，发掘报告原定战国墓，本文改定为秦末汉初墓。详见本书《论两广出土的先秦青铜器》。

论南越国出土铁器

考古发现的南越国铁器，大多锈蚀严重，甚或器形难辨。套接木柄木叶的铁器，一般只剩下它的锋刃，木柄、木叶大多腐朽不存，失去复原全器的直接依据。发掘报告一般只作器形描述，按照约定俗成的分类法定名，缺少专门的研究。1983 年，笔者借参加南越王墓发掘工作之便，对南越王墓及其他南越国墓的出土铁器曾稍加留意观察，感觉到有些基本情况尚待廓清，所以想写点看法，以弥补发掘报告之不足。

一

由真定人赵佗创建的南越国，共传五主九十三年（前 203 年—前 111 年），辖地为秦置南海、桂林、象郡，大体相当于现在的广东、广西。强盛时，疆土并及今越南北部。据笔者所知，南越国铁器均发现于两广，越南北部未见。[①] 两广出土的南越国铁器，绝大多数见于南越国墓中。迄今为止，已发表资料的南越国墓葬共 382 座，其中有铁器随葬的 165 座，共出土铁器51 种，总数 598 件。此外还有未计入的铜镞铁铤 700 多支，铁针约 500 支（只作 1 件计算）以及铜器上的铁构件和器形不明的残铁块数十块。铁器的出土情况简述如下。

广州南越王墓　1983 年发掘。主要是工具和武器。工具大多放置在西耳室，盛装在一个木箱、一个竹筐中。除 3 件铜制的"夹背锯"以外，皆铁制。器形有斧、锛、锤、凿、镰、手铲、刻刀、锉、刮刀、弯刀、劈刀、铲

---

① 越南北部的早期铁器，均发现于东山文化末期，年代已到东汉初年，详见黎文兰等《越南青铜时代的第一批遗迹》，梁志明译本，中国古代铜鼓研究会 1982 年编印，第 174—176 页。

刀、服刀（?）、刮刨、削、锥等，共 81 件。另有铠甲、铜镞铁铤、针、杵、衔镳等。武器放置在主室棺椁内外，有剑 15、矛 7、戟 2、铍 1、铜镞铁铤等。放东耳室的有镬 2、锄 1、臿 3。散见于各室的还有鼎、三足架、叉、钎、钩、链、轮圈、挂钩、码钉、镊、鱼钩、凿形器、弯条形器、车铜等。共 44 种，总数 246 件。①这是南越墓中出土铁器最多、品类最丰富的一例。

广州市郊南越墓群　1953—1960 年发掘。分布于广州市的东郊、西郊、北郊。属于南越国时期的墓葬有 182 座，其中 51 座出土铁器。属于炊煮器有釜 2；生产工具有锄刃 5、镰 1、斧 2、凿 3、刮刀 5、削 29；兵器有剑 7、矛 13、戟 3、镞铤；服饰杂用器有釜、带钩、镊、钩形器以及器形不明的残块等，共 110 件。出土铁器的南越墓大多集中在北郊华侨新村、麻鹰岗一带较大的木椁墓中，从出土陶文、印章得知，墓主当属南越国高级官吏。②

广州淘金坑墓群　1973 年发掘 22 座，其中 9 座出土铁器，计有斧 1、矛 2、削 5，以及剪、镊、带钩、码钉、锁钉、圆条形器等，共 15 件。据墓制和出土器物推测，墓主为南越国的中下级官吏。③

贵县罗泊湾墓 2 座　1976 年发掘 1 号墓，墓中随葬铁器 25 件，器形有臿、剑、镞、釜、四足架、削、棍、钉、环等。1979 年发掘 2 号墓，墓中随葬铁环、铁箍各 1 件。在 1 号墓出土的木牍中，有自题《东阳田器志》的木牍 2 片（M1: 162、M1: 163），字迹可辨的田器有"插（臿）卅八"、"插（臿）五十三"、"钮（锄）一百廿具"、"钮（锄）一百一十六"、"钬十五具"、"钬一百二"；另有自题"从器志"的木牍 1 片（M1: 161），字迹可辨的工具有"大斧二斤一"；武器有"茭戟三"、"横戟二"、"栝戟二"、"镞二"、"矛一"、"七尺矛二"。④牍文所载的田器、工具和武器，其刃部当属铁制。

平乐银山岭西瓯戍卒墓地　1974 年发掘 123 座，其中 98 座发现铁器，器形有锄 96、斧 13、锛 6、凿 5、刮刀 62、劈刀（原作刀）8、剑 1、矛 3、

①　广州市文管会等：《西汉南越王墓》，文物出版社 1991 年版。
②　广州市文管会等：《广州汉墓》，文物出版社 1981 年版。
③　广州市文物管理处：《广州淘金坑的西汉墓》，《考古学报》1974 年第 1 期。
④　广西壮族自治区博物馆：《广西贵县罗泊湾汉墓》，文物出版社 1988 年版。

鼎1、削10、钩1，共206件。①

贺县河东高寨墓和金钟墓　1976年在河东高寨发掘南越国墓5座，其中3座发现铁器，有匕首1、削3、棺钉数枚。② 1980年又在金钟发掘1座，出铁剑1件。③

此外，1975年发掘的广州秦汉造船工场遗址中也有少量铁器出土。其中有造船专用的锛、凿、挣凿、方头钉、圆头钉以及铁削、铁镊，共14件。遗址年代约在秦平岭南到南越国初期。④

从上面的简况介绍，可以对南越国的出土铁器粗略区分为生产工具、武器和生活杂用器三大类。

生产工具：钁、锄、臿、镰、斧、锛、锤、凿、挣凿、刮刀、刻刀、劈刀、手铲、弯刀、铲刀、服刀（?）、刮刨、锉、锥等，共19种，290件。

武器：剑、矛、戟、铍、匕首、镞（附镞铤700多支）、铠甲、利器（?）等，共8种，65件。

生活杂用器：鼎、釜、三足架、四足架、叉、钎、钩、链、削、剪、镊、带钩、杵、挂钩、鱼钩、针（约500枚）、棍、圈、轮、凿形器、弯条形器、钩形器、各种铁钉和衔镳、车锏等，共24种，243件。

二

南越国的出土铁器，器类基本齐全，数量不算太少，除个别工具外，都可以在原楚地和中原地区找到与之相同或近似的器形⑤，为本文的分析比较提供了十分有利的条件。下面按照分类顺序，着重讨论具有典型意义的器类和

---

①　1974年广西壮族自治区文物工作队在平乐银山岭发掘古墓155座，发掘报告推定其中110座为战国墓，45座为汉墓。详见《考古学报》1978年第2期和1978年第4期。经研究，原定为战国墓的110座和汉墓第1期的13座应属南越国时期。从年代和出土物的性质分析，这123座墓，可能是秦末汉初抗击秦兵的西瓯戍卒墓，详见黄展岳《论两广出土的先秦青铜器》，《考古学报》1986年第4期。

②　广西壮族自治区文物工作队：《广西贺县河东高寨西汉墓》，《文物资料丛刊》（四），文物出版社1981年版。

③　广西壮族自治区文物工作队：《广西贺县金钟1号汉墓》，《考古》1986年第3期。

④　广州市文物管理处：《广州秦汉造船工场遗址试掘》，《文物》1977年第4期。

⑤　黄展岳：《近年出土的战国两汉铁器》，《考古学报》1957年第3期；又《试论楚国铁器》，《湖南考古辑刊》（二），岳麓书社1984年版。

新发现的器类，常见的杂用器和暂时无法辨识的铁器，省略不论。

（一）生产工具

锄、耜　106 件。皆作凹口形，内侧有空槽以纳木叶或套装曲木。出土时，木叶大多腐朽，木柄安装法已无法究明。由于现在两广地区的农业劳动仍多使用凹口锄，罕见凹口耜，所以发掘报告多以"凹口锄"称之，并认为它们都是或主要是使用于农作（图一，2、3、5）。综观南越国出土的凹形铁口器，两侧空槽均呈垂直状，虽然大小轻重有差，刃部弧尖平撇诸多不同，但多数形体轻薄，除个别刃部较宽以外，一般刃部宽 10 厘米左右，估计木柄不会太长，与通常理解的直立执持操作的重要农具锄耜应有区别。值得注意的是，南越国凹形铁口器，大多与修治木板的铁工具同出。例如，广州华侨新村 1005 号墓出土的 4 件凹口器，与 2 件铁斧共存。平乐银山岭出土的 96 件凹口器，多数刃宽 6—8 厘米，大多与刮刀、砥石放在一起（图一，3）。据研究，在框架锯、刨刀出现以前，我国古代的平木工具是锛（斤）、刮刀（镃）和砥石（磨）。[①] 银山岭的"凹口锄"，有可能是用于削平木板的锛。锛、刮刀、砥石的这种组合关系，正代表了这三道互相连接的平木工具。再看出土实例，江陵天星观 1 号楚墓第十级台阶上曾发现带木柄的凹口耜，耜刃宽高各 10 厘米，木柄木叶系一整木制成，木质已朽，从遗留下来的痕迹获知木耜全长 99 厘米。另在该墓盗洞（战国末）内发现带木柄的凹口锄，锄刃宽 11.5 厘米，凹槽内套接曲木柄，曲木柄长 46.5 厘米。[②] 南越国墓所见的多数凹形铁口器，很可能与天星观 1 号楚墓及盗洞内出土的同类器相同，应是安装短木柄的锄耜。如果推断不误，这批被定为凹口锄耜的农具，大多数应是用于间苗松土的手锄、手铲；或用于木作的斧、锛；其中形体更小的，还可以是套接在木末两叉尖端上的铁口刃。个别刃部宽大，例如南越王墓东耳室的 1 件（B40—1）刃部平直，宽 17 厘米，则有可能是安装长木柄的可以直立操作的锄耜（图一，1）。看来凹形铁口器的用途应

---

① 孙机：《我国古代的平木工具》，《文物》1987 年第 10 期。
② 湖北省荆州地区博物馆：《江陵天星观 1 号楚墓》，《考古学报》1982 年第 1 期，图三：2、图二四：8。

是多方面的。

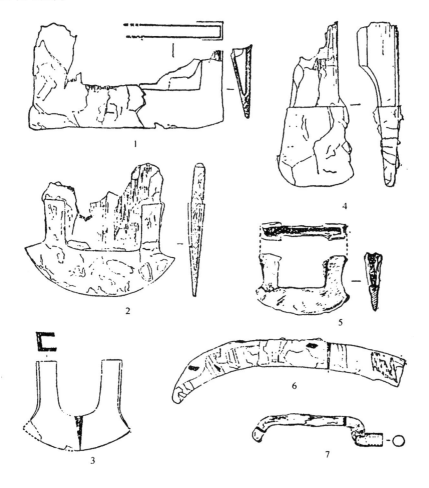

图一　南越国铁器

1. 锄（南越王墓出土）　2. 臿（南越王墓出土）　3. 锄（平乐银山岭 M55 出土）　4. 钁
（南越王墓出土）　5. 锄（广州市郊 M1005 出土）　6. 镰（南越王墓出土）　7. 镰（广州市郊
M1117 出土）

罗泊湾 1 号墓出土木牍《东阳田器志》，主要田器是锄、臿、钛，表明
东阳田器确曾大批输入南越。因该墓早遭盗掘，未能发现牍上所载的锄臿钛
实物，从而无法弄清这三种田器的锋刃及其木柄安装法。不过，从南方战国

两汉墓常见凹形铁口器来看，所谓"东阳田器"，也许就是南越国墓所见的这种以凹形铁口为特征的锄舌类工具。

镬　2件。长方形，刃口稍外弧，顶端銎口有木叶。木叶上厚下薄，髹漆。露出銎口10厘米处有一穿孔，孔呈横长方形，当系横装木柄。1件（B37）高8厘米、刃宽7厘米（图一，4）；另1件（B38）高14厘米、刃宽8厘米。原报告因其刃部较窄，器身较高，推定它可能是横装木柄的，故定名镬。

这2件镬和4件凹口锄舌（图一，1、2）同出南越王墓东耳室，而不同西耳室的铁工具放在一起，其用途与西耳室的铁工具应有区别。

镰　2件。一出广州蛇头岗1117号墓，弓形，内侧齿刃，后端接圆筒形骹，通长17厘米。骹有銎，以安木柄（图一，7）。可用于收割谷穗，似更适于截锯树木枝杈。另一出南越王墓，弯月形，内侧有刃。通长27.5厘米。木柄用二木片上下夹合于器身后端，再以麻绳缠绑（图一，6）。从器形看，主要应是砍伐灌木草莽的工具。

斧、锛　共28件。斧用于劈木，锛用于平木，同是重要的木工具。出土时，仅存铁刃部分，器形相同，正视长方形或梯形，侧视为楔形，顶端有銎口。区别只在于斧作双面刃，锛作单面刃。铸件可据侧面正中是否有合范区分之，锻件则不易鉴别。所见南越斧锛的顶端銎口大多卷折，知为锻接而成（图二，4）。发掘报告一般把形体厚重者定为斧，轻薄者定为锛，虽未必尽是，但作为锻制斧、锛的区分准则之一，还是可以的。

罗泊湾1号墓出土木牍《从器志》，记墓中随葬"大斧二斤一缠其架"，因发掘时未见实物，无法知道它们的真实器形。从牍文得知，斧、锛与武器一样，平时是插放在木架上的。

刮刀　86件。器身皆呈竹叶形，绝大多数作直刃式（图二，2），仅4件为弯刃式（图二，1）。器身前端两侧有刃，断面弧形。前锋尖锐，后端多数齐平，少数为扁条形茎。木柄安装在器身后段（约占器身的三分之二），均上下夹合木片（或竹片）缠绳捆扎而成。器身长短宽窄不一，一般长16—25厘米，少数长达39厘米（图二，6）。关于刮刀的用途，论者颇多，后来意见渐趋一致，认为它是一种竹编工具和治简工具。[1] 或以为它原名锄，是一种重要的平工木具。[2] 这些看法都有一定依据，但都忽略刮刀形体多样，用途应有所区别。我认为，从刮刀的大小造型看，大型刮刀主要应是用于刮平木板，即所谓"锄"；小型刮刀主要应是用于刮平简牍片，亦可称"削"；前端锋刃尖翘的刮刀，可用于编织竹器，称之为篾刀，亦无不可。

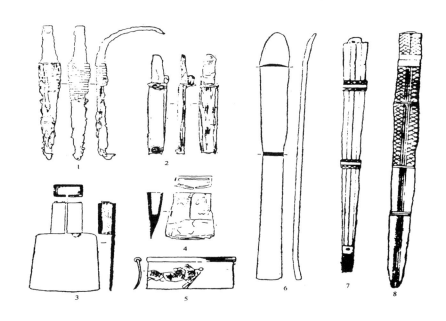

图二　南越王墓铁工具

1. 刮刀（C109）　2. 刮刀（C145—44）　3. 手铲（C145—15）　4. 锛（C145—4）　5. 刮刨（C125—1）　6. 刮刀（C121—18）　7. 服刀（C145—49）　8. 服刀（C145—45）

服刀　5件。出自南越王墓西耳室木工具箱中。形制相同，均作直刃直柄短刀形；大小相近，长 35—40 多厘米，外套刻花骨鞘。骨鞘制作十分精致。先制出圆筒形木胎，再在木胎外粘贴骨片。骨片表面刻菱格纹间以直线条纹。在鞘口、鞘中和鞘末上再加骨套。从上下两端均有穿孔看，应是系绳

---

① 丰州：《考古札记·刮刀》，《考古与文物》1983 年第 5 期。

② 孙机：《我国古代的平木工具》，《文物》1987 年第 10 期。

悬挂于腰间的刀具。出土时刀身锈蚀严重，与骨鞘粘连在一起不能剥离。从骨鞘造型看，刀身似为平直长条形，一面刃；茎稍窄，外包木片，再在木片上粘贴刻花骨片，上下端再套以骨筒。上端骨筒内有对称穿孔，应是系绳用（图二，7、8）。发掘报告根据骨鞘系绳这一特点，定名服刀（拍髀）。从木箱中的同出工具考虑，这种"服刀"也有可能是用于修治简牍的书刀。

锤　2件。圆柱形，铸件，有合范痕。锤身上部有安柄的穿孔，孔内尚存朽木。1件长8厘米，重600克；另1件长9.1厘米，重800克。

凿　6件。长短不一，一般长15—20厘米。平顶或顶端锻成卷折的銎口。单面刃、双面刃、平刃、斜刃都有（图三，1、4）。

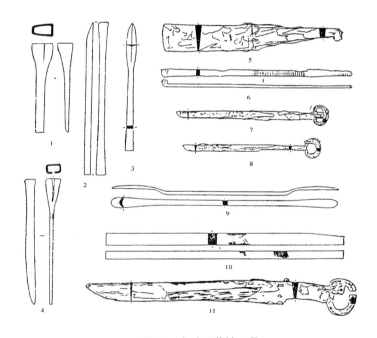

图三　南越王墓铁工具

1. 凿（C145—36）　2. 刻刀（C121—6）　3. 刻刀（C121—7）　4. 凿（C145—41）　5. 劈刀（C116）　6. 锉（C145—35）　7. 削（C145—22）　8. 削（C145—26）　9. 铲刀（C121—17）　10. 锉（C121—12）　11. 削（C123）

挣凿　1件。出自广州秦汉造船工场。凹字形，刃宽3厘米，有凹槽以纳木柄。是船板捻缝的专用工具，至今广州木船厂仍使用此类工具。

锥　5件。锥体断面有圆形和近方形两种，上段扁平，两面夹以木片缠绳而成木柄。锥锋尖锐。锥体长 20 厘米左右。

劈刀　4件。器形相同，长短略有差。刀身与茎部有明显分界。一面刃，锋斜收；刀背较厚，侧视呈楔形。茎部扁条状，长度与刀身大体相等（图三，5）。末端下弯如钩，插入两面夹合的木片中，缠绳成柄。全长 20 多厘米。适于劈割小木板、小木片。

手铲　2件。形似空首布，大小差不多。是用两块熟铁和一块低碳钢加热锻打成为长方形铁板，再在铁板的一端（约全长三分之一处）由两侧向背面弯曲成长方銎。出土时，銎内尚有朽木痕，似为直装木柄。刃宽 9.4 厘米、厚 0.25 厘米。通高 16.6 厘米（图二，3）。器体轻薄。銎口衔接处尚留较大缝隙，应是一种用力不能太大的铲刮工具，与用于农作的镈（铲）不同，为避免混淆，故称"手铲"。

刻刀　13件。长条形，多数长 20 多厘米。刀体扁平，前端多数收束成尖刃，后端齐平（图三，2），少数前端平刃，个别前端呈柳叶形（图三，3）。未见木柄痕迹。可能是直接握持，用于剔挖凹槽或雕刻竹木器的工具。

铲刀　1件。长 27.6 厘米。两端为刃，刃扁宽如鸭嘴状，横断面呈弧形（图三，9）。手持器体中部。似为专用于挖剔圆孔或凹槽的木作工具。

锉　9件。长短不等，其中 6 件的长度均在 31—33.6 厘米，余 3 件长 20 多厘米。锉齿齿型可辨的有半圆锉、平锉（图三，6）和方锉（图三，10）三种，平均齿数分别为 7 齿/厘米、5 齿/厘米、9 齿/厘米。其中方锉的锉，是锻打成形后再经低温加热打凿而成的。[①] 与方锉类似的铁锉，曾见于满城汉墓，平均齿数为 6 齿/厘米。[②] 表明当时在锉刀加工上已有一套成熟的工艺。

刮刨　2件。长方形，似板瓦状，横断面呈弧形。两长边，一边是刃部，另一边嵌入一段同等长的竹管中（图二，5）。用于刮削竹青、竹节，现在华南山区竹工仍有此类工具。

---

① 北京科技大学冶金史研究室：《西汉南越王墓出土铁器鉴定报告》，《西汉南越王墓》附录四，文物出版社 1991 年版。

② 中国社会科学院考古研究所等：《满城汉墓发掘报告》，文物出版社 1980 年版，第 113 页，图七五：6。

(二) 武器

剑 26 件。剑身狭长，中脊微显，后端呈直角与茎相连。茎扁条形，上下夹合木片再在木片上缠缚丝线，髹漆，或再加金丝嵌砌图形。多数有玉剑饰，外套木鞘或竹鞘，并在鞘外漆黑漆。剑身有长有短。长型剑剑身长80—100 厘米，茎长 10 多厘米（图四，12）。短型剑剑身长 40—50 厘米，茎长 10 多厘米（图四，5）。此外，还有一种茎部特长的铁剑。剑身与长型剑无别，茎部长 30—40 厘米，加上剑身长度，通长达 130—150 厘米（图四，11）。南越王墓墓主腰间两侧放置的 10 件铁剑全属此式。广州华侨新村 1095号墓、麻鹰岗 1175 号墓[①]以及山东巨野红土山西汉墓[②]均有此式剑出土，应是为高级贵族专门制作的。部分铁剑经金相检验，证明是用 3%—4% 的中碳钢坯料加热锻打而成的，在加工成形后还进行淬火处理，刃部坚硬，锋利异常。[③]

矛 25 件。大多矛、镦成对出土。矛叶两侧呈下端外弧的三角形，分短叶短骹、短叶长骹、长叶短骹、长叶长骹四种，均叶骹相衔，界限明显。骹銎椭圆形或圆形。骹末平齐或开叉如偃月形（图四，2、3）。多数套有木鞘或竹鞘。柲已朽没，柲末的圆筒形镦多数尚存。骹内大多遗留积竹柲或木柲的痕迹。出土时，矛镦位置有的还保持有直线距离。据南越王墓出土铁矛实测，短叶短骹矛（D97 + D130）全长（矛锋至镦底，下同）1.62 米，长叶长骹矛（D179 + D193）全长 2.29 米。查罗泊湾 1 号墓出土木牍《从器志》，志文有"七尺矛"，按汉"七尺"，折合 1.61 米，长度与南越王墓短矛基本相符。洛阳烧沟 94 号墓（西汉晚期）出一铁矛，全长 2.5 米[④]，比南越王墓所出稍长。

此外，南越国还出土倒刺矛、长茎矛各 1 件。倒刺矛见于广州东山 1041

① 广州市文管会等：《广州汉墓》，文物出版社 1981 年版，第 160、161 页，Ⅲ型剑，图九五：6。

② 山东省菏泽地区汉墓发掘小组：《巨野红土山西汉墓》图一六：1，《考古学报》1983 年第 4 期。

③ 北京科技大学冶金史研究室：《西汉南越王墓出土铁器鉴定报告》，《西汉南越王墓》，文物出版社 1991 年版。

④ 洛阳区考古发掘队：《洛阳烧沟汉墓》，科学出版社 1959 年版，第 195 页。

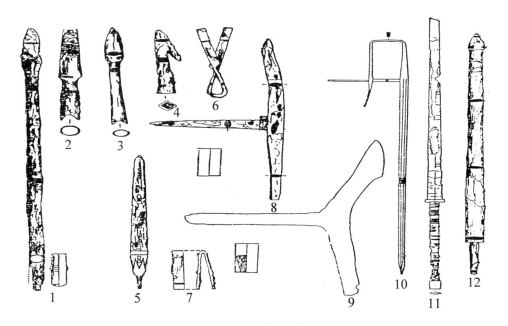

图四　南越国铁器

1. 矛附镦（广州市郊 M1095 出土）　2. 矛（广州市郊 M1168 出土）　3. 矛（广州市郊 M1135 出土）　4. 矛（广州市郊 M1041 出土）　5. 剑（南越王墓出土）　6. 剪（广州淘金坑 M17 出土）　7. 锯（广州淘金坑 M17 出土）　8、9. 戟附镦（南越王墓出土）　10. 利器（贵县罗泊湾 M1 出土）　11. 剑（南越王墓出土）　12. 剑（广州市郊 M1069 出土）

号墓①。矛身甚短，一侧有倒刺，骹略呈方形筒形，长 16 厘米（图四，4），他处未见。《方言》卷九："有小枝刃者谓之钩𨨱矛，或谓之𨨱"，疑即类此。长茎矛见于广州华侨新村 1095 号墓。② 矛叶长仅 12 厘米，叶骹之间有一段较长的茎，通长 72 厘米（图四，1）。铜镦圆筒形，长 8 厘米。原竖置墓后壁，柲朽后矛头掉落在铜镦旁，全长无从究明。类似的长茎矛曾见于满城汉墓（出 2 件），复原后全长均在 3 米左右。③ 南越国墓出土的这一件长茎矛，

---

① 广州市文管会等：《广州汉墓》，文物出版社 1981 年版，第 162 页。原报告定为Ⅲ式矛。

② 同上。原报告定为Ⅰ式矛。

③ 中国社会科学院考古研究所等：《满城汉墓发掘报告》，文物出版社 1980 年版，第 108—110 页，图七四：8，图版六九：3。原报告称"铤"。

长度可能与之相当。或以为这种长茎矛原名"鹤翮（膝）"①，似可从。

戟　5件。其中3件残缺，2件完整，与铜镦成对同出，分别套竹木鞘。1件（D127—1）呈卜字形，刺长而锐利，刺枝直角相交，枝略短，刺下延伸成长胡。在刺枝相交处安骨柲帽。通长39.5厘米（图四，8）。另1件（D127—2）戟刺外侈，与柲约成20度夹角。刺体较宽，侧刃明显。长胡无穿，近末端处有缺口，当是缚绳固柲用。通长39厘米（图四，9）。根据已知的考古资料，西汉通行卜字形戟，戟刺外侈的戟体，仅见于山东巨野红土山汉墓②，是少见的形制。这两种铁戟，属于西汉通行的长戟形制，据中原所见，连柲全长2—2.5米。③南越国铁戟应与之相同。罗泊湾1号墓出土《从器志》木牍中，记有"荚戟三"、"横戟二"、"栝戟二"，因墓葬早年被盗，未见实物，这三种戟的形制已无法究明。

铍　1件。形似短剑，无脊。茎扁平，茎上有一穿。铍身套以木胎漆鞘。柲已朽，附有鎏金铜镦。铍身残长20.4、宽2.3厘米。镦筒形，长9.6厘米。罗泊湾1号墓出土木牍《从器志》记有随葬武器"铍二"。《说文》："铍，长矛也。"《方言》卷九"锬，谓之铍"，郭注"今江东呼大矛为铍"。可见铍的结构和作用与矛相同，是装有长柲的刺兵，只是铍头与短剑相同，有锋刃、格、茎。矛的末端有圆镦，用以安柲；铍则为扁平茎，插入劈裂的木柲上端，再缚绳固定。

铁铍甚罕见，过去所见皆铜铍，流行于战国。铍形与这件近似的铜铍曾大量发现于秦始皇兵马俑坑，连柲通长3.59—3.82米④，车兵所用；宜昌前坪M23也发现1件铜铍，亦秦物，连柲通长2.13米⑤，步兵所用。南越王墓出土的铁铍，其长度应与前坪铜铍相近。

镞　除罗泊湾1号墓出铁镞铁铤4件以外，全部是铜镞铁铤，总数达700多件。铁镞3件双翼形，1件圆柱形。铜镞有三棱形、双翼形、

---

①　钟少异：《满城汉墓出土的古兵器——鹤翮》，《文物天地》1991年第3期。

②　参见山东省菏泽地区汉墓发掘小组《巨野红土山西汉墓》，《考古学报》1983年第4期，图一七：4。

③　杨泓：《中国古兵器论丛（增订本）》，文物出版社1986年版，第177页。

④　陕西省考古研究所等：《秦始皇兵马俑坑1号坑发掘报告》，文物出版社1988年版，第260—274页。

⑤　湖北省博物馆：《宜昌前坪战国两汉墓》图六，《考古学报》1976年第2期。原报告称"矛"。

三翼形、圆柱形四种。三棱形数量最多，应是当时使用最普遍的箭镞。双翼形、三翼形均用竹箨包裹，有血槽，似为毒箭。圆柱形镞用于习射、弋射。出土时，铁铤、竹槁（箭杆）大多残断，少量保存完整，知铁铤长 13.2 厘米，竹槁长 36 厘米。铁铤插入镞关銎中，外套竹槁。为防止滑脱，铁铤外表均交叉捆绑麻线，然后插入竹槁中。镞、铤衔接处亦用丝线捆绑，竹槁表面髹褐漆。槁末两边贴一薄竹片，如叉状，外用粗线捆绑，栝部未见箭羽痕迹。竹槁有粗细二种，粗槁直径 1 厘米，细槁直径 0.6 厘米。这种在竹槁中装置铁铤的三棱形箭镞，汉代称为"飞虻"、"虻矢"。《方言》卷九："其三镰长尺六者谓之'飞虻'。"郭注："镰，棱也。"知"三镰"就是指三棱形箭镞。汉尺"长尺六"，折合 36.8 厘米，与所见竹槁长度基本相符，是当时杀伤力最强的一种箭镞。与铁铤铜镞同出的有铜弩机 22 件（含南越王墓出 15 件），多数有铜郭。由此亦可证明，带有铁铤的三棱形镞，应是弩箭。

铠甲　1 领。出于南越王墓。卷作圆筒形，经修整复原，知为无立领、无袖、无垂缘，形状近于坎肩的轻型铁甲。其结构系由前后身片及两个肩片所组成。推算共有 907 片甲片，用丝带穿结成型。复原后的铠甲，通高 58、胸围 102 厘米。[①] 甲片系熟铁加热锻打而成。

这领铠甲，属于鱼鳞甲的初期型式。甲片的直向排列法和右胸右肋系带的闭合形式，与秦俑铠甲相同；甲片上的丝带，编饰出菱形图案的做法，在咸阳杨家湾汉墓的彩绘武俑铠甲上也有发现；铠甲以锦类组织包边，皮质材料衬里，与满城汉墓出土的刘胜铠甲大致相同。由此推测，这领铠甲应是南下秦兵带入岭南或他们的后裔在本地仿制的。

利器（?）　2 件，分别出南越王墓和罗泊湾 1 号墓。器形相同，均为长杆尖锋，杆体断面六柱形，后端折成矩形，有横栓透出，聚成锐锋（图四，10）。出土时，2 件横栓上都有朽木痕。罗泊湾 1 号墓的利器完整，杆长 73.5 厘米、后端矩形宽 1.4 厘米。应是南越国自制的武器。因木构件已朽，结构及使用法均不明。

---

① 广州市文管会等：《西汉南越王墓》附录三，文物出版社 1991 年版。

（三）生活杂用器

鼎　2件。1件出自银山岭21号墓，出土时已锈蚀残碎。另1件出自南越王墓后藏室。鼎高48厘米，口径27厘米，重26.2公斤。鼎身成罐形，深腹圜底，肩腹交界处有两个对称的环耳。腹下连三柱形足。三足微向外撇，腹间两侧有合范痕。造型与南越王墓出土的陶鼎完全相同。经金相检验，铁鼎采用泥范法，用白口生铁铸造而成[①]。像这种造型巨大的铸铁件，在岭南属首次发现，在中原也不多见。

釜　3件。广州市郊1075号墓、1180号墓各出1件，已残，皆广口，圜底，双环耳立口沿上，下有三短足，口径约36.6厘米。另1件出自罗泊湾1号墓，敛口，大腹，圜底，双环耳附腹上部，底部有厚烟炱。出土时已残破。

三足架、四足架　三足架9件出自南越王墓，四足架3件出自罗泊湾1号墓。架为一扁平铁片做成的圆圈形箍，等距离衔接三条柱足或四条柱足。架箍直径与足高度大体相等。三足架较小，架高15—27厘米。四足架较大，架高50多厘米。三（四）足架大多与釜、鍪同出，有的尚附着在釜、鍪上。表明它是承架炊煮器并供燃爨之用。由此透露，以泥砖垒砌的灶具，在南越国时期可能尚未出现。

与炊烤器同出的还有叉、钎、钩、链。叉有两股、三股，股下接长杆。叉杆通长80多厘米。钎较短，长28—35厘米。钩一端环首，一端弯钩，长50多厘米。链环扣接，叠置烤炉上。叉、钎用于插肉烧烤。钩用于提取鼎、鍪、釜。链用于提炉吊挂。

削　100件。一面刃，环首。长短不一（图三，7、8、11）。一般长20厘米左右，最长38厘米。多数刀身平直，刃前端斜收锋，茎较刀身稍窄，身茎有明显分界，茎端锻打成环首。刀身有的套以竹鞘木鞘。少数刀身较宽，身茎无明显分界，茎端另铸铜环首衔接。削的图像经常见于画像石庖厨图上。在南越国墓中，削经常置鼎、勺、盆之旁；有的放在铜镜上；有的与刮刀、玉印共置漆奁中。南越王墓出土的47件削，与斧、锛、刮刀等铁工

---

① 广州市文管会等：《西汉南越王墓》附录四，文物出版社1991年版。

具置于 2 只工具箱中。可见削的用途多样，主要用于庖厨宰割，又供生活杂用，其小型的似为书刀，用于刮除错简。

剪 1 件。直背直刃，前端平齐，刃后双股交叉，把部绕成"8"字形。刃把之间无支轴，支点在把的最后部，全长 12.8 厘米（图四，6）。是目前已知年代最早的一把铁剪。

镊 14 件。形如毛夹，两股同长，均作扁条形，长 10 厘米左右（图四，7）。大多与铜镜、带钩、剪等同放漆盒内，应是修容器。

带钩 2 件。钩首圆形，底有圆钮，长 6.5 厘米。

针 约 500 枚。盛一小漆盒内，针长 5.5—7 厘米，分粗细两种。粗针约 300 支，一端有尖锋；细针细长，两端粗细均匀。两种针均未见针眼，可能是医疗用的灸针。

三

从上面的介绍分析，可以看出，南越王国使用铁器已经比较普遍，铁器已经进入社会生活的各个领域。铁制生产工具的使用，对开发岭南具有重大作用，是促进岭南社会文明的一个重要物质条件。金相检验表明，南越国已经掌握了热锻加工和淬火处理，而且学会了铸造像铁鼎那样复杂的器件。从铁器的分类数量看，南越国制造的铁器，最多的是工具和武器，表明它们在各自的部门中已占有重要地位。

铁工具不下一二十种，这在汉代考古工作中并不多见。南越王墓出土的两箱铁工具，造型优美，结构合理，适于手工操作。从大小造型看，它们大多属于细木作工具。除了用于锯木的夹背锯为青铜制以外，从解木、劈木、平木，直到刮削、钻凿、挖刻、雕镂等工序，几乎都有专用的工具。此外，还有专用于治竹的刮刨和用于竹编的刮刀。器类已经相当齐备。制造工艺也比较精细。除铁锤为范铸外，大多利用炒钢坯料加热锻打，在加工过程中，表面又作了渗碳处理，借以提高硬度。最具代表性的是其中的 9 件铁锉。铁锉有方锉、半圆锉、平锉三种，长短不一，锉齿齿型不同，都是用含碳不同的钢料锻打折叠制成，再经低温加热打凿锉齿，反映了当时锻铁的高超技艺，钢组织的硬度已经可以满足需要。

　　西汉前期是中国兵器发展史上的一个重大转折，用钢铁冶炼的以剑、矛、戟为主的格斗兵器已大量出现在战场上，配备防护装备铁铠甲，与弓弩等远射兵器一起，成为当时部队必备的标准装备。[1] 出土的南越国铁武器正是剑、矛、戟，而且都有长短之分，配备铁铠甲和远射程的弓箭和弩箭，属于当时最先进的军事装备。岭南多山，林莽河谷密布，陆上交通非常不便，不适于车战，也不适于骑兵驰骋奔逐。凭借地形优势的南越国士卒，可以利用钢铁制的剑、矛、戟等近战武器充分发挥战斗力；也可以居高临下，以强弩飞虻的远射威力，制止来犯之敌，保障划岭而治的安全。

　　可是，如果我们进一步探索南越国的铁器根源，则不难发现南越国铁器是在特定的历史条件下出现的，即在秦始皇用兵岭南，数十万北方军民拥入岭南带来的。这是因为，第一，在南越国建立以前，岭南出土铁器极为罕见。早于南越国时期的铁器，从地层上可以证实的可能只有两件，即1962年在粤北始兴白石坪山战国窑址中发现的1件铁斧、1件铁口锄，年代大约在战国晚期。[2] 始兴地处大庾岭南麓，浈水之滨，位居沟通岭北岭南的要冲。这两件铁器，应是楚人进逼岭南后流入。估计流入的数量不多，流播范围也不广。及至秦平百越，随后南越立国，铁器突然在岭南大量出现，而且一开始就表现出相当高水平的锻铸工艺，这种情况，绝不是当地原始的冶炼技术所能制造出来的。第二，南越的出土铁器，除少数工具外，绝大多数可以在原楚地和中原内地的战国汉初墓中找到相同的器形，相同的锻铸工艺，彼此间的源流关系是很清楚的。第三，《史记》和《汉书》的《南越（粤）列传》记载，赵佗与汉廷关系恶化的一个重要原因是吕后"禁南粤关市铁器"，实施对南越国的金铁田器禁运，为此迫使赵佗接连派遣内史藩、中尉高、御史平三次上书汉廷请求解禁，南越国渴望得到中原铁器的迫切心情于此可见。第四，《汉书·地理志》记当时全国的产铁地点和铁官设置，岭南是个空白点，说明岭南铁矿资源缺乏，或铁矿未被认识。第五，贵县罗泊湾1号墓随葬木牍《东阳田器志》，牍文所记的东阳田器锄、畲、钬，表明南越国所需铁器至少有一部分来源于东阳。"东阳"地

①　杨泓：《中国古兵器论丛（增订本）》，文物出版社1986年版，第174页。
②　莫稚：《广东始兴白石坪山战国遗址》，《考古》1963年第4期。

名，这里应指秦置东阳县故址，位约在今安徽省天长县（现为天长市）西北。从这五点可以断定，南越国没有自己的冶铁业，所需铁器要依靠中原供应。

南越国铁器大多是从中原输入铁材（坯料），然后在本地加工制造的。这一看法，还可以由金相检验提供佐证。根据金相检验，南越国铁器大部分采用热锻加工，大多是几种不同含碳的原料锻打在一起制成的。而且经常利用废料重新加工锻制。这种把不同原料锻打在一起，以及反复利用废料制器的做法，恰恰足以证明它们是缺乏原料的岭南地区制作的。当时中原地区铁材充裕，铸铁技术已经进入比较成熟的发展阶段，一般采用范铸，基本上不采用锻造，更不必利用废料反复锻打。有趣的是，南越国铁器中居然发现利用中原特有的铸铁脱碳钢坯料制成，例如南越王墓出土的 1 件铁削（C145—42），其材质竟与河南巩县（现巩义市）铁生沟、郑州古荥和南阳瓦房庄等汉代冶铁遗址中发现的一种梯形铁板相同。铁板为含碳0.1%—0.2%的低碳钢，是一种将生铁铸成后脱碳成钢的坯料。利用这种优质钢材，只需再加热锻打便可以制作各种类型的器物。南越王墓的铁削，只不过是中原优质坯料的一个典型实例。[①]

南越国没有自己的冶铁业，所需铁材要靠中原供应，这必然要影响制铁业的发展，即以值得炫耀的钢铁武器而论，其使用率仍不及铜制武器。[②] 铁农具的使用与中原地区比较，差距尤为明显。这时中原铁农具已占据主导地位，以铁犁铧、铁耧足为标志的牛耕、耧播实物大量出土，小型农具镬、锄、臿、耙、镰，品类繁多，质量坚韧[③]，而岭南所见几乎全是手掌大的凹口锄臿，没有发现犁铧、齿耙。这种现象表明，铁犁牛耕尚未出现，直接使用于农业生产的铁农具可能不多，或者还不占重要地位。在古代社会，最先进的生产工具往往不是首先或主要应用于农业生产，而是首先和主要应用于手工业生产和土木建筑。中国殷周时期，手工业生产已较多地使用青铜制用

① 广州市文管会等：《西汉南越王墓》附录四，文物出版社 1991 年版。
② 广州市文管会等：《西汉南越王墓》，文物出版社 1991 年版，第 351—359 页。
③ 中国社会科学院考古研究所：《新中国的考古发现和研究》，文物出版社 1984 年版，第 459—461 页。

具，而农业生产中主要和大量使用的仍然是木石骨蚌等各种非金属器。[①] 生产工具的这一发展规律，或许正是南越国手工工具多而真正的农耕工具少的原因所在。南越国灭亡后至东汉时期，岭南铁器仍然没有取得较大发展，其主要原因也在于岭南没有自己的冶铁业。

（原载《尽心集——张政烺先生八十庆寿论文集》，中国社会科学出版社1996年版）

---

① 白云翔：《弥生时代的铁刃先及相关问题》，日本筑波大学《先史学·考古学研究》第2号别刷，1991年。

铜提筒考略

一

　　提筒，中国考古工作者以其器形如筒，又有对称贯耳以供系绳，故名提筒（或写作提桶、提箭）；越南考古工作者以其器形如日常盛水用器缸（或瓮），因名为缸（或瓮）。本文统一以"提筒"名之。其为铜制者，称"铜提筒"。

　　根据目前掌握的材料，铜提筒仅发现于中国的云南、广西、广东和越南北部地区（图一）。中国三省区共发现23件，除1件为收集外，其他全是科学发掘出土。它们是：云南呈贡天子庙41号滇墓3件①；广西贵县罗泊湾1号墓4件②、2号墓1件③，收集1件④（似亦贵县南越国墓中遗物），贺县河东高寨4号墓1件、7号墓1件⑤；广东肇庆北岭松山墓1件⑥，广州1097号墓1件、1175号墓1件⑦，以及象岗南越王墓9件⑧。以上两广所出，时代均属西汉南越国时期。

　　中国云南呈贡天子庙41号滇墓，原报告定为战国中期或中期偏晚。笔者把41号墓出土的大部分随葬品与石寨山、李家山滇墓出土的同类器物作

　　① 昆明市文管会：《呈贡天子庙滇墓》，《考古学报》1985年第4期。

　　② 广西壮族自治区文物工作队：《广西贵县罗泊湾一号墓发掘简报》，《文物》1978年第9期。

　　③ 广西壮族自治区文物工作队：《广西贵县罗泊湾二号汉墓》，《考古》1982年第4期。

　　④ 据广西博物馆馆长蒋廷瑜同志面告。现藏广西壮族自治区博物馆。

　　⑤ 广西壮族自治区文物工作队：《广西贺县河东高寨西汉墓》，《文物资料丛刊》（四），文物出版社1981年版。

　　⑥ 广东省博物馆：《广东肇庆北岭松山古墓发掘简报》，《文物》1974年第11期。

　　⑦ 广州市文管会等：《广州汉墓》，文物出版社1981年版，第134—136页。

　　⑧ 广州象岗汉墓发掘队：《西汉南越王墓发掘初步报告》，《考古》1984年第3期；并参看出土资料。

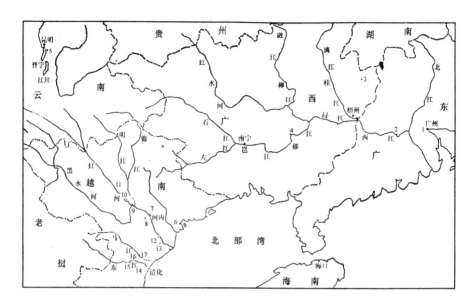

图一　铜提筒出土地点示意图

　　1. 广州　2. 肇庆　3. 贺县　4. 贵县　5. 呈贡　6. 海防　7. 河内　8. 河西　9. 越池　10. 富寿　11. 安沛　12. 南河春罗　13. 南河玉镂　14. 清化东山　15. 清化州山　16. 清化永禄　17. 清化绍阳

　　了标型的和纹饰的对比研究，认为天子庙 41 号墓的年代改定在战国末至西汉初可能比较妥当。对比的器物是青铜戈、矛、剑、斧、钺、戚、啄、叉、镞、犁、锄、镰、削、鼓、纺织工具、杀人祭柱牌饰、房屋模型牌饰，以及陶尊（对比材料是铜尊）、玉镯、玉耳环（玦）、绿松石珠饰。天子庙 41 号墓的对比器物或对比器物中的某一种型式，与石寨山 M1、M3、M6、M7、M10、M12、M13、M16、M22 和李家山 M13、M17、M23、M24 的多数同类器物是相同或相似的。根据石寨山和李家山原报告的分期和笔者的再分析，石寨山 M1、M6、M7 应属西汉后期；石寨山 M10、M12、M13 和李家山 M13 似可定在西汉前期，即文帝铸四铢后到武帝铸五铢前；天子庙 41 号墓和石寨山 M3、M16、M21 以及李家山 M17、M23、M24 可定在战国末到两汉初，即公元前 3 世纪中叶到前 2 世纪初。①

越南发现 30 多件（资料至 1975 年止），其中经越南学者发掘出土的有 10 多件。它们是：安沛省陶盛 2 件，清化省绍阳县 2 件，永禄县 2 件，海防市越溪 3 件，富寿省万胜 2 件，越池 1 件，河西省南政遗址中铜提筒残片若干。以上均出自红河两岸东山文化遗址或同时期墓中。其余约 20 件为西方学者所发现，多数现存越南河内的越南历史博物馆，个别存巴黎远东古物博物馆和日本东京大学考古教研室。越南学者对部分藏品的出土情况作了调查，证实皆出自清化省东山村及红河下游东山文化遗址区域内。此外，越南北方还有小型铜提筒 10 多件，出土情况清楚的均出自东山文化墓中，一般与大提筒共存。②

越南铜提筒均出土于越南东山文化遗址或同时期墓中。东山文化是越南青铜时代晚期至早期铁器时代的一种文化。20 世纪 60 年代初期，越南考古工作者曾在清化省东山、绍阳、海防市越溪、河西省荣光等地进行过较大规模的发掘。发现了一大批东山文化墓葬。据越南学者研究，这批墓葬可分为三种不同类型：第一种是随葬器物具有本地特征的墓葬；第二种是本地特征的器物和汉式器物共存的墓葬；第三种是单纯的汉式墓。越南部分学者把这批资料和云南晋宁石寨山滇墓资料作对比，发现两地出土器物极为近似，认定其时代亦应大致相同，由此推定"已发掘的东山文化各遗址的年代，大约都处于公元前 3 世纪中叶到公元 1 世纪的秦汉时期"③。这种看法是可信的。

综上所述，青铜提筒的主要流行时期和主要的流行地区大约是：约当战国末到西汉初期（公元前 3 世纪中叶到前 2 世纪初）的滇国统治中心；西汉南越国时期（公元前 2 世纪）的西江流域；东山文化时期（公元前 3 世纪

---

① 云南省博物馆：《云南晋宁石寨山古遗址及墓葬》，《考古学报》1956 年第 1 期；又《云南晋宁石寨山古墓群发掘报告》，文物出版社 1959 年版；李家山材料见云南省博物馆《云南江川李家山古墓群发掘报告》，《考古学报》1975 年第 2 期。天子庙、石寨山、李家山滇墓的年代问题，笔者将另文讨论，因本文讨论提筒，故不便做过多议论。

② 黎文兰等：《越南青铜时代的第一批遗迹》，越南科学院 1963 年版，梁志明译本，中国古代铜鼓研究会 1982 年编印；梅原末治：《安南清化省东山出土的桶形铜器》，《东亚考古学论考》第一卷，第 413 页，东京 1944 年版；阮文煊、黄荣：《越南发现的东山铜鼓》，越南历史博物馆 1975 年版，梁志明译本。

③ 黄春征、褚文晋：《东山文化的内容、类型和年代》，（越南）《考古学》1969 年第 3、4 合期，第 46—64 页，范全迎译。

到公元 1 世纪）的越南红河下游三角洲地带。它是一种时代明确而富有地方特色的文物。

二

中国云南、两广和越南出土的铜提筒，器身均为两范合铸，底部另铸，再铸接于器身近底处，成为圈足。中国两广、越南出土的铜提筒，造型、纹饰基本相同，有的不易区分。云南呈贡出土的 3 件，器形稍有不同。

云南呈贡 41 号滇墓出土的 3 件提筒，器身作口部稍大于底部的筒形，器腹上部有 2 个对称耳（M41：100、M41：101 为贯耳，M41：103 作吠犬奔跑状）。圈足或三矮足（M41：103）。器身有羽人竞渡纹和各种几何纹组成的晕带（M41：103），或仅有几何纹晕带（M41：101），或光素无纹饰（M41：100）。覆盘形盖，盖面太阳纹（M41：100、M41：101），或在圆形平板盖上另铸牦牛立体雕像（M41：103）。盖与器身口沿作子母口套合。器身高 26.5—35 厘米（图二）。

两广出土的 20 件提筒，造型基本相同，仅大小略有差别。南越王墓出土的 B57 最大，高 50 厘米；同墓 G37 最小，高 21 厘米。一般 35 厘米左右。器身作上口稍大，中腰以下微收缩，底部留出矮圈足。也有一些口部稍敛，中腰微鼓，底部略收缩的器形。两广提筒，口沿一般作直口，器腹上部有两个对称的环首直耳，直耳基部中间有一筒形贯耳（或简化为圆柱形实鼻）。除南越王墓出土的 1 件（C61）附有提梁并有覆盘形铜盖另当别论（详下）以外，余皆为平板圆形木盖。罗泊湾 1 号墓的一件提筒（M1：1），出土时，木盖尚存，其他或留有木盖痕迹。环首直耳用于穿绳（有麻绳或竹篾遗存）以供扛抬；直耳茎部间的筒形贯耳亦用于穿绳，拴系木盖。比较小型的提筒，器腹上部有两个对称的并连筒形贯耳，亦作穿绳拴系木盖用。

两广提筒周身都有几何形纹晕带，一般分隔为三组至五组，每组由若干晕带组成。大提筒的晕带较多较繁杂，小提筒的晕带较少较简单。常见的几何形纹有平行直线纹、复线菱形纹、圆圈纹、圆圈切线纹、斜行虚线纹、三角齿纹、螺旋纹，等等。而以弦纹作为晕带的间隔。晕带中的纹饰没有固定的组合规律，但大多以直线构成的几何纹置于晕带上下，曲线构

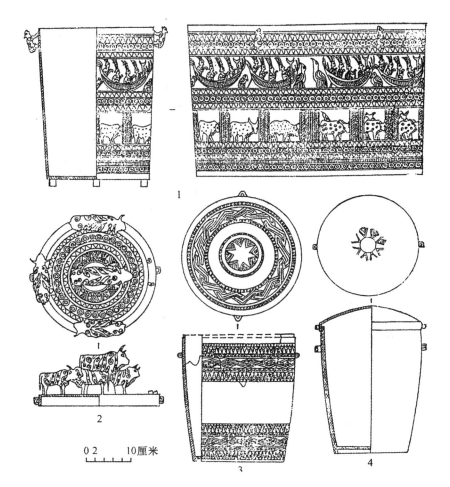

图二　呈贡天子庙41号滇墓出土的铜提筒

1、2. M41：103　3. M41：101　4. M41：100

成的几何纹放置中间，造成以曲线几何纹为主晕的感觉。在几组晕带中，一般有一组比较突出的主晕带，有的则难于分出主次(图三)。

　　以实物图像为主晕的提筒，仅见于南越王墓的一件提筒（B59）上（图四）。[①] 这件铜提筒，共有晕带四组，第一、三、四组为几何形纹晕带，第二组饰羽人船4只。4船首尾连接，每船羽人5人，船头尾两端高翘，有旌

_____

　　①　广州市文管会等：《西汉南越王墓》上册，文物出版社1991年版，第50页。纹饰图见本文图四。原物现存广州西汉南越王墓博物馆。

旗装饰，羽人分别作划桨、执弓箭、击鼓、抓俘虏、馘首状，形象与越南玉镂铜鼓①所见的主晕极为近似。稍有不同的是，玉镂鼓在每只羽人船之间以二三鹭鹤（喙尾长短不一）为饰，而 B59 提筒则在每只羽人船之间饰以飞鸟、海龟、海鱼（图五）。

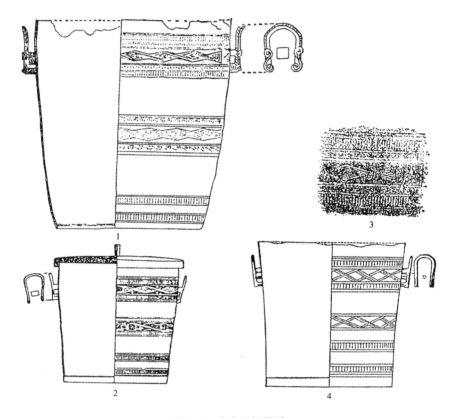

图三　两广出土铜提筒

1. 肇庆松山 1 号墓　2. 贵县罗泊湾 1 号墓　3. 广州 1175 号墓出土铜提筒上纹饰　4. 广州市郊 1097 号墓

---

① 黎文兰等：《越南青铜时代的第一批遗迹》，越南科学院 1963 年版，梁志明译本，中国古代铜鼓研究会 1982 年编印，第 125 页；阮文煊、黄荣：《越南发现的东山铜鼓》，越南历史博物馆 1975 年版，梁志明译本，第 49 页。纹饰图见本文图五。

图四　南越王墓提筒（B59）上的纹饰（局部）

（采自《西汉南越王墓》）

图五　越南玉镂铜鼓胴部纹饰

（采自《越南青铜时代的第一批遗迹》）

越南出土的提筒，数量较多，造型、纹饰的变化比较复杂。大约分为两类。一类造型与中国两广出土的不易区别。上口稍大，中腰以下微收缩，底部留出矮圈足；或口部稍敛，中腰微鼓，收敛和鼓出的程度不明显。口沿大多作直口，器腰上部有两个对称的环首直耳，周身有多组几何形纹晕带或衬以实物图像为主晕。有铜盖或木板盖，一般高30—35厘米（图六，1—4）。也有器形较小，高度和口径一般在20—25厘米之间，贯耳，晕带比较简单，用木板圆形盖。另一类与中国两广所出具有明显区别。这类提筒大多是口部稍敛，中腰微鼓，底部略收缩，但口部收敛和中腰鼓出的程度都较明显。器耳一般作贯耳（图六，5、6）。器体大小相差也较大。其中有一部分专作葬具用的提筒，器体特大，如陶盛提筒，口径61厘米、腰径79厘米、连盖高96.5厘米。严格地说，应称为提筒形棺（图七，1）。其他则与前一类大小相当，纹饰也较简单。

越南提筒，器身以实物图像为主晕的较多。笔者见到的20多件提筒线图和照片，其中就有6件以实物图像为主晕。实物图像大都作羽人船或翔鹭，纹样与云南普宁石寨山型铜鼓上所见无大区别，有的已趋图案化（图六，7—9）。

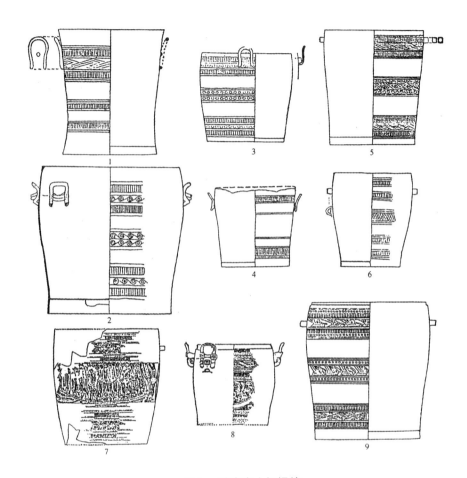

图六 越南出土铜提筒

1、5. 州山 2、3、6、8. 东山 4. 春罗 7. 越溪 9. 万胜

（采自《越南青铜时代的第一批遗迹》）

以实物图像为主晕的提筒，器体一般较大，大多作子口，盖铜盖，与铜盖下缘的母口相套合。铜盖盖顶隆起，周缘下折。缘边有两个对称贯耳，与器身贯耳同处垂直线上，显系用于拴绳。盖面上都有以太阳纹为中心的几何纹晕带。晕带中常见一组长喙长尾的飞鸟纹作为主晕。其中以陶盛和玉镂出土的提筒盖最富特色。

陶盛筒盖直径 64 厘米、高 15.5 厘米。盖缘下折可套合于器身子口上。盖顶中央有十二道光芒的太阳纹。太阳纹正中有一条四足长尾动物（似为鳄，仅存残痕）。太阳纹周围环绕十一组晕带。第七晕为长喙长尾飞鸟八只，分为四对，首尾衔接，按逆时针方向排列，是为主晕；余十组为几何纹晕。在这四对飞鸟之间，焊接四对男女交媾立体雕像（图七，1）。①

　　玉镂筒盖，盖顶有二十道光芒的太阳纹，太阳纹周围环绕五组晕带。第三组晕带为变形鸟纹，余为切线圆圈纹晕（图七，2）。②

　　此外，越南还发现一批小提筒。这种提筒高仅 2.5—5.5 厘米，口径 2—5 厘米。最小的是越池遗址出土的一件，高仅 1.5 厘米③，无实用价值，应属明器。

　　目前已知的越南铜提筒，全部属于东山文化时期。所能看到的资料，大多是综合性的叙述，缺乏层位依据，所以很难据以分期断代。日本青年学者新田荣治先生，根据花纹晕带和器耳（把手）的形态，把中国两广和越南出土的提筒分为四型十一式。他认为周身仅饰几何形纹晕带、器耳为环首直耳者属早期提筒，其始铸时间大约在战国末到西汉早期；以实物图像为主晕的提筒，或在多组几何形纹晕带中夹杂有实物图案（一般是图案化的翔鹭纹，如图六，9）晕带的提筒，出现较晚，大约流行于西汉中期到后期；器体较小，口部收

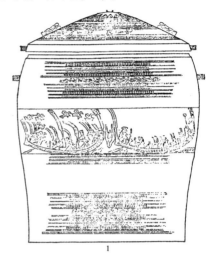

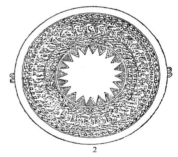

图七　越南出土铜提筒
1. 陶盛出土　2. 玉镂出土提筒盖

---

　　①　黎文兰等：《越南青铜时代的第一批遗迹》，越南科学院 1963 年版，梁志明译本，中国古代铜鼓研究会 1982 年编印，第 89 页。

　　②　新田荣治：《ベトナム・両広地区の青銅提筒とその変遷》，《考古学杂志》第 70 卷第 2 号，1983 年。

　　③　黎文兰等：《越南青铜时代的第一批遗迹》，越南科学院 1963 年版，梁志明译本，中国古代铜鼓研究会 1982 年编印，第 91 页。

敛和腰部鼓出比较明显，几何纹晕比较简单，器耳皆作贯耳状的提筒，时代最晚，大约流行于西汉晚期至东汉初期。① 这种只凭图像、纹样进行分型断代的方法，很难保证它的准确性，但在资料信息不够完备的情况下，新田荣治先生的断代分期，是有研究参考价值的。

三

出土现象表明，铜提筒的用途似因地而异。

（一）贮贝器

云南呈贡天子庙出土的3件铜提筒，筒内均盛海贝。学者一般认为，海贝是滇人的通货。把大量海贝用于随葬，显示被葬者生前拥有大量财富。

（二）酒器

两广的铜提筒，出土时，筒内均空无一物。从出土时的陈列位置和个别陶提筒上的墨书分析，两广的铜提筒应是酒器。仿铜的陶提筒，亦是酒器。

广州出土的铜提筒、陶提筒为数最多。仅南越王墓就有铜提筒9件，陶提筒2件。它们均与各种容器陈列在一起。东耳室是陈放礼乐器和宴饮用器的所在。在此室内有3件铜提筒套合在一起，筒内放铜钫，筒旁放铜壶、铜鼎、六博。广州南越国时期墓和两汉墓中，陶提筒大多与陶瓮、罐、壶、瓿、瓠壶等储物器、酒器陈放于后室，与提筒器形相近的温酒樽，则往往与陶鼎、碗、案、杯、盘、漆食奁等奠器陈放于前室。这似乎说明，提筒与温酒樽虽然同是酒器，但作用稍有不同，提筒用于藏酒、酿酒，而温酒樽是饮酒时的温酒器。广州4013号墓（东汉前期）出土一件陶提筒，筒内尚存高粱近半筒，器盖里面墨书"藏酒十石，令兴寿至三百岁"。② "藏酒十石"是此器用途的自白。高粱可供食用，又是酿酒原料，藏高粱于筒内，似亦寓意

---

① 新田荣治：《ベトナム・两广地区の青铜提筒とその变迁》，《考古学杂志》第70卷第2号，1983年。

② 广州市文管会等：《广州汉墓》，文物出版社1981年版，第313页。

为酿酒用器。

越南出土的提筒，器形与中国两广所出不易区别者，可能也是酒器。因报道过于简略，仅作为一种推测提供参考。

（三）葬具

据越南考古报告，陶盛和万胜墓地出土的提筒里，都发现盛有炭灰，烧焦的人骨、人齿，焚烤熏黑的铜环、石环等随身佩饰。在提筒旁边，随葬有铜犁、铜斧、铜盆和粗砂陶器。清化绍阳的东山文化墓出土的提筒里，发现有头颅骨，有的还有铜镖、铜矛、匕首等遗物随葬。海防越溪发现的提筒，筒内常常发现火化后的人骨灰。有的提筒里则仅有一个颅骨。[①] 由此推知，提筒应是越南青铜文化时期的一种葬具。火葬是当时的主要葬式。做法可能是把死者和随身佩带物一同焚烧，再把骨灰放入提筒里，最后与随葬器物一同埋入地下。提筒里只放头颅骨和少量随葬器物的做法，则有可能是凶死或其他非正常死亡者的葬式。有的提筒里不见骨灰或头颅骨，但提筒旁边有随葬器物，亦应是葬具。

根据报告检寻，我们发现作为葬具的提筒，器体一般较大，口沿收敛、中腰鼓出比较明显，贯耳较小。有铜盖，作子母口扣合。这种提筒形棺，适于放置而不适于扛抬。东山文化的葬具，除铜提筒外，还有长方形木棺和独木棺，提筒形棺仅仅是葬具中的一种，它们只占出土提筒的一部分。

四

目前发现的铜提筒，造型匀称，纹饰繁缛，制作精致，显然属于成熟期的作品，距离原始型当有一段相当长的时间。关于它的祖型，目前尚无考古实例可供佐证。

在中原地区，殷周时期的青铜容器中，有一种带提梁的圆筒形器，一般

---

① 黎文兰等：《越南青铜时代的第一批遗迹》，越南科学院 1963 年版，梁志明译本，中国古代铜鼓研究会 1982 年编印，第 20、43、45、58、91 页。

称筒形卣，有盖，圈足，盖、腹上各有几道夔纹、弦纹（图八，1）。① 铜提筒的筒身造型与这种筒形卣有点近似，但器盖、提梁、纹饰却迥然有别，二者显然不是同一个文化系统。

南方秦汉墓中，经常发现有利用天然竹筒加工制成的竹"提筒"（图八，2）②，也有器形酷肖竹筒的铜"提筒"（图八，3—5）。③ 这种铜"提筒"，大都附有提梁。南北各地都有出土，中原地区尤多。提梁附在器身上部两侧环耳内或铺首衔环内，把手用环或链条或两端有圈的铜条相接。这种提梁，显然是殷周铜器提梁形式的沿袭。流入日本的一件，自铭"铜铚"。④ 裘锡圭同志认为，竹筒即桱桯，主要用于盛酒，由竹桱桯演化而成的铜铚，亦是一种酒器。⑤ 这是正确的。但他认为，南方的陶提筒亦由竹桱桯演化而成，与中原铜铚显然是平行的现象，则感欠妥。

陶提筒在南越国时期开始流行，造型与铜提筒相似而体积略小。仅广州一地就发现 10 件。⑥ 这个时期的陶提筒，造型和使用方法均与铜提筒无别。它们都有对称双连贯耳，平底，子口或直口。显然是铜提筒的仿制。但在纹饰、器盖等方面则具有强烈的本地印纹硬陶特点。如器身多作二三道弦纹或简单叶脉纹；器盖呈覆盘形，盖顶环钮，无钮的则用穿孔取代。从中可以看出，陶提筒已融合于越文化谱系之中（图九，1，2）。

陶提筒与竹桱桯，虽然同属秦汉时期流行于南方的酒器（似亦用于盛水

---

① 殷周筒形卣，传世品见容庚《商周彝器通考》下编图 629、图 630，1941 年。新中国成立后发掘出土的有灵台西周墓 4 件，见甘肃省博物馆文物队《甘肃灵台白草坡西周墓》，《考古学报》1977 年第 2 期。

② 云梦睡虎地秦墓、云梦大坟头汉初墓、江陵凤凰山西汉墓、江陵张家山西汉墓都有利用竹筒加工制成的竹提筒出土，分别见《云梦睡虎地秦墓》，文物出版社 1981 年版第 57、58 页，图一〇七、图一〇八，图版四三：1、2；《考古》1981 年第 1 期，第 43 页，图版拾壹，1；《文物资料丛刊》（四），第 11 页，图四〇、图五〇；《文物》1974 年第 6 期，第 49 页，图一一；《文物》1985 年第 1 期。贵县罗泊湾 1 号墓出土仿竹筒的铜筒，附提梁。提梁作链条和两端龙首的弓形把手，显然受中原铜铚提梁的影响。见《文物》1978 年第 9 期，第 28 页，图版叁：2。

③ 铜铚出土地点很多，详参裘锡圭《铚与桱桯》，《文物》1987 年第 9 期。本文选用三件，分别出自咸阳马泉西汉墓（见《考古》1979 年第 2 期），汉长安城窖藏（见《考古》1985 年第 5 期）、芜湖贺家园西汉墓（见《考古学报》1983 年第 3 期），器形图见本文图八：3、4、5。

④ 林巳奈夫：《汉代の文物》，京都 1976 年版，插图 95 页。

⑤ 裘锡圭：《铚与桱桯》，《文物》1987 年第 9 期。

⑥ 广州西汉前期墓出土 8 件，见《广州汉墓》第 118 页。南越王墓 2 件，见《考古》1984 年第 3 期。

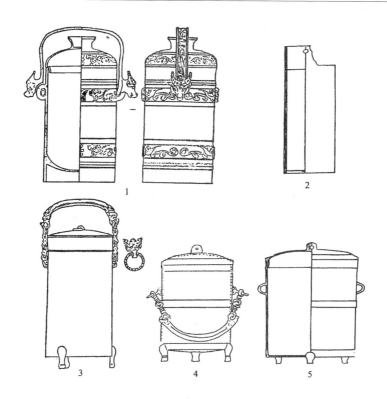

图八　中原出土的筒形器

1. 铜筒形卣（灵台白草坡西周墓）　2. 竹筒（云梦睡虎地 9 号秦墓）　3. 铜铨（咸阳马泉西汉墓）　4. 铜铨（西安汉长安城内窖藏）　5. 铜铨（芜湖贺家园 1 号西汉墓）

或盛他物），但造型有别。竹桯椊比较修长，有天然竹节，陶提筒则无此现象。陶提筒筒身高宽比例不尽一致，一般略显粗短，少数虽较修长，亦不及竹桯椊。二者并无承袭关系。修长的陶提筒，造型与铜铨比较接近，但体积大都大于铜铨。陶提筒大多平底或圈足，腹上部两侧或四个对称的部位上均有贯耳，以备穿绳提携。周身以叶脉纹为主要纹饰，显示了强烈的地方特点。铜铨比较修长，器型有几道仿竹节纹，底部大多附有三个矮足。腹上部带有链条形的提梁。提梁两端作铺首形。这些特点却是南方提筒所不见。可见陶提筒与铜铨并无关系。二者各有其来源，分属于不同的地方性器物。

唯一例外的是，南越王墓出土的一件铜提筒（C61）①，器身与同墓所出的铜提筒无别。器身有两组纹晕。两组纹晕均由中间切线圆圈纹和上下弦纹组成。铜盖作覆盘形，与广州陶提筒盖和越南铜提筒盖完全相同。显然它是铜提筒而不是铜铚。但它附有提梁，却是本文所论的铜提筒所罕见。提梁由对称环耳套大圆环、衔和弓形铜条把手所组成，与铜铚提梁形式无别，说明这件铜提筒是本地铸造但吸收了中原铜铚提梁的形式。

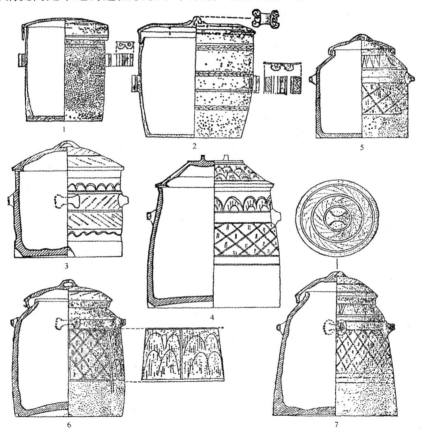

图九　广州出土陶提筒和陶直身罐
（采自《广州汉墓》）

1、2. 西汉前期提筒（M1180：50、M1181：49）　3、4. 东汉后期提筒（M5073：18、M5052：25）　5、6、7. 东汉后期直身罐（M5040：16、M5077：32、M5046：5）

① 广州市文管会等：《西汉南越王墓》上册，文物出版社1991年版，第79页，图五三：6。原物藏广州西汉南越王墓博物馆。

五

迄今为止，已发掘的滇文化墓葬达数百座，年代大约相当于战国末期到东汉初期。铜提筒仅见于天子庙 41 号墓，年代属战国末期到西汉早期，在以后的滇墓中未再发现。值得注意的是，这 3 件铜提筒，器形与同墓地 31 号墓出土的筒形贮贝器十分近似[1]，与石寨山、李家山出土的 25 件筒形贮贝器也十分相似。[2] 天子庙 3 件铜提筒与其他滇墓中出土的筒形贮贝器皆被用于贮贝，年代又均属战国末至西汉早期，在器盖上有的同样焊接五立牛。不同处仅在于提筒盖可以开启，而筒形贮贝器盖被焊固在器口上，部分贮贝器的筒腰稍细而已。这表明天子庙 41 号墓的提筒原是筒形贮贝器的早期型式或另一种型式，它与两广提筒、越南提筒没有源流的关系。

中国两广、越南何时开始使用铜提筒，目前均无法详考。从两地出土的铜提筒看，越南使用铜提筒的时间似乎早一些，以东山文化早期为准，年代约当战国末西汉初。已发现的中国两广提筒，年代最早的是肇庆松山 1 号墓所出，约在南越国初期，其他稍晚，至迟不晚于南越国灭亡时，就是说，出土的中国两广铜提筒，都集中在南越国存在的近百年间，即公元前 2 世纪。提筒又都属早期型式，南越国灭亡后未再发现。越南出土的提筒，除了有早期型式的以外，还有为数更多的中晚期型式，流行时间较长，大约到东汉初仍未衰落。从当时历史看，战国秦汉间，两地均属百越之地，虽有瓯越、骆越之分，但文化类同，关系密切，这是两国史学界所公认的。秦平百越后，置南海、桂林、象三郡，随后，赵佗建立南越国，"击并桂林、象郡，自立为南越武王"（《史记·南越列传》），表明南越国的疆域据有原秦在岭南所置三郡的范围。史学界一般认为，三郡的地理位置约当今两广全境及贵州东

---

[1] 昆明市文管会：《呈贡天子庙滇墓》，《考古学报》1985 年第 4 期，第 534 页，图二九。

[2] 石寨山滇墓出土筒形贮贝器 20 件，李家山滇墓出土 4 件，资料见云南省博物馆《云南晋宁石寨山古遗址及墓葬》，《考古学报》1956 年第 1 期；又《云南晋宁石寨山古墓群发掘报告》，文物出版社 1959 年版；李家山材料见云南省博物馆《云南江川李家山古墓群发掘报告》，《考古学报》1975 年第 2 期。另一件为传世品，现存上海博物馆，似亦石寨山滇墓出土。

南隅，似未及红河流域。① 《史记·南越列传》又云：高后崩，"佗因此以兵威边，财物赂遗闽越、西瓯、骆，役属焉，东西万余里"。索隐注引"姚氏案：《广州记》云'交趾有骆田，仰潮水上下，人食其田，名为骆人。有骆王、骆侯……后蜀王子将兵讨骆侯，自称为安阳王，治封溪县。后南越王尉他攻破安阳王，令二使典主交趾、九真二郡人。'寻此骆即瓯骆也"。《水经·叶榆河注》引《交州外域记》所载同。从这些记载看，我们可以认定：汉时的交趾、九真二郡境，亦即今越南北部及其以南的沿海地区，应是骆越人的聚居地，他们曾受南越国"役属"，并在一段时期内归南越国管辖。两广出土的铜提筒，有可能是受骆越人的影响而在本土仿制，也有可能是通过贸易交换得来，或者是骆越首领以提筒盛放贡品进献于南越国王的。南越王墓出土的一部分铜提筒，有可能就是这种关系而遗留下来的。

南越国灭亡后，铜提筒消失，陶提筒继续流行，仅广州一地，在已发掘的 64 座西汉中期墓中，出土陶提筒 16 件；32 座西汉晚期墓中，出土陶提筒 49 件；41 座东汉前期墓中，出土陶提筒 38 件；90 座东汉晚期墓中，出土陶提筒 22 件②。由此推定，陶提筒盛行于西汉中期到东汉前期；东汉晚期渐趋衰落。代之而起的可能是一种被称为"双耳（或四耳）直身罐"的陶器（图九，5—7）。魏晋时，陶提筒消失，而双耳（或四耳）直身罐广为流行。

越南的铜提筒，在整个东山文化时期，一直得到较大的发展，它和铜鼓一样，都集中分布在红河沿岸地区，二者同属东山文化的重要青铜器，纹饰风格一致，重要性亦相当，可以作为越南东山文化的青铜器代表。在铜提筒流行期间，越南未见陶提筒，这是与中国两广不同的。

（原载《考古》1989 年第 9 期）

---

① 谭其骧主编：《中国历史地图集》第二册，中国地图学社 1974 年版。
② 广州市文管会等：《广州汉墓》，文物出版社 1981 年版，第 118、216、270、322、400 页。

南越王墓的丝缕玉衣和组玉佩

一　引言

中国是世界上用玉最早的国家，远在公元前6000年的阜新查海新石器文化时期，先民们已经学会识别真玉（软玉）。[①] 到了公元前3000年的江浙良渚文化时期，琢玉工艺已臻成熟，玉璧、玉琮的大量出现，标志着玉的特殊社会观念已经形成。殷商以玉为货宝。两周对玉尤为重视，玉被人格化为"德"。所谓"比德于玉"，在儒家经典中随处可见。《礼记·聘义》云，玉具有仁、知（智）、义、礼、乐、忠、信、天、地、德、道等十一德。《管子·水地》云，玉有九德；《荀子·法行》云，玉有七德；《说苑·杂言》云，玉有六美。东汉许慎《说文解字》把玉归纳为"石之美"，有仁、义、智、勇、洁五德。儒家的"玉德"思想，在中华民族历史上打下了深沉的烙印，直到近代仍有一定影响。中国古人对玉的神圣化程度，在世界古代史上确实是绝无仅有的。

由于殷周时人们赋予玉以多种美德，玉的社会价值、政治价值被无限拔高。殷周贵族阶级以玉自况，排比尺寸，分别色泽，隐喻等级身份，并借此把玉广泛使用于朝聘、典礼、祭祀、装饰、丧葬等活动中。玉成了殷周贵族阶级的化身，生死不可须臾离。诚如《诗·秦风·小戎》所云："言念君子，温其如玉"；《礼记·玉藻》"君子无故，玉不去身"。出于对玉的无比崇拜和迷信，生前佩玉、死后葬玉的风气愈演

[①]　闻广：《中国古玉的研究》，1989年打印稿。《中国文物报》1990年2月8日第一版有简单介绍。

愈烈。大约在西周晚期已开始出现由多种玉器组成的"组佩"，即由璧、璜、珑等多种不同种类的佩玉和串珠组成的组玉佩。[1] 考古发掘的东周贵族墓，经常有大批组玉佩出土。重要的有三门峡虢国墓[2]、洛阳中州路东周墓[3]、洛阳金村周墓[4]、辉县魏墓[5]、固始侯古堆吴国墓[6]、淅川下寺楚墓[7]、信阳长台关楚墓[8]、随县（现为随州，下不再专门注）曾侯乙墓[9]、曲阜鲁墓[10]、临淄齐墓[11]，等等。两汉时期，组玉佩仍盛行不衰。流行于战国的缀玉殓尸葬俗，到了西汉景帝或武帝初，进而演变成以玉衣为葬服。汉代的组玉佩和玉衣，大多发现于诸侯王列侯墓中，著名的有满城汉中山王刘胜墓[12]，定县中山王刘修墓（M40）[13]、曲阜九龙山鲁王墓[14]、徐州北洞山楚王墓[15]、北京大葆台燕王墓[16]和广州南越王墓，等等。由于汉代诸侯王列侯墓大多遭到盗扰，玉衣、组玉佩多数未能完整保存下来，幸免于难的南越王墓，以其出土的组玉佩之多，丝缕玉衣之奇，对复原研究具有重要价值，因而显得特别珍贵。

---

　①　目前已知的年代最早的组玉佩，1990 年发现于河南三门峡 2001 号虢国墓，年代为西周末或春秋初。详见《中国文物报》1991 年 1 月 6 日第一版。这串组玉佩的组合相当繁杂，其初始年代还应更早些。

　②　中国科学院考古研究所：《上村岭虢国墓地》，科学出版社 1959 年版。

　③　中国科学院考古研究所：《洛阳中州路（西工段）》，科学出版社 1959 年版；洛阳博物馆：《河南洛阳春秋墓》，《考古》1981 年第 1 期。

　④　梅原末治：《洛阳金村古墓聚英》，京都 1943 年版。

　⑤　中国科学院考古研究所：《辉县发掘报告》，科学出版社 1956 年版；郭宝钧：《山彪镇与琉璃阁》，科学出版社 1959 年版。

　⑥　固始侯古堆一号墓发掘组：《河南固始侯古堆一号墓发掘简报》，《文物》1981 年第 1 期。

　⑦　河南省博物馆：《河南淅川下寺一号墓发掘简报》，《考古》1981 年第 2 期。又《河南淅川下寺春秋楚墓》，《文物》1980 年第 10 期。

　⑧　河南省文物研究所：《信阳楚墓》，文物出版社 1986 年版。

　⑨　湖北省博物馆：《曾侯乙墓》，文物出版社 1989 年版。

　⑩　山东省文物考古研究所等：《曲阜鲁国故城》，齐鲁书社 1982 年版。

　⑪　山东省博物馆：《临淄郎家庄一号东周殉人墓》，《考古学报》1977 年第 1 期。

　⑫　中国社会科学院考古研究所等：《满城汉墓发掘报告》，文物出版社 1980 年版。

　⑬　河北省文物考古研究所：《河北定县 40 号汉墓发掘简报》，《文物》1981 年第 8 期。

　⑭　山东省博物馆：《曲阜九龙山汉墓发掘简报》，《文物》1972 年第 5 期。

　⑮　徐州博物馆等：《徐州北洞山西汉墓发掘简报》，《文物》1988 年第 2 期。

　⑯　大葆台汉墓发掘组：《北京大葆台汉墓》，文物出版社 1989 年版。

二　丝缕玉衣

　　玉衣是汉代皇帝和高级贵族专用的葬服。在汉代文献中，一般称"玉匣"或"玉柙（椑）"，有的称之为"玉衣"。① 据笔者统计，截至1991年，考古发现的可确定为玉衣或玉衣片（包括少数用石片或琉璃片制成的葬服）的已有四十多例。其中属于文景时期的有四例，它们是：陕西咸阳杨家湾4号和5号墓②，山东临沂刘疵墓③，徐州北洞山楚王墓④。明确属于武帝时期的有三例：它们是：广州象岗南越王墓⑤，河北满城1号墓和2号墓⑥。杨家湾4、5号墓和北洞山楚王墓早年多次被盗扰，残存玉衣片不多，全貌已无法究明。刘疵墓出金缕编联的头罩、双手套和双鞋，未见衣身和裤筒，玉片的形状和金丝的编联方法与满城汉墓玉衣上的相应部位区别不大，可视为尚未发展到完备阶段的"玉衣"，是早期玉衣的一种形式。满城1号墓和2号墓是西汉中山王刘胜及其妻窦绾墓。据《汉书·诸侯王年表》，刘胜死于元鼎四年（公元前113年），其妻窦绾可能稍晚数年。刘胜夫妇的玉衣都由头部（脸盖和头罩）、衣身（前片和后片）、左右袖筒、左右手套、左右裤筒和左右鞋所组成，皆金丝编缕（窦绾玉衣衣身除外）。年代晚于刘胜夫妇墓的玉衣，其形制可辨者，大都沿袭这种形制结构，仅编缀玉衣的缕线有金缕、银缕、铜缕和鎏金铜缕之别，所以，这两件玉衣被认为是年代最早的形制完备的玉衣。

　　南越王墓的墓主是第二代王赵眜（史汉作赵胡），死于元朔末元狩初（估定在公元前122年左右），年代稍晚于刘疵墓而略早于刘胜夫妇墓。墓中出土的玉衣系由丝缕和粘贴组合而成。其形制恰好处于刘疵玉衣和刘胜玉衣的中间过渡形式，因而特别引起人们的关注。

---

①　史为：《关于"金缕玉衣"的资料简介》，《考古》1972年第2期。

②　陕西省文管会等：《咸阳杨家湾汉墓发掘简报》，《文物》1977年第10期。

③　临沂地区文物组：《山东临沂西汉刘疵墓》，《考古》1980年第6期。

④　徐州博物馆等：《徐州北洞山西汉墓发掘简报》，《文物》1988年第2期。

⑤　广州象岗汉墓发掘队：《西汉南越王墓发掘初步报告》，《考古》1984年第3期。

⑥　中国社会科学院考古研究所等：《满城汉墓发掘报告》，文物出版社1980年版。

图一 修复后的丝缕玉衣

经白荣金先生修整复原，这套玉衣是由头套、衣身、两袖筒、两手套、两裤筒和两只鞋所组成，全长 1.73 米，共用玉片 2291 片（图一）。玉质欠佳，色泽较杂，多数玉片不透明。以黄褐、黄白色为主，侵蚀风化严重；少数是青白玉，略透明。片形以长方形和方形为主，其余有梯形、三角形、五边形等。头套总体如头形，有鼻无耳，总宽 21 厘米，通长 33 厘米。由头罩、面罩两部分扣合而成。头罩顶心为一璧形片饰，其余由梯形、三角形、近方形、长方形和五边形片组成，共用玉 265 片。上衣由衣身和两袖组成。衣身对襟式，分前片、后片两部分。身长 72 厘米，胸围 120 厘米。基本上由无孔的长方形片和方形片组成，间杂少量的不规则玉片。玉片大小不一，共 537 片。袖筒左右各一，呈筒形，上粗下细，体扁而弯，通长 70 厘米，上口朝向内侧开，上口径 13—15 厘米，下口径 6.5—7 厘米。两袖共用玉 424 片。两手套基本对称。出土时手背朝上。左手用玉 113 片，右手用玉 121 片。所用玉片形状大小不完全相同，玉片间的组连是通过玉片边角上的孔眼以丝线连缀的，内面用丝绢贴衬以增加玉片间的组合强度。复原后得知，玉手套结构如手形，由手背、掌心及五指组成。拇指伸直，其余四指并拢弯曲作握拳状，总宽 14 厘米，长 16 厘米，厚 9 厘米。腕部口端为椭圆形，开口设在手心手腕部位，呈 T 字形，以利穿戴。各边缘处以丝织物包缝。裤筒左右各一，互不相连。呈上粗下细的筒形，通长 61 厘米，上口径 16—20 厘米，下口径 9—12 厘米。片形大小相间，以长方形为主，间杂近方形、圆形和不规则形。左裤筒用玉 226 片，右裤筒用玉 388 片。两鞋与脚形相近，长 29.5 厘米，宽 10.5 厘米，高 12 厘米。两鞋组合玉片不完全对称。左鞋用玉 108 片，右鞋用玉 109 片。以长方形、梯形为主，少数为方形、三角形，并有个别不规则形片相配合。鞋里以丝绢贴衬加固。鞋结构可分底板、前脸、脚面、左右侧帮和后跟六个部位。鞋上口前高后低，便于穿入。

头套、两手套和两只鞋的玉片，两面打磨光滑，边角钻孔，以丝线穿缀，里面再以丝绢衬贴加固。这些做法与满城汉墓玉衣基本相同，仅缕线有别；其他部位则相差甚远。南越王的玉衣衣身和两袖筒、两裤筒，大多利用废旧玉器或边角料切成。厚薄不一，无孔，边缘多数未琢磨，平排并列粘贴于麻布上。以麻布为衬里。玉片表面用窄的朱丝带作对角粘贴，组成菱形网格状的地纹，四边再以宽带粘贴成纵横方格。衣身、两袖筒、两裤筒的朱丝带和粘贴式样完全相同。朱丝带组成的图案显得非常规整鲜艳。

有学者认为，这件玉衣原来可能只制作头、手、足三部分，属于早期玉衣的形式，与刘疵的玉衣相类似；其他部位有可能是死后临时补上的。由于时间匆促和技术条件的限制，所以玉片的制作工艺较差。① 这种推测有一定的道理，可备一说，但不能排除原来就是这样制作的可能性，例证是满城2号墓的窦绾玉衣。据复原研究，窦绾玉衣的上衣前片和后片并不是用金线编缀，而是用织物带（朱丝带）粘贴编结而成。其粘贴方法（麻布衬底）和采用丝带顺对角线作交叉的粘贴式样②，与南越王玉衣极相类似。在躯体部位采用粘贴玉片的制法，可能是西汉玉衣的另一种形式。

照汉代文献理解，制作玉衣的作坊地在朝廷中应属于"主作陵内器物"的少府属官东园匠③；诸侯王、列侯的玉衣由朝廷按一定的规格统一制作或颁赐。④ 有学者认为，从现有实物资料考察，并不是所有的玉衣都在朝廷东园匠作坊制造，例如徐州北洞山楚王墓的鱼鳞甲式玉衣片⑤，扬

---

① 卢兆荫：《再论两汉的玉衣》，《文物》1989年第10期。

② 中国社会科学院考古研究所等：《"金缕玉衣"的清理和复原》，《满城汉墓发掘报告》附录一，文物出版社1980年版。

③ 《汉书·百官公卿表上》少府条颜注。

④ 《续汉书·礼仪志下》。

⑤ 徐州博物馆等：《徐州北洞山西汉墓发掘简报》，《文物》1988年第2期。

州"姜莫书"的琉璃质玉衣片①，定县北庄中山简王刘焉②和北陵头中山穆王刘畅墓出土的汉白玉石制作的玉衣片③，则很可能是所在王国制造④。这是正确的。南越王墓出土的丝缕玉衣，又为这一看法添一实证。我们在发掘报告中曾经指出，南越国时期的玉雕工艺，从制作方法、玉器造型和雕刻风格看，应是在中原内地的影响下发展起来的。南越国的玉雕工，很可能是南下秦军中身怀玉雕技艺的士卒及其后代。他们保留了中原和原楚地的传统玉雕风格，来岭南后，吸收当地文化，又有自己的一些创造，以致形成南越国玉器具有汉、楚、越三种文化汇合的独特风格。不少玉器的构图设计打破了传统的对称平衡，为他处所未见。特别是覆盖在玉衣上下的一部分玉璧中，璧面只有粗糙的花纹轮廓，尚未打磨；有的璧面花纹仅部分碾琢光滑，另一部分未修整，留下许多白色的刀刻痕迹。在玉衣片中，有不少是利用残废的玉璧、玉璜改制的。这些迹象都说明，南越国王廷中必有规模不小的玉雕作坊，不但制作礼仪玉器，还制作包括玉衣在内的葬玉。

从考古发现的玉衣资料看，西汉少府东园匠和王国作坊制作的玉衣，诸侯王多用金缕，也有用银缕（如曲阜九龙山鲁王墓⑤）；列侯多用金缕、银缕，也有用铜缕（如邯郸郎村汉墓⑥）。这种情况表明，西汉玉衣的使用制度尚未确立，编缀玉衣的缕线质料还没有明确的等级规定，人们看重的是玉而不重视编缀玉衣用的是什么质料的缕线，既可以用金缕，也可以用银缕或铜缕。⑦南越王玉衣用丝缕，与上述三种金属缕皆不同，在玉衣缕质中属首次发现。这又似乎表明，南越王的丝缕玉衣不会是来自朝廷东园匠，也不会是来自中原内地的王国作坊。

最后还要提到，古玉学家在丝缕玉衣片的不同部位中拣取 10 片样品作鉴定研究，证明其中有假玉 1 片，可能是经变质形成的绢云母石英岩；

---

① 扬州市博物馆：《扬州西汉"姜莫书"木椁墓》，《文物》1980 年第 12 期。
② 河北省文化局文物工作队：《河北定县北庄汉墓发掘报告》，《考古学报》1964 年第 2 期。
③ 定县博物馆：《河北定县 43 号汉墓发掘简报》，《文物》1973 年第 11 期。
④ 郑绍宗：《汉代玉匣葬服的使用及其演变》，《河北学刊》1985 年第 6 期。
⑤ 山东省博物馆：《曲阜九龙山汉墓发掘简报》，《文物》1972 年第 5 期。
⑥ 黎晖：《玉衣片》，《文物参考资料》1958 年第 11 期。
⑦ 卢兆荫：《再论两汉的玉衣》，《文物》1989 年第 10 期。

另9片全是真玉，皆透闪石，颜色较差，色调偏灰，浓度甚低，半透明度亦甚低，外观与广东曲江石峡新石器晚期遗址出土的琮（M17：13）很相似，而与汉朝通用的和田玉、蓝田玉、岫岩玉皆不同。[①] 鉴定报告为南越王玉衣的玉料来源提供了地质方向。南越国是汉初割据岭南的地方政权，地理位置处于封闭状态，玉料来源为就地取材的可能性很大。曲江位于南越国北境，是南越国抗拒长沙国的门户，沿北江南下可达番禺，交通方便。《初学记》引《湘州记》和《元和郡县图志》等史书上又都有曲江玉山采玉的记载。因此，曲江应是值得注意的南越国玉料产地之一。

综上所述，可以认为，南越王丝缕玉衣不会是汉廷颁赐或内地王国所制，最大的可能性应是南越王廷所特制；玉料产地应在曲江或南越国境内的其他地方探寻。

三　组玉佩

组玉佩又称组佩玉或玉饰组佩。它的前身可以追溯到远古的原始装饰。大约在旧石器时代晚期，山顶洞人已知道穿缀兽牙、鱼骨作为耳饰、项饰。新石器文化时期，琢磨各种玉石骨牙蚌料，单个悬挂或多个编缀，用以装饰头部、面部或衣身，习以为常。殷商西周时期，玉在各种质料的佩饰中占据显著地位，但这时的佩玉，一般是一两枚璧璜或象生玉，平板阴刻，色调也比较简单。只有到了东周时期，在"玉德"思想的支配下，组玉佩才得到广泛流行。少则一璧一环，多则璧、环、璜、珑配以玛瑙、水晶、玻璃、鸡血石等多种不同质料的饰物。根据考古发现，至迟在春秋初期，组玉佩的组合已经非常繁杂。1990年发掘的河南三门峡2001号虢国墓，墓中出土的组玉佩，仍较完整地佩挂在墓主颈部而达于膝下。主体由7件从小到大依次递增的玉璜，间以左右对称的双排两行玛瑙与琉璃串珠连缀而成。其上与一组挂于颈部的玉管间以玛瑙珠组成的半环形玉饰相

---

① 闻广：《西汉南越王墓玉器的考古地质学研究》，《南越王墓玉器》，香港两木出版社1991年版。

接。① 著名的曾侯乙墓，年代属战国早期，墓中出土玉石等 7 种不同质料的饰物 528 件，多数发现于墓主身上，一般有穿孔，并且大多成组串缀，其中的十六节龙凤玉挂饰，尤为精绝。这串挂饰玉色青白，全器呈长带形，整体似一龙，龙上又刻龙凤蛇，可以自由卷折。集分雕连接、透雕、平雕、阴刻等玉雕技艺于一器，实为古代玉雕精品中之上乘。② 出土的汉代组玉佩，为数也不少，组合形式一般比较简单，像南越王墓组玉佩这样繁杂的并不多见。

南越王墓共出土组玉佩十一套，在已知汉墓中为数最多。这十一套组玉佩，分别发现于墓主身上，东侧室四位夫人身上，以及西侧室、东耳室、前室中的殉人身上。出土时，串系的丝线已朽没，组绶亦腐朽不存。根据出土位置并参考过去复原的佩玉图像，其串系形式约如下述。

南越王身上的组玉佩由 32 件多种质料的饰品所组成，悬垂丝线已朽，经认真检查，基本上可以复原（图二，1）。这条组玉佩以玉饰品为主，计有凤纹玉璧 1 件、龙凤纹玉璧 1 件、犀形璜 1 件、双龙纹玉璜 1 件、玉人 4 件、壶形佩 1 件、兽头形玉饰 1 件、玉珠 5 粒、玉套环 1 件、玻璃珠 4 粒（蓝色、青绿色各 2 粒）、煤精珠 2 粒、金珠 10 粒。其中的二玉璧、二玉璜是这组佩玉的主干。出土时，这 4 件玉璧璜位于胸腹间至膝下，呈一纵列，上下相距 60 厘米，这应是组玉佩的总长度。

东侧室四位夫人，共有组玉佩七套。

第一套　连体双龙佩 1 件、玉环 2 件、三凤涡纹璧 1 件、玉璜 5 件，以及玻璃珠 1 粒、金珠 10 粒所组成（图二，2）。这套组玉佩出土于右夫人棺位处。同出有"右夫人玺"、"赵蓝"等玺印 5 枚，由此推测，这套组玉佩应属右夫人所有。

第二套　由玉环、玉璜、玉管各 2 件，玉舞人 1 件（E135）所组成（图二，3）。这组佩饰玉质坚硬，质料比第一套好。出土于右夫人棺位西侧，原叠置在一起，似亦属右夫人所有。

第三套　由玉璧 1 件、玉璜 3 件、圆片饰、镰形佩、花蕾形佩各 1 件

①《虢国墓地再次出土大量珍贵文物》，《中国文物报》1991 年 1 月 6 日。
② 湖北省博物馆：《曾侯乙墓》，文物出版社 1989 年版，第 418—420 页。

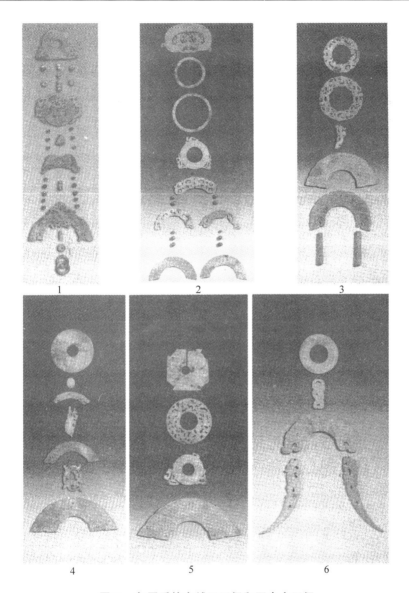

图二　复原后的南越王玉佩和四夫人玉佩

1. 南越王玉佩　2. 右夫人 A 组玉佩　3. 右夫人 B 组玉佩　4. 左夫人玉佩　5. 泰夫人玉佩
6. 部夫人玉佩

组成（图二，4）。出自"左夫人印"附近，似属左夫人佩饰。

第四套　由玉玦1件、透雕玉璧2件、玉璜1件组成（图二，5）。出自"泰夫人印"旁，似属泰夫人佩饰。

第五套　由玉璧、玉舞人、玉璜各1件、玉觽2件所组成（图二，6）。出自"［部］夫人印"附近，似属［部］夫人佩饰。

第六套　由玉璜1件、玉璧3件所组成。出室内东北部，从迹象看，早年浸水漂移，失去原来位置，无法确指归属。

第七套　由玉璧1件、玉佩1件、玉璜3件所组成。出土于第六套玉佩旁边，早年浸水漂移，失去原来位置，无法确指归属。

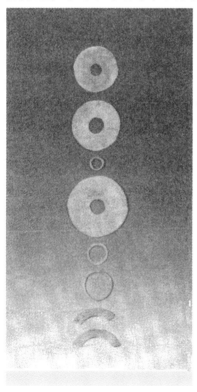

图三　前室殉人（RⅫ）玉佩

除了墓主、四位夫人都有组玉佩以外，西侧室的RⅦ号殉人、东耳室的RⅩⅢ殉人和前室的RⅧ号殉人也都有随身佩戴的组玉佩殉葬。RⅫ殉人组玉佩由璧3件、璜2件、环1件和鎏金铜环1件组成，器件由小而大纵列成行，全长0.9米（图三），是殉人组玉佩中最精美的。RⅦ、Ⅻ殉人的组玉佩只由2—3件璧璜组成，制作草率，玉质较差。

串系复原表明，这批组玉佩的组合，从玉质的好坏，数量的多少，雕工的繁简粗细，都存在很大差别，明显地表现出装饰成分远远超过礼仪成分。出于这种考虑，我们没有照经书和汉儒注释去为这批佩玉做定名考实研究；而是根据考古学的研究方法，约定成俗的惯例，采用考古学通用的璧、环、璜、玦、觽、管等器名，而不涉及有的器名过去曾作礼玉之用。佩玉中有些不宜用礼玉器命名的，如璧孔内或璧周缘之外另加一组或几组透雕纹饰的玉器，本文仍名"璧"，只在这器名前加简短形容词，例如"透雕龙凤纹璧"。其他器名依此类推，例如

"透雕龙凤纹璜"。不同于上述器形而用以泛指可结于衣带上的玉饰物，本文仍称"佩"，并据不同器形，另加形容词，如壶形佩、花蕾形佩，省去过去常用的繁体"珮"字。

在出土的十一套组玉佩中，组件最多的是墓主的一套，共 32 件，除以璧璜为主体的礼玉以外，还有壶形佩、兽头形饰、玉人、金珠、玻璃珠、煤精珠等不同质料的装饰性东西。即使是礼玉性质的璧璜，也是游龙戏凤，精巧艳丽，失去礼玉的原意。挈首的玉璧（D77），作透雕龙凤纹，璧孔内透雕一奔龙，璧肉饰浮雕勾连毂纹。璧外两侧各雕一凤，呈攀缘回首状。璧下的玉璜作犀形（D121），通体透雕，犀身浮雕涡纹，张口，长尾下垂向上回卷，与头部成对称。前后肢蹲曲，三蹄趾，形象非常生动。与先秦礼玉的庄

图四 右夫人 B 组玉佩上的玉舞人

重情调大不一样。陪葬四夫人，皆妙龄。组佩玉质温润，花纹优美，尤以右夫人的两套最为突出。挈领的连体双龙佩（E143—9），平面略呈椭圆形，以二龙连体构成。龙身上部双面透雕，下身双面涡纹，环绕外周，周边有 5 个穿孔。二龙张口对视，中间为一兽首形饰物。三凤涡纹璧（E143—6），肉双面涡纹，周边透雕三凤纹，对称分立，大小不同，姿态各异。右夫人的第二套组玉佩，由 2 件透雕玉环挈领，1 件雕双龙（E133—1），另 1 件雕两龙两兽（E133—2），皆盘绕周环，上下交错，浑然一体。玉舞人（E135）作立姿式，两面线雕，头顶簪花，长裙曳地，腰间佩环璜。右袖上扬至头顶，左袖横置细腰前。舞姿轻盈，雕刻精工，是南越王墓出土的 10 件玉舞人中之精品，在已知的汉代玉雕舞人中也是不可多得的佳作（图四）。其他三夫人也有清新秀美的玉雕。西侧室、东耳室和前室的殉人组玉佩，仅有几件璧、环、璜，器形短小，玉质低劣，雕工粗简，与墓主、右夫人的华丽组佩大异其趣。

这批组玉佩所表现出来的复杂情况，还为当时的佩戴方法提出了新的问题。关于组玉佩的佩戴，过去的研究者大多沿袭经书的说法，事实证明未必可靠。考古发现的组玉佩，因串系组绶都已腐朽不存，能做到串系组合复原已属不易，所以很少有人用考古学的方法去做佩戴问题的研究。

我们从串系复原中感觉到，佩戴方法与佩玉组合关系很大，佩玉组合的多样性，除了反映等级差别以外，可能还有性别、年龄和爱好等因素。东周（主要是战国）、西汉墓出土的组玉佩很多，组合形式变化多端，几乎难于找出一例完全相同的。同样反映了这个问题。此外，我们还注意到，包括南越王墓在内的西汉组玉佩，其装饰成分虽然日趋浓烈，但作为基本要素的璧、环、璜并没有改变，有相当一部分西汉佩玉的器形，与中原出土的战国同类器很相似，甚至难以区别；考古发现的西汉组玉佩，在人体中的位置与战国墓所见也基本一致。这些情况似乎又说明，战国、西汉组玉佩的佩戴方法应该是基本相同的。造成佩戴方法的不同，主要是等级身份、性别、年龄的差异，而不是时代的早晚。如果这种看法可以成立，下面可举三个实例加以对比说明，或有助于这批组玉佩的佩戴方法的解决。其他地区出土的西汉组玉佩，也可以从这里得到启发。

第一个实例是右夫人 B 组玉佩中的玉舞人（又见图四）。舞人腰带上系组绶。组绶上挂一环一璜，下垂至膝。环上璜下，略有间隔。组绶从环孔穿过，至璜下套彩结，垂流苏。这种形式的佩戴法，从玉舞人的身份可知为舞伎婢妾一类年轻女性的通制。可惜组绶的颜色无法确定。

第二个实例是信阳长台关 2 号楚墓出土的 10 件木俑佩玉图像（图五）。[①] 木俑衣着为交领右衽，长衣，袖口有边饰。胸腹部皆绘有成组的饰物。其中 1 件（M2：154）佩挂珠、璜、彩结和彩环。珠、璜白色，彩结红色，绳纽和彩环橙黄色。串联方法是：上部用交叉的锦带穿系彩结和彩环，下分左右两串。每串从上向下各穿珠 5 颗（珠较小），珠下悬玉璜，并将彩结、彩环穿连之。二玉璜之下又各穿珠 3 颗（珠较大），珠下再系彩结和彩环。俑的后背腰间带下，系一红黄相间的锦带。其他 9 件木俑系挂的饰物，繁简略有不同，但佩挂方式基本一致。

第三个实例是江陵武昌义地 6 号楚墓出土的 2 件木俑佩玉图像（图六）。[②] 二俑皆作侍立状，造型基本相同。长裙，圆领。其一系领结，双手曲至胸前（M6：22）；另一无领结，双手交握（M6：21）。二俑胸前皆佩挂

---

① 河南省文物研究所：《信阳楚墓》，文物出版社 1986 年版，第 114、116 页。
② 江陵县文物局：《湖北江陵武昌义地楚墓》，《文物》1989 年第 3 期。

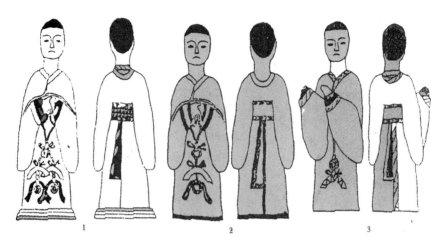

图五　信阳长台关 2 号楚墓出土彩绘俑
（采自《信阳楚墓》）
1. M2: 154　2. M2: 168　3. M2: 147

图六　江陵武昌义地 6 号楚墓出土彩绘俑
（采自《文物》1989 年第 3 期）
1. M6: 21　2. M6: 22

两串组玉佩，左右对称，下垂至裙端。佩玉有管、珠、璜、环等。每串佩玉间和饰尾各有 3 个红彩结，但佩玉的串排顺序稍有不同。

信阳和江陵的木俑佩挂，可能是战国仕女比较通行的组玉佩戴法。南越王墓出土的组玉佩中，有相当一部分可能也是采用这种佩戴法的。

此外还有考古学家郭宝钧先生据辉县战国魏墓资料结合儒家经典制定的战国佩玉图（图七）① 可供参考。郭宝钧制定的战国佩玉图，中以璧（或环）为体，上覆一璜形珩，下承一璜形珩为配称，再下缀以冲牙。冲，外方内圆，边有驵牙；牙形似觿，在两旁。冲牙用以加重垂势，兼以取声。因佩玉系于衣带，故另以缓相连。缓结巾作环，下套于佩珩，上套于衡（即横棍）。衡置衣襟上，缀固之以系缓。

南越王墓出土的佩玉，器形与郭先生的这套佩玉已多有不同，但佩玉的配置组合有相似之处，可资借鉴。至于郭先生据经书拟定的冲牙互触发声，大约到了汉代，已被彩结、流苏取替了。

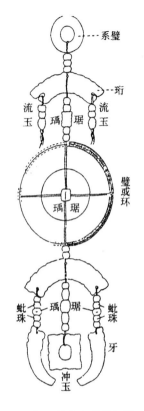

图七　郭宝钧拟定的战国佩玉图

（原载《南越王墓玉器》，香港两木出版社 1991 年版。收入本书时稍有修改补充增添丝缕玉衣和组玉佩图片多幅。图片是广州西汉南越王墓博物馆提供的）

---

① 郭宝钧：《古玉新诠》，《中央研究院历史语言研究所集刊》第二十本下册，1949 年，第 11、23 页。

论南越王墓出土玉璧

汉代玉璧，大多发现于汉代诸侯王、列侯、高官贵戚及其家属墓中。据笔者粗略估算，随葬玉璧的汉墓大约有五十座，共出土玉璧约四百枚左右。这些汉墓，早年大多被盗扰，玉璧多有散失，只有南越王墓、满城汉墓等少数未被盗掘的大墓，墓中的玉璧才得以完整保存下来。还有像巨野红土山汉墓、长沙陡壁山汉长沙王后曹嬗墓等少数大墓，虽遭盗掘，但盗者未进入棺室，放置在死者身上的玉璧也得以基本上保存下来。在这批汉墓中，出土玉璧最多的是南越王墓，达 71 枚。其雕琢技法、纹饰造型基本上涵盖了已发表的汉代玉璧；出土位置明确，组合关系清楚，也是其他出土玉璧的汉墓报告少能比拟的。似乎可以这样说，了解了南越王墓玉璧，也就基本上了解了西汉玉璧。

南越王墓出土的玉璧，在《西汉南越王墓》（文物出版社 1991 年版）书中已有详细报道。因报道系按各个墓室分开叙述，单项检索不够方便，承友人垂询，故集中介绍，并借此机会就有关问题谈一点个人的看法。

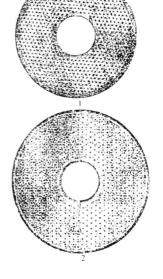

图一 Ⅰ式玉璧
1. D27 2. D50—8

一

71 枚玉璧，依雕刻技法的不同，分两类：一类是璧面两面阴刻或浅浮雕纹饰；另一类是璧面透雕或璧面雕刻涡纹，另在内孔外缘透雕附饰。前一类玉璧是主要的基本的形式，共 62 枚。其中璧面只有阴刻或浅浮雕的涡纹或蒲纹（一般作六角形网络状）的占 38 枚，为行文方便，暂称Ⅰ式（图一）；璧面有内外二区纹饰的 19 枚，暂称Ⅱ式（图二）；璧面有内中外三区纹饰的 5 枚，暂称Ⅲ式（图三）。Ⅱ式玉璧，大多是内区浮雕涡纹或蒲纹，外区阴刻双身合首的夔龙纹或凤鸟纹；个别内区浮雕谷纹，外区阴刻卷云纹。Ⅲ式玉璧，大多是内外两区阴刻龙纹或龙凤纹，中区浮雕涡纹或蒲纹。Ⅰ式玉璧的直径大多在 10 厘米以上，小于 10 厘米或超过 20 厘米的均占少数。Ⅱ式、Ⅲ式玉璧，形体较大，直径大多在 20 厘米以上，个别超过 30 厘米。墓主棺外"头箱"中叠置的一件Ⅲ式玉璧（D49），直径 33.4 厘米，是已发表的汉代玉璧中最大的一枚。

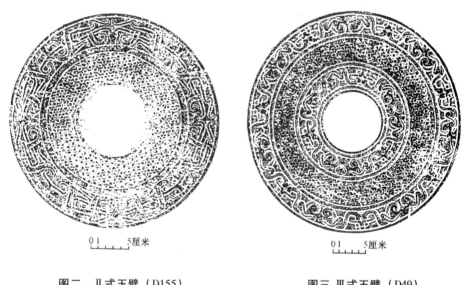

图二　Ⅱ式玉璧（D155）　　　　　图三　Ⅲ式玉璧（D49）

　　璧面透雕和璧面浮雕涡纹而内孔外缘有透雕附饰的玉璧共 9 枚。其中璧面透雕未带附饰的 1 枚（E52）（图四，1），其他 8 枚都是璧面与Ⅰ式璧一样，但在内孔或外缘带有透雕附饰。璧面透雕和附饰透雕的玉璧，均以龙纹、龙凤纹为主题，然造型各不相同。这 9 枚玉璧，有 3 枚发现于墓主尸体上，6 枚见于墓主和东侧室四夫人的组玉佩中。

　　此外有玻璃璧 5 枚、陶璧 145 枚。玻璃璧青白色，璧面两面饰蒲纹，内外缘各有一道弦纹，显系Ⅰ式璧的仿制。大小略有差，外径 11.6 厘米左右，应是逐一分铸（图五）。出土时，表面有丝绢压痕，系分别包装入葬。陶璧模制，质地坚硬，呈灰白色或黄白色。少数较松软，呈红黄色。璧面两面用小竹管压印圆圈3—6圈，圆圈疏密不甚均匀。其中在内外缘之间旋出弦纹的25枚（图六，1），无弦纹的120枚（图六，2）。陶璧外径均在13—18.55厘米。

二

71枚玉璧，分出6室。其中出自主棺室49枚，东侧室11枚，西侧室1枚，前室3枚，东耳室1枚，西耳室6枚。玻璃璧5枚出自西耳室。陶璧145枚分别出自墓主棺外"足箱"中（139枚）和西侧室（6枚）。

玉璧、玻璃璧和陶璧的出土情况和组合关系如下：

主棺室 玉璧49枚（Ⅰ式20枚，Ⅱ式19枚，Ⅲ式5枚，透雕5枚）。其中4枚分置于椁盖面上的四角；1枚覆盖在玉衣头罩上；10枚铺放在玉衣胸腹部上面（图七）；14枚铺放在玉衣里面的尸体上（图八，1）；5枚铺垫在玉衣下面的棺底板上（图八，2）；1枚放在玉鞋下；3枚放棺内玉衣右侧；7枚叠放在椁内棺外的"头箱"中；2枚杂置于椁内棺外"足箱"中的陶璧内。透雕玉璧2枚，穿系在墓主佩戴的组玉佩上（图四，2、3）。另有缝缀在玉衣头罩顶上的1枚素面玉璧，未计入。

椁盖上的4枚玉璧属Ⅱ式、Ⅲ式。Ⅱ式2枚，分置椁盖前端两角；Ⅲ式2枚，分置椁盖后端

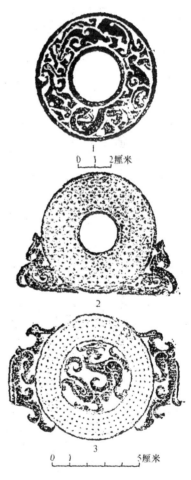

图四 透雕玉璧和透雕附饰玉璧
1. E52 2. D66 3. D77

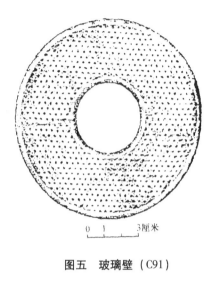

图五　玻璃璧（C91）

两角。覆盖玉衣头罩上的1枚玉璧为内孔透雕龙纹（图九，2）。铺放在玉衣胸腹上的10枚玉璧作"米"字形排列，其中I式5枚，II式5枚。铺放在玉衣里面尸体上的14枚玉璧，其中2枚（I式）放在尸体两耳间，3枚（I式）放在胸腹部位，1枚（内孔透雕三龙纹）覆盖阴部处（图九，3），余8枚（I式）纵列胸腹两侧。铺放在玉衣下面的5枚玉璧（II式）作纵向排列。放在玉鞋下的是透雕连环璧（图九，1）。棺内玉衣右侧的3枚玉璧（I式2枚，II式1枚），与左侧3枚玉璜对应排列。叠置于"头箱"中的7枚玉璧，有II式4枚，III式3枚。混杂在陶璧内的2枚玉璧属II式。

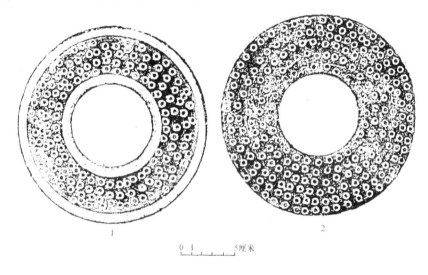

图六　陶璧
1. D4—22　2. D4—132

陶璧139枚，分四堆叠放。堆间有银盒（D2）1件，盒内尚存药丸半盒。出土时，叠放的陶璧已倾倒，但摞叠形式尚有痕迹可寻。这批陶璧，显然是Ⅰ式玉璧的仿制品。

东侧室　玉璧11枚。其中9枚（Ⅰ式5枚，透雕附饰4枚）发现于四夫人的六套组玉佩上，另2枚（Ⅰ式）因漂移，原位已失。外径分别是3.9厘米和4厘米，估计也是穿系于组玉佩的。

西侧室　玉璧1枚（Ⅰ式）。外径6.7厘米，与玉璜3枚同出RⅪ殉人处，似为RⅪ殉人的一套组玉佩。另有陶璧6枚，叠放在RⅧ殉人下肢骨上，用粗纱绢包裹。

前室　玉璧3枚，皆Ⅰ式。穿系在RⅫ殉人的组玉佩上。

东耳室　玉璧1枚，Ⅰ式。穿系在RⅩⅢ殉人的组玉佩上。

西耳室　玉璧6枚、玻璃璧5枚，皆Ⅰ式。出土时，玉璧逐一用丝绢包裹，其中3枚与玉环、玻璃璧盛放在一漆盒内，其旁有七套嵌玻璃的铜牌饰。另3枚玉璧与铜马饰杂置长方形漆箱中。

用于组玉佩的Ⅰ式玉璧，形体均小巧，直径仅4—7厘米，孔径大多接近边宽或大于边宽，与放置在玉衣尸体上的Ⅰ式璧有别。这类佩饰上的玉璧，似应改称为"璧形饰"或"环形璧"，以示区别。

三

玉璧是汉朝的主要玉礼器，祭祀、朝贺、婚娶、征聘、馈赠、进献、装饰和丧葬，几乎都离不开用璧。考古工作中也发现过不少实例。[①]具体到南越王墓的随葬玉璧，我看主要应是丧葬用璧，其次是组玉佩上的装饰用璧。可以称为礼仪备用璧的大概只有存放在西耳室的6枚玉璧和同出的5枚玻璃璧。因为西耳室是为墓主置备的各种用器和珍玩的库房，库房内的玉璧和仿玉璧的玻璃璧自然就成了供墓主在阴间礼仪上的备用璧。这11枚礼仪备用璧全是Ⅰ式璧，与考古发现的祭祀用璧是一致的。

棺椁里面的玉璧、陶璧，除了墓主身上的组玉佩中有2枚透雕附饰玉璧以外，可能都应归入丧葬用璧。丧葬本身是一种沟通天地的活动。玉衣上下和尸体上的玉璧，都是助墓主灵魂升天的神器。缀连在玉衣头罩顶上的素面

---

① 卢兆荫：《略论汉代的玉璧》，《中国考古学论丛》，科学出版社1993年版，第379页。

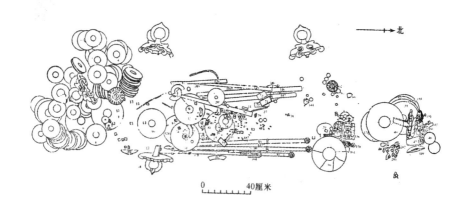

图七　南越王墓玉衣上的10枚玉璧和"头箱"、"足箱"内的玉璧、陶璧

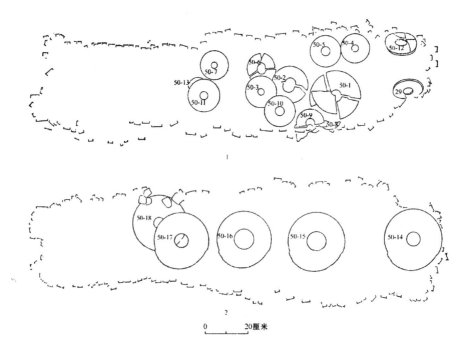

图八　南越王墓玉衣内的玉璧

1. 玉衣身上14枚玉璧出土情形　2. 玉衣下棺底板上5枚玉璧出土情形

玉璧，其圆孔是紧贴玉衣上的唯一出入口，如同仰韶文化瓮棺上的洞孔一

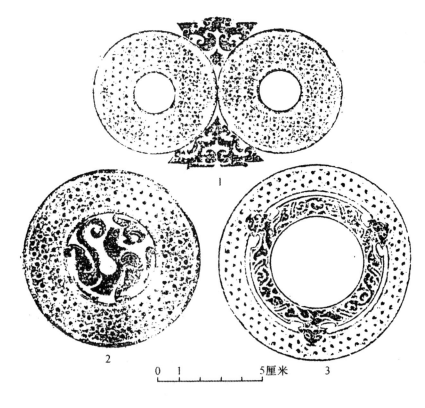

图九　透雕附饰玉璧

1. D186　2. D157　3. D50—13

样，是供死者灵魂出入的通道。① 《周礼·春官·大宗伯》说，"以苍璧礼天"，这是指祭祀用璧；同书《典瑞》又说，"疏璧琮以敛尸"，郑注"疏璧琮以通于天地"，这是指丧葬。汉代无琮，沟通天地成了璧的"专利"。Ⅱ式璧和Ⅲ式璧全部发现在主棺室，它们被铺放在椁盖上的四角和玉衣尸体胸腹部位上，表明是最受看重的丧葬用璧。因为这种璧上阴刻龙纹或龙凤纹，寓意龙凤可以引导墓主灵魂升天，进入仙境。战国西汉墓的棺椁头端或棺底笭床上常见彩绘或透雕双龙（或龙凤）衔璧图像，寓意与龙凤纹璧相同，都是用于引导墓主升天。龙是中国古代最大的神物。古人认为龙能升天，能

---

① 邓淑苹：《新石器时代玉器图录》，台北故宫博物院 1992 年版，第 28 页。

潜渊，变化无穷。连屈原也幻想驾龙升天，《离骚》中有"为余驾飞龙兮"，"驾八龙之蜿蜿兮"可证。凤也是通达天庭的神物。《说文》：凤，"神鸟也"。传说它是天帝的使者，常在天帝左右，有了凤凰的引导便可以顺利到达天庭。所以屈原又说，上天时有"鸾皇为余先戒兮"，"吾令凤鸟飞腾兮"。在玉璧上雕刻龙纹或龙凤纹，这大概是战国时人的创意，汉人沿袭不改。放置于南越王玉衣面罩上、阴部处和玉鞋下的3枚透雕附饰玉璧，形制特殊，当有特殊含义，而最基本的含义仍是引导墓主升天。

组玉佩属于装饰品。随葬的组玉佩是否生前所用，目前尚无实例证明。从南越王和四夫人组玉佩中多杂有璧形饰和以龙凤为主题的透雕附饰玉璧看，这批组玉佩有可能是专为死者制作并入葬的，其寓意自然是供死者佩戴这种组玉佩升天。

四

汉代玉璧是在全面继承战国玉璧的基础上发展起来的，南越王墓的玉璧工艺，表现尤为明显。墓中出土的玉璧，纹饰造型和雕刻技法与战国玉璧难以区别。璧面阴刻或浅浮雕涡纹、蒲纹的Ⅰ式璧，在各地战国大墓中时有发现。璧面雕刻内外二区纹饰的Ⅱ式璧和璧面雕刻内中外三区纹饰的Ⅲ式璧，在山东曲阜望父台52号、58号墓①，安徽长丰杨公2号墓②，都有发现。璧面外缘带有透雕附饰的玉璧，在湖北随县曾侯乙墓③、当阳赵家湖李家洼子13号墓④以及上述曲阜52号、58号墓，也都有发现。河南孟津战国墓中还发现有内孔外缘均为透雕附饰的玉璧。⑤已知的这些战国玉璧，且多以龙凤纹为主题，璧体大小厚薄均与南越王墓所见基本一致。由此说明，南越王墓的玉璧，可能来自中原或原楚地。在整理报告时，我们发现有一部分玉璧的

① 山东省文物考古研究所：《曲阜鲁国故城》，齐鲁书社1982年版，第161—165页。
② 安徽省文物工作队：《安徽长丰杨公发掘几座战国墓》，《考古学集刊》（二），中国社会科学出版社1982年版。
③ 湖北省博物馆：《曾侯乙墓》，文物出版社1989年版，第402—406页。
④ 湖北省宜昌地区博物馆：《当阳赵家湖》，文物出版社1992年版，第149—151页。
⑤ 《古今兴废话洛阳》，《中华文化画报》1997年第3期。

璧面只有粗糙的花纹轮廓，尚未打磨，有的还留下许多白色的刀刻痕迹，这表明玉璧中至少有一部分是在王国宫廷中雕刻的，未及竣工，便送入墓中。另据古玉学家对包括5枚玉璧在内的18个玉料样品的鉴定研究，认为它们与中原、长沙等地的同时期玉料不是同一产地。① 联系《汉书·南粤传》记赵佗曾向汉文帝献"白璧一双"一事，都可证明南越王宫廷中有规模不小的玉雕作坊。南越国的玉雕工艺，应是在中原内地的影响下发展起来的。

值得注意的还在于，南越王墓随葬玉璧的放置部位，与中原战国墓中所见亦相类似。已发表的战国墓玉璧，也都是集中陈放在死者身上和棺椁盖上。举曲阜52号墓和江陵望山2号墓为例。曲阜52号墓出玉璧18枚，其中9枚纵列于死者头部至脚端，8枚铺垫在死者背下，另1枚放椁盖上。② 望山2号墓出玉璧8枚，其中1枚放死者头顶，2枚放头部左右侧，3枚铺放于死者胸腹部，2枚放脚下；另1枚大玉璧放内棺盖上（出土时掉落在内棺与中棺之间）。③ 报道比较清楚的实例，基本上都是这样摆放的。表明玉璧在战国人和西汉人的心目中是共通的。

如果往前追溯，则又不难发现，玉璧在远古先民的思想意识中早已占有很大位置。大约在公元前第3千纪，玉璧（璧形器）已由装饰品转化为玉礼器。《说文》："礼，履也，所以事神以致福也。"史前人选定璧为礼器，大概因为璧形像天，故演绎出璧可沟通天地。巫师持璧进行巫术活动，当然就成了人神之间的代理人。璧用于祭祀，意在"通天"；用于殓尸，意在"升天"。先民用璧于祭祀的实例，在考古工作中尚难确指；用于殓尸，则以良渚文化为常见。良渚文化盛行"玉殓葬"，素面玉璧（少数有图案）和雕刻人兽复合神像的玉琮是最主要的随葬品。典型实例见于常州寺墩3号墓。出土时，死者身上铺放玉器120多件，其中玉璧24枚，玉琮33枚。玉璧系预先铺放在安置死者葬地的头前和脚后，各10多枚。安置尸体后，再把2枚直径分别为24厘米和26.2厘米的最大的玉璧铺放在死者胸腹部。其上放玉

① 闻广：《西汉南越王墓玉器的考古地质学研究》，《西汉南越王墓》附录二，文物出版社1991年版。

② 山东省文物考古研究所：《曲阜鲁国故城》，齐鲁书社1982年版，第128页。

③ 湖北省文物考古研究所：《江陵望山沙冢楚墓》，文物出版社1995年版，第122页。

琮。① 类似实例在浙江余杭反山墓地也屡有发现。反山在已发掘的十一座良渚文化墓中，共发现玉璧 125 枚，皆素面，直径 13.3—20.5 厘米。其中 23 号墓出玉璧 54 枚，大多堆叠在死者腿脚部位，分成三四堆；少量放在头部和尸体下。20 号墓出玉璧 44 枚，全部铺放在死者身上身下。② 良渚人把璧琮铺放在死者躯体上下的做法，表明《周礼》"疏璧琮以敛尸"的寓意在良渚文化时期已经形成。

　　殷商时期，玉璧的用途越来越广泛。琮逐渐被圭所取代。到了汉代，琮圭俱失，玉璧独受尊崇。从良渚文化至汉代逾三千年，璧的社会功能和用途居然传承下来，如出一辙。时至今日，璧在国人的意念中仍依稀难忘。这种现象，大概也可称为一种"国粹"吧。我在拙著《中国古代的人牲人殉》中曾说过，"中国是世界上唯一的文明传统未曾中断的古国，长期形成的传统习惯势力，崇尚'古代文明'的社会心理，'宗法等级秩序'的道德规范，在世界上是极为罕见的"。在对待玉璧、神化玉璧这样一个问题上，同样可以得到证明。

　　（原载《远望集——陕西省考古研究所华诞四十周年纪念文集》下册，陕西人民美术出版社 1998 年版）

---

　　① 南京博物院：《1982 年江苏常州武进寺墩遗址的发掘》，《考古》1984 年第 2 期。
　　② 浙江省文物考古研究所反山考古队：《浙江余杭反山良渚墓地发掘简报》，《文物》1988 年第 1 期。

角形玉杯赏析

图一　南越王墓角形玉杯

图二　台北故宫博物院藏角形玉杯

古代玉杯形式很多，雕琢成兽角形的却不多见。我曾目睹3件，算是很荣幸的了。这3件角形玉杯，其中一件出土于广州南越王墓；另两件分别见于台北故宫博物院和美籍瑞典人鲍罗·辛格（Paul Singer, M. D）大夫所藏。

南越王墓出土的角形玉杯（D44），1983年发现于该墓墓主头部上方。这是我平生见到的第一件角形玉杯，也是汉代玉器中罕见的稀世珍品之一。发现后轰动一时，至今仍蜚声海内外。这件角形玉杯系整块玉料碾琢而成，通长18.4厘米，重372.7克。青白色，半透明，表面光洁晶莹，

质感温润柔滑，局部有红褐色浸斑。中空，杯口椭圆形，口径5.8—6.7厘米，厚0.2厘米。口沿处饰弦纹一周，弦纹下雕一立姿尖嘴兽（报告称之为"夔龙"），由上向下在杯身上回环缠绕，先用阴刻，继用浅浮雕，进而高浮雕，至杯底反折往上，回转为圆雕、镂空。杯底内部留有管钻痕。尖嘴兽竖耳，额上有一弯曲分叉的长独角。躯体修长，尾羽呈卷索形回缠。杯身空白处填以单线勾连云纹。出土时，口沿处微有缺损。从缺口处观察，证实是墓

室顶石早年风化崩落砸损（图一）。南越王墓的年代可推定在汉武帝元朔末或元狩初（公元前 122 年左右），角形玉杯的制作当在此年稍前。[①]

图三　鲍罗·辛格大夫收藏的角形玉杯

这件角形玉杯，酷似兽角，让观者顿生先民截取兽角作饮器的遐想。兽角易朽，不易保存。考古发现的早期角形杯都是陶制品、青铜制品或刻画的图像。河南禹县谷水河新石器时代遗址出土的角形陶杯[②]和山西潞城县潞河战国墓出土铜匜残片上的武士持角形杯豪饮图[③]皆可证。年代与南越王墓接近的实例见于洛阳烧沟西汉空心砖壁画墓（M61）。在主室后壁的傩仪图上有持角形杯者二人。其一形体粗壮，紫衣，面向左，上身前倾，右手持角形杯，杯身有直条纹，底尖微翘，画面未见杯座。另一是位于画面居中的熊头怪物方相氏，亦右手持杯，已浸蚀漫漶，亦不见杯座。[④] 从持杯姿势看，系饮酒无疑。由此估定南越王墓角形玉杯也应是用于一饮而尽的酒杯。

台北故宫博物院所藏角形玉杯，玉色白，间有赭黑诸色斑。长 18.3 厘米，重 541.4 克。杯身断面呈椭长方形，最宽处约 8.3 厘米。口沿有一周浅浮雕的勾连云纹装饰带。装饰带中央饰一简化兽面纹。杯身浮雕立姿盘龙一条。龙张口眦目，削颊，双角（耳）斜出，额顶有一长鬣。龙身沿杯壁盘旋而下，延伸至杯底成一大圆涡，饰以纽丝纹。两前肢横贴杯身，龙尾圆雕，转折于杯外，形成一大卷尾。龙头对应的杯壁上又浮雕一立凤，在凤头上衬托一花萼形图案。据介绍，此杯原藏北京清宫养心殿，配有紫檀木座，

① 广州市文管会等：《西汉南越王墓》，文物出版社 1991 年版。
② 河南省博物馆藏品，引自孙机《中国圣火》，辽宁教育出版社 1996 年版，第 179 页，图二：1。
③ 山西省考古研究所等：《山西省潞城县潞河战国墓》，《文物》1986 年第 6 期。
④ 河南省文化局文物工作队：《洛阳西汉壁画墓发掘报告》，《考古学报》1964 年第 2 期。

未见御题。1982 年台北出版的《故宫古玉图录》定为宋代蟠龙觥。① 近年该院邓淑苹先生改定为汉代角形玉杯。② 1999 年我访问台北故宫，承邓先生雅意，有幸目验，并亲聆讲解。我对邓先生的改定稍存疑虑，但未敢轻率妄议。近日重读邓文，谛视玉杯照片（图二），比照南越王墓所出，疑点愈多。疑点之一是，此杯杯体凝硕厚重，杯体上下粗细相差不大，而南越王墓玉杯端庄典雅，酷似兽角形，二者形体存在较大差异。疑点之二是，两器大小相仿，但重量相差甚大（372.7 克：541.4 克）；南越王杯杯口很薄，适于饮用，台北故宫杯杯口钝厚平齐，似非饮器。疑点之三是，台北故宫杯正面浮雕的龙头形象，在考古发现的汉代玉雕资料中难以找到近似的实例。南越王墓出土的龙虎图像不下一百多个，其中与台北故宫杯龙头形象最接近的是玉剑具上的正面浮雕的众多龙纹、螭虎纹，两相比较，明显有别。台北故宫杯的龙头削颊，双角（耳）高耸；南越王墓玉剑具所见的龙虎图像，面颊皆较宽短圆弧，双耳短小③。疑点之四是，考古发现的汉代玉雕罕见在主题纹饰之外添加对应纹饰，而台北故宫杯在龙头对应处浮雕立凤花萼纹饰，在杯口勾连云纹装饰带中又夹饰一简化兽面纹，令人有画蛇添足之感。基于这四个疑点，我以为原定此器为宋代仿古可能是正确的。邓先生是古玉鉴定专家，见多识广，我的疑虑恐未必是，谨请邓先生指正，并求读者评议。

鲍罗·辛格大夫收藏的角形玉杯，是我 1986 年访美时在他居住的新泽西寓所见到的。辛格大夫收藏中国古器物甚多，充积盈室，错落杂陈，琳琅满目。是时辛格大夫已年逾八旬，身体健康，仪态祥和，当他得知我们是从事文物考古工作的学者时，顿显热情兴奋，让我们随意观赏摩挲，交谈看法。听说他曾出版一本《藏品目录》，可惜我没有读过。当我看到放在架上的角形玉杯时，不禁大为惊奇，因为它与南越王墓角形玉杯颇有几分相似。我向他询问此杯出土地点，何年收藏等问题，他说已记不清。由于时间短暂，我没有向他提要求，也没有准备要写点什么，便匆匆离去。1992 年春

① 台北故宫博物院编：《故宫古玉图录》图 357，1982 年出版。定为"宋代蟠龙觥"，说明云：此觥高 18.3 厘米，宽 10.1 厘米，重 550 克。

② 邓淑苹：《谜样的玉角形杯》，《故宫文物》总 107 期，1992 年 2 月。

③ 详见广州西汉南越王墓博物院编《南越王墓玉器》，香港两木出版社 1991 年版，图 27、80、84、86、193、194、195、200、203、206 等。

间，读到邓淑苹先生寄赠的那篇介绍故宫角形玉杯的文章①，使我想起辛格大夫收藏的那一件，于是致函辛格大夫，承他慨允，托人拍摄照片寄赠，让我感念不已。现在把他寄赠的二帧照片发表出来（图三、图四），并借此表达我对辛格大夫的敬意和惦念。

图四　鲍罗·辛格大夫收藏的角形玉杯侧面

根据照片和辛格大夫来信的简短说明，知此杯通长 16.5 厘米。玉质呈青白色，细腻温润有光泽。杯口圆形，口沿处有一裂痕。主题纹饰似为一躯体不全的盘龙或螭虎。浮雕扁平的龙（虎）头紧贴杯口，嘴向外。龙（虎）身由杯口口沿处向杯身回环缠绕，镂空成椭圆形柄。柄部处有一周较宽的阴刻勾连云纹装饰带。杯底转折上卷呈镂空圆雕相结合的 S 形尾。

关于这件角形玉杯的年代，辛格大夫没有说明自己的看法。从主题的纹饰看，似不类汉唐玉雕风格。邓淑苹先生看了我提供的翻拍照片后来信说："这件角形玉杯的螭（龙）面扁平，螭口触及杯沿，应是明代仿古。"似可从。

以上谈论的三件角形玉杯，南越王墓所出者已被国家文物鉴定委员会定为一级文物，其收藏价值自不待言。台北故宫和鲍罗·辛格大夫所藏的角形玉杯属宋明仿古的工艺品，也是不可多得的古代玉雕珍品，具有很高的观赏艺术价值。

原载《收藏》2002 年第 11 期（总 119 期）

---

① 邓淑苹：《谜样的玉角形杯》，《故宫文物》总 107 期，1992 年 2 月。

高足玉杯赏析

考古发掘的秦汉高足玉杯大约有 4 件，其中出自秦阿房宫遗址 1 件，出自广州南越王墓 2 件，出自广西贵县罗泊湾汉墓 1 件。另有 3 件是被定为汉代的传世品。出自南越王墓的高足玉杯，造型特殊，一件称铜承盘高足玉杯（D102），另一件称铜框镶玉高足盖杯（D47）。下面先介绍这两件[①]。

图一　铜承盘高足玉杯
（南越王墓出土）

铜承盘高足玉杯由铜承盘、托架和玉杯三部分组成。玉杯圆筒形，上侈下敛，直口，圜底，下连豆把形座足。杯身、座足分别用两块青玉雕成，接合面各钻出双环形小孔，以小竹条上下插连固定。器表泛湖绿色，莹润有光泽。杯口饰两组双线勾勒云纹和花瓣纹；杯身浮雕勾连涡纹；近底饰仰向花

---

① 广州市文管会等：《西汉南越王墓》，文物出版社 1991 年版。

瓣纹，座足饰覆向花瓣纹。通高 11.7 厘米、口径 4.15 厘米、口沿厚 0.2 厘米。托架由三条龙共衔一块镂圆孔的花瓣形玉片组成。圆孔周沿突起一圈，孔径适与玉杯下部相吻合。三条龙皆金首银身，张口各衔一片小花瓣，共托玉杯。托架下部是一个直径为 20.7 厘米的扁圆形铜圈，平置在铜承盘的平沿上。铜圈下面焊接三个呈三角形的錾套，龙体末端插入錾套中固定。承盘折沿，浅腹，平底，下有三个铺首形足。杯座足与承盘底之间尚有间隙，以垫木承托。承盘高 5.7 厘米，外径 23.6 厘米。承盘、托架、玉杯套合后通高 17 厘米（图一）。

铜框镶玉高足盖杯，杯体呈八棱圆筒形，上侈下敛。杯身有八条直棂形的鎏金铜框，框内嵌入八块长条形青玉片，近底处另嵌入五块心形青玉片。杯盖圆形隆起，外缘是鎏金铜框，下出直唇，可扣入杯口内。盖顶嵌入螺纹形青玉。通高 16 厘米，口径 7.2 厘米（图二）。

图二　铜框镶玉高足盖杯
（南越王墓出土）

图三　高足玉杯
（贵县罗泊湾 1 号汉墓出土）

罗泊湾 1 号汉墓出土的高足玉杯，由一块浅蓝色玉琢制，半透明，平口，深腹，小底，豆把形座足。口径和近底处饰双线勾连云纹，杯身浮雕勾连谷纹。高 11.3 厘米，口径 4.5 厘米（图三）。此墓属南越国时期，年代与南越王墓相近[1]，墓主可能是受南越王册封的西瓯君君长。[2]

另据麦英豪同志函告，咸阳秦阿房宫遗址曾出土高足玉杯一件，藏西安市文管会。此杯高 14.5 厘米，口径 6.4 厘米，足径 4.5 厘米。平口，深腹，腹壁较直，微斜收，束腰盘足。腹外壁装饰 4 层纹饰，口沿下为四蒂叶与勾云纹，腹部为勾云纹，下腹则为几何形勾云纹，足处为变形云纹；圈足上部为交叉的 S 形纹饰。青黄玉色，红褐色斑，晶莹润泽，精工细雕（图四）。从图形看，此杯杯底收束呈半弧形，与南越三件高足玉杯稍异。

图四 高足玉杯
（秦阿房宫遗址出土）

上述 4 件高足玉杯，均属秦汉高级贵族用品。从器形看，说它是饮器当无大误，但具体分析，恐不尽然。或以为高足玉杯即玉卮，云《汉书·高帝纪》记刘邦奉玉卮为太上皇祝寿，所持玉卮就是这种高足玉杯[3]，鄙意似可再酌。高足玉杯固然可以盛酒，但汉人用以盛酒的卮，未必是指这种高足杯。汉墓中常见一种圆筒平底单耳（柄）或圆筒平底单耳（柄）下附三短足的杯形器，考古报告一般据《急就篇》颜注"卮，饮酒圆器也"的启示，定名为"卮"。卮多漆木制、陶制或青铜制，一般高 10 厘米左右。南越王墓出有银卮、金扣漆卮、铜扣漆卮、金扣牙卮和铜框玉卮，共 10 多件，是汉墓中出卮最多的一座。它们都作圆筒平底单耳下附三短足，有盖（图五）。刘邦所奉玉卮说不定是这种圆筒三短足器，而非高足玉杯。考古发现的 4 件高足玉杯，是否用于盛酒也还是个问题。阿房宫遗址的高足玉杯，出土情况不明；罗泊湾汉墓早年被盗，高足玉杯系劫余幸存，原来有没有承盘托架等组

① 广西壮族自治区博物馆：《广西贵县罗泊湾汉墓》，文物出版社 1988 年版。

② 黄展岳：《关于贵县罗泊湾汉墓的墓主问题》，《南方民族考古》第二辑，四川科学技术出版社 1989 年版。

③ 《故宫文物》总第 100 期，1991 年 7 月出版，图 19 "汉玉盉"说明。

图五　铜框镶玉高足盖卮
（南越王墓出土）

图六　传世高足玉杯
（北京故宫博物院藏品）

合，已无从究明。能说明的只剩下南越王墓出土的这两件。带有铜承盘的高足玉杯，杯身与杯座分别用两块青玉雕成，接合面用小竹条插连，其稳固性可知；铜框镶玉盖杯的框玉黏合是否牢固紧密不渗漏，也是问题。这两件高足玉杯皆非饮（酒）器是毋庸置辩的。或以为铜承盘高足玉杯是"承露盘"，套用汉武帝建章宫神明台置承露盘的故事。这是绝对不可能的！宋敏求《长安志》引《三辅故事》云：建章宫"承露盘二十七丈，大七围"，而南越王墓的承盘高足杯，盘口外径 23.6 厘米，内径不到 20 厘米，杯口外径 4.15 厘米，内径不到 4 厘米，与建章宫承露盘相比，不啻天壤！即使有所谓"云表之露"，南越王墓所出的高足杯承盘也无法"承"到。我曾多次观察实物，认定这两件高足玉杯只能是供观赏摆设的精致工艺品，无实用价值。说南越王生前曾用它来冲服玉屑或其他药石，事有可能，但非作器本义。

除了上述 4 件，见于著录的传世品还有多件，被定为汉代的有 3 件，一件藏北京故宫博物院，二件藏台北故宫博物院。北京故宫博物院所藏为白玉琢制，赭色沁，环耳，杯身云纹，高 9.7 厘米，口径 4.6 厘米，足径 3.4 厘米（图六）。[①] 台北故宫所藏之一为白玉琢制，有赭绿色斑，杯身细长，表

---

① 故宫博物院编：《故宫藏玉》，紫禁城出版社 1996 年版，第 95 页。

图七　传世高足玉杯
（台北故宫博物院藏品）

图八　传世高足玉杯
（台北故宫博物院藏品）

面遍饰云纹组成的图案，分五组，以双线弦纹分隔。有单环耳（柄），耳上有錾状突出。高 12.3 厘米，口径 4.27 厘米（图七）。① 另一件青白玉琢制，有赭褐色斑，口沿有铜绿沁。杯身满布阴刻纹饰。纹饰分三组，以双线弦纹分隔：上层菱纹格，格内柿蒂纹和云纹；下层柿蒂纹；中层饰交错勾连云纹，云纹间似有飞兽状。杯身底部雕出三条凸弦纹。有单环耳（柄），耳上有錾状突出。高 11.1 厘米，口径 5.4 厘米（图八）。② 北京故宫博物院所藏高足玉杯，杯身云纹似分组，照片图像不清晰，环耳为考古发现的汉代玉杯所未见。台北故宫博物院所藏两件高足玉杯，过去均定为宋代单柄杯，近年改定为汉代。从图像看，改定汉代似乎并非无隙可击。比如，两器云纹线条均稍嫌呆板，与未改定的《故宫古玉图录》图 365（宋云纹盉）极为近似；《故宫文物》总 100 期上的那一件单柄杯（即本文图八），杯身中层云纹飞腾，云间似有飞兽，这种纹饰在出土的汉代器物纹饰中甚为罕见；更明显的

① 台北故宫博物院编：《故宫古玉图录》，1982 年出版。
② 《故宫文物》总第 100 期，1991 年 7 月出版。

是，出土的汉代高足玉杯，未见单环耳。单环耳多见于圆卮，卮上的单环耳，耳錾皆长扁尾形（又见图五），与这两件耳錾作圆突状迥异。由此，我认为原定两杯为宋代仿古未必有误。北京故宫博物院所藏的这一件与台北故宫博物院所藏的两件一样，也可能是宋代仿古。我未见这三件玉杯实物，仅据影像，姑妄言之，敢请两故宫专家再酌定。

（原载《收藏》2002 年第 12 期）

南越国六夫人印

南越国是西汉初年割据岭南的地方政权，其疆域约当今中国广东、广西和越南北部。1976 年以来，先后在南越国时期的三座大墓中发现了六枚夫人印。其中四枚发现于广州南越王墓[1]，另两枚分别发现于广西贵县罗泊湾 2 号墓[2]和贺县金钟村 1 号墓[3]。

广州南越王墓的四枚夫人印均出自东侧室，其形制是：

"右夫人玺"金印（图一，1），铸制。印面方形，阴刻篆文"右夫人玺"四字，有边栏和十字界格。印文文道略有深浅，刻凿痕迹明显。龟钮。龟头微伸出印台外，龟背稍隆起，刻鳞状纹。龟尾短略向左侧下垂。四足，前两足刻三爪，后两足刻四爪。腹下中空，可系绶。有使用痕迹。印面边长 2.2 厘米，印台高 0.5 厘米，通高 1.5 厘米。重 65 克。

"左夫人印"鎏金铜印（图一，2），铸制。印面方形，阴刻篆文"左夫人印"四字，有边框和十字界格。龟钮，龟头上仰，微伸出印台外，龟背隆起，上有线点六角形纹。四足，尾向左垂。腹下中空，可系绶。表面鎏金，保存良好。印面边长 2.4 厘米，印台高 0.6 厘米，通高 1.7 厘米。重 26.2 克。

"泰夫人印"鎏金铜印（图一，3），形制与"左夫人印"同。阴刻篆文"泰夫人印"四字。印面边长 2.5 厘米，印台高 0.6 厘米，通高 1.7 厘米。重 21 克。

"［部］夫人印"鎏金铜印（图一，4），形制与"左夫人印"同。阴刻篆文"□夫人印"。第一字已残泐，仔细审察，左旁似"邑"字，右旁似

① 广州市文管会等：《西汉南越王墓》上册，文物出版社 1991 年版，第 222、249 页。
② 广西壮族自治区博物馆：《广西贵县罗泊湾汉墓》，文物出版社 1988 年版，第 110 页。
③ 广西壮族自治区文物工作队等：《广西贺县金钟一号汉墓》，《考古》1986 年第 3 期。

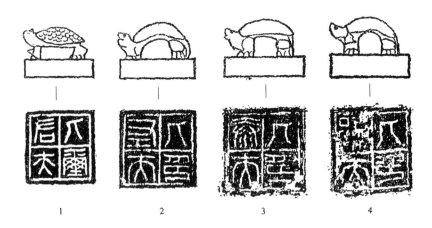

图一 南越王墓东侧室出土四夫人印

1."右夫人玺"金印 2."左夫人印"鎏金铜印 3."泰夫人印"鎏金铜印 4."〔部〕夫人印"鎏金铜印

"音"字,如不误,钤印应是"部"字。此印锈蚀严重,部分已成粉末,鎏金亦多脱落。印面边长2.5厘米、印台高0.7厘米、通高1.8厘米,重29.6克。从篆文书体看,"左夫人"、"泰夫人"、"〔部〕夫人"三印文似同一人篆刻。

罗泊湾2号墓"夫人"玉印(图二,1),玉色泛黄,方形覆斗状,琢磨光滑。印面方形,阴刻篆文"夫人"二字。有边栏,有竖界。桥形钮,有穿,可系绶。印面边长2厘米、通高1.5厘米。

金钟1号墓"左夫人印"玉印(图二,2),白色。印面方形,阴刻篆文"左夫人印"四字。有边框和十字界格。龟钮。龟背隆起,中脊有一直线,两旁各五短线。四足,各四爪。出土时龟首已残。腹下中空,可系绶。印面边长2.2厘米,印台高约0.33厘米,通高1.6厘米。

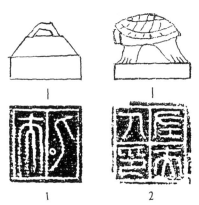

图二 罗泊湾、金钟村二夫人印

1. 贵县罗泊湾2号墓出土"夫人"玉印
2. 贺县金钟村1号墓出土"左夫人"玉印

这六枚"夫人"印，制作皆精致工整，印文阴刻篆体，书法端庄秀丽，字形结构微偏长，作纵势，笔画圆转，具有秦篆的风韵。其中一枚龟钮残断，一枚目验有使用痕迹，看来都是生前的实用印。印面边长均在2—2.5厘米。四字印都有边栏、十字界格（亦称田字格），二字印有边栏竖界（亦称日字格），这正是秦至西汉前期流行的玺印形式。至于质料、钮式，在当时并无统一定制，与卫宏《汉旧仪》所载的印绶制度难以对比。由此说明，要了解这六枚"夫人"印所有者的身份（主要是妻妾名分）以及她们之间是否还有名位区别等问题，只根据玺印的形制去作判断，是不容易解释清楚的。依我看，还是从考古学入手，先搞清墓主的身份，或将有助于问题的顺利解开。下面先从南越王墓说起。

南越王墓发现于汉初南越国都城番禺，它是目前已知的岭南汉代最大型的石室墓。墓制与已知的同时代的一部分中原诸侯王墓相类似。出土时，墓主身上携带"文帝行玺"龙钮金印和"帝印"螭虎钮玉印，故据以认定墓主是第二代南越王。四枚夫人印出土在墓主棺室旁边的东侧室内。东侧室内还遗存有漆木棺的残片和人骨残骸，多组组玉佩饰、铜镜、带钩、妆奁盒等贵妇人的随葬用品。可见东侧室是从殉四夫人的葬所，她们的身份都是墓主生前的后宫姬妾。与"右夫人玺"同出的有"赵蓝"象牙印和绿松石印、玉印、穿带玉印等三枚无文字印。"赵蓝"应是"右夫人"的名章，其他三枚可能全属"右夫人"所有。考虑到室内多次浸水漂移，这三枚无文字印，原来也有可能是分属于其他三夫人的朱书名章，可惜朱书脱落，成了无文字印。

南越王是汉高祖刘邦册封秦将赵佗的名号，其地位与中原内地的诸侯王相同。吕后时期，赵佗与汉朝关系恶化，遂公开割据称帝。汉文帝及其以后，双方关系缓和，赵佗及其孙赵眛（即本墓墓主，《史记》、《汉书》称赵胡），表面上对汉朝称臣，但在自己的辖境内仍旧称帝。不过这对"夫人"身份的判定并没有关系，因为汉初诸侯国的百官制度同汉朝廷是一样的，称她们是南越皇帝夫人或南越王夫人都可以。

出土于罗泊湾2号墓的"夫人"印，其所有者是该墓墓主，身份与南越王夫人不同。我曾写过一篇小文①，考定罗泊湾2号墓的墓主应是受南越王册封的当地土著首领——西瓯君夫人，她与1号墓墓主西瓯君并列，都是采用战国时期楚国流行的长方形竖穴木椁墓。1号墓在西边，2号墓在东边，墓上都有高大封土，墓道向南，墓室周围填塞膏泥。1号墓在椁室中部设棺室，置双层漆棺，棺室周围设八个边箱，形制与安徽寿县发现的楚王墓相同；2号墓也在椁室中部设棺室，置三层棺，棺室周围设四个边箱，形制与长沙马王堆1号汉墓全同。此外，这两座墓还在椁室前端增设前堂，在椁室底下增设殉人坑，1号墓殉七人，2号墓殉一人。由此可以看出，罗泊湾1、2号墓的墓主身份应是侯王级（约当汉朝列侯，下同）的高级贵族。或以为1号墓墓主应是郡守，2号墓墓主应是郡守夫人，这看法稍嫌牵强，但对判定2号墓夫人印所有者的妻妾身份并无影响。

出"左夫人印"玉印的贺县金钟村1号墓，也是带斜坡墓道的长方形竖穴木椁墓。墓道向南，椁室内并列两具漆棺，人骨已朽，覆盖铺垫尸体的玉璧犹存。西棺室随葬玉具剑、铜印（龟钮、螭钮各一，惜印文均锈蚀不清）等物；东棺室随葬龟钮玉印2枚（其一即"左夫人印"，另一无字）以及铜镜、玉饰等。由此推定西棺为男性，东棺即"左夫人"，应属夫妻合葬墓。墓主身份与贵县罗泊湾1、2号墓基本相同，亦属南越国侯王及其配偶。不同处仅是罗泊湾墓是异穴合葬，此墓是同穴合葬。

南越王墓四夫人的姬妾身份和罗泊湾、金钟二夫人的正妻身份还可以在史籍中找到依据。《汉书·外戚传》："汉兴，因秦之称号……适称皇后，妾皆称夫人。又有美人、良人、八子、七子、长使、少使之号焉。至武帝制婕伃、娙娥、傛华、充依，各有爵位。"南越国的宫室百官礼仪制度皆仿效汉朝，由此推知四夫人身份应相等，皆南越王后宫的姬妾。四夫人分别冠以"右"、"左"、"泰"、"［部］"，当是南越王后宫诸姬妾的名号和爵位。众所周知，汉时贵右卑左，故称所重者为右。南越国当亦以右为尊。再从四夫人印来看，"右夫人"是金印，印文称"玺"，其他三夫人皆鎏金铜印，印文称"印"，可见"右夫人"在诸夫人中应居首位。但

① 黄展岳：《关于贵县罗泊湾汉墓的墓主问题》，《南方民族考古》（二），四川科技出版社1989年版。

汉廷后宫的夫人皆直呼其姓，如高祖的戚夫人、武帝的李夫人；或以其爵位称之，如武帝的尹婕伃、成帝的赵昭仪，并没有"右夫人"、"左夫人"这样的称号。出土的女性印章，官印有"皇后之玺"、"朔宁王太后玺"，私印有曹嫚、妾嫚、窦绾、窦君须、妾莫书、妾辛□；传世有妾异人、妾剽、婕伃妾绡①等，均直书姓名或冠以"妾"字，不论官印私印，都未见"右夫人"、"左夫人"的名号印。夫人分左右的事例，仅见于《汉书·西域传下·乌孙传》，说的是乌孙昆莫娶汉江都王刘建之女细君为"右夫人"，又娶匈奴女为"左夫人"。这是一桩特殊的政治婚姻，乌孙既尊重汉人尚右，又尊重匈奴人尚左，不偏不倚，没有高低亲疏之分。这是乌孙当时对汉匈采取"对等外交"的一种手段。又据同书《乌孙传》：乌孙昆莫猎骄靡有十多个儿子，娶细君时，昆莫已七十岁左右。娶后二三年，便"欲使其孙岑陬尚公主。公主不听，上书言状，天子报曰：'从其国俗……'岑陬遂妻公主"。这种祖未死而遗嘱其孙妻其后祖母的原始风尚，充分证明细君公主和匈奴女的身份皆为姬妾。有的同志从汉人"贵右卑左"的观念去理解，误认乌孙昆莫的"右夫人"为正妻（或称第一夫人），由此推论南越王墓的"右夫人"也应是正妻，这当然是错误的。或以为"右夫人"独有黄金印，印文称玺，其他三夫人都是鎏金铜印，印文称印，这是否可以作为划分妻妾的依据？我认为，这种可能性也不大。因为这种看法混淆汉制"适称皇后（王后），妾皆称夫人"的界限；而更重要的是，任何历史时期，（包括汉朝）并不存在殉妻制度。四位夫人同时殉葬于东侧室，"右夫人"除了有比较华丽的组玉佩和较多的随葬品以外，很难看出她同其他三夫人有什么区别，所以也很难用"合葬"理喻之。就目前所知，汉代印文称玺，仅见于帝、后及部分诸侯王，"右夫人"印文称玺，确属仅见。这只能看作是南越王国后宫制度的一种特殊现象。

　　考定"右夫人"、"左夫人"的名次以后，我们再来看"泰夫人"和"〔部〕夫人"。泰通大，即大夫人。位次似在左夫人之下。部，小阜。

---

① "皇后之玺"见《文物》1973年第5期。"朔宁王太后玺"见《文物参考资料》1955年第3期。"曹嫚"、"妾嫚"印见《文物》1979年第3期。"窦绾"、"窦君须"印见《满城汉墓发掘报告》上册第275页。"妾莫书"印见《文物》1989年第12期。"妾辛□"印见《长沙马王堆一号汉墓》下册图版一七九。传世"妾异人"等印均见《汉印文字征》。

《说文通训定声》"部，假借为培"。《风俗通义·山泽·培》："培者，阜之类也。今齐鲁之间，田中少高卬，名之为部矣。"引申可作少、小解。夫人称部，其义或即少夫人之谓。在四夫人中，部夫人似居末位。

明确了南越王四夫人的姬妾身份及其不同名位后，我们再来谈论罗泊湾、金钟二夫人印所有者的身份。

《汉书·文帝纪》七年"令列侯太夫人、夫人……无得擅征捕"。注引如淳曰："列侯之妻称夫人。"《汉书·萧何传》，孝惠二年，酇侯萧何薨，"子禄嗣，薨，无子。高后乃封何夫人同为酇侯"。《史记·郦商列传》："孝景二年，（曲周侯郦）寄欲取平原君为夫人。"集解引苏林曰："景帝王皇后母臧儿也。"（《汉书》本传同）皆可证列侯之妻称夫人。罗泊湾2号墓和金钟1号墓二夫人的正妻身份也可据上引文献得以确认。金钟1号墓印文为"左夫人"，此"左"字应是指其姓。这是与南越王墓"左夫人印"名同而实异的。

（原载《文物天地》1993 年第 2 期）

"朱庐执刲"印和"劳邑执刲"印

——兼论南越国自镌官印

一

"朱庐执刲"印（图一），1984 年海南岛乐东县潭培乡黎民刘志清在

图一 "朱庐执刲"银印

山坡上种橡胶时发现。银质，印面方形，边长 2.4 厘米，通高 1.9 厘米。钮作兽首蛇身形。印面阴刻篆书"朱庐执刲"四字，无边栏，无界格。字体整齐端庄，行笔带有秦篆的圆转之势，结体方中带圆，可能是实用的官印。实物现藏海南省乐东县博物馆。1985 年 4 月 28 日《人民日报》首次披露这一消息，随后不断有研究文章发表。研究者们对"执刲"原是楚国的一种爵位名、秦汉之际仍短期沿用无异议，但对这方银印的年代、朱庐的地望等问题，看法颇有分歧。关于银印的年代，个别学者据印文有"执刲"爵名而定为楚国印[1]；多数学者据印文字体定为西汉后期，并且认为这是朝廷授予朱庐地方一个立有战功的军事首领的[2]；另有个别学者认为，银印的年代或可定在汉武帝时期，

① 谭其骧：《再论海南岛建置沿革——答杨武泉同志驳难》，《历史研究》1989 年第 6 期。

② 陈高卫：《西汉"朱庐执刲"银印小考》，《人民日报》1985 年 6 月 10 日；杨武泉：《西汉晚期至萧齐海南岛不在大陆王朝版图之外——与谭其骧先生商榷》，《历史研究》1989 年第 6 期；王克荣：《海南省的考古发现与文物保护》，《文物考古工作十年》，文物出版社 1991 年版，第 246 页；杨式挺：《"朱庐执刲"银印考释——兼说朱庐朱崖问题》，《海南民族研究论集》，中山大学出版社 1992 年版。

即汉灭南越国之前的遗物，但不能列为朝廷的赐物。^① 惜未具体论证。关于朱庐的地望，有的学者认为，朱庐为汉元帝初元三年罢朱崖（珠厓）郡后所置县，属海北合浦郡管辖，但县地应在银印出土的海南岛乐东县一带^②；有的学者则认为，朱庐即《汉书·地理志》合浦郡辖下的朱卢县，

地在今广西博白至玉林一带，续志作朱崖，系朱卢的误写，与汉武帝置珠崖郡无关。银印佩带者原在海北朱卢县，后因故流落海南乐东。^③

"劳邑执刲"印（图二），1975 年发现于广西合浦堂排 1 号汉墓。琥珀质，蛇钮，印面方形，边长 2.3 厘米，通钮高 2.1 厘米。印面阴刻"劳邑执刲"四字，无边栏，无界格。刻工粗糙，笔画浅细草率，字体在篆隶之间。"邑"字似有减笔，或释为"阜"。应是入葬临时刻凿的明器。此墓早年被盗，简报定为西汉后期，推定墓主似为郡守一级官吏。^④ 从印文字体和同出陶器器形看，似亦可定为南越国后期。^⑤ 实物现存广西博物馆。此印首先发表在《广西出土文物》（文物出版社 1978 年版）图集中，以后又随同发掘简报发表在《文物资料丛刊》（四）（文

图二 "劳邑执刲"琥珀印

---

① 吴荣曾先生 1987 年 12 月 1 日给杨式挺的复函，见杨式挺《"朱庐执刲"银印考释——兼说朱庐朱崖问题》注 9，《海南民族研究论集》，中山大学出版社 1992 年版。

② 陈高卫：《西汉"朱庐执刲"银印小考》，《人民日报》1985 年 6 月 10 日；杨武泉：《西汉晚期至萧齐海南岛不在大陆王朝版图之外——与谭其骧先生商榷》，《历史研究》1989 年第 6 期；王克荣：《海南省的考古发现与文物保护》，《文物考古工作十年》，文物出版社 1991 年版，第 246 页。

③ 谭其骧：《自汉至唐海南岛历史政治地理——附论梁隋间高凉冼夫人功业及隋唐高凉冯氏地方势力》，《历史研究》1988 年第 5 期；又参见谭其骧《再论海南岛建置沿革——答杨武泉同志驳难》，《历史研究》1989 年第 6 期。

④ 广西壮族自治区文物工作队：《广西合浦堂排汉墓发掘简报》，《文物资料丛刊》（四），文物出版社 1981 年版。

⑤ 堂排 1 号墓是大型的带斜坡墓道的长方形竖穴土坑木椁墓。墓坑积石积炭。早年被盗。与"劳邑执刲"印同出的陶器有瓮 4 件、罐 4 件、壶 1 件、三足器 2 件、俑 1 件，残铜器（鼎、壶）5 件、漆器鎏金铜扣 2 件、五铢钱数十枚、滑石炉 1 件、石砚、研石各 1 件、琉璃珠 437 粒、玛瑙珠 1 粒。从发表的部分陶器看，此墓似可提到西汉中期，或称南越国后期。同一墓中的随葬品可以有时代早晚的不同，墓中出土的官印，往往是死者后人仿其生前佩带的官印临时制作用以殉葬，其官印的赐封年代往往比其他随葬器物略早。

物出版社1981年版）。这两次发表，印文均误作"劳新刲印"，印刷出来的字形、钮式均欠清晰，故未引起读者注意。近年，该墓发掘者蒋廷瑜同志改释印文为"劳邑执刲"，并钤印数纸分赠同好，于是引起大家的注意。认为这是目前已知的可与海南发现的"朱庐执刲"印直接比较的另一方"执刲"印，二印印文和蛇钮形式，均系首次发现，具有同样珍贵的史料价值。

我读了所能见到的研究文章，深感这两方印章牵涉的问题很多，目前要把牵涉到的问题解决清楚，可能还有很多困难。在对有关文章的看法进行反复比较以后，我对银印年代和朱庐地望都倾向于后一种看法。由于二方"执刲"印的制作年代似均属南越国后期，又都出土在当时南越国境内，而且南越国又有自镌官印的做法，所以，我认为这两方印章有可能是南越国自镌的，分别赐给朱庐和劳邑两个地方官的官印；但不排除南越国境内的种姓封君或流徙南越的楚国后人的自镌官印的可能性。

二

在论证这两方印章可能与南越国有关以前，应先排除它们不是楚官印，不是西汉朝廷颁发的郡县邑道官印，也不是西汉颁赐给地方蛮夷君长的官印。这三种官印，历代古玺谱录多有收集，著文研究的也很多，这里不拟繁征琐引，只想引用我认为质量较高的三本印谱、一本论著作为依据。三本印谱是罗福颐主编的《秦汉魏晋南北朝官印征存》（文物出版社1987年版）、王人聪编的《新出历代玺印集录》（香港中文大学文物馆专刊之二1982年版）、高至喜、陈松长主编的《湖南省博物馆古玺印集》（上海书店出版社1991年版）；一本论著是王人聪、叶其峰合写的《秦汉魏晋南北朝官印研究》（香港中文大学文物馆专刊之四1990年版）。罗编印谱以材料丰富、印刷精美、分期明确著称；王编印谱绝大多数是新中国成立以来的考古发现，印文钮式并列，资料可靠；高、陈编的馆藏印谱，其最大优点是，该书著录了70多方考古发掘的战国楚墓和汉墓中的玺印，印文、印钮一起推出，书末还详列出土玺印的墓葬情况及其共存的随葬器物，为准确地判断楚汉玺印提供了可靠的断代依据。王、叶论著重视考古发现，立论比较谨严，堪称目前研究秦汉魏晋南北朝官印的代表作。根据上引四书的著录研究，可知楚官印的大小、印面、钮式、印文布局都没有一定的格式，但印文皆为明显的战国楚文字，同这两方"执圭"印的字体截然不同，其非楚印自不待言。秦官印阴刻篆文，具田字格。汉初承秦制，亦阴刻篆文，部分具田字格，这一显著特征，亦非这两方"执圭"印所具备。大约从文景时期开始，不带界格的汉官印大量出现。把这两方"执圭"印拿来同出土的西汉官印作比较，几乎没有什么区别；字体风格与长沙西汉中期墓出土的官印尤为接近。但"执圭"这一爵名，却与汉制抵牾，无法混杂。考秦汉之际楚怀王曾沿用楚国"执圭"官爵赐封曹参、灌婴、夏侯婴等少数功臣①，但为时短暂，所赐"执圭"印今均不存。不久，刘邦建立汉朝，改用秦官制，以后又新添汉官制，直到西汉末年，未有变更。检寻上引四书著录的全部西汉王国侯国郡县邑道官印、西汉郡国特设官署之官印，其官名、地名几乎都可以同《汉书·百官公卿表》、《汉书·地理志》相印证，唯独不见包括"执圭"在内的楚官名、楚地名。西汉朝廷赐封南越国的佐汉功臣或降汉官吏亦授以汉官爵，赐以汉式印；西汉颁发给各地蛮夷君长的官印，有的赐以汉官爵，有的沿用该族原有的官名，然皆不用楚制。由此足以说明，这两方"执圭"印与楚官印、汉官印无关。

三

下面再来看看南越国自镌官印与这两方"执圭"印可能存在的关系。由于南越国自镌官印过去尚无人专门论及，所以本文拟多用点篇幅略加论述。

南越国不仅接受西汉朝廷的赐印，同时又大量使用自镌的官印，这已被考古资料所证实。据《史记》、《汉书》中的《南越（粤）列传》记载，汉高祖十一年遣陆贾立佗为南越王时即赐佗王印。而赵佗及其孙相继僭号为武帝、文帝时，又皆自刻僭号印。南越国第三代王婴齐嗣立，为表示归

① 《史记·曹相国世家》、《樊郦滕灌列传》；《汉书·曹参传》、《夏侯婴传》、《灌婴传》同。

顺汉朝,"即臧其先武帝、文帝玺"。元鼎四年,汉武帝"赐其丞相吕嘉银印,及内史、中尉、太傅印,余得自置"。史汉中记述的汉中央赐印,今已不存,传世有"南越中大夫"铜质鱼钮印,罗福颐先生考定此印"为出使南越国之使臣印,或南越国之官印"。[①] 叶其峰同志认为"这是迄今所见唯一的一方与汉赐南越官印有关的印章"。[②] 不知确否,姑存录之。现在能够确定的南越国自镑官印都是考古发现的。1983 年在广州发掘南越国第二代王墓,墓中发现南越国自镑官印 9 方,封泥上的钤印官印 22 方。其中的金质龙钮印"文帝行玺",适足与《汉书》所载的"文帝玺"相印证。其他官印有金质龟钮印"右夫人玺",鎏金铜龟钮印"左夫人印"、"泰夫人印"、"〔部〕夫人印",金质龟钮"泰子"印,玉质覆斗钮"泰子"印,玉质螭虎钮"帝印",铜质鱼钮"景巷令印";封泥钤印的官印有"帝印"、"泰官"、"厨丞之印"、"鄰郷侯印"。[③] 此外,在广西发掘的南越国墓中也有发现。例如 1979 年贵县罗泊湾 2 号墓曾发现玉质桥形钮"夫人"印和封泥钤印官印"家啬夫印"[④];1980 年贺县金钟村 1 号墓发现玉质龟钮"左夫人印"[⑤]。这批出土的南越国自镑官印,基本上模仿汉官印镑制(准确地说是模仿秦、汉初的官印镑制),官名称谓亦依汉制,镑刻时间大部分在汉武帝时期,少数可以早到景帝时,看来都是实用印。除"文帝行玺"边长为 3.1 厘米以外,余均在 2.2—2.4 厘米(个别 2.5 厘米)。阴刻篆书,四字或二字,字体工整,除个别外,字旁都有栏界;钮式大多作龟钮。此外有覆斗钮、螭虎钮、鱼钮、桥形钮和龙钮。除龙钮外,余均为汉印所习见。出土的封泥"泰官"、"厨丞",以及见于同出铜器铭刻和陶文戳印的"食官"、"私官"、"少内"等职官名称,亦为汉印所习见。不过,我们也要看到,南越国毕竟是割据岭南的地方政权,在长期的汉越杂处的历史发展过程中,自然也形成了自己的一些特点,表现在

---

① 罗福颐:《秦汉南北朝官印征存》,文物出版社 1987 年版,第 34 页。

② 叶其峰:《古代越族与蛮族的官印》,《秦汉南北朝官印研究》,香港中文大学文物馆专刊之四 1990 年版,第 156 页。

③ 黄展岳:《出土文字资料汇考》,《西汉南越王墓》,文物出版社 1991 年版,第 300 页。

④ 广西壮族自治区博物馆:《广西贵县罗泊湾汉墓》,文物出版社 1988 年版,第 110 页。

⑤ 广西壮族自治区文物工作队:《广西贺县金钟一号汉墓》,《考古》1986 年第 3 期。

自镌官印方面，至少有几点与汉官印稍有不同。

其一，西汉田字格官印不太多，从西汉初期开始，作为主流的是不带界格的形式，而南越国自镌的官印仍以田字格为主流。这种现象，可能与赵佗原是秦将领，随同南下的中原士民，同受秦文化影响较深，故其后裔仍较多保留秦官印传统的做法。但应看到，出土的南越国私印都是不带界格的白文印①，印体与汉印无别；不带界格的官印也已经出现。实例见上引南越王墓出土的玉质覆斗钮“泰子”印。此印印面无边栏无中界，“泰”字宽大，约占印面三分之二，“子”字瘦窄，约占印面三分之一。长沙西汉早中期墓出土的玺印中，也常见这种形式。这方“泰子”玉印与另一方有界格的金质龟钮“泰子”印同出，说明界格的有无不应成为判断是不是南越国自镌官印的先决条件。

其二，反映在官名称谓方面，“泰子”、“帝印”、“右夫人”、“左夫人”、“泰夫人”、“［部］夫人”均为汉印所未见。南越国帝印用金质龙钮，文曰“文帝行玺”，与汉乘舆六玺用玉质螭虎钮不同。传世汉印有“楚永巷丞”，而出土南越国印作“景巷令”。此外，南越国还有沿用先秦的“啬夫”官名印，南越国自置的“鄰鄉侯”郡县官名印，以及赐给境内不同种姓封君夫人的“夫人”印和“左夫人印”。史汉《南越（粤）列传》称，赵佗在南越国广设郡、县，置监、守，封侯、王；对境内不同种姓的首领采取役属推恩政策，授以官爵，赐以印绶，赂以财物，通过这几方印章的发现，也可得一旁证。

其三，南越国的高级官印钮式，基本上也是采用汉高级官印通行的龟钮，但钮式不同。举长沙出土的年代与南越王墓相近的“轪侯之印”、“长沙丞相”、“苏将军印”、“舆里乡印”四方龟钮印为例。② 这四方龟钮形体均较扁平，龟头上仰，四足伏地，作蹲缩状；而南越国的龟钮形体呈拱桥

① 参看广州市文管会等《广州汉墓》，文物出版社 1981 年版，第 171 页；广州市文物管理处《广州淘金坑的西汉墓》，《考古学报》1974 年第 1 期，第 167 页，图一九；广西壮族自治区文物工作队等《广西贺县河东高寨西汉墓》，《文物资料丛刊》（四），图二〇，文物出版社 1981 年版，第 38 页。

② 湖南省博物馆：《湖南省博物馆藏古玺印集》，图 107、图 108；第 23 页，图 115；第 143 页，图 591，上海书店出版社 1991 年版，第 21 页；再参看该书末所附的湖南出土古玺一览表。

形，龟背隆起，甲缘宽平，龟头微仰，两眼圆突，作爬行状。传世有汉初鱼钮"南郡侯印"，与南越王墓出土的鱼钮"景巷令印"钮式亦不同。汉初鱼钮背平直，胸鳍、尾鳍贴近台面；南越国鱼钮背隆起，胸鳍、尾鳍作四足直立状。南越国官印与西汉官印在官名称谓和钮式上的差异，为探讨这两方"执刲"印可能与南越国官印有关提供了重要线索。

四

上面的论证说明这两方"执刲"印在印体大小、印文字体与南越国后期的自镌官印基本相符，南越国又确实存在自置郡县颁赐印绶的实例，但具体落实到这两方"执刲"印，还必须对蛇钮、"朱庐"、"劳邑"二地名和"执刲"官名作出说明。

蛇钮　传世的汉初铜质蛇钮印有"彭城丞印"、"旌郎厨丞"、"白水弋丞"、"代马丞印"四印①，发掘品则有汉武帝赐给滇王的金质蛇钮印"滇王之印"②。这五方蛇钮印，蛇体粗细稍有不同，蛇背皆拱起呈半环形，腹下中空，蛇头昂起作爬行状。这两方"执刲"印的年代与"滇王之印"相近，但蛇钮形式差别很大。二"执刲"印的蛇体盘曲贴伏台面上，蛇首前伸或微向后反顾，一穿或无穿。蛇体的爬行姿势与南越王"文帝行玺"的龙钮形式颇相似。汉朝经常用蛇钮印赐封各地的蛮夷君长，"宫室百官同制京师"的南越王，自然也可以用蛇钮印赐封给境内的种姓君长或境外的异族部族首领。

朱庐、劳邑　似均为秦桂林郡的属县，或南越国自置的县名。汉武帝击灭南越后重新划分郡县，原朱庐、劳邑二县改隶合浦郡。《汉书·地理志》合浦郡辖下的朱庐县，可能是沿用南越国时的旧名，其地望据上引，应在今广西博白至玉林一带。劳邑一名无考，因"劳邑执刲"印出合浦堂排汉墓中，故推测劳邑的地望可能距离今合浦不会太远。总之，这两个地

---

①　王人聪：《论西汉田字官印及其年代下限》，《秦汉魏晋南北朝官印研究》，香港中文大学文物馆专刊之四 1990 年版，第 24 页。

②　云南省博物馆：《云南晋宁石寨山古墓群发掘报告》图版壹零柒：3，文物出版社 1959 年版。

方都在南越国境内，在南越国存在期间，这两个地方的官长，只能由南越国赐封官印，而不可能出现由汉朝赐封。有不少学者认为，朱庐乃汉元帝初元三年罢朱崖（珠厓）郡后所置县，因"朱庐"银印的发现，故定其地在海南乐东一带；有的学者还由此推定南越国拥有今海南岛，并以海南岛出土陶器与广州南越国墓出土陶器相似为证。对此推论，我认为目前还没有足够的依据。一是史文无征；二是海南出土陶器可以是汉灭南越国后，南越国人逃亡海南岛时按照传统的制陶方法制作的。目前似依《汉书·地理志》系朱庐于海北合浦郡属下比较妥当。

"执圭"　西汉无此爵名，已成定论。目前已认定的南越国官印，亦与此爵名无关。不过，从南越国的墓葬形制及随葬器物大多带有楚文化成分看，南越国在官爵名号上杂用一点楚制，或用楚官"执圭"名号赐封入居南越国的楚国后人，似乎也并非完全不可能。据《史记》、《汉书》本传记载，汉武帝元鼎四年，南越国第四代王赵兴嗣立，以王太后樛氏为首的归汉派与丞相吕嘉为首的叛汉派已严重对立。汉朝廷支持王太后，又恐吕嘉乱起，曾采取赐吕嘉及诸大臣印绶、"余得自置"印绶的办法，但效果并不理想，南越全境出现混乱分裂局面，也许在这个时候，有些地方官借"余得自置"的机会，自封以原楚国的官爵印绶，或吕嘉一派笼络部分地方官，按原楚国的官爵印绶定尊卑。当然这都是一种推测，最后的论定，还有待于南越国考古新资料的发现和验证。愿本文提出的设想，有助于读者们对这个问题的进一步研究。

（原载《考古》1993 年第 11 期）

广州汉代考古与海交史研究

我长期在北方从事秦汉考古工作，对黄土地的史迹史事，接触较多，然于秦汉南方考古，则感空疏荒绌。1983 年参加广州南越王墓发掘以后，开始留意南方考古中的一些问题。欣逢《海交史研究》创刊十周年，仅就广州汉代考古与海交史研究的问题，谈一点个人的看法。

研究海上交通，离不开海港、造船工场和海船的发现。根据目前掌握的情况，时代最早、实物资料发现最多的是广州。广州汉时称番禺，是南越国的都城。它位于珠江三角洲北缘，西北东三江交汇处，地理条件优越，是中国对外通商最早的城市。早在西汉时期就成为全国十几个著名的都会之一，又是岭南地区一个重要的河港兼海港。限于考古力量，目前还不可能对广州港进行考古学研究。但是，广州秦汉之际造船工场遗址的发掘，广州汉墓中经常发现的木船、陶船模型，以及有关海外交通文物的出土，都为我国早期海交史的研究，提供了宝贵的资料。

秦汉之际广州造船工场遗址位于广州市区，1976 年发掘。在船场的中心部位发现三个平行并列的造船台，船台滑道长 8.8 米以上。根据对船台结构的研究，这里主要生产平底船，吃水较浅，适合内河和沿海航行。由船台滑道的宽距估算，这里可以建造宽 6.8 米、长 20—30 米，载重数十吨的大型木船。① 随后又在这个工场的西面和东南面各距几百米的地方发现两处造船遗址，其中一处已确知是东汉时期的。如果判断不误，就可以肯定在公元前 2 世纪广州已建立起能够成批生产内河船只和沿海船只的造船基地。

广州汉墓出土的陶木船模型为此提供了实证。截至目前，在广州汉墓

---

① 广州市文物管理处等：《广州秦汉造船工场遗址试掘》，《文物》1977 年第 4 期。

中已发现木船模型 9 件，陶船模型 5 件。经研究，它们多数是内河船只，也有少数形体高大，结构复杂的"楼船"。如 4013 号东汉墓出土的木船，船上建重楼，船后设舵，有十桨一橹，船板彩画。从这件模型上似乎看到了汉代楼船的雄姿。① 汉武帝北灭卫氏朝鲜，南灭东瓯、东越、闽越和南越，载运水兵的楼船曾起巨大作用，虽然它与远航海船还有点区别，但适应航海的性能是一样的。通过对这批船只模型的观察，可以看到汉代船舶的航行以楫、桨、橹为推进器，操掌航向有尾舵，停泊定位用爪锚。据《释名·释船》的记载，汉代木船已普遍使用风帆。由此可见汉代广州已拥有相当规模的造船能力和先进的技术水平，可以制造远航海船当无异议。

可以说明海交关系的考古物证，主要有镂孔熏炉、犀角、象牙模型，部分琥珀珠饰、玻璃器皿，以及一种造型奇特的托灯陶俑。这些器物，只发现于广州、贵县、梧州和长沙等地的汉墓中，在当时中原地区甚为罕见。熏炉形如豆，器盖镂孔，是一种专用于燃熏香料木的室内生活用品。广州汉初墓开始流行，仅南越王墓就出土陶铜熏炉二十多件②。贵县、长沙也有出土。三地所出熏炉器形全同，说明它们同一来源。经研究，犀牛产自东南亚、印度和非洲，象牙、琥珀饰品和熏炉所用的香料木，虽然在当时中国岭南和西南边陲地区也有出产，但主要产地在东南亚和南亚诸国。③ 南越王墓西耳室内发现原支大象牙五支，成堆叠放，经鉴定，确认为非洲象齿，这便为南越国与海外通商贸易提供了最有力的物证。贵县秦时为桂林郡治，汉平南越后为郁林郡治，也有条件同海外直接交往。长沙出现岭南式的熏炉和犀角、象牙模型，则有可能受南越国贵族的影响，香料木、犀角、象牙亦经由南越国引进。引人注目的托灯陶俑，脸形宽广，深目，宽鼻，厚唇，两颧较高，再生毛发达，无论男性女性，嘴唇上下都画胡髭，一望而知是热带深肤色人种的形象。俑皆裸体，箕踞而坐，头束巾，双手叉腰或扶着头上的灯盘。西汉中期开始出现于广州汉墓，随

---

① 广州市文管会等：《广州汉墓》上册，文物出版社 1981 年版，第 475 页。
② 广州象岗汉墓发掘队：《西汉南越王墓发掘初步报告》，《考古》1984 年第 3 期。
③ 广州市文管会等：《广州汉墓》，文物出版社 1981 年版，第 476 页。

后在贵县、梧州、长沙等地都有发现。西汉时期的托灯俑形体较瘦，东汉时期的托灯俑体圆如瓮。这种具有非洲人特征的造型，很可能是来自西亚或东非沿岸的奴隶的模拟物。① 他们被人贩子作为商品往外贩卖，再由中国船队从南亚带回，最后成了番禺、苍梧、郁林等地豪富之家的家奴。主人死后，他们被塑成掌灯的形象送入墓中伴随主人。长沙汉墓出土的托灯俑，显然是受番禺豪族蓄番奴风尚的影响，当时有一部分非洲黑人被辗转贩卖到我国长沙也是可能的。

　　玻璃制品的来源问题，情况比较复杂。经多次鉴定分析，目前大致可以确定，玻璃珠饰、平板玻璃大都属我国自制的铅钡玻璃系统，而玻璃器皿全是钾玻璃，它既不同于我国早期的铅钡玻璃系统，也不同于西方古代的钠钙玻璃系统。有关专家认为，它可能是两广特有的产品，但不排除外来影响的因素。②

　　此外，在广州南越王墓新发现两种文物，估计也有可能是海外的产品。一件是圆形银盒，出墓主足端，器身器盖均压出蒜瓣形花纹。从器体造型和纹饰看，均不同于中国传统作风。再看后加的盖钮和器底的铜质喇叭式座，愈显出它是一件舶来品。有学者认为，它的造型和纹饰与伊朗古苏萨城（今舒什特尔）出土的刻有波斯薛西斯王朝的金银器近似，说不定它的原产地在波斯。③ 奇怪的是，山东临淄汉初齐王墓器物坑中也出土 1 件银盒④，云南晋宁石寨山滇墓出土 2 件铜盒⑤，造型和纹饰均与南越王墓出土的差不多，只是稍粗糙一些。这三处的时代大体相当，但相距千万里，为什么在同一时期内会出现彼此近似的海外珍品？目前还不易作出合理解释。另一件是放在墓主头端的圆漆盒中的药物。药物重 26 克，外形酷似乳香的树脂类物质⑥，与泉州后渚宋船内发现的乳香类同，虽然所含主要成分已无法测定，但不排除它确实是乳香，故为墓主所珍。乳香主产

　　① 黎金、麦英豪：《考古随笔》，《湖南文物》第三辑，湖南大学出版社 1988 年版。
　　② 黄启善：《广西古代玻璃制品的发现及其研究》，《考古》1988 年第 3 期。黄淼章：《广州汉墓中出土的玻璃》，《广州文博通讯》1984 年第 3 期。
　　③ 麦英豪：《象岗南越王墓反映的诸问题》，《岭南文史》1987 年第 2 期。
　　④ 山东省淄博市博物馆：《西汉齐王墓随葬器物坑》，《考古学报》1985 年第 2 期。
　　⑤ 云南省博物馆：《云南晋宁石寨山古墓群发掘报告》，文物出版社 1959 年版，第 69 页。
　　⑥ 麦英豪：《象岗南越王墓反映的诸问题》，《岭南文史》1987 年第 2 期。

于红海沿岸，南越国从南亚地区间接输入乳香是可能的。《淮南子·人间训》说，秦始皇"又利越之犀角、象齿、翡翠、珠玑"。《汉书·地理志》也说，番禺"处近海，多犀象、毒冒、珠玑、银、铜、果布之凑。中国商贾往者多取富焉"。从这些记载中，使我们更有理由相信，早在秦始皇统一岭南以前，岭南地区与邻近的海外地区已经存在通商贸易。汉武帝平定南越国后，随着出现汉朝大批船队远航东南亚诸国，如果没有南越国时期奠定的造船业基础和累积海上交通经验，那是不可能实现的。

上面只就广州汉代考古中所发现的遗迹遗物，推论当时的海外交通情况，应该说，这只说到问题的一半，另一半应从当时与之交往的海外诸国中取得物证。作为当时海外贸易的主要交换商品——丝绸，因不易保存，至今未被发现。目前已知的比较有把握的物证，是韩槐准先生在所著《南洋遗留的中国古外销陶瓷》[①] 书中提到的一件绿釉陶魁（原称"薄绿釉之瓷龙勺"）。此器现存雅加达博物馆，云出土于西婆罗洲之三发（Sambas, West Borneo）。从所附图版看，其造型、纹饰均与广州西汉后期到东汉前期出土的同类器极为近似。相信还有许多物证遗留在南洋诸国未被发现。见于报道的资料，大多不是科学发掘，又无缘目验，故不敢妄议其是非。

我所以谈这个问题，目的在于说明，研究海交史要有考古资料作为佐证，借以增强说服力。如果只凭文献资料，有时难免让读者产生"失落感"。当然，利用考古资料也是一个严肃的科学问题，引用不当，往往会出现失之毫厘而谬以千里的结果，这也是应该注意的。

（原载《海交史研究》1989 年第 2 期）

---

① 韩槐准：《南洋遗留的中国古外销陶瓷》，图版壹，新加坡，1960 年版。

汉代南方牛耕和火耕水耨

本文的牛耕，主要指用畜力挽拉铁铧木犁在水田中耕作。汉代南方，指今长江中下游两岸及其以南地区，其北界在北纬32°—33°，南界涵盖今东南沿海、两广、云贵。牛耕和火耕水耨，是研究汉代南方水稻生产技术水平的两项重要内容。有关这方面的文章时有所见，其中有不少好见解，颇受启迪。但也有一些文章，取材不够谨严，论述不够准确；不太注意耕具的不同形式，不分旱地牛耕和水田牛耕；对火耕水耨缺乏真正了解，估计偏低，似乎牛耕一经出现，火耕水耨就不存在了，等等。经过一段时间的探研，我写了这篇文章，拟就这两个问题与汉代南方水稻栽培技术的关系，提出一些探索性意见，供读者研究参考。

一　牛耕

西汉时期，牛耕在以黄河流域为中心的中国北方已相当普及，这不但有史籍依据，而且有大批出土的牛耕具——铁犁铧作为佐证。这一点大概不会有人提出异议。但在汉代南方，牛耕普及到什么程度，看法就有很大分歧。下面不妨先把材料罗列出来。

有关南方牛耕的汉代史料有两条，均见于《后汉书·循吏传》。一条是《循吏王景传》。建初八年，王景"迁庐江太守，先是百姓不知牛耕，致地利有余而食常不足。郡界有楚相孙叔敖所起芍陂稻田。景乃驱率吏民，修起芜废，教用犁耕，由是垦辟倍多，境内丰给"。另一条是《循吏任延传》。建武初，诏征任延为九真太守，"九真俗以射猎为业，不知牛耕，民常告籴交趾，每致困乏。延乃令铸造田器，教之垦辟。田畴岁岁开广，百姓充给"。注引《东观汉记》曰："九真俗烧草种田。"

这两条史料，经常被引用来说明至迟在东汉初，中国南方已普遍推行牛耕。细加斟酌，并不尽然。关于第一条，1959 年在芍陂故址（今安丰塘）发现一处东汉灌溉工程水堰遗迹，出土带铭文的"都水官"铁锤，水堰中部为草土混合桩坝，与王景的"堰流法"筑坝基本符合。① 说芍陂创始于楚相孙叔敖，系东汉人附会，从孙叔敖为楚相时的历史事实考察，当时不可能出现造芍陂的事。② 1959 年发掘时亦未发现春秋时的筑坝遗存。考芍陂一名，最早见于《汉书·地理志》，在芍陂所在地今安丰塘一带推行牛耕应是王景重修芍陂以后发展起来的。关于第二条，细读史文，似不宜把"铸造田器、教之垦辟"，直接理解为牛耕，"田器"虽然可以包括犁铧，但并不等于牛耕；从以后的史籍记载看，这里不大可能在东汉初推行牛耕。《东观汉记》所说的"九真俗烧草种田"，当指火耕水耨。详下。

此外，在《三国志》、《华阳国志》中还有几条。《三国志·吴书·吴主传》，黄武五年，荆州牧"陆逊以所在少谷，表令诸将增广农亩。权报曰：'甚喜。今孤父子亲自受田，车中八牛以为四耦，虽未及古人，亦欲与众均等其劳也'"。《三国志·蜀书·李恢传》载恢讨南夷，"徙其豪帅于成都，赋出叟濮耕牛……充继军资，于时费用不乏"。《华阳国志·南中志》载诸葛亮出兵南中，孟获投降，"出其金银、丹漆、耕牛、战马给军国之用"。这三条史料，时代稍晚，但可以作为上述地区在三国时期已经存在牛耕的信史。

在考古资料方面，截至目前，南方发现的汉代铁铧实物和与牛耕有关的模型器，经核实后大约只有下列六例：

1. 1957 年江苏高邮邵家沟东汉末村落遗址发现 V 形铧冠 1 件，未附图，大小不明。③

2. 1959 年福建崇安汉城出土铁铧 1 件，已残，舌形，銎口略呈椭圆形，重约 15 公斤。西汉中期。④

3. 广西贺县莲塘东汉墓出土铁铧 1 件，略呈三角形，底面平，正面隆

① 殷涤非：《安徽省寿县安丰塘发现汉代闸坝工程遗址》，《文物》1960 年第 1 期。

② 龚鹏九：《令尹子文与孙叔敖》，《楚史与楚文化研究》，湖南省楚史研究会主编，《求索》杂志社出版，1987 年。

③ 江苏省文管会：《江苏高邮邵家沟汉代遗址的清理》，《考古》1960 年第 10 期。

④ 福建省文管会：《福建崇安城村汉城遗址试掘》，《考古》1960 年第 10 期。

起。未附图，大小不明。①

4.1968 年四川木里藏族自治县开山取石时发现 V 形铧冠 10 多件，堆放一起，锈蚀严重，仅 1 件较完整，两叶间距 26 厘米，刃冠正中宽约 3 厘米。根据同出的 1 件凹形铁刃舌，上有铸文四字，可辨认一"蜀"字，简报推定西汉晚期蜀郡所造。②

5.1976 年贵州赫章可乐区 153 号墓出土 V 形铧冠 1 件，两叶间距 23.1 厘米，刃冠正中宽 5.7 厘米。西汉晚期。③

6. 云南昭通东汉墓出土牵牛画像砖 1 块，画面作一椎髻披毡人手牵一条黄牛。牛穿鼻系绳。由此推测此牛应是已驯服的耕牛。④

此外，1967 年广东连县龙口村西晋墓发现 1 件犁田陶模型器，是目前已知的时代最早的南方水田牛耕实例。这件模型器长 19 厘米、宽 16.5 厘米，四角各有一个排水用的漏斗状设施，中间纵贯一田埂，将耕地分为两方。一方田地上有一人使牛犁田，另一方田地上有一人使牛耙田。⑤ 从发表的图像看，牛驾曲轭，曲轭两头连接双辕，双辕在牛后相合为单梢，再与犁梢（或耙之横木中部）相接，当为一牛挽拉双辕的犁耕，而非两股绳索装置的一牛犁耕。这件模型器虽然时代稍晚，但可以作为五岭山区在魏晋或东汉末已经出现水田牛耕的实例。或以为 1962 年佛山澜石 14 号东汉墓出土的陶水田附船模型，是珠江三角洲目前已知的时代最早的牛耕实例。⑥ 细看已发表的图像，模型器内并没有牛和犁。汉代模型器皆写实，不会搞抽象，只凭模型中有猜想为"犁头"的象征物，似不足证明有牛耕，故本文不收录。

综合上面列举的实物和史料，可作初步估定：东汉时期，牛耕已在南方的许多地方相继出现，位于长江中下游的南郡（今荆州）、庐江郡（今皖南）、广陵郡（今扬州）以及成都沿秦开五尺道至昭通、昆明已有牛

---

① 蒋廷瑜：《广西汉代农业考古概述》，《农业考古》1981 年第 2 期。
② 黄承宗：《四川木里出土的汉代农具》，《农业考古》1981 年第 1 期。
③ 贵州省博物馆等：《赫章可乐发掘报告》，《考古学报》1986 年第 2 期。
④ 李昆声：《云南农业考古概述》，《农业考古》1981 年第 1 期。
⑤ 徐恒彬：《简谈广东连县出土的西晋犁田耙田模型》，《文物》1976 年第 3 期。
⑥ 广东省文管会：《广东佛山市郊澜石东汉墓发掘报告》，《考古》1964 年第 9 期。

耕。崇安、贺县、木里、赫章出土的铁铧，造型与北方所见的同类器差不多，表明它们多半是在汉武帝灭闽越、南越、定西南夷以后传入这些地方的。一般认为，Ⅴ形铧冠适于犁耕熟地；全铁制犁铧可用于开垦荒地。但是，进入南方的铁犁铧，尤其是时代定为西汉的铁铧，是否用于水田牛耕，可能还值得考虑。

图一　山东滕县宏道院东汉画像石牛耕图

（王仁湘先生据拓本描绘）

目前已知的汉代牛耕图像有九幅，全部出土于中国北方。它们是：甘肃武威磨嘴子西汉晚期墓的木牛犁模型、山西平陆枣园村王莽时期壁画墓牛耕图、山东滕县宏道院东汉画像石牛耕图、滕县黄家岭东汉画像石牛耕图、江苏睢宁双沟东汉画像石牛耕图、陕西西安东郊郭稚文画像石墓牛耕图、绥德东汉画像石牛耕图、米脂东汉画像石牛耕图、内蒙古和林格尔东汉壁画墓牛耕图。这些模型和图像，虽然有的线条比较粗陋，刻画不够准确，但都是当时形象地反映牛耕的珍贵材料。从这些图像和模型看，可以肯定，汉代牛耕的基本形式都是"二牛抬杠"式的犁耕，即两头牛扛着犁衡，挽拉一张长辕犁，一人扶犁并驱赶耕牛，而且全部使用于旱地作业。①

---

① 张振新：《汉代的牛耕》，《文物》1977 年第 8 期。

唯一例外的是滕县宏道院牛耕图，画面刻二人一牛一犁。一人执鞭扶犁梢，一儿童在前牵辔导牛耕作（图一）。对这幅图像，目前存在两种不同看法：一种认为，这是一张短辕犁，以两股绳索驾牛，是一人一牛一犁耕作法[1]；另一种认为，图像表现的应是一牛挽拉一双直辕犁，图中的挽具已由"二牛抬杠"的肩轭变成曲轭。这种双辕犁，由一牛挽拉，牛颈驾曲轭，可使服牛发挥出更大的拉力，对牛耕的进一步推广有利，它为以后出现的绳索装置服牛的一牛挽犁创造了条件。[2] 从发表的图像看，我认为后一种看法比较准确，前一种看法是错误的（耕索出现很晚）。这两种看法虽有不同，但都肯定这是目前已知的汉代唯一的一牛挽犁的牛耕图像。这幅图像说明，至迟在东汉中晚期，鲁南一带的旱地耕作中已出现一牛挽犁。但就整个北方地区来说，"二牛抬杠"的旱地犁耕法始终在汉代占据主导地位。汉代北方是否有水田牛耕，目前无法证明。传入南方的西汉晚期铁铧和铧冠，如果用于牛拉犁耕，我想也应该是使用于旱地的"二牛抬杠"。《三国志·吴书·吴主传》"八牛以为四耦"，亦可证三国时荆州牛耕确是"二牛抬杠"。

据笔者观察，水田牛耕只能使用一牛挽拉的短辕犁。南方地形复杂，水田面积不大，笨重的"二牛抬杠"耕作法无法在水田中施展。北方现代犁耕仍不乏"二牛抬杠"式，但可否使用于北方水田耕作，因未作调查，情况不明。南方现代犁耕，所见皆用绳索装置的一牛挽犁，未见"二牛抬杠"，由此似亦可推证汉代的"二牛抬杠"式犁耕并未用于南方水田耕耨。南方出现众多的汉代水田陂塘模型和反映南方水田生产的画像砖，所见皆持锄臿类田器的农夫俑形象，未见牛耕，说明当时的水田作业靠锄臿而不是靠牛耕。"二牛抬杠"式的单长辕木犁，犁头套以全铁制犁铧，可用于垦辟旱地，随着南方人口的增多，对水利灌溉的重视，垦辟的旱地可以改为水田，由种植旱地作物变为栽培水稻，从这个意义上说，"二牛抬杠"式牛耕可以对扩大南方水田面积的垦辟发挥作用。

但我们不能由此认定，汉代南方水田无牛耕。上引滕县宏道院牛耕

---

[1]　蒋英炬：《略论山东汉画像石的农耕图像》，《农业考古》1981 年第 2 期。
[2]　王星光：《中国传统耕犁的发生、发展及演变（续）》，《农业考古》1989 年第 2 期。

图，揭示了一牛挽拉双辕犁耕已出现，联系上引《循吏王景传》，章帝时，王景造芍陂，教用犁耕，所使用的可能就是驾曲轭的一牛双直辕犁耕。长江中下游的江淮、江汉和成都平原，是汉代南方农业生产的先进地区，受中原文化影响较深，在王景造芍陂的年代，这些地区相继在水田中使用一牛双辕犁耕，我想是没有问题的，但有待今后考古资料的证实。远离长江的原闽越、南越、西南夷地区，情况就比较复杂。汉武帝对这片地区的用兵及随后的开发，其影响远远超过秦始皇时代，出现了像番禺这样的经济文化中心，但仍有相当数量的越人、濮人，并未同化于汉人，他们被独特的地理环境和心理意识保护着，保留固有的生产、生活方式，长期处于封闭的状态，而外来的军事征服，并不一定伴随着文化而迅速同化，所谓置郡县，大多属遥领羁縻，"以其故俗治"（《汉书·食货志》），只要土著首领"称臣纳贡"，汉廷也就感到满足了。再说铁犁铧进入南方山区以后，能否同牛耕结合起来也还是个问题。根据民族学家的实地考察，居住在今广西、贵州的壮、苗、瑶、侗等少数民族地区，晚近仍流行由人力操作的踏犁和木牛挽犁。踏犁是一种装有铁铧刃的翻地农具，包括犁铧、犁柄、犁拐和横木，形同耒耜，由一人操作。既可用于开山地，又能耕烂泥田，种植水稻。[1] 木牛挽犁形同元人《苗蛮图》中的木牛。它是一种木制的犁床前端装有铁铧的人工挽犁工具。犁田时，用绳索连接木杠和犁架，由二人操作：一人在前面肩抵前肩楔，手挽耕索向前挽犁；一人在后边肩抵后肩楔，手扶犁柄，向前推犁而进。据了解，这些地区也有像汉族地区一样的牛耕，但不用，原因是在层层梯田的山区，田块小，牛耕施展不开，反不如以人挽犁方便。由此看出，在南方，有犁并不等于就有牛耕；有牛也不等于就有牛挽犁。在牛挽犁耕之前，曾有过一个以人力挽犁的历史阶段；在牛挽犁耕出现以后的一个长时期内，这种以人挽犁耕仍普遍存在。[2] 这些活生生的民族资料，对研究汉代南方牛耕具有重要参考价值。

上面的议论，目的在于说明，对汉代南方牛耕，尤其是水田牛耕，不宜作过高估计，更不能一概而论，以偏概全。汉代南方的水稻种植，总的

---

① 宋兆麟：《我国古代踏犁考》，《农业考古》1981 年第 1 期。
② 宋兆麟：《木牛挽犁考》，《农业考古》1984 年第 1 期。

来说，主要靠火耕水耨，而不是靠牛耕。

二　火耕水耨

汉代史籍直接提到"火耕水耨"的有五条：

《史记·平准书》武帝元鼎二年，"山东被河菑……诏曰：'江南火耕水耨，令饥民得流食江淮间，欲留，留处'"。

《史记·货殖列传》："楚越之地，地广人稀，饭稻羹鱼，或火耕而水耨，果隋蠃蛤，不待贾而足，地势饶食，无饥馑之患，以故呰窳偷生，无积聚而多贫。是故江淮以南，无冻饿之人，亦无千金之家。"据同书，楚越亦作越楚。正义："越灭吴则有江淮以北，楚灭越兼有吴越之地，故言'越楚'。"

《汉书·武帝纪》元鼎二年秋九月诏曰："……江南之地，火耕水耨。"

《汉书·地理志》："楚有江汉川泽山林之饶；江南地广，或火耕水耨。民食鱼稻，以渔猎山伐为业，果蓏蠃蛤，食物常足。故呰窳媮生，而亡积聚，饮食还给，不忧冻饿，亦亡千金之家。"

《盐铁论·通有》："文学曰：'荆阳，南有桂林之饶，内有江湖之利，左陵阳之金，右蜀汉之材，伐木而树谷，燔莱而播粟，火耕而水耨，地广而饶财；然后呰窳偷生，好衣甘食。'"

上引史料，知"火耕水耨"一词，最早见于《史记》，《汉书》因之。《盐铁论》系桓宽据昭帝始元六年盐铁会议记录而作。可见所反映的火耕水耨栽培法是指武帝、昭帝及其以前的情况。火耕水耨的地域范围主要指故楚越吴三国之地，约当今湖北荆州以东的长江中下游地区。如果把"饭稻羹鱼"、"民食鱼稻"的地区都包括在内，则其涵盖面还应包括汉代的益州和交州。也就是说，先秦到西汉前期，北起江淮、江汉、巴蜀，南及东南沿海、两广、云贵，直到今越南中部，都应属于火耕水耨的水稻种植区。

古今学者对"火耕水耨"一词的含义有过许多解释，能说到恰如其分的并不多。究其缘由，盖因火耕水耨有其发生、发展、精细、粗放之分，内容因时因地而异。古今注家只解其一时一地，难免失之偏颇：或由于注家不懂农事，明是浅显，故作深奥所致。笔者认为，"火耕水耨"始见于武帝诏中语，最具权威性的莫过于汉时人应劭的解释。据《后汉书·应劭传》，应劭生活在东汉灵献时期，"少笃学，博览多闻"，精于汉代典章制度，"集解《汉书》，皆传于时"。《史记·平准书》集解和《汉书·武帝纪》颜注都引述他对火耕水耨的解释。应劭曰："烧草下水种稻，草与稻并生，高七八寸，因悉芟去，复下水灌之，草死，独稻长，所谓火耕水耨也。"简单说就是烧草、放水、播种、除草。我想凡是亲历过农事的南方人都会读懂，认为这是南方水稻种植的四项基本内容，简便易行，并不奥秘。具体说，火耕（烧掉杂草）是开辟水田的必要手段，它不但为整治田地清除障碍，同时可以把烧过的草木灰翻入土中作基肥。现在施用基肥，一般用的是人畜粪肥，但在粪肥欠缺或买不起化肥的地方仍然要用火耕。江西山区的冷浆田、湖滩的深足田，终年浸泡在水里，农民为了提高地温，仍然烧田埂、山塝杂草，取火土灰肥田，以便稻秧发兜分蘖。① 笔者的老家闽南农村，至今仍采用"熏田"肥田法。其方法是：冬闲时，在晚稻收成后的田地（这时田中无水）里用牛翻耕田土（或用铁锄翻挖）；再把堆放在田埂上的稻草捆扎成草团，在每个草团中夹一小块晒干的牛粪，然后把夹以牛粪的稻草团排列到田里（纵横间距大约 2 米，薄田可排列较密，好一点的水田排列较稀），用锄头扒田土，把草团逐个埋在土堆中；最后点烧干牛粪，引及稻草团，让火苗慢慢在土堆中熏烤，一般能烧二三天，使田地面和堆土皆成烧土。等临近春耕时，用锄头刨开土堆，把土撒开，然后灌水浸泡，或再用铁杪耙平，即可插秧。笔者年少时曾参加这种劳动，至今记忆犹新。"水耨"就是中耕除草，把伴生在禾苗中的杂草，采用手耘或脚耘的办法除掉。除掉的杂草仍然丢在田中，灌水之后，草及草根都会腐烂，就成了很好的有机肥，也可以说是使用绿肥，它是在水稻生长的后半期发挥肥效，所以也是一种追肥。② 南方农民至今仍用此法。稍感不足的是，应劭只就"火耕水耨"四字作字面解释，省略了整地和收

---

① 许怀林：《汉代江西的农业》，《农业考古》1987 年第 2 期。

② 陈文华：《中国汉代长江流域水稻的栽培技术和有关农具的成就》，《农业考古》1987 年第 1 期。后收入陈氏《论农业考古》，江西教育出版社 1990 年版。

获两个首尾环节，以及与之相适应的生产工具。现在我们可以根据汉代考古资料，对这两个环节和生产工具作点补充。火耕水耨法的整地与刀耕火种法的整地存在基本区别。刀耕火种对土地是否平整要求不高，而火耕水耨法首先要求田地面平坦，田上松散细腻，渗水性强，周边、地面下不能存在漏隙。汉代稻谷的收获工具是铁镰或掐刀，模型器所见皆刘穗。与之相适应的生产工具大多是套接铁刃的舌锄类田器。舌锄类田器看似简单，实际上效用巨大，是汉代火耕水耨栽培法不可须臾离的工具。有了舌锄，即使没有牛耕，同样可以有好收成。

下面我们再来看看采用火耕水耨法种植的水稻所达到的收成水平。

根据农学家对江陵、长沙出土的西汉前期稻谷的鉴定研究，当时的水稻品种已有粳、籼、糯三大类，其中以粳稻占优势。粒形、大小和千粒重与现代栽培稻相同。江陵粳稻粒的长度平均为 8 毫米，原千粒重 28—32 克；长沙马王堆出土稻谷籼粳黏糯并存，长中短粒并存，平均长度为 6.68—9.98 毫米，原千粒重小粒 22—23 克，大粒重 25 克以上。① 这是个了不起的成绩，说明在水稻品种的繁育、水稻的粒型大小和千粒重方面，到了西汉前期已基本稳定。但是，这个时期的稻谷，经常杂有籼、粳不同品种，粒形也较多样；还有一些难以分清粳籼的中间过渡类型。每穗的粒数大大少于现在的栽培稻。说明当时的水稻还是一个杂合群体，并非纯一的品种，与现代栽培稻相比，还具有一定原始性。其单位面积产量，约为 20 世纪 50 年代初期长江中下游地区推广的粳稻的一半。②

还要看到，当时南方种谷必杂五种（即五谷，据马王堆 1 号汉墓出土《遗策》，五谷指黍、粟、麦、菽、稻），稻谷的单位面积产量并不比旱地作物高。人们没有把稻谷生产放在主要位置上。以长沙马王堆、江陵凤凰山西汉前期墓出土的粮食品种和遗策记载为例。马王堆 1 号墓出土的食器（陶盒、漆盒）中皆盛粟、黍食品；《遗策》所记的粮食品种大多是旱地作物（黍、粟、麦、菽、麻），稻米约占 1/3。衡阳、湘乡、常德等地出

① 湖南农学院等：《农产品鉴定报告》，《长沙马王堆一号汉墓出土动植物标本的研究》，文物出版社 1978 年版，第 1—4 页。游修龄：《西汉古稻小析》，《农业考古》1981 年第 2 期。周季维：《长江中下游出土古稻考察报告》，《云南农业科技》1981 年第 6 期。

② 游修龄：《西汉古稻小析》，《农业考古》1981 年第 2 期。

土的汉代（包括两汉）粮食作物，也是旱地作物为主，或者旱地作物与稻米各半。① 江陵凤凰山六座西汉前期墓出土粮食品种有稻、粟、麦、菽、麻。遗策所记稻米、粱米约各占一半。② 据马王堆1号汉墓《遗策》，粱米有"黄粱"、"白粱"之分，对照出土实物，所指皆为粟。可见江陵也是种谷必杂五种，稻、粟数量相当。这又间接反映出西汉南方的水稻种植还不能较大面积生产，还要辅以旱地作物。此外，自然环境对生活的影响也不容忽视，正如上引史料所指出的，当时南方"地广人稀"、"地势饶食"、"地广而饶材"，除了"饭稻"以外，还有取之不尽的"羹鱼"（水产品）、"果蓏"（野生瓜果）和"渔猎山伐"，足以饱腹，不必为吃饭发愁。这种优厚的自然条件，无形中限制了农业的进一步发展。狩猎、采集和捕捞，很容易补偿农业的不足，从而使人们缺乏改良农业的动力。西汉时期，牛耕在黄河流域中下游地区已相当普及，可是，在开发较早、地处南方北缘的江淮、江汉和成都平原却未波及，即使在西汉后期，情况也没有多少改变。这不能不说在相当程度上是受了优厚的自然条件的影响。

从西汉后期开始，至东汉时期，南方人口倍增，土地的利用受到重视，较大面积的水稻种植和栽培技术的改良得到较大发展，粗放的火耕水耨栽培法逐渐被深耕细作所取代，虽然基本内容没有改变，但在具体做法上已有很大变化。突出表现在重视种植前的田地整治，普遍采用育秧移栽技术，充分利用河渠陂塘蓄水灌溉；积粪施肥（基肥和追肥）、中耕耘耨（手耘或脚耘）尤为突出。③ 这些精耕细作的优良传统，有的还保留到现在。从出土的反映社会生活的考古资料，特别是反映农业生产的画像砖、模型器推断，成都平原、长江中下游沿岸地区、浙江北部、江西北部、洞庭湖、湘江流域、珠江三角洲、西江流域、成都至昭通、滇池沿线，水稻栽培水平已超越西汉前期，水稻在粮食生产中已逐渐占据主要地位。可以说，东汉时期是南方稻作史上的第一个高峰，它为魏晋以后中国南方水稻

---

① 周世荣：《马王堆出土古文字看汉代农业科学》，《农业考古》1983年第1期。
② 陈振裕：《从凤凰山简牍看文景时期的农业生产》，《农业考古》1982年第1期。文中把粱米认作稻米，故有"以稻米为主食"的看法。本文据上注周世荣的研究，定粱米为小米（粟）。
③ 陈文华：《中国汉代长江流域水稻的栽培技术和有关农具的成就》，《农业考古》1987年第1期。

生产的进一步发展奠定了基础。

应劭为"火耕水耨"一词作注，说明这个词在东汉末已经鲜为人知。魏晋及其以后，南方水田牛耕在更大的范围内推广，水稻生产技术走上一个新的发展阶段。农学家、史学家不再用或很少再用"火耕水耨"这个词，后人对它也陌生、奥秘起来了。其实这种古老而实用的火耕水耨法，不但在南方的一些少数民族中长期存在，在南方的汉族历史上也从来没有消失。中国古代农业生产在很大程度上要依靠天时地利，与水稻种植的关系尤为重大，如果遇到政治动乱或战争等人为事故，水稻生产不但不能发展维持，而且随时有倒退的可能。在现代农业机械化没有普及以前，火耕水耨的水稻种植法还会存在下去。

三　小结

1. 南方牛耕大约开始于西汉晚期，东汉时期有了较大推广。最初传入南方的牛耕，是北方早已流行的单长辕装置服牛的"二牛抬杠"式，随后才是驾曲轭的一牛挽拉双辕犁的牛耕。"二牛抬杠"式牛耕，对南方的荒地开发，改种水田有一定作用，但不适于水田的翻种整治。一牛挽拉双辕犁比"二牛抬杠"的单辕犁轻巧，但回转费力，拐弯不便，犁耕小块水田，仍然要受到限制，不可能普遍使用。传入山区的犁铧，还有可能被改为用人力操作的"踏犁"或"木牛挽犁"。东汉时期，南方水田的垦辟、整治，主要依靠嵌有凹口铁刃的耒耜锄耜。

2. 火耕水耨的含义应以应劭注为准，就是烧草、放水、播种、除草，这是南方水稻种植的四项基本内容。南方地形复杂，自然资源各异。对稻谷的需求也不同，这些差异是造成火耕水耨是粗放或精细的重要原因。没有牛耕，固然限制水稻种植的大面积生产；只靠火耕水耨以及与之相适应的铁刃锄耜，同样可以有好收成。西汉前期，长江中下游平原地区的水稻单位面积产量，约为 20 世纪 50 年代同地区单位面积产量的一半，这应是当时火耕水耨栽培法能够达到的较好的水平。

3. 东汉时期，成都平原、长江中下游的河网平原地区，以及长江以南的部分河谷平原和山间盆地，水稻栽培技术已达到很高水平，突出表现在整治田地，积粪施肥，水利灌溉，育秧移栽，中耕耘耨，选穗留种。水稻在粮食作物生产中已逐渐占据主要地位。东汉的这一套田间管理方法，并没有离开火耕水耨的四项基本内容，可以看作是发展了的火耕水耨。在远离长江的华南山区，多半仍停留在粗放的火耕水耨阶段。

4. 汉代的牛耕耕作法和火耕水耨水稻栽培法，为以后两千年的中国农业社会所沿袭，具体内容虽然已经发生很大变化，但它的实质并没有太大改变。时至今日，在汉族山区农村和一部分少数民族地区，仍不难找到汉代牛耕和火耕水耨的活标本。

（原载《中国考古学论丛——中国社会科学院考古研究所建所 40 年纪念》，科学出版社 1993 年版）

关于两广出土北方动物纹牌饰问题

一　问题的提出

在横长方形的铜片上铸出透雕或浮雕的动物纹牌饰，是古代北方草原游牧民族最具特色的服饰之一，习称鄂尔多斯式动物纹牌饰或北方式动物纹牌饰。远在岭南的两广百越人，很难想象会同这种牌饰有缘，然而在西汉南越国时期墓及稍后的汉墓中居然有所发现。早在20世纪50年代，广州郊区南越国官吏墓中出土6件（3对），发掘者很自然地把这种牌饰同当时的北方游牧民族联系在一起，根据史书有秦始皇北击匈奴、南平百越的记载，认为南越国官吏墓中的动物纹铜牌饰应是参加过这两次战争的秦军遗物。20世纪70年代，在广西发掘的南越国墓和稍后的汉墓中又有发现，但未引起注意。1983年发掘南越王墓，墓中出土动物纹牌饰更多，我们在编写报告时仍然认为这是南平百越的秦军遗物，并推测在南平百越的秦军中有些是曾经参加北击匈奴的勇士，他们把北击匈奴的战利品带来岭南，珍藏于南越王室或存放在留戍岭南的秦军官兵家中，直到被埋入墓中。最近重新翻检这批资料，并同北方草原游牧地区出土的类似资料作了比较研究，发现过去的推论略嫌简单化，问题似乎要复杂得多，所以再次提出探讨，并求正于同好。

二　比较

已发表的两广动物纹铜牌饰共19件，其中出土于南越王墓的10件①，

---

①　广州市文管会等：《西汉南越王墓》，文物出版社1991年版，第10、21、165、166、224、225页。

广州郊区 1120、1121、1176 三座南越国官吏墓各 2 件①，广西贺县河东高寨 4 号南越墓 2 件②，平乐银山岭 94 号汉墓 1 件③。它们的共同特征是：皆作横长方形，表面鎏金，大小相近，一般长 8—9 厘米、宽 4 厘米、厚 0.3 厘米左右。周边微凸棱，棱上饰穗状纹，牌心浮雕或透雕动物纹；背面平素，周边微凹棱，牌心中间竖立两个长条形的环钮。动物纹样有三种。一种是二羊交缠，共 14 件。二羊左右背向卧伏，躯体下半部向上翻转，似作相偎寻欢状（图一，1）。另一种是一龙二龟纠缠，共 4 件。龙昂首，躯体卷曲呈两圈相连的 ∞ 形，两圈内各有一龟，背向，龟首伸出，作引颈回首相望状（图二，1）。再一种是二钩喙怪兽纹。怪兽形体似马，嘴呈钩形鹰喙状。二怪兽左右背向卧伏，后半躯向上翻转，中间似有凸起的兽面纹。1 件出银山岭汉墓（图三）。这 19 件铜牌饰，除了银山岭汉墓只出 1 件，墓葬年代约在西汉晚期以外，其他 18 件都是成对出土，墓葬年代皆属南越国时期。出土时大多是 2 件叠放，裹以丝绢，置死者腰腿间或脚下，表明是作备件随葬的。由于牌饰背面的 2 个环钮内横贯一小木条，或用丝带穿缚，故推测牌饰应是皮带上的装饰，但未见皮革痕迹。只有发现于南越王腰间两侧的 2 件牌饰，有可能是穿系于皮带上，再佩戴在腰间入葬的。

与上述三种动物纹样相同或比较相似的横长方形铜牌饰，发现于宁夏回族自治区同心县倒墩子村匈奴墓，共 5 件，分出 14 号墓和 19 号墓，年代约当西汉中晚期。5 件大小相近，长 9—10 厘米，宽 5 厘米，厚 0.3 厘米左右，也是表面鎏金，周边穗状纹，背面平素，有竖置二环钮，做法与两广所见全同。其中 1 件作二羊交缠纹样（图一，2），2 件作一龙二龟纠缠纹样（图二，2），另 2 件作二钩喙怪兽纹样（图四）。出土时，放置于

———————————

① 广州市文管会等：《广州汉墓》，文物出版社 1981 年版，第 148 页。

② 广西壮族自治区文物工作队：《广西贺县河东高寨西汉墓》，《文物资料丛刊》（四），文物出版社 1981 年版。报告作"主纹刻二龙交缠"，未附图，读后感到疑惑。写本文时，曾向广西博物馆馆长蒋廷瑜同志了解，请求他检视原物，核对纹样。承告知，原物在贺县，一时不能得见，但他十分慷慨，惠示了贺县张春云过去为他草绘的该铜牌摹本。据此摹本，铜牌边框穗状纹，主纹像似二羊交缠，但二羊头相向，与广州所出尚有区别。本文暂时把它同广州所出的二羊交缠纹记录在一起，等以后见到原物或见到照片、拓片时再作论述。谨此向蒋、张二同志表示感谢。

③ 广西壮族自治区文物工作队：《平乐银山岭汉墓》，《考古学报》1978 年第 4 期。

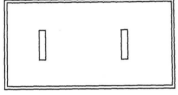

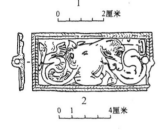

图一　二羊交缠纹牌饰

1. 南越王墓（E21）（上图：正面；下图：背面）　2. 同心倒墩子匈奴墓（M14：3）

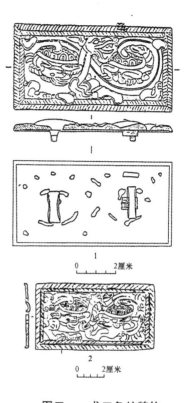

图二　一龙二龟纹牌饰

1. 南越王墓（D73—1）（上：正面；中：剖面；下：背面）　2. 同心倒墩子匈奴墓（M14：11）

图三　平乐银山岭汉墓出土铜牌饰
（M94：4）

图四　同心倒墩子匈奴墓出土铜牌饰
（M19：9）

死者腿旁或脚下。牌饰背面有皮带痕迹，有的皮带上还保存环钮的穿孔，环钮内有皮条绑结的残迹。由此推测，倒墩子的横长方形铜牌饰也是皮带上的装饰，穿系于皮带后再折叠包裹，然后放置于死者腿旁或脚下随葬.[1]

三　推论

横亘欧亚草原上的游牧民族，大约从公元前15或前16世纪开始，流行以自然的或变形的动物形象装饰武器、工具、服装和马具，其中的横长方形四周边框的铜牌饰，是诸种动物纹饰器物中出现最晚的一种。这种牌饰大多发现在中国长城内外燕山南北一带，蒙古和西伯利亚也有发现。在中国，大约始见于春秋晚期，流行于战国，直至西汉中晚期，有的延续到东汉（约公元前6世纪至公元2世纪）[2]。被本文用来比较研究的宁夏同心倒墩子匈奴墓铜牌饰，入葬年代约在西汉中晚期，属于北方式动物纹牌饰中的晚期形式。而两广出土的动物纹牌饰，除了平乐银山岭汉墓所出1件年代与之相当或稍晚以外，南越国时期墓出土的18件，年代都略早于倒墩子匈奴墓。过去一直认为，长方形动物纹牌饰的原生地在北方草原游牧民族地区，岭南出土的动物纹牌饰，其来源应到这里寻找答案。这种看法虽然基本上不错，但忽略了时空的变易，汉匈文化的交流和相互影响，以及匈奴与西方的艺术关系。时代愈晚，民族间的文化交流和文化渗透愈强烈。两广和宁夏同心发现的铜牌饰，正处于这种激烈变化的时代，所以不宜把两广发现的铜牌饰，笼统地说成是从北方草原带来的。由于可供比较研究的动物纹样有三种，情况可能各有不同，故分别论证如下。

一龙二龟纠缠纹样

古人把龙龟视为灵物。新石器时代器物上已常见原始型的龙纹图像，但各地所见形象不一。有的似猪，有的似鲵，有的似虎，有的似鱼、似鳄、似蛇，大抵都是对某种动物的摹写，有各自的宗教含义，并各自以独

---

① 宁夏文物考古研究所等：《宁夏同心倒墩子匈奴墓地》，《考古学报》1988年第3期。

② 田广金、郭素新：《鄂尔多斯式青铜器》，文物出版社1986年版，第73—85页，B类长方形饰牌；杜正胜：《动物纹饰与中国古代北方民族之考察》，《内蒙古文物考古》1993年第1、2合期。

立的形式产生和发展，彼此不相关联。到了商周时期，不同形式的原龙逐渐被中原华夏文化所融合，统一成为一种新型的超自然的怪异动物形态。商周统治者把这种统一的龙纹视为中原华夏文化的标志，随着政治势力的扩大而向四外传播，并继续发生变化。[1]秦汉时期，龙纹又统一演变成两角长躯，张牙舞爪，蠕动奔腾状的怪异形态。全国各地的汉墓壁画、帛画、画像砖、画像石以及各种器物上的龙纹形象都基本相同，两广、宁夏同心出土牌饰上的龙纹形象与之无别。这是要注意的一个方面。

龟亦灵物，新石器时代已流行灼龟甲以卜的习俗。商周时期，中原地区的龟卜有了进一步发展，以龟入画或在器物上以龟为饰，为商周中原文化所独钟，中原以外的周边民族地区似乎不再出现。秦汉时期，中原地区的龟图像更多，汉墓壁画、官印钮饰、模印瓦当之上都能见到，然而可以明确指为北方游牧民族文化的龟图像似未见过。这是要注意的另一个方面。

从上面的分析，可知两广、宁夏同心牌饰上的一龙二龟纹样，应是动物纹牌饰中出现最晚的纹样，而且具有强烈的汉化特征，所以我怀疑宁夏同心牌饰可能是中原汉人专为内徙匈奴人制作的产品，或为流寓在匈奴的汉人所制造。两广的一龙二龟纹牌饰，仅见于南越王及其"右夫人"身上，其来源或是南下中原人带来岭南，或是南下中原人在南越王宫廷的仿制。还应指出的是，南越王墓中与动物纹牌饰同出的还有嵌平板玻璃牌饰22 件（11 对。其中 3 对出南越王腰间两侧，1 对出东侧室部夫人棺位处，7 对出西耳室库藏），外形与动物纹牌饰完全相同，不同处是牌心嵌一块蓝色平板玻璃，其成分经鉴定为南越国自制的铅钡玻璃。它与动物纹牌饰同出，应是受到动物纹铜牌饰的启发而发明的。由此可以进一步推定，南越国统治者对北方铜牌饰可能有特殊的爱好，说不定在游猎骑射时还要腰挂牌饰，以显耀其身份。

二羊交缠纹样

中国新石器时代已普遍饲养家羊，而且已分化为绵羊和山羊。商周以来，以羊为题材的器物比比皆是，北方草原地区也不乏以羊纹装饰器物的

---

[1]　刘志雄、杨静荣：《龙与中国文化》，人民出版社 1992 年版，第 54 页。

实例，但二者艺术风格迥异，可以明显区分为中原华夏文化和北方草原文化两大系统。流行于战国秦汉时期的北方式动物纹牌饰，羊的艺术形象大多具有浓郁的草原气息，或作猛兽噬羊，两羊背向双尾纠结；或两羊上下相向卧伏，两羊左右背向卧伏；或后半躯向上翻转等形态。除了后半躯向上翻转的艺术风格可能受到斯基泰—阿尔泰艺术的影响（详下文）以外，大都是北方草原生活的真实形态。而中原地区的羊图像，一般是代表吉祥物的单羊或单个羊头，或在汉墓壁画中偶见有羊群图像，罕见北方草原那样的羊图像，因此可以比较确切地说，两广和宁夏同心出土的二羊交缠纹牌饰，应是北方游牧民的制品。

可是，这种二羊交缠纹饰，在北方草原仅见于宁夏同心倒墩子匈奴墓，且只出土 1 件，而两广出土竟有 14 件之多，年代又略早于倒墩子匈奴墓，这种现象似乎不好解释。但从北方式动物纹牌饰的总体来看，特别是对与羊纹牌饰雷同的诸多马鹿牛纹牌饰作综合考察，我们完全有理由认为，二羊交缠纹牌饰很可能在战国末至秦代时已经出现，北伐匈奴的秦官兵是有可能把它们作为战利品，并在南平百越时带到岭南的，这是一种可能性；但也不能排除南越国仿铸的另一种可能性。下面举一例供研究参考。

在出土北方式动物纹牌饰最多的南越王墓中，还发现 8 片压印羊纹的杏形金叶，金叶每片长 4.6 厘米、宽 4.4 厘米，重 2.31—3.03 克。叶面压印出两个绵羊头的侧面，螺旋状的大弯角十分突出，羊嘴朝下，弯角朝上。两弯角之间的上方有一图案化的羊头。金叶下部正中有一穗状纹。周边錾出连续点线纹。金叶片的上下左右各有小孔一对（图五，1）。因羊纹酷似北方草原器物上的盘角羊装饰，故初疑为北方式金佩饰。经考察研究，发现金叶上的羊头纹系由两个侧面组成，这却是北方草原所未见的。而更重要的是，金叶出土于墓主头部处，略呈当中 4 片、两侧各 2 片分布状[①]；金叶上下左右边缘又有对称穿孔，显然金叶是缝缀在丝绢上，用以

---

① 复原图见麦英豪、黄展岳主编《中国考古文物之美·岭南汉代文物宝库（广州南越王墓）》彩版90，文物出版社、台北光复书局1994年版。又见广州市文管会等《西汉南越王墓》彩版一八，文物出版社1991年版。

覆盖在墓主脸部的"瞑目"。北方草原民族没有这种制度。无独有偶，类似的杏形金叶也发现于满城1号墓（西汉中山靖王刘胜墓）。5片，其中4片各长4.7厘米、宽4.3厘米，另一片长3.9厘米、宽3.7厘米（图五，2、3），其用法应与南越王墓所见相同。[①] 满城1号墓的杏形金叶，应是汉朝"主陵内器物"的东园匠所制作，南越王墓杏形金叶似为南越国宫廷自铸的仿汉朝制品。如果推论基本可靠，则二羊交缠纹牌饰自然不能排除南越国自铸的可能性。

图五　杏形金叶

1. 南越王墓（D160）　　2、3. 满城汉墓（M1：4362、M1：4393）

钩喙怪兽纹

　　钩喙怪兽纹和后半躯向上翻转的动物形象，是斯基泰—阿尔泰艺术中的重要题材之一。斯基泰文化以其丰富多彩的野兽纹艺术著称于世，阿尔泰艺术中的钩喙怪兽的形象是受了斯基泰艺术的影响。中国北方草原及其附近地区出土的与之类似的动物纹形象，始见于战国偏晚时期，数量有限，始终未能成为鄂尔多斯艺术中居主导地位的题材。它的突然出现，应

---

　　① 中国社会科学院考古研究所等：《满城汉墓发掘报告》上册，文物出版社1980年版。该书第24页云：1号墓"甬道、南耳室、北耳室和中室的随葬品曾经扰动，部分器物已失去原位"。查杏形金叶被列在中室随葬器物中叙述，但中室平面图上未见。据参加报告编写者卢兆荫同志面告，杏形金叶出于中室系据扰动者的事后回忆，室内出土的小件器物及件数可能有散失。笔者认为，满城1号墓的杏形金叶其用法应与南越王墓所见相同，也应是覆盖在墓主面上的"瞑目"。考虑到满城1号墓墓主玉面罩上已刻制眼鼻嘴形象，玉面罩内的墓主面上又有眼盖、耳瑱、鼻塞、口琀等殓器，故推测此墓的杏形金叶可能是作为备件随葬的，但片数似不止5片。

是受斯基泰—阿尔泰艺术影响的结果。[①] 宁夏同心出土的钩喙怪兽纹牌饰，主纹与中亚、南俄所出相似，但不完全相同，而且正面边框作穗状纹，背面有两个竖置的环钮，这些特征均为境外所未见，可知不是来自境外的制品，推测为匈奴人以阿尔泰艺术的母题为蓝本而仿造的。平乐银山岭汉墓出土的钩喙怪兽纹牌饰，纹样与宁夏同心所出大体相近，年代相当或稍晚，似亦为匈奴制品。令人费解的是，随葬牌饰的银山岭 94 号汉墓，墓底中部有腰坑，腰坑内埋置陶釜，随葬品中还有富有当地特色的釜壶灯等陶器组合，与同时期的中原汉人或匈奴人的葬俗均不同，推测墓主似为土著西瓯人。如是，匈奴牌饰通过什么途径流入西瓯人手中，则是一个留待解决的问题（附表）。

（原载《考古与文物》1996 年第 2 期）

---

① 乌恩：《略论怪异动物纹样及相关问题》，《故宫博物院院刊》1994 年第 3 期。

附表：两广汉墓与宁夏匈奴墓出土的北方动物纹牌饰

出土地点	器号	件数	长×宽（厘米）	主纹	出土情况
广州南越王墓	D165 D73—1	2	8.1×4.3	透雕一龙二龟	出墓主腰间两侧铁剑上。正背面有丝绢痕，背面两钮内横贯一木条。附近有银带钩、玉璧、组玉佩等
广州南越王墓	E116：1—2	2	8.1×4.2	透雕一龙二龟	出东侧室"右夫人"棺位右下方，已漂移。2件相叠，底有丝绢痕，两钮孔横穿一木条
广州南越王墓	E21、E22	2	7.6×3.9	浮雕二羊交缠	出东侧室"左夫人"头骨前方，已漂移。2件分开，底有丝绢衬托痕，两钮孔横穿一木条
广州南越王墓	H26：1—2	2	7.7×3.8	浮雕二羊交缠	出ⅩⅣ号殉人棺灰中，已腐蚀残碎，似放殉人腰间右侧
广州南越王墓	H51：1—2	2	7.7×3.8	浮雕二羊交缠	出ⅩⅤ号殉人棺灰中，叠放，有丝绢包裹痕，似放殉人左脚外侧
广州北郊福建山	M1120：4	2	7.9×3.8	浮雕二羊交缠	墓被盗，牌饰原位已失。2件叠放，置铜镜上
广州北郊福建山	M1121：6	2	7.9×3.8	浮雕二羊交缠	墓被盗，牌饰原位已失。2件叠放，置铜镜上
广州东郊麻鹰岗	M1176	2	7.9×3.8	浮雕二羊交缠	2件同出后室棺位处，与玉佩饰同出
贺县河东高寨	M4	2	9.1×4.3	浮雕二羊交缠	同出墓室北端。两钮间横贯一木条，与印章、熏炉等同出
平乐银山岭	M94：6	1	（未说明）	浮雕钩喙怪兽	出棺位内下部，与铜盘、陶釜等同出
同心倒墩子	M14：11—12	2	9×5	透雕一龙二龟	2件分开平放，出死者右小腿外侧
同心倒墩子	M14：3	1	9.6×4.5	浮雕二羊交缠	放死者左大腿外侧。表面有布纹痕，一端有一圆孔
同心倒墩子	M19：9—10	2	10.6×5.3	浮雕钩喙怪兽	出死者右手下右腿旁。背面有残皮条，皮条上有环钮的穿孔。另有二羊相背纹铜牌饰1件

从出土遗物看南越王的饮食

　　广州南越王墓的发现及其研究价值，已受到国内外学人的注目。墓中出土的丝缕玉衣、组玉佩及其他玉器，曾出境展出，蜚声域外。然而对于墓中出土的大批饮食器皿及伴出的肉食品，似乎还没有引起注意，所以想在这里略加介绍。

　　南越王墓是西汉初年割据岭南的南越国第二代王赵眜（《史记》、《汉书》作赵胡）的墓葬。墓内分前后两部分，共7室：前部3室为前室、东耳室、西耳室；后部4室为主室、东侧室、西侧室和后藏室。后藏室是储放珍馐食品的库房，西侧室是庖丁厨役之所。饮食器皿和肉食品大多发现在这两个室。经统计，墓中发现的饮食器皿达507件（漆木器皿大多腐朽不存，实际当不止此数）。根据它们的用途，大体上可以分为烹煮器、煎烤器、盛食器、舀食器、酒器、饮器、温器、储容器、盛冰器、盥洗器以及庖厨用具等11类（图一）。详见清单。

　　　　烹煮器：铜鼎36件、铁鼎1件、陶鼎14件、铜鍪16件、铜釜甑1套、陶釜1件、陶甑2件。

　　　　煎烤器：铜烤炉3件、铜煎炉1件、滑石煎炉1件。

　　　　盛食器：漆盘3件、漆案2件、漆盒18件、陶盒9件、陶三足盒21件、陶碗6件、陶钵2件。

　　　　舀食器：铜勺34件。

　　　　酒器：铜壶10件、陶壶1件、蒜头壶1件、铜钫4件、铜提筒9件、陶提筒2件、陶匏壶3件。

　　　　饮器：漆卮10件、玉卮、银卮、象牙卮各1件、漆耳杯1件、滑石耳杯2件、金座漆杯、铜框玉盖杯、角形玉杯和铜承盘高足玉杯各

1件。

温器：铜礁1件、铜锅9件。

储容器：陶瓷30件、各式陶罐98件、铜瓿4件、陶瓿13件。

盛冰器：大铜鉴3件。

盥洗器（或洗涤器）：铜匜16件、银匜1件、铜盆15件、陶盆1件、漆盆1件、银洗1件。

厨具：各式铁厨刀44件、铁三足架9件、铁叉2件、铁钎20件、铁钩6件、铁链1件、铁镊7件，以及铜臼2件、铜杵、铁杵各1件。

图一　南越王墓后藏室饮食器和肉食品出土情形

在多数的烹煮器、盛食器、储容器内发现有禽畜的骸骨、介壳类水产品、鱼骨，以及炭化了的粮食颗壳和果核。这批珍贵的动物遗骸，经动物学家鉴定：哺乳类动物有黄牛、家猪、山羊；鸟类有家鸡、黄胸鹀（禾花雀）；鱼类有鲤鱼、大黄鱼、广东鲂；爬行类有龟、鳖；海产类有虾、笠藤壶、龟足（石砌）、楔形斧蛤、河蚬、青蚶、笋光螺、耳螺；等等。这些水产品，具有鲜明的珠江三角洲沿海动物区系的特色。鲤科鱼类、龟鳖类是典型的淡水生物；耳螺、笋光螺和河蚬等软体动物为淡水——半咸水生物；青蚶、楔形斧蛤、龟足等海产品数量最多，品种最丰富。据统计，青蚶有2000多个，龟足有1500多个，楔形斧蛤有200多个，其他也是数百、数十不等。此外，还有很多鱼骨。这批数据从一个侧面反映出南越国"陆事寡而水事众"（《淮南子·原道训》）的生活情景。

牛、猪、羊全部去毛，掏出内脏，洗涤干净，截取肩胛、股骨、肋骨等部位，然后放在各种器皿中，并加封泥匣检封。有些牛、猪肋骨呈黄白色，质地酥脆，与其他骨骼的色泽不同，可能是烹饪所致。家鸡、鱼类、介壳类食品，因个体较小，不必砍碎，便可食用，所以都整个放入器皿中。在出土的介壳类食品中，有的壳瓣分离，有的呈闭合状，表明它们有的已经煮熟，有的在活生时便放入器皿中。由此可见，南越王墓出土的动物遗骸都是根据食用习惯加工后入葬的，其中有一部分已成了熟食品。一般来说，墓中的随葬品都是供献于死者的祭品，与死者生前的实际生活不一定完全符合，但我想，汉人事死如事生，所谓"厚资多藏，器用如生人"（《盐铁论·散不足》），日常生活大概也是这样料理的。如果这看法可以成立，我们便可以根据饮食器皿的造型、食物的构成，并参照广州市郊过去发掘的南越国墓资料和长沙马王堆汉墓《遣策》，为南越王的饮食勾画出一个轮廓来。

首先引起我们注意的是，南越王墓的饮食器种类及其造型，多数与中原内地同期出土的同类器相同；主要的牲肉是黄牛、家猪、山羊和家鸡，与中原内地的肉食品也没有大的差异，表明中原的一套饮食器已普及于岭南，中原饮食文化对南越国政权已发生了深刻的影响。然而，墓中保存一些富有地方特色的越式器皿，又有丰盛的介壳类食物，则又说明，南越国政权接受了当地越人的生活习俗。

象征中原饮食文化的器皿是鼎。墓中共出土各类鼎51件，器形分属三个文化系统，即汉式鼎、楚式鼎和越式鼎。其中越式鼎31件，汉式鼎19件，楚式鼎仅1件。器形大小相差悬殊。越式鼎三足修长，足根外撇，外底部大多有烟炱痕。器内多有禽畜骸骨，推测主要用于烹煮牲肉。其中有大型鼎 3 件（铜鼎 2、铁鼎 1），口径、通高都在 50 厘米左右，其作用有类殷周时期的镬鼎。把大鼎放入南越王墓中，用意当属祭献性质。联系东耳室陈列着成套的编钟、编磬、编句镯（计有铜钮钟 14、铜甬钟 5、铜句镯 8、石编磬 18）以及钲铎琴瑟等中原乐器，不难想象，祭祀庆典节日中，南越王仍遵循商周以来的一套饮食礼仪制度。汉式鼎和楚式鼎都属中小型鼎，口径、通高由 10 厘米到 40 多厘米不等。同出铜勺 34 件，或置鼎内，或置鼎旁，表明中小型鼎是盛放牲肉和肉羹的。鼎匕（勺）配套是商周王朝的主要饮食方式，南越王墓鼎匕（勺）同出，表明南越王廷的宴享活动是模仿中原汉廷"钟鸣鼎食"的方式。

在日常的饮食生活中，釜甑和铜鎏似乎占有更为重要的地位。

釜甑用于蒸饭，使用时，甑置釜上，釜中盛水，甑中放生米或食物，然后同置于灶眼中或铁三足架内，釜下生火，水汽通过甑底箅孔使生米蒸成熟饭。从广州市郊南越时期墓已鉴定的粮食残骸看，南越王廷是以黍米或籼稻米为主食的。马王堆汉墓《遣策》所见的蒸炊食物几乎都是鱼类，南越王墓出土鱼类很多，估计有相当一部分也是采用离水隔火蒸熟而食的。

铜鎏 11 件，皆出于后藏室，大小相若，排列有序。外底部有烟炱痕，有的还黏附着铁三足架的圆箍，鎏旁有叠放的铁三足架 9 具，说明鎏是放置在铁三足架上炊煮的（图二）。从鎏内发现青蚶、龟足等海产品推定，铜鎏主要用于烹煮介壳类食物。据《史记·货殖列传》的记载，捕捞介壳类水产品原是战国秦汉时期楚越之地人民的重要生活方式。南越王墓和过去发掘的南越官吏墓，墓中都随葬大批介壳类食物，表明越人嗜食的介壳类食物已被南来的北方汉人所接受，在南越国统治阶层的食谱中占有重要地位。南越王赵眜是北方汉人赵佗之孙，从小生活在南海之滨的番禺（今广州），对介壳类食物有浓厚兴趣自在情理当中。当时如何馔食，马王堆汉墓《遣策》中有脍法和濯食法似可参考。脍法就是肉细切生吃，至今广东海隅居民仍有生吃鱼片和生吃牡蛎（俗称蚝或海蛎子）的习惯。但比较常用的应是濯食法。濯食法有点像北京涮羊肉一样，即将生肉、生鱼或鲜贝放入汤锅中涮一下取出食用；带有介壳的食物，大抵只需放入开水中滚烫一下即可进食。如果解释不致大错，我以为铜鎏便是濯食法的理想炊器。南越王宫廷中很可能是采用这种濯食法进食介壳类食物的。

图二　南越王墓出土的釜甑、铜鍪和铁三足架

图三　南越王墓出土的铜姜礤

　　有意思的是，同出有铜姜礤 2 件，器形与广州民间至今仍在使用的姜礤类同（图三）。姜礤用以摩擦生姜，挤取姜汁。蘸食之，可以收到祛风寒、去腥膻的效果。南越王大概对姜汁佐食有特殊嗜好，所以把它带入墓中。

　　除了濯食介壳类食物外，烧烤生肉也是南越王餐席上的佳肴。

　　墓中出土烤炉 3 件，大小不同，平面均略呈方形。大烤炉边长 61 厘米、宽 52.5 厘米、高 11 厘米；小烤炉边长 27.5 厘米、高 11 厘米（图四）。炉上均配备多种供烤炙用的工具，有悬炉用的铁链，烤肉用的铁钎、铁钩和长叉（双叉、三叉都有）。大烤炉底部还装有 4 个轴轮，便于移动，看来是用于大型宴会的。从后藏室入口处放置木炭推知，烤炉以木炭为燃料，待炙的牛羊肉以铁钎串插，置炉盘上烤炙，如同现在的"烤羊肉串"。当然，也可将兽肉去毛，裹泥，放火上烧烤。有趣的是，在 1 件小炉的炉壁两侧面铸有小猪 4 头，仰置，四足朝天，中空，用以插放烧烤用具。这种装置，形象地说明烤炉主要应是用于烧烤乳猪的。近旁一铜鼎内发现有乳猪遗骸，于此亦可实证。

图四　南越王墓出土的小烤炉

与烤炉用途近似的是煎炉。墓中出铜煎炉、滑石煎炉各 1 件，叠置。铜煎炉通高 10.5 厘米、长 19.5 厘米、宽 15.8 厘米，分上下两层，皆作浅盘形，底有四短足。两盘间由 4 根断面呈曲尺形的片条相连，与炉身同铸出。上层炉盘的底面有烟炙，表明下层炉盘是放置燃料（木炭），上层炉盘放兽肉，置脂油，干煎至熟，其做法如同现在的"铁板烧"。滑石煎炉呈长方形，直壁，平底，炉盘内有一曲尺形格梁，外底部四隅有短足。底与盘外壁均有烟炱痕，也应是实用器。因四足太短，估计是放置在灶眼上或铁三足架上煎烤的，或可称之为"石板烧"。煎炉和烤炉虽然都是烤炙兽肉的厨具，但烤炙方法不同；烤炉是把兽肉直接放炭火上烤炙，煎炉则通过炉盘加热干煎。除了煎烤兽肉、鱼类以外，还可以煎烤小动物。同出后藏室有禾花雀200多只，皆去羽斩头断爪，分置3个陶罐中，显然是准备给南越王烧烤或干煎为食的。无独有偶，现在广州人对禾花雀的加工也是去羽斩头断爪，烧烤油炸，誉为美食。于此不禁令人惊异广州美食早在两千多年前已见其端倪，这是值得饮食文化史家深入研究的。

（原载《文物天地》1993 年第 1 期。照片由广州西汉南越王墓博物馆提供）

南越王墓出土文字资料汇考

南越王墓出土的带有文字的随葬器物共93件（表一、表二、表三）。

这批文字资料可分两大类。一类是玺印、封泥、陶器戳印文字；另一类是铭刻和墨书。前一类文字可归纳为13个专题（①—⑬）；后一类文字可归纳为9个专题（⑭—㉒）。目次如下：

①“文帝行玺”金印。

②“帝印”玉印、封泥。

③“赵眜”玉印、“眜”封泥。

④“泰子”金印、玉印。

⑤“右夫人玺”金印、“左夫人印”、“泰夫人印”、“［部］夫人印”鎏金铜印。

⑥“赵蓝”牙印。

⑦“景巷令印”铜印。

⑧“厨丞之印”封泥。

⑨“泰官”封泥。

⑩“［鄰鄉］侯印”封泥。

⑪“结”封泥。

⑫“衍”封泥。

⑬“长乐宫器”戳印。

⑭“文帝九年乐府工造”铜句鑃。

⑮“私官”银盒。

⑯“乘舆”银洗。

⑰“蕃”、“蕃禺”铜鼎、铜匜。

⑱“少内”铜鼎。

⑲ "王命＝车驲"铜虎节。

⑳ "王四年相邦〔张〕义"铜戈。

㉑ "賓（实、真）祭肉"陶钵、陶碗墨书。

㉒ "金滕一□"竹签墨书。

表一　　　　　　　　　　　　　玺印登记表　　　　　　　（单位：厘米、克）

器号	质料	印文	特征	钮式	长×宽×高	重量	出土情形
A42	铜	景巷令印	有田字格	鱼	2.4×2.4×1.8	27.97	
C97	玛瑙	（无文字）		覆斗钮对穿孔	2×2.2×1.5	15.1	
C260	水晶	（无文字）		覆斗钮对穿孔	1.9×1.9×2.1	14.5	
C139	绿松石	（无文字）		覆斗钮对穿孔	1.5×1.5×1.8	7.8	经电子探针分析，含Al_2O_3为39.27%
D79	金	文帝行玺	有田字格	龙	3.1×3×1.8	148.5	有摩擦痕迹，印泥痕迹
D33	玉	赵眜	有边栏，有竖界	覆斗钮对穿孔	2.3×2.3×1.6	16.7	
D34	玉	帝印	有边栏，有竖界	螭虎	2.3×2.3×1.7	18.2	有朱砂痕
D80	玉	泰子	无边栏，无竖界	覆斗钮对穿孔	2.05×2.05×1.25	12	
D81	金	泰子	有边栏，有竖界	龟	2.6×2.4×1.5	74.7	有朱砂痕
D78—1	玉	（无文字）		覆斗钮	2.2×2.25×1.8	18.5	钮座斜边呈弧形凹下，极精工
D78—2	玉	（无文字）		覆斗钮	2.3×2.3×1.65	18	
D82	玉	（无文字）		覆斗钮	2.15×2.15×1.65	16.7	有微损痕

续表

器号	质料	印文	特征	钮式	长×宽×高	重量	出土情形
D83	绿松石	（无文字）		覆斗钮	2.2×2.2×1.9	18.5	有撞伤痕，外染朱砂痕
E90	金	右夫人玺	有田字格	龟	2.2×2.2×1.6	65.0	有使用痕
E45	铜鎏金	左夫人印	有田字格	龟	2.4×2.4×1.7	26.2	
E56	铜鎏金	泰夫人印	有田字格	龟	2.5×2.5×1.7	21	
E123	铜鎏金	［部］夫人印	有田字格	龟	2.5×2.5×1.8	29.6	第一字锈蚀严重，字迹不清
E141	象牙	赵蓝	有边栏，有竖界	覆斗钮	1.9×1.9×1.4	8.4	"赵"字残蚀
E140—1	绿松石	（无文字）		覆斗钮	2.1×2.1×2.2	19.2	外染朱砂痕
E140—2	玉	（无文字）		覆斗钮	2.1×2.1×1.6	15.3	外染朱砂痕
E140—3	玉	（无文字）	长方条形，纵穿孔		2.4×1.2×0.7	4	外染朱砂痕
F81	玉	（无文字）		覆斗钮	1.5×1.5×1.2	6.2	出 RⅦ殉人旁
F44	铜	（无文字）		覆斗钮	1×1×1.2	2.7	锈蚀严重，有无印文不明，出 R Ⅸ殉人旁

表二　　　　　　　　**封泥、戳印登记表**　　　　　　　**（单位：厘米）**

器号	印文	印面长×宽	特征	出土情形
C262—1	眛	直径1.1	印文外有圆圈栏	背面有木匣痕
C262—2	眛	直径1.1	印文外有圆圈栏	在一块封泥上打印4个"眛"字印，封泥2.8×2.7×1.1厘米
C80—2	帝印	1.8×1.8	有边栏，有竖界	背面有木匣残片，出铜匜（C80）内
C126—2	帝印	1.6×1.6	有边栏，有竖界	背面有木匣痕、绳痕，出伞柄（C126—1）旁
C100—2	结	2.1×2.1	有边栏	背面有木匣痕、绳痕，出丝织品（C100—1）内
C162	结	2.1×2.1	有边栏	背面有绳痕，出丝织品（C158）内
C166	结	1.8×1.7	有边栏	出铜盆（C184）旁
C232	结	2.1×2.1	有边栏	有指纹印痕，出丝织品（C161）内
C247	结	1.1×2.1	有边栏	背面有木匣痕、绳痕，出门道内

续表

器号	印文	印面长×宽	特征	出土情形
E84	〔衍〕			印文较模糊，背面有木匣痕
E85—1	衍	1.1 ×1.1	有边栏	背面有木匣痕、绳痕
E85—2	衍	1.1 ×1.1	有边栏	已残碎
E161	〔衍〕			印文纤细模糊，表面有朱砂。背面有木匣痕、绳痕。出铜提筒（E78）内
E162	〔衍〕			印文纤细模糊，表面有朱砂。背面有木匣痕、绳痕。出铜提筒（E78）内
F12	厨丞〔之印〕	2.2 ×2.2	有田字格	
F14	〔厨丞〕之印	2.2 ×2.2	有田字格	出陶罐（F8）内
F15	厨丞之印	2.2 ×2.2	有田字格	
F13				残成泥团，印文模糊，似亦"厨丞之印"
F61—5	泰官	2.2 ×2.2	有边栏，有竖界	背面有木匣痕、绳痕，出漆盘（F61）之下
F94	泰官	2.2 ×2.2	有边栏，有竖界	残成4小块，印文可辨，从淤泥中筛出
G116	泰官	2.2 ×2.2	有边栏，有竖界	出漆器（C1）内
G117	泰官	2.2 ×2.2	有边栏，有竖界	出铜鉴（G38）内
G118	泰官	2.2 ×2.2	有边栏，有竖界	出铜鉴（G38）内
G119	泰官	2.2 ×2.2	有边栏，有竖界	出铜鼎（G65）内
G120	泰官	2.2 ×2.2	有边栏，有竖界	出烤炉（G11）上
G121	□□□印	2.2 ×2.2	有田字格	残损严重，仅存一"印"字，出铜鼎（G35）内
G122	泰官	2.2 ×2.2	有边栏，有竖界	出陶盒（G50）内
G123	鄰乡侯印	2.1 ×2.1	有田字格	背面有绳痕，残损不全
G124	泰官	2.2 ×2.2	有边栏，有竖界	出陶鼎（G60）之下
G125	泰官	2.2 ×2.2	有边栏，有竖界	背面有木匣痕、绳痕
G126	泰官	1.2 ×2.2	有边栏，有竖界	已残，背面有木匣痕、绳痕，出铜鉴（G63）旁
G127	泰官	2.2 ×2.1	有边栏，有竖界	背面有木匣痕、绳痕，出铜鉴（G83）下
G128	泰官	2.2 ×2.2	有边栏，有竖界	出铜鉴（G67）下
G129	泰官	2.2 ×2.2	有边栏，有竖界	背面有绳痕
G130	泰官	2.2 ×2.2	有边栏，有竖界	背面有木匣痕绳痕，出铜鼎（G3）内
	长乐宫器	2.5 ×1.6	无田字格	戳印于陶瓮（H1）肩部

续表

器号	印文	印面长×宽	特征	出土情形
	长乐宫器	2.5×1.6	无田字格	戳印于陶瓮（H2）肩部
	长乐宫器	2.5×1.6	无田字格	戳印于陶瓮（H17）肩部，印文模糊
	长乐宫器		无田字格	戳印于陶鼎（C263）肩下部

表三 　　　　　　　　　　**铭刻、墨书登记表**

器号	器名	文字内容	备注
G46	铜壶	蕃禺　三斗	已残破
F56	铜匜	蕃　容二斗	流上口稍残
G9	铜鼎	重廿八斤　容六斗大半斗	
G10	铜鼎	重十六斤　容三斗大半斗	
G33	铜鼎	蕃禺▨	黑漆书于鼎口沿处，草隶
G36	铜鼎	蕃　三斗	
G53	铜鼎	蕃　一斤九两　少内	盖上隶刻
		蕃　容一斗一升	
G54	铜鼎	蕃禺　少内	盖上隶刻
		蕃禺　少内　容一斗大半	
G55	铜鼎	少内　蕃　一斗一升	
G64	铜鼎	蕃禺　少内	盖上隶刻
		蕃禺　少内　容二斗二升	器腹上部隶刻
G66	铜鼎	蕃　少内	盖上隶刻
		蕃　少内一斗二升少半	近口沿处隶刻
G62—1	铜灯	重十三斤十一两	
G62—2	铜灯	重十三斤十二两	
C151—7	银卮	一升十二	
D₂	银盒	一斤四两　右游　私官□　三升大半	盖缘右旋刻草隶
		名廿百卅一　一　二　三　ﾒ	
		私官□　　名廿一□卌两□	器身外底缘右旋刻草隶
G82	银洗	六升□共左今三斤二两　乘舆	口沿底面环刻草隶
B96—1	铜句镡	文帝九年乐府工造　第一	钲部竖行篆刻
B96—2	铜句镡	文帝九年乐府工造　第二	钲部竖行篆刻
B96—3	铜句镡	文帝九年乐府工造　第三	钲部竖行篆刻
B96—4	铜句镡	文帝九年乐府工造　第四	钲部竖行篆刻

续表

器号	器名	文字内容	备注
B96—5	铜句鑃	文帝九年乐府工造　第五	钲部竖行篆刻
B96—6	铜句鑃	文帝九年乐府工造　第六	钲部竖行篆刻
B96—7	铜句鑃	文帝九年乐府工造　第七	钲部竖行篆刻
B96—8	铜句鑃	文帝九年乐府工造　第八	钲部竖行篆刻
B25	铜戈	王四年相邦［张］义□□□揉牛鐙銮界斿疍 贱工印	内上三行草隶，笔画浅细
C204	铜虎节	王命＝车驲	
B83	陶钵	寰（实、真）祭肉	墨书于腹下部
B85	陶碗	寰（实、真）祭肉	墨书于近底处
B86	陶碗	寰（实、真）祭肉	墨书于近底处
B87	陶碗	寰（实、真）祭肉	墨书于近底处
C61—2	竹签	金縢一□	

一　“文帝行玺”金印

金印（D79）印面阴刻篆书“文帝行玺”四字。外加“田”字格（图一，1）。印文书体平正，布局整饬，刀法精工。印钮为一蟠龙，首尾及两足分置四角上，首微昂，作欲腾跃疾走状，庄重浑厚，堪称冠绝一时之杰作。由印文得知，金印使用者是西汉南越国的第二代国王，这座墓也据此认定为第二代南越王的墓。

传世和发掘的古印成千上万，但像这种形式的金印还是第一次发现。南越国是汉初割据岭南的地方政权，它的百官、礼仪、舆服制度，大都仿效汉朝或略有损益变通。这枚“文帝行玺”金印就是一个很好的实例。

先秦官印、私印俱称“玺”（钵）。秦始皇统一中国后，为提高中央专制政权的地位，制定了一套新的典章制度，作为行政权力凭证物的官印，也按等级作了严格规定，只有皇帝用的印才能称玺，各级官吏只能称印，到汉武帝时才有称章的。《晋书·舆服志》云：“乘舆六玺，秦制也。曰‘皇帝行玺’、‘皇帝之玺’、‘皇帝信玺’、‘天子行玺’、‘天子之玺’、‘天

图一 玺印、封泥和陶器戳印文字拓本

　　1. "文帝行玺"金印（D79） 2. "帝印"玉印（D31） 3. "帝印"封泥（C80—2） 4. "帝印"封泥（C162—2） 5. "赵眜"玉印（D33） 6. "眜"封泥（C262—1） 7. "泰子"金印（D81） 8. "泰子"玉印（D80） 9. "右夫人玺"金印（E90） 10. "左夫人印"鎏金铜印（E45） 11. "泰夫人印"鎏金铜印（E56） 12. "［部］夫人印"鎏金铜印（E123） 13. "赵蓝"牙印（E141） 14. "景巷令印"铜印（A42） 15. "厨丞之印"封泥（F12） 16. "泰官"封泥（C117） 17. "邥乡侯印"封泥（G123） 18. "结"封泥（C166） 19. "衍"封泥（E161） 20. "长乐宫器"陶瓮戳印（H2）

子信玺’，汉遵秦不改。”秦始皇开创的“六玺”是个什么样子，已不可得知。汉朝皇帝和部分诸侯王的印也称“玺”，据东汉卫宏《汉旧仪上》，汉朝“皇帝六玺，皆白玉螭虎钮，文曰：‘皇帝行玺’、‘皇帝之玺’、’皇帝信玺’、‘天子行玺’、‘天子之玺’、‘天子信玺’，凡六玺。以‘皇帝行玺’为凡封之玺（按原辑本作“凡杂”，据《续汉志补注》改），以‘皇帝之玺’赐诸侯王书，以‘皇帝信玺’发兵；其征大臣以‘天子行玺’，策拜外国事以‘天子之玺’，事天地鬼神以‘天子信玺’”①。汉朝皇帝的玉玺亦早已失传，现在，我们只从清代吴式芬辑录的《封泥考略》中见到一枚“皇帝行玺”的封泥，还有1968年在咸阳汉高祖长陵附近发现的一枚“皇后之玺”，玺白玉制，螭虎钮。②《汉旧仪下》：“皇后玉玺，文与帝同。”其说可信。南越王金印采用汉朝皇帝“行玺”的称谓，但印文不用“皇帝”而用“文帝”，这是一大区别；而这一区别，却是符合南越国史的真实的。按照历史传统，“某帝”是新继位的皇帝给已故的皇帝追赠的庙号，如汉朝的“景帝”，是他儿子刘彻（武帝）继位时给追赠的。然而，南越王国却不遵循这个传统。根据《史记·南越列传》、《汉书·南粤传》的记载，第一代南越王赵佗，在吕后当权时，与汉朝关系很不好，便僭号为“南越武帝”，赵佗的孙子赵眜（《史记》、《汉书》作“赵胡”，这里据出土名章作“赵眜”）继位为第二代南越王以后，跟着僭号为“南越文帝”。这枚金印的印文，证明他生前僭号为“文帝”是真实的。还应指出，埋入墓中的官印，大都用临时刻凿的仿制品，不用实用品，而这枚金印的龙钮捉手处异常光滑，显系使用过程中摸蚀所致，台壁和印面边缘又有碰伤痕和划痕，均可表明金印是赵眜生前的实用品。《汉书·南粤传》说，第三代南越王婴齐，为表明他诚心归顺汉朝，不敢再立僭号，故“藏其先武帝文帝玺”。这枚“文帝行玺”，很可能就是婴齐藏入墓中的。至于是否还有其他“五玺”，则有待今后继续工作，目前无法说明。

这枚南越王印是南越国自铸的，它不同于汉朝皇帝的白玉螭虎钮。就金

---

① 据孙星衍校本，中华书局《四部备要·汉官六种》铅印本，同书辑应劭《汉官仪下》所载略同，但多有讹脱。

② 秦波：《西汉皇后玉玺和甘露二年铜方炉的发现》，《文物》1973年第5期。

印这一点来说，它与汉朝颁赐的诸侯王、列侯和外藩首领印是一致的，但钮式不同。1981 年扬州甘泉山 2 号汉墓出土的"广陵王玺"① 和 1954 年陕西阳平关出土的"朔宁王太后玺"②，都是金印龟钮。1973 年长沙马王堆轪侯利仓墓出土的"轪侯之印"、"长沙丞相"印，都是鎏金铜印，龟钮。③ 两枚印的印文都是埋葬时草率刻凿，鎏金是纯金的仿制品，可见列侯也是金印龟钮。1784 年日本福冈县志贺岛上发现的"汉委奴国王"印④ 和 1956 年云南晋宁石寨山滇王墓出土的"滇王之印"⑤ 都是金印蛇钮。南越王印作龙钮，既不同于诸侯王、列侯的龟钮，又不同于外藩首领的蛇钮。再说咸阳出土的西汉"皇后之玺"玉印和传世的"皇帝信玺"封泥，边长都是 2.8 厘米，约合汉制"方寸二"（即一寸二分见方）。所见诸侯王、列侯、外藩首领印，边长 2.2—2.4 厘米，约合汉制"方寸"（即一寸见方）。只有"朔宁王太后玺"边长 3.3 厘米，通钮高 2 厘米，重 112.8 克，与南越王印基本相同。"朔宁王太后玺"是东汉初公孙述割据四川时封隗嚣之母的金印。公孙述和南越王同是地方割据政权，在印绶制度上都有意逾越汉制。

通过以上的比较，可以看到南越王金印大于汉朝皇帝印，印文与汉朝皇帝印大体相同，但质料钮式不相同。南越王金印的质料与汉朝诸侯王、列侯、外藩首领印相同，但钮式又不相同。这种特殊情况，正符合南越王慕效汉朝但又要僭越称帝的身份。

二 "帝印"玉印、封泥

"帝印"玉印（D34）1 枚、封泥 2 枚（C80—2、C162—2）。玉印螭虎钮，出墓主身上。阴刻篆书，中间竖线分隔，外加边框。封泥出西耳室，阴刻篆文打印，无边框，无中隔，书体与玉印亦异（图一，2—4）。

① 南京博物院：《江苏邗江甘泉二号汉墓》，《文物》1981 年第 11 期。

② 杨厥谷等：《陕西阳平关修筑宝成铁路中发现的"朔宁王太后"金印》，《文物参考资料》1955 年第 3 期。

③ 湖南省博物馆等：《长沙马王堆二、三号汉墓发掘简报》，《文物》1974 年第 7 期。

④ 梶山胜：《"金印国家群"のなかの"汉委奴国王"印》，Musen Kyushu 第 5 卷第 4 号（总 19 号）第 13 页，1986 年。

⑤ 云南省博物馆：《云南晋宁石寨山古墓群发掘报告》，文物出版社 1959 年版。

玉印、封泥书体不同，表明墓主生前最少使用2枚"帝印"。

帝印当指皇帝之印。这种直书"帝印"的文物，从未见过。这应是第二代南越王除了"文帝行玺"帝印以外的另一枚帝印。这枚帝印的发现，进一步证实赵眜生前确实僭号称帝。

封泥是缄封随葬品的信物，以"帝印"缄封，说明墓中的一部分随葬品是赵眜生前亲自缄封预作死后随葬之用。这在汉朝及诸侯王国中也未见过。

三 "赵眜"玉印、"眜"封泥

"赵眜"玉印（D33）1枚，出墓主身上。覆斗钮，印文阴刻篆书，中有竖线分隔，外加边框。"眜"字封泥2枚（C262—1、C262—2），出西耳室，圆形，阴刻篆书，书体与玉印不同（图一，5、6）。

"赵眜"印当系墓主名章。"眜"字封泥，自可理解为赵眜生前亲自缄封部分随葬品之用印。

《辞源》眜，音mò，莫拨切。《说文》眜、眛同训"目不明"。段注："今音眜在末韵，眛在队韵。考从末之字见于公谷二传及吴都赋；从未之字未之见。其训皆曰'目不明'，何不类。"故段氏谓"眛"字乃后人所增。朱德熙、裘锡圭也认为，眛讹作眜，典籍常见。眜与蔑古音同声同部，典籍中时见通用。《公羊》、《谷梁》、《史记》中与蔑通用之眛字，各本亦有讹作眜或眛的。[①] 墓中出土名章及封泥右旁作末，应释末，不释未。

四 "泰子"金印、玉印

"泰子"金印（D81）、玉印（D80）各一枚，皆阴刻篆文，出墓主腰间。金印龟钮，印面右"泰"左"子"，外有边栏，中有竖界。玉印覆斗钮，印面右"泰"左"子"，无边栏，无中界；"泰"字宽大，约占印面三分之二，"子"字瘦窄，约占印面三分之一。两印书体不同，殆非一人

---

① 朱德熙、裘锡圭：《战国文字研究（六种）》，《考古学报》1972年第1期。

所书（图一，7、8）。印文作"泰子"二字的印章，在传世玺印中未见，考古工作中属首次发现。

泰、太互通，泰子当即太子。汉代册立嗣位的皇子称太子，赵佗僭号武帝，推测其册立嗣位之子亦称太子。现在发掘的南越王墓，墓主乃第二代王赵佗之孙，于是墓中出土的这两枚"泰子"印，便成为人们关注的焦点。一种意见认为：这两枚"泰子"印似为赵佗之子（赵眜之父）的遗物，因佗之子未及嗣位而亡，故"泰子"印为赵眜掌管，及至赵眜死，其子三主婴齐便把这两枚"泰子"印随同"文帝行玺"金印一齐放入墓中。①另一种意见认为：周秦时期，嗣位之皇子（或王子）早卒，嗣位之皇孙（或王孙）亦可称太子。例如《史记·秦本纪》秦文公，"四十八年，文公太子卒，赐谥为竫公。竫公之长子为太子，是文公孙也。五十年，文公卒，葬西山，竫公子立，是为宁公"。准此，南越王赵佗之嗣子早卒，孙赵胡（眜）继立，当亦可称"泰子"。②两相比较，后一种意见显见近是。由是，可进一步推定，这两枚"泰子"印应是墓主赵眜（胡）被确立为嗣王时所拥有，死后自行佩带入葬，抑或由其子婴齐送入墓中。

五　"右夫人玺"金印、"左夫人印"、"泰夫人印"、"［部］夫人印"鎏金铜印

同出东侧室。"右夫人玺"金印龟钮；余为鎏金铜印，龟钮。四印大小基本相同。阴刻篆书，均极工整（图一，9—12）。

"夫人"称谓因时代不同而异。《汉书·外戚传》："汉兴，因秦之称号……适称皇后，妾皆称夫人。"诸侯王妻称王后，妾亦称夫人。《史记》、《汉书》中屡见。例如《史记·淮南衡山列传》"淮南王王后荼"，

---

① 我们在编写南越王墓发掘报告时，曾提出这种看法，见广州市文管会等《西汉南越王墓》，文物出版社1991年版，上册第306页。

② 刘瑞、冯雷：《广州象岗南越王墓的墓主》，《考古与文物》2002年增刊"汉唐考古"。

"衡山王赐，王后乘舒"；《史记》、《汉书》中的《南越（粤）列传》，南越王婴齐嗣位，"上书请立樛氏女为后"（《汉书》作"摎氏女为后"）；《汉书·武五子传·燕王旦传》，旦命"后姬诸夫人之明光殿"；皆可证。由此推知，印文所见四夫人身份等同，皆南越王后宫的姬妾。

汉时贵右卑左，故称所重者为右。据《汉书·灌夫传》："夫为人刚直，使酒，不好面谀。贵戚诸势在己之右，欲必陵之；士在己左，愈贫贱，尤益礼敬，与钧。"颜注："右，尊也；左，卑也。"又《史记·陈丞相世家》："平曰：'高祖时，勃功不如臣平。及诛诸吕，臣功亦不如勃。愿以右丞相让勃。'于是孝文帝乃以绛侯勃为右丞相，位次第一；平徙为左丞相，位次第二。"皆可证右尊左卑。南越国的宫室百官礼仪制度皆仿效汉朝，当亦以右为尊。再从四枚夫人印来看，"右夫人"是金印，印文称"玺"；其他三夫人皆鎏金铜印，印文称"印"，可见"右夫人"在诸夫人中应居首位。但汉廷后宫的夫人皆直呼其姓，如高祖的戚夫人、武帝的李夫人；或以其爵位称之，如武帝的尹婕伃、成帝的赵昭仪，并没有"右夫人"、"左夫人"这样的称号。夫人分左右的事例仅见于《汉书·西域传下·乌孙传》："汉元封中，遣江都王建女细君为公主，以妻焉……乌孙昆莫以为右夫人。匈奴亦遣女妻昆莫，昆莫以为左夫人。"照汉人的理解，细君为右夫人，地位应在匈奴女左夫人之上，其实不然。《史记·匈奴列传》："置左右贤王……匈奴谓贤曰'屠耆'，故常以太子为左屠耆王……其坐，长左而北乡。"正义："其座北向，长者在左，以左为尊也。"乌孙"与匈奴同俗"，长期服属匈奴，亲匈奴疏汉廷，当亦以左为尊。汉武帝时，乌孙对汉廷的态度有所改变，"使使献马。愿得尚汉公主为昆弟"，但仍不敢得罪匈奴。乌孙昆莫以汉女为"右夫人"，以匈奴女为"左夫人"，可以看作是乌孙对汉朝和匈奴采取"对等外交"的一种手段。既尊重汉人尚右，又尊重匈奴人尚左，不偏不倚。根据这条史料，无法得出何者为尊的结论。《乌孙传》又云，昆莫猎骄靡有十余子，娶细君时，昆莫已70岁左右。娶后二三年，便"欲使其孙岑陬尚公主"。这种祖未死而遗嘱其孙妻其后祖母的原始风俗，充分证明细君公主和匈奴女的身份皆为姬妾。

或以为南越王墓的"右夫人"应是正妻。其立论的依据，除了误解乌孙昆莫的"右夫人"为"第一夫人"和随意发挥汉人"贵右卑左"观念以外，另一重要理由是，"右夫人"独有黄金印，印文称玺；其他三夫人却是鎏金铜印，印文称印，以此作为划分妻妾的依据。我们认为，这种可能性也不大。因为这种看法混淆汉制"适称皇后（王后），妾皆称夫人"的界限；而更重要的是，任何历史时期（包括汉朝）并不存在殉妻制度。四位夫人同殉葬于东侧室，"右夫人"除了有比较华丽的组玉佩和较多的随葬品以外，很难看出她同其他三夫人有什么区别，所以也很难用"合葬"理喻之。就目前所知，汉代印文称玺，仅见于帝、后及部分诸侯王，"右夫人"印文称玺，确属仅见。这只能看作是南越国后宫制度的一种特殊现象。

考定"右夫人"、"左夫人"的名次以后，我们再来看看"泰夫人"和"［部］夫人"。泰通大，即大夫人，位次似在"左夫人"之下。［部］字，字迹已极模糊，细察左旁为"邑"，右旁似"音"，钤印当为"部"字。如不误，此印文应是"部夫人印"。部，小阜。《说文通训定声》"部，假借为培。"《风俗通义·山泽·培》："部者，阜之类也。今齐鲁之间，田中少高卯，名之为部矣。"引申可作少、小解。夫人称部，其义或即少夫人之谓。又《集韵》"部，姓"。所以也有可能指其姓。在四夫人中，部夫人似居末位。

需要说明的是，我们对"夫人是妾"的这种看法，仅限于汉代皇室和诸侯王，而不牵涉汉代其他阶层和汉以后各代。贵县罗泊湾2号墓出土"夫人"玉印①，贺县金钟1号墓出土"左夫人"玉印②，印文书体与南越王墓四夫人印极相类似，墓葬年代亦相近，但墓主身份与南越王有别。根据这两座墓的墓制和随葬品的规格，结合《汉书·文帝纪》注引如淳曰"列侯之妻称夫人"的史料印证，我们判定这两座墓的墓主应属南越国的侯王之妻，而不是妾。这是与南越王四夫人印的所有者身份形同而实异的。

---

① 广西壮族自治区文物工作队等：《广西贵县罗泊湾二号汉墓》，《考古》1982年第4期。以后收入《广西贵县罗泊湾汉墓》，文物出版社1988年版，第110页，图七三：1。

② 广西壮族自治区文物工作队等：《广西贺县金钟1号汉墓》图七，《考古》1986年第3期。

六 "赵蓝"牙印

"赵蓝"象牙印（E141）1枚，阴刻篆书，与右夫人龟钮金印同出，应属右夫人名章（图一，13）。

右夫人赵氏与南越王同。可以有两种解释：

第一，同姓通婚。《左传》哀公十二年有鲁昭公娶吴孟子事；吴王光鉴铭有吴王光女嫁蔡侯之孙事。鲁、吴、蔡同为姬姓。汉人同姓通婚亦不乏其例。如《汉书·王䜣传》云，宜春侯王䜣死，子谭嗣，谭死，"子咸嗣。王莽妻即咸女"。又《通典》吕后妹嫁于吕平。

第二，越女从夫姓。《史记·南越列传》载，南越统治者提倡汉越通婚。南越相越人吕嘉"男尽尚王女，女尽嫁王子兄弟宗室"可证。赵蓝有"右夫人玺"金印同出，应以后说较为恰当。

七 "景巷令印"铜印

"景巷令印"铜印（A42）1枚，鱼钮，阴刻篆书（图一，14）。出前室殉人身上，故推定"景巷令"为殉人官职。景巷，史籍无征。据古韵书，景通影，古音声在影钮；永属喻钮。影喻双声，景永同属梗韵阳部，古为双声叠韵，故景永同音通假。《尔雅·释天》："春为发生，夏为长赢，秋为收成，冬为安宁，四时和为通正，谓之景风。"又据《尸子·仁意篇》："春为发生，夏为长赢，秋为方盛，冬为安静，四气和为通正，此之谓永风。"亦可证。由此证明，"景巷令"即"永巷令"。《汉书·百官公卿表》少府、詹事属官皆有永巷令，且皆以宫中宦者充任。少府"掌山海池泽之税"，詹事"掌皇后，太子家"。南越国似亦有少府、詹事。如考订不谬，在前室身佩"景巷令印"的殉人当是南越国詹事属官"景巷令"，职掌南越王室家事之宦者。前室放置车马器，以"景巷令"为殉，象征为南越王备车马，而使景巷令为骖乘。

八 "厨丞之印" 封泥

"厨丞之印"封泥3枚（F12、F14、F15），出西侧室陶罐内（图一，15）。

据《汉书·百官公卿表》，詹事属下有厨，厨有长丞。詹事的职责是"掌皇后太子家"，顾名思义，厨丞当是掌管皇后太子家饮食之事的长官。"厨丞之印"的出土，说明南越国也设有厨官署，置厨丞。此墓西侧室的随葬器物应是厨丞检验缄封的。

广州1120号、1121号两座汉墓出土的陶罐、陶瓿上发现有"大厨"戳印。经研究，这两座均为南越国高级官吏墓。[①] 戳印"大厨"的陶器，应是南越国少府属下司陶工官专为"厨"官署所监造，后由南越王室赐予或赗赠墓主的。贵县罗泊湾1号墓随葬针刻"厨"字和烙印"布山"的漆器[②]，则又说明南越国册封的西瓯君家也有"厨"官署的设置。

九 "泰官" 封泥

"泰官"封泥15枚，出西侧室2枚，出后藏室13枚。大小书体皆同，阴刻篆书，印面有竖隔，有边框（图一，16）。

泰官即太官、大官。古籍中，泰、太、大三字互通，但以写作"太官"为常见。《通典·职官·光禄卿》："太官署令丞，于周官为膳夫、庖人、外饔，中士、下士盖其任也。秦为大官令丞，属少府，两汉因之。"《汉书·百官公卿表》"少府"属下有太官令丞。颜注"太官主膳食"。《续汉书·百官志三》：少府属下"太官令一人，六百石"。本注曰："掌御饮食。"《汉旧仪（补遗）》："太官令一人，秩六百石，掌鼎俎馔具。"《汉官仪》："太官主膳羞。"可证太官是掌管皇帝饮食的职官，其衙署称"太官署"，其长官称"太官令"。出土文物大多写作

---

① 广州市文管会等：《广州汉墓》，文物出版社1981年版，第92页。
② 广西壮族自治区博物馆：《广西贵县罗泊湾汉墓》，文物出版社1988年版，第70页。

"大官"，少数作"泰官"、"太官"。见于著录的有"大官长丞"（《封泥考略》1.36）"大官丞印"（同上，1.34）、"大官监丞"（《汉印文字征》8.13）、"齐大官丞"（《齐鲁封泥集存》第8页）、"大官"鼎、"泰官"鼎、"今大官"鼎、"十五年大官"钟（《小校经阁金文》11.38，11.42，11.65，12.19）。考古发掘的铜器铭刻，则有新郑出土的韩国兵器"太官冢子"铭刻[1]，满城汉中山王刘胜墓出土的"楚大官"蟠龙纹壶和"大官"乳丁纹壶[2]，临淄齐王墓器物坑出土的"齐大官"铜器群[3]。漆书有江苏盐城三羊墩汉墓出土的"上林大官"漆盘[4]和朝鲜乐浪新莽时墓出土的"常乐大官"漆盘[5]。云梦睡虎地秦律简书也写作"大官"[6]。

南越王墓出土的"泰官"封泥，表明南越国亦有"泰官"设置，其职责当亦掌管南越王的饮食。挂有"泰官"封泥匣标签的器物，应是南越国泰官令署检核缄封，然后放入墓中随葬的。

十　"邻乡侯印"封泥

"邻乡侯印"封泥（G123）出后藏室，残泐较甚。"邻"字左半尚清楚，右半"邑"字仅剩"口"头。"乡"字存左上和中间部分，右旁已破损。"侯"字右半清楚，左旁仅存下半两竖道。"印"字由残存部分推定（图一，17）。

"邻乡侯"，史籍无征。"邻乡"当为地名。侯，《汉书·百官公卿表》卫尉、中尉、将作少府、属国都尉、城门校尉属官皆有侯，掌武职、司守

---

① 黄盛璋：《新出信安君鼎、平安君鼎的国别年代与有关制度问题》，《考古与文物》1982年第2期。

② 中国社会科学院考古研究所等：《满城汉墓发掘报告》上册，文物出版社1980年版，第42页。

③ 山东省淄博市博物馆：《西汉齐王墓器物坑发掘报告》，《考古学报》1985年第2期。

④ 南京博物院：《江苏盐城三羊墩汉墓清理简报》，《考古》1964年第8期。

⑤ 梅原末治：《支那汉代纪年铭漆器图说》，东京，1943年版，第40、41页；又见榧本杜人等《乐浪汉墓》第一册，东京，1974年版，第96页。

⑥ 睡虎地秦墓竹简整理小组：《睡虎地秦墓竹简》，文物出版社1978年版，第138页。

卫，与此封泥"鄒鄉侯"皆不合。故疑为南越国自置。陈直先生据传世封泥"临菑守印"、"济北守印"、"即墨太守"等之郡名皆非汉廷设置，故推定为齐国自置之郡。并谓西汉初中期王国，皆得自分割各县，自置郡名。陈氏又据汉印有"胶西侯印"、"菑川侯印"、"苍梧侯印"和封泥有"豫章侯印"、"临菑侯印"等，推定郡守属官有侯，此皆汉表所失载①。"鄒鄉侯印"封泥的发现，为陈氏说添一实证。据陈氏说类推，"鄒鄉"应是南越国自置之郡名，侯乃鄒鄉郡守之属官。"鄒鄉"地望不详，从南越国与长沙国长期为敌，以及"鄒鄉"属汉化地名等方面考虑，我们推测"鄒鄉"可能在南越北境，与长沙国毗邻，鄒鄉侯之职责似应与汉代边郡太守都尉下之侯官相近。

"鄒鄉侯印"封泥出后藏室，知室中部分器物应为"鄒鄉侯"所赗送。

十一　"结"封泥

"结"字封泥 5 枚，出西耳室。阴刻篆书，打印，大小书体皆同。《集韵》结，攻乎切，音孤。指结缕，草名。"结"字封泥当为缄封者名章（图一，18）。同出有"泰官"封泥多枚，"结"迨为泰官令的人名。

十二　"衍"封泥

"衍"字封泥 5 枚，出东侧室，大小字体全同。阴刻篆体，笔画纤细略带造作；印面也较小（图一，19）。

"衍"当为人名。汉人名衍者不少，知名者有毒害宣帝许皇后之女医淳于衍。东侧室为姬妾之藏，而且只出"衍"字封泥，由此颇疑"衍"为南越宫廷中女官名，东侧室的随葬器物皆女官衍检封入葬。

---

①　陈直：《汉书新证》，天津人民出版社 1979 年版，第 131—132 页。

十三 "长乐宫器"陶瓮、陶鼎

"长乐宫器"戳印文字发现于3件陶瓮（H1、H2、H17）、1件陶鼎（C263）上。应是"长乐宫"用器的标志（图一，20）。

长乐宫原来是西汉著名的宫殿建筑。它位于汉长安城内东南部，与西边的未央宫东西并列，故又称东宫。自汉惠帝居未央宫以后，长乐宫便成为太后之宫。遗址至今尚有部分保存下来。宫垣已基本探出，占地面积约6平方公里，约占长安城总面积的六分之一。

南越王墓出土"长乐宫器"戳印陶器，在过去发掘的广州南越国官吏墓中也曾发现"食官"、"厨"、"常御"、"居室"、"长秋居室"等戳印陶器。这些数量不少的带有汉朝宫官标志的陶器，当然不可能从长安城运来，自应属南越国主管陶业的官署所制作，归上述官署所使用，从而证明南越国的宫室名称都是仿效汉朝的。

十四 "文帝九年乐府工造"铜句鑃

句鑃8件（B96—1至B96—8），出东耳室，大小递减，钲体中部皆阴刻篆书"文帝九年乐府工造"。其下方分别刻序号第一至第八（图三，1）。

"文帝"，指南越文帝，非指汉文帝。按照中国历代王朝的通例，"某帝"是新继位的皇帝给已故的皇帝追赠的庙号，用于追叙先帝事迹。汉武帝以前的帝王，只记在位的年序；武帝元鼎以后，在位的帝王开始用年号纪年。例如汉朝的"文帝"，是他儿子刘启（景帝）继位时给追赠的，汉文帝生前只记在位的元年、二年、三年……绝不可能预知或使用死后才被追赠的"文帝"庙号。在古籍和出土文物中，也从未见过后帝追刻先帝造器时间于器物上的例子。在中国历史上，帝王生前自称帝号的只有秦始皇帝嬴政和南越国的武帝赵佗、文帝赵眜（胡）。"文帝行玺"金印和句鑃上的"文帝九年"铭刻，证明《史记》、《汉书》的记载是正确的。南越"文帝"即位于汉武帝建元四年，"文帝九年"即汉武帝元光六年（公元前 129 年）。

"乐府"系主管音乐的官署。"工"指工师。"文帝九年乐府工造"，意即此 8 件句鑃为南越文帝九年乐府中的工师所监造。

"乐府"一名，至迟在秦代已经出现。1976 年在秦始皇陵坟丘西北的一处建筑遗址中发现 1 件错金银的铜钟，钟钮上镌刻"乐府"二字①，据器形及篆刻书体，证明为秦始皇时或稍前所铸。汉承秦制，相沿不改。据《汉书·礼乐志》记载，汉惠帝时设有乐府令，"文景之间，礼官肄业"。至武帝时定郊祀之礼，以李延年为协律都尉，开创乐府采诗配乐制度。诸侯国亦多仿效，《齐鲁封泥集存》有"齐乐府印"封泥可证。南越王墓出土 8 件一套的句鑃，自铭"文帝九年乐府工造"，表明南越国也设有乐府。句鑃和同出的编钟、编磬，器形与战国末至西汉初的同类器相同，由此推测南越乐府的肄习乐章当系仿自汉廷。

十五 "私官"银盒

"私官"银盒 1 件（D2），出主棺室"足箱"陶璧堆中（图二）。器盖上、器外底均有草隶铭刻，笔刀刻划浅细，从字体看，似一人一次刻成。部分铭文被后来安装在器盖上的三钮和器外底上的圈足所破坏或遭刮削磨蚀，有些铭文已不可辨，大约可释读如下：

（器盖右旋读）　一斤四两　右游　私官□　三升大半　名甘百卅
一　一　二　三　Ⅸ
（器外底缘右旋读）　　私官□　名甘一□卅两□

铭刻内容大致是说，此器为"右游"宫的"私官"用器，编号为"名甘一百四十一"号，重"一斤四两"，容"三升大半［升］"。"右游"似为离宫名。洛阳金村战国周朝墓出土银俑、银耳杯上均铭刻"甘游宰"

---

① 袁仲一：《秦代金文陶文杂考三则》，《考古与文物》1982 年第 4 期。

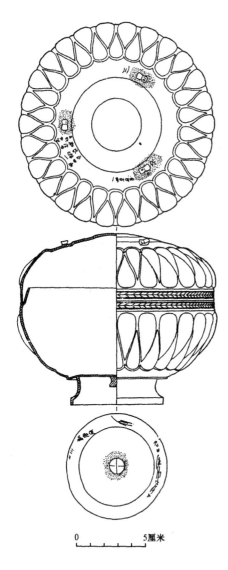

图二　银盒（D2）上的刻文

三字。① 据学者研究，"游"是离宫，"甘"是地名，"宰"是长官。意即甘地离宫中掌管膳食的长官。② 准此，这件刻"右游"的银盒应是南越王右离宫的用器。

"私官"，据《汉书·张汤传附张放传》云：鸿嘉中，"放取皇后弟平恩侯许嘉女，上为供张。赐甲第，充以乘舆服饰，号为天子取妇，皇后嫁女。大官、私官并供其第"。颜注引应劭曰："私官，皇后之官也。"又《汉旧仪上》："太官尚食，用黄金釦器；中官私官尚食，用白银釦器。"这两条引文均"大官、私官"并提，大官即少府所属"掌御饮食"的太官，已见上述。宗庙大袷祭之时，太官在高祖灵位前设"黄金釦器"，与之相对应的私官，在高后灵位前设"白银釦器"。准此，私官的主要职责当为掌管皇后宫中饮食之官。

"私官"一名，战国铜器铭刻已多见③，汉代封泥、铭刻中也屡有发现。《铁云藏陶》著录有"中私官丞"、"私官丞印"封泥（分别见该书 4.13，4.14）；《封泥考略》有"私官丞印"（该书 4.17）；《关中秦汉陶录》有

---

① 梅原末治：《洛阳金村古墓聚英》，京都，1944 年版，第 29、33 页。

② 李学勤：《东周与秦代文明》，文物出版社 1984 年版，第 29 页。

③ 朱德熙、裘锡圭：《战国铜器铭文中的食官》，《文物》1973 年第 12 期。

"长信私官"陶文,《集古官印谱》有"黄室私官右丞"（该书 15.53）印,以及铜山小龟山汉墓出土"楚私官"量①、咸阳塔儿坡出土"私官"鼎②、茂陵附近出土的太初二年"中私官"钟③,皆可证。此"私官"银盒出南越王墓,知南越国亦有私官设置,当亦为掌管南越王后饮食起居的官署。出土时,盒内有药物,应是王后生前所服用,南越王死后,随葬于墓中。

"名甘一百四十一"为器物编号。广州 1097 号墓出土铜鼎上有铭"名幸"④、齐王墓器物坑银盘铭"名吉七"⑤,《汉金文录》辇车宫鼎铭有"名末"、"名衣",美阳高泉宫鼎盖铭有"名吉"、寿春钫铭有"名厨",疑皆为编号者之署名。

十六 "乘舆"银洗

"乘舆"银洗 1 件（G82）,出后藏室。口沿上刻一"三"字（图三,2）。口沿底面环刻草隶:

> 六升西共左今三斤二两　乘舆

刻划浅细,不规整。"西",某地或某官署的省称;"共",即供,供献。全句内容大致是:某地（或某官署）供献的"乘舆"用器。重"三斤二两",容"六升"。"共"下右侧刻一"左"字,似为"左工"省文,口沿上的"三"字,应是器物编号。

乘舆,原指皇帝、诸侯乘坐的车子。《孟子·梁惠王下》:"今乘舆已驾矣。"贾谊《新书·等齐》:"天子车曰乘舆,诸侯车曰乘舆,乘舆等也。"随后泛指皇帝用的器物,并作为皇帝的代称。蔡邕《独断上》:"车

① 南京博物院:《铜山小龟山西汉崖墓》,《文物》1973 年第 4 期。
② 咸阳市博物馆:《陕西咸阳塔儿坡出土的铜器》,《文物》1975 年第 6 期。
③ 陈直:《汉书新证》,天津人民出版社 1979 年版,第 112 页。
④ 广州市文管会等:《广州汉墓》,文物出版社 1981 年版,第 137 页。
⑤ 山东省淄博市博物馆:《西汉齐王墓随葬器物坑》,《考古学报》1985 年第 2 期。

马衣服器械百物曰乘舆。"又"天子至尊，不敢渫渎言之，故托之于乘舆。乘犹载也，舆犹车也。天子以天下为家，不以京师宫室为常处，则当乘车舆以行天下，故群臣托乘舆以言之。或谓之车驾"。此银洗錾刻"乘舆"二字，表明这是南越王室的专用器；"乘舆"喻御服器械百物，亦袭用汉廷称谓。

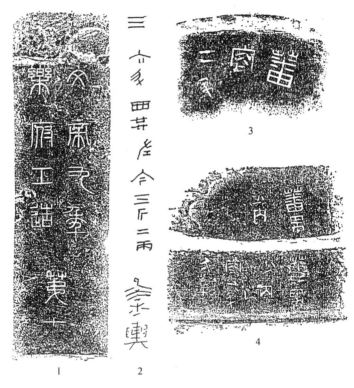

图三　铜器、银器上的刻文

1. "文帝九年乐府工造"铜句鑃（B96—7）　2. "乘舆"银洗（C82）摹本　3. "蕃"铜匜（F56）　4. "蕃禺少内"铜鼎（C54）

十七　"蕃"、"蕃禺"铜鼎、铜匜

阴刻古隶体，分见于 6 件铜鼎（G36、G53、G54、G55、G64、G66）、1 件铜壶（G46）、1 件铜匜（F56）上。G46 壶和 G54、G64 鼎刻"蕃禺"

各一处或二处，余5器刻"蕃"各一处或二处。书体全同，且多与"少内"连文，知"蕃"即"蕃禺"省称（图三，3，4）。

蕃、番古代互通。《墨子·明鬼下》："国家蕃昌。"《史记·魏世家》："其必蕃昌。"《潜夫论·忠贵》："未尝不蕃昌。"与王符时代相近的东汉灵帝光和六年白石神君碑则作"番昌"。《尚书·洪范》："庶草蕃庑。"古文尚书作："庶草番庑。"地名蕃、番亦互通。《左传·襄公四年》："臧纥救鄫，侵邾，败于狐骀。"杜注："狐骀，邾也，鲁国蕃县东南。"孔疏："注作番。"阮元校勘记云："宋本、淳熙本、纂图本、监本、毛本、足利本蕃作番，释文亦作番，云本又作蕃。"《集韵》："蕃，县名，在鲁，或作鄱、番。"由此推定，蕃禺即番禺。

《汉书·地理志下》南海郡，班固自注："秦置。秦败，尉佗王此地。"辖县六，番禺居首，班固自注"尉佗都"。知番禺在秦汉时为南海郡治，南越国时为都城。但是，明确写作"蕃禺"地名的仅见于广州1097号南越国墓出土漆奁烙印①和南越王墓出土铜器铭刻。《淮南子》、《史记》、《汉书》及以后古书都写作"番禺"，广州、九龙东汉墓出土的墓砖模印文字也写作"番禺"②。看来加草头的蕃禺似乎只用于南越国时期，汉武帝灭南越国后，便通用"番禺"二字了。

十八　"少内"铜鼎

"少内"铭刻见于后藏室出土的5件铜鼎（G53、G54、G55、G64、G66）上。阴刻古隶体，与"蕃"、"蕃禺"互见或连文（图三，4）。表明它们是南越国少内官署所使用或专门为少内官署所制作。

少内，秦置。属内史，分掌财货，有中央少内和县少内之分。③汉因

---

① 广州市文管会等：《广州汉墓》，文物出版社1981年版，第175页。

② 广州东汉墓出土的"番禺"砖文见麦英豪《1954年广州市文管会在配合基建工程中清理古墓一百五十余座》，《文物参考资料》1955年第2期。九龙东汉墓出土的"番禺"砖文见屈志仁《李郑屋汉墓》，香港市政局1982年版。

③ 睡虎地秦墓竹简整理小组：《睡虎地秦墓竹简》，文物出版社1978年版，第61、104、165、259页。

之，若周之"职内"。《汉书·丙吉传》："少内啬夫白吉曰：'食皇孙亡诏令'。"颜注："少内，掖庭主府臧之官也。"《周礼·天官·序官》职内，郑注："职内，主入也，若今之泉所入，谓之少内。"据《史记》、《汉书》的《南越列传（南粤传）》，南越国有内史藩。这批刻有"少内"的铜器，进一步揭示南越国的百官制度如汉朝，少内亦应是内史的属官。

十九　"王命 = 车驲"铜虎节

铜节（C204）作平板伏虎形，长 19 厘米、高 11.6 厘米、厚 1.2 厘米（图四）。正反两面皆错金，饰以斑纹金箔，正面虎身斑纹间刻铭文一行：

王命 = 车䡇

图四　"王命 = 车驲"铜虎节拓本
（采自《西汉南越王墓》）

末一字，或释"牡"，或释"肚"，释文虽异，然皆假借为"徒"，全句通读为"王命命车徒"，因"车徒"属军事性质，所以我们在编写西汉南越王墓的发掘报告时，据此推测其作用"似虎符"。[①] 近读李家浩先生《南

---

① 广州市文管会等：《西汉南越王墓》上册，文物出版社 1991 年版，第 314 页。

越王墓车驲虎节铭文考释》。回头检点上引二释文并假借"车徒"说，实欠妥，据此引申"似虎符"，自然也是错误的。李家浩先生认为，末一字左旁释"马"是对的，右旁应释"垚"。"垚"是"埶"的简体，"駴"是"驲"字的异体。駴与驲的关系跟热与炅的关系相同。《左传》文公十六年"楚子乘驲会师于临品"，杜预注"驲，传车也"。《吕氏春秋·土节》"齐君……乘驲而自追晏子"，高诱注同。因"驲"指传车，故"车驲"连言。传世有虎节二件：一藏北京故宫博物院，另一藏湖南省博物馆。此二虎节与南越王墓虎节形态相同，仅器体略小，素面无纹饰，虎身右侧有相同铭文"王命命传赁"。传赁虎节与车驲虎节形态相同，铭文格式相同，文字风格相同，殆皆楚国所铸，且皆为驿传凭证之物。而且，"驲"字的写法，在江陵包山 2 号楚墓竹简中也有发现，凡四见。发掘者定包山 2 号墓在公元前 315 年或稍后，南越王墓车驲虎节的铸制年代可能与之相去不远。至于这枚虎节为何传入南越国，并埋葬于南越王墓中，目前还无法说清楚。

又据家浩研究，传赁虎节是楚王雇佣从事驿传的人所用的凭证，上引《左传》文公十六年"楚子乘驲"孔疏引舍人《尔雅》注："驲，尊者之传也。"可见车驲虎节是身份高的人乘传时所用的凭证，所以它比传赁虎节大而精美。[①]

二十　"王四年相邦〔张〕义"铜戈

铜戈（B25）出东耳室编钟架近旁。器形与关中所出秦戈同，铭文格式亦具秦兵器特点，故定为秦国制造（图五）。内上铭文三行，刻划浅细，全文约可释读：

　　王四年相邦〔张〕义□□□

　　捒牛陞寮界斿畺

　　贱工卯

　　另一面刻一"鍚"字。

① 李家浩：《南越王墓车驲虎节铭文考释——战国符节铭文研究之四》，《容庚先生百年诞辰纪念文集（古文字研究专号）》，广东人民出版社 1998 年版；又参见李家浩《传赁龙节铭文考释——战国符节铭文研究之三》，《考古学报》1998 年第 1 期。

图五　铜戈（B25）内部刻文

开头某年之上冠一"王"字，在六国兵器铭刻中未见，秦兵铭刻中仅见于"上郡守疾戈"一例。该戈正面刻铭："王六年上郡守疾之造。□□"（《岩窟吉金图录》下，58图）据杨宽《上郡守疾戈考释》，谓是秦惠王六年樗里疾所督造。[1] 此戈"王四年"，据下文考定为秦惠王后元四年相邦张仪督造，距上郡守疾戈后11年，可见秦兵早期铭刻并无定式。

"相邦"下一字锈泐较甚，细察字形，约为"张"字。"张"下似为"义"字。《集韵》"义通作仪"，故此戈盖为秦相张仪所督造。义、仪古音同韵互通，古籍作"仪"，金文皆作"义"。[2] 例如，《左传·昭公六年》"徐仪楚聘于楚"，而郐王义楚镐铭为"郐王义楚择余吉金，自作祭镐"（大系170；三代14.55）。此人所作另一祭镐，铭"义楚之祭耑"（大系170；三代14.53）。此为金文作义，而古籍作仪之一证。又如，王孙遗者钟"惄于威义"（大系167，三代1.63），沇儿钟"惄于威义"（大系165；三代1.53），叔向父敦"秉威义"（大系129；三代9.13），以上三铭"威义"皆读"威仪"。《尚书大传·虞夏传》"尚考大室之义"，注，义当为仪。《周礼·春官·肆师》："治其礼仪"，郑注，"故书仪为义。郑司农云，义读为仪，古者书仪但为义"。准此，张义确系秦相张仪。

根据《史记·六国年表》、《秦本纪》、《张仪列传》记载，张仪于秦惠文君十年（公元前328年）为秦相，更元后三年（公元前322年）免相，相魏以为秦。七年乐池为秦相，八年魏请成于秦，池免，张仪复为秦相。十二年仪相楚。秦武王元年（公元前310年）张仪出之魏，翌年卒。张仪相秦惠王，前后历时18年。在此期间，仅乐池代相1年。戈铭"王四年"当即

---

[1]　转引自马非百《秦集史》下册，中华书局1982年版，第760页。

[2]　陈邦怀：《金文丛考三则》，《文物》1964年第2期。

惠王后元四年（公元前321年）。在此前1年，仪为秦相魏，表面上免去秦相，实际未免相，秦王并未任命新相，迨至七年始命乐池为相。翌年仪复相，可见后元四年的秦相仍是张仪。张仪以连衡之策说六国，使六国背纵约而共事秦，为秦以后统一六国作出重大贡献。《三代》著录有"相邦义戈"。铭曰："十三年相邦义之造，咸阳工师田，工大人耆，工橛。"据研究，秦刻督造者可署全名（如樛斿、吕不韦）或署一字（姓或名，如吕、冉、斯），无严格规定，故可推定"十三年"戈亦张仪相秦时督造。[1]"十三年"当即惠王更元前十三年（公元前325年），早此戈4年。

"义"下二字不可辨识。据秦戈铭文格式[2]，督造者之下应是"造"或"之造"。"造"之下还应有冶铸地点，如栎阳、咸阳，惜均漫漶不辨。

第2行字迹几不可辨，据秦刻体例，要皆为主造者官署和职官名。上二字字迹稍清晰，似为"犲牛"。"犲牛"当为官署名，史籍无征，"犲"字亦不见于字书。"陞"为"犲牛"长官名。以下诸字姑隶"磊畍斿置"，不一定准确。

第3行"贱工卯"3字甚清晰。"贱工"名卯，乃此戈之直接制造者。过去所见之秦兵器直接制造者，其身份大多是"工"，少数为"隶臣"、"鬼薪"、"城旦"等刑徒，未见有"贱工"者。"贱工"之身份，似为刑徒之有专门技艺，被赦免为工者。

背铭"錫"。按《说文》作鍚。《诗·大雅·韩奕》："玄衮赤舄，钩膺镂鍚。"笺："眉上曰鍚，刻金饰之，今当卢也。"《礼记·郊特牲》："朱干设鍚。"注："干，盾也；鍚，傅其背如龟。"义皆与此字不洽，疑为铜戈使用者自铭。

南越王墓出土兵器皆铁制，此戈与另一无铭戈同置编钟旁，为墓中所仅见之铜兵。二戈器形全同，时代应相近。二戈形体较小，与铁兵殊不类。我们认为，此二铜戈似为秦平岭南时带来，来之不易；随后，兵器大都改为铁制，过时的铜戈成了南越王的珍品，被改用为礼乐时的仪仗器，及王死，乃随之入葬。此时上距制造之年已历110年左右。

---

①　陈邦怀：《金文丛考三则》，《文物》1964年第2期。

②　袁仲一：《秦中央督造的兵器刻辞综述》，《考古与文物》1984年第5期。

二十一 "寴（实、真）祭肉"陶钵、陶碗

墨书于1钵（B83）、3碗（B85、B86、B87）上，皆写于外壁近底处（图六）。字迹全同，系一人一时书写。

根据马王堆帛书，第一字似可释为"實"字[1]。《说文》"實，富也，从宀从贯，贯货贝也。"然帛书"贝"字皆甚工整，未有像此字作草书者。或以为帛书颠作"顚"，左旁与此字下半近似，故或可释为"寊"字。[2]《说文》"寊，置也。"第二字很潦草，上半似"羽"字，然义不可通。第三字可释为"肉"字，但多一"人"。参照洛阳烧沟汉墓陶文，内容大多注明器内食物名，其中125号墓出土陶鼎，鼎盖墨书"初祭肉"[3]，两相对照，本器第二字亦应释为"祭"字。书写者文化水平不高，错别字常见，不能完全按照规范的篆书或隶书的写法去要求。如是，则此三字可释为"实祭肉"或"寊祭肉"，含义都可说通。

图六　陶钵、陶碗上的墨书
左　陶钵（B83）上的墨书"寊祭肉"　　右　陶碗（B86）上的墨书"寊祭肉"

---

① 李正光：《马王堆汉墓帛书竹简》，湖南人民出版社1988年版，第77页。
② 同上书，第229页。释"寊"字系张政烺先生提出。
③ 洛阳地区考古发掘队：《洛阳烧沟汉墓》，科学出版社1959年版，第116页，图五五：2，图版贰陆：1。

二十二 "金縢一□"竹签墨书

墨书于竹签上，出西耳室铜提筒（C61）内。竹签长 7.2 厘米、宽 1.1 厘米、厚 0.15 厘米（图七）。是此墓中唯一保存下来的竹签墨书文字。

在随葬器物的缄封口上系挂书写器物名称的竹签或木签，时常发现于长沙、云梦、江陵、扬州等地汉墓中。这枚书写"金縢一□"的竹签，估计原来也是系挂在某器物上，后因系绳朽断而脱落提筒中。

金縢始见于《书·金縢序》："武王有疾，周公作金縢。"孔传："为请命之书，藏之于匮，缄之以金，不欲人开之。"孔颖达疏："若今钉鍊之，不欲人开也。郑云，凡藏秘书，藏之于匮，必以金缄其表。"以后引申为包裹图书的囊袋。《后汉书·儒林传》："其缣帛图书，大者连如帷盖，小者制如縢囊。"战国西汉大墓中，盛行以简书随葬，因各地自然条件不同，所见以两湖楚墓西汉墓遗存为多。南越王墓当有简书随葬，惜皆腐朽不存。幸存之"金縢一□"竹签，很可能是系挂在盛装简书的縢袋上的。

图七 竹签牌（B61—2）上的墨书摹本

（原载《西汉南越王墓》，文物出版社 1991 年版。收入本书时，加配文字资料拓本或线图，改写"泰子"金印、玉印和"王命＝车驲"铜虎节）

南越木简选释

  2004—2005 年，广州南越国宫署遗址 264 号井内出土木简一百多枚。经清洗脱色后，发掘同志选释 16 枚发表于《考古》2006 年第 3 期上。在这期间，发掘主持人韩维龙同志先后寄来全部木简彩色照片和红外线照片，嘱参加释读。我几经琢磨，得老友麦英豪、黎金帮助，草就《南越木简释文注释》一文，准备编入宫署遗址发掘专著。又承慨允，从中选释 33 枚收入本书（见本文后附图）。

    大鸡官①奴坚当笞②一百（简 004）
    其急道言情辤（辞）曰③以□使□智监□（简 008）
    □书讯□等辤（辞）曰县卒故（简 009—1）
    岁卽□   成□
    紫雄鸟三
    白勮（勉）④ 一（简 009）

---

  ① 大鸡官，史籍未见。南方少数民族流行鸡骨占卜，南越土著越人亦有此俗。《史记·封禅书》记武帝灭南越、闽越后，"乃令越巫立越祝祠，安台无坛，亦祠天神上帝百鬼，而以鸡卜"可证。赵佗"和集百越"，设"大鸡官"专司鸡卜事务。此简可补南越百官之佚。

  ② 笞，捶击也，与鞭、杖稍有不同。笞具古称扑。《书·舜典》："扑作教刑。"传："扑，榎楚也，不勤业则挞之。"原不在五刑之列，唯学校典礼诸事用之，所谓教训之刑。云梦睡虎地出土秦律记笞刑不下数十条，征调迟到、盗窃公物、损毁公器、逃亡自出，动辄用笞。私家用笞很盛行，不受限制。这批木简中笞刑凡七见，说明南越国笞刑亦甚盛行。

  ③ 辤（辞）曰，秦汉法律文书中的常用语，这批木简中屡见。睡虎地、张家山等地出土的简册爰书、奏谳书中亦屡见，二者性质近似。

  ④ 此简文字二行半，甚罕见。右行五字，似写在两片并排的木简夹缝处，分上下两段书写，本片仅存左偏旁，原文难定，含义不明。中行左行分别写两种鸟数。此简可能是这批木简中物籍的首简。

王所即泰子①今案齿十一□高六尺一寸身□毋狠伤（简017）

可等四人留二月廿六日少半②（简023）

☑起上莫蕃翟蒿蒿蕃池③□离吾都□（简026）

讯婴④辟（辞）曰徐徐舍有酒可少半夆（简052）

讯婴□婴所为奸启门出入探（简055）

讯婴□何人讪□婴辟（辞）曰无有（简057）

□□版秋给常书内高木宫⑤四版乐復取廿六（简054）

□还我等毄（系）盈已毄（系）乃归南海⑥☑（简067）

□军时得入朝盈及时就酒食盈（简108）

壶枣⑦一木第九十四　实九百八十六枚（简068）

壶枣一木第百　实三百［二十］五枚（简069）

高平⑧曰（白）枣⑨一木第卅三　实一百廿八枚（简090）

---

　　①　泰子，"泰"、"太"互通。泰子即太子。汉初，诸侯之嗣王亦称王太子，如吴王濞之子贤称吴太子。随后册立嗣位之皇子才能称太子。赵佗僭号武帝，推测其册立嗣位之子亦称太子。简文"泰子"，可能指未及嗣位而亡的赵佗之子。在周秦时期，太子早卒，嗣位之皇孙可称太子。南越王墓出土的"泰子"可证。这批木简属汉初物，简文"泰子"与南越王墓墓主无关。

　　②　少半，不到一半。《史记·项羽本纪》集解引韦昭曰："凡数三分有二为大半，一为少半。"《汉书·高帝纪上》注引同。

　　③　蕃池，蕃，蕃禺。南越王墓出土铜器铭刻中多有此例。传世有"蕃丞之印"封泥（《古封泥集成》，上海书店出版社1994年版，第246页）。南越宫苑遗址蓄水石池南壁一石板上有阴刻篆体"蕃"字（《广州秦汉考古三大发现》，广州出版社1999年版，图八，第67页）。蕃池，当即指此蓄水池。

　　④　讯婴，讯，审讯，讯鞫。《史记·张汤传》："鼠盗肉，其父怒，笞汤。汤掘窟得盗鼠及余肉，劾鼠掠治，传爰书，讯鞫论报，并取鼠与肉，具狱磔堂下。"婴，人名，简052、055、057皆"讯婴"，可推定为同一个案。

　　⑤　高木宫，疑为南越国的一处（座）宫室名，史籍失载。

　　⑥　南海，有二义。一指地域名。《史记·秦始皇本纪》三十三年置南海郡，郡治番禺。《汉书·地理志下》南海郡，班固自注："秦置。秦败，尉佗王此地。"二指水域名。《左传·僖公四年》楚子使与齐师言曰："君处北海，寡人处南海，唯是风马牛不相及也。"此处南海是春秋战国时人所称之今东海。《史记·南越列传》："番禺负山险，阻南海。"这是秦汉时人所指之南中国海。本简与简108均提及盈其人其事，似为同一个案。

　　⑦　壶枣，《尔雅·释木》壶枣，郭注："今江东呼枣大而锐上者为壶，壶犹弧也。"邢疏："壶枣者，枣形似壶也。"

　　⑧　高平，地名。《史记·赵世家》正义引《括地志》："高平故城在怀州河阳县西四十里。"同书《范雎列传》正义引《括地志》作"西北四十里"。今河南沁阳市。

　　⑨　曰枣，疑为白枣之误。白枣，《尔雅·释木》樲，白枣，郭注："即今枣子白熟"。邢疏："枣子白熟者名樲"。高平白枣，似指从高平移植到岭南一种名叫白枣的枣树。

　　简068、069、090记"壶枣"、"曰（白）枣"，应是内容性质近似的编联简。

野雄鸡①七其六雌一雄以四月辛丑属中官租　纵②（简 073）

▨四月辛丑属中官租纵（简 075）

□□德食官③脯侍以夜　食时往德脯其时名已无（简 079）

近（趏）弩令缇④故游衙（徼）⑤持将则卒廿六年⑥七月属　五百

藉（积）引末弓□（简 081）

▨张成故公主⑦诞舍人⑧廿六年七月属　　　　将常使□□上蕃

---

①　野鸡，汉人避吕后讳，故称雉为野鸡。《汉书·高后纪》注引"荀悦曰：讳雉之字曰野鸡。"

②　中官租纵，凡二见（简 073、简 075），其上记同一日期（四月辛丑属），似为同一种籍簿内容的简文。中官，指宦官，太监。《汉书·高后纪》八年："诸中官、宦者令丞皆赐爵关内侯，食邑。"注引如淳曰："诸官加中者，多阉人也。"中官租，似为一种租赋之名，也可能指由宦官来征收租赋。纵，人名，似为征收中官租者或简文书写者。

③　食官，战国秦汉铜器上常见"食官"铭刻。《汉书·百官公卿表》奉常、詹事属下都有食官。奉常"掌宗庙礼仪"，詹事"掌皇后太子家"。本简"食官"似指南越国詹事属下之食官。

④　近弩令缇，近弩疑即趏弩，用脚踏张的强弩，亦作蹶张。《汉书·申屠嘉传》注："弩，以手张者曰擘张，以足踏者曰蹶张。"战国西汉玺印封泥屡见"发弩"，与之近似。趏弩令，引发强弩的职官。《汉书·地理志》记南郡有"发弩官"，注"主教放弩也"。趏弩令职司近似。缇，人名。

⑤　游衙，疑即"游徼"。游徼，秦置，乡官名。《汉书·百官公卿表》："乡有三老，有秩、啬夫、游徼……游徼，徼循禁贼盗。"

⑥　廿六年，指南越王即位的纪年而不是汉朝皇帝的纪年。南越国五主共传九十三年（公元前203—前111 年），在位超过二十六年的只有赵佗一人。赵佗曾两次称王，一次称帝。据《史记·南越列传》，第一次是汉高祖四年（公元前 202 年）自称"南越武王"，廿六年应是汉文帝前元二年（公元前178 年）；第二次"汉十一年（公元前 196 年）遣陆贾，因立佗为南越王"。廿六年应是汉文帝前元九年（公元前 171 年）；第三次是吕后五年（公元前 183 年）"佗乃自尊号为南越武帝"。廿六年应是汉文帝后元六年（公元前 158 年）。简文"廿六年"，以第一次称王纪年的可能性较大，即汉文帝前元二年（公元前 178 年）。

简 081、简 091、简 096 都有"廿六年"，内容应是性质近似的一事一简。

⑦　公主，《史记·高祖本纪》正义："汉制，帝女曰'公主'，仪比诸侯。"《汉书·王吉传》："汉家列侯尚公主，诸侯则国人承翁主。"又《百官公卿表》："诸公主家令、门尉皆属（宗正）……列侯所食县曰国，皇太后、皇后、公主所食曰邑。"是知公主为皇帝之女，其地位相当于诸侯王。她们必以列侯为婚，有自己的官署。置有家令、门尉等职官。《张家山·二年律令·置吏律》简二二四："诸侯王女毋得称公主。"也说明"公主"为帝女之专称，与《史记》、《汉书》所载合。本简"公主诞"为僭号南越武帝赵佗之女。

⑧　舍人，身份名称或官名。《史记·秦始皇本纪》："李斯为舍人。"集解引文颖曰："主廅内小吏官名。或侍从宾客谓之舍人也。"汉设舍人，为正式职官。《汉书·百官公卿表》："太子太傅、少傅，古官。属官有太子门大夫、庶子、先马、舍人。"汉诸侯、官吏亦自有舍人。《汉书·高帝纪上》记南阳守有舍人陈恢，注引苏林曰："蔺相如为宦者令舍人。韩信为侯，亦有舍人。"师古曰："舍人，亲近左右之通称也，后遂以为私属官号。"这批木简，"舍人"凡二见（简 091、简 096），表明南越国亦有舍人，其为"私属官号"，正如颜师古所云。

禺①人（简091）

　近（赾）弩共都庿（严）　　故潭侯舍人［廿］大〈六〉
［年］八月属　五百䆋（积）引［末］□（简096）

　诘②庠地唐唐守苑行之不谨鹿死腐（简084）

　戊戌常使将不□鸡居室③　　出入（简095）

　丙午左北郎④取等下死灵泰官⑤　　出入⑥（简099）

　弗得至日夕时望（望）见典宪⑦驱其所牧□（简097）

　大奴虏⑧　　不得鼠⑨　　当笞五十（简105）

---

　①　蕃禺，蕃、番古代互通，蕃禺即番禺，今广州。南越王国墓出土铜器铭刻和广州1097号南越国墓出土漆奁烙印都写作"蕃禺"，但广州和九龙东汉墓墓砖已写作"番禺"，今本《淮南子》、《史记》、《汉书》也都写作"番禺"。看来加草头的"蕃禺"似只通行于秦汉年间，到了东汉，南北各地已通用"番禺"了（参看《西汉南越王墓》上册，文物出版社1991年版，第313页）。

　②　诘，责问。《礼记·月令》注："诘，谓问其罪，穷治之也。"《周礼·大司马》注同。

　③　居室，汉官署名。据《汉书·百官公卿表》：居室属少府，拘禁犯人的处所。武帝太初元年改名保宫。《史记·魏其武安侯传附灌夫传》：田蚡"劾灌夫骂坐不敬，系居室"可证。此处指南越国居室，仿汉廷建制。

　④　左北郎，郎，官名。战国始置，秦汉时直宿卫，有中郎、郎中、外郎之分，称"三郎"，均属郎中令。（参看安作璋、熊铁基《秦汉官制史稿》上册附录王克奇《论秦汉郎官制度》，齐鲁书社1985年版）此处"左北郎"乃南越诸郎官之一，史籍未载。

　⑤　泰官，即太官、大官。古籍中，泰、太、大三字互通。《汉书·百官公卿表》少府属下有太官令丞，颜注："太官主膳食"。《续汉书·百官志三》：少府属下"太官一人，六百石"。本注曰："掌御饮食"。《汉旧仪（补遗）》："太官令一人，秩六百石，掌鼎俎馔具。"可证太官是掌管皇帝饮食的职官，其衙署称"太官署"，其长官称"太官令"。南越王墓曾出土"泰官"封泥15枚（《西汉南越王墓》上册，第309页），可证南越国亦有"泰官"设置。

　⑥　出入，这批木简有多枚简末了书写"出入"二字，似同属籍簿文书。

　⑦　典宪，典，里典，亦即里正，约当后世保甲长或村长。宪，里典名。江陵张家山汉墓出土《奏谳书》有"典赢"（《张家山汉墓竹简》文物出版社2001年版，第228页）。宪赢二人职务相同。

　⑧　大奴虏，大奴名虏。《汉书·昌邑哀王刘髆传》注："凡言大奴者，谓奴之尤长大者也。"

　⑨　鼠，老鼠是人类的大敌。简105、107、110都提到捕鼠，说明南越国鼠患严重。从简105"大奴虏不得鼠，当笞五十"、简110"陵得鼠三当笞廿"推知，南越国统治者对每个国人可能都规定了捕鼠数，规定的捕鼠数是五只，少捕一只应笞十。"大奴虏不得鼠"故"笞五十"。陵仅捕三鼠，少二鼠，故"笞廿"。简107"则等十二人得鼠中员"，大约是共捕六十只鼠，故"不当笞"。鼠患可致农作物歉收，又会引发传染病致人死亡。老鼠两大危害，史不绝书。1958年中央发动全民"除四害"，灭鼠是其一。1910年东北鼠疫蔓延，死亡六万余人，震惊中外（《文摘周报》2005年11月4日）。鼠疫至今仍是全国重要的防治传染病之一（新华通讯社，2006年1月13日）。青海草场和洞庭湖畔至今仍是鼠害重灾区，近年相继爆发"人鼠大战"，损失惨重（《新京报》2005年7月15日；《凤凰周刊》2007年第22期，总第263期）。南越都城番禺地处珠江三角洲河网地带，气候闷热潮湿，老鼠的两大危害，随时都有可能发生。这三支木简，折射出当时南越国政权对鼠害的高度重视。

□则等十二人　　　得鼠中员①　　　　　不当答（简107）

☑陵　　　得鼠三　　　当答廿（简110）

叴（既）操其书来予景巷②有左问不邪邪已以对（简111）

受不能□痛殛往二日中陛下③（简116）

适令④穿兕颈皮⑤置卷門其皮⑥史福有可（何）⑦（简118）

横山⑧（简134）

（本文木简图片由南越王宫博物馆筹建处提供）

---

　　① 中员，中有符合、及、达到、满的意思。《辞源》（1979年版，第53页）"不偏不倚，无过不及叫中"。《说文》：员，"物数也"。《词源》（修订本，第518页）员，"定额的人或物"。中员，达到所要求的定数。此处指符合规定的捕鼠数。

　　② 景巷令，第一字不太清楚，若可认定为"景"字，下二字当是"巷令"。景巷令即永巷令（《西汉南越王墓》上册，文物出版社1991年版，第308页）传世有"永巷丞印"封泥、"齐永巷丞"封泥（《古封泥集成》第22、64页）汉长安城出土秦封泥有"永巷丞印"封泥（《考古学报》2001年第4期，第526页）。南越王墓前室发现身佩"景巷令印"殉人一具（《西汉南越王墓》上册，第28页），年代在汉武帝时。《汉书·百官公卿表》记少府、詹事属官皆有永巷令，且皆以宫中宦官充任。南越国似亦如是。

　　③ 陛下，对帝王的尊称。秦以后专称天子为陛下。《史记·秦始皇本纪》："自上古不及陛下威德。"蔡邕《独断上》："陛下者，陛，阶也，所由升堂也。天子必有近臣执兵陈于阶侧，以戒不虞。谓之陛下者，群臣与天子言，不敢指斥天子，故呼在陛下者而告之，因卑达尊之意也。上书亦如之。"

　　④ 适令，适，《汉书·食货志下》："故吏皆适令伐棘上林，作昆明池也。"颜注："适读曰谪。谪，责罚也，以其久为奸利。"谪令，责令也。

　　⑤ 穿兕颈皮，穿，穿凿，引申为刺杀。兕，字形似《说文》𡬠之古文。"如野牛而青，象形，𡬠头，与禽离头同。"段注："兕如野牛，青色，其皮坚厚，可制铠。"《尔雅·释兽》："兕，似牛。"郭注："一角，青色，重千斤。"《周礼·考工记》："函人为甲，犀甲七属，兕甲六属，合甲五属。犀甲寿百年，兕甲寿二百年，合甲寿三百年。"穿兕颈皮，意即剥杀兕的颈皮。

　　⑥ 置卷門其皮，应是制作兕甲过程中的硝皮工艺。

　　⑦ 史福有可（何），史福，人名。"有可（何）"以下接下简，佚。

　　⑧ 横山，南越国境内地名，史籍未载。据今地图查寻，中国和越南有"横山"地名共二十处，位于岭南的有三处，分别在广东廉江市、广西忻城县和越南河静省。其中廉江横山、河静横山值得注意。廉江横山位于北部湾安埔港，隔海与合浦相望，地位重要。越南横山位于今越南河静省东南海边，约当汉日南郡东北海隅。汉武帝元鼎六年平南越，置十郡，其中的日南郡"辖境约当今越南中部北起横山南抵大岭地区"（《辞海》缩印本，中华书局1980年版，第1369页）。从所处地理位置看，横山应是汉日南郡的一处海上通商港口。上引的这两处横山，均位于汉代海上通道上，故疑本简残存的"横山"地名，似与其中一处"横山"有关。

简 004　　　简 008　　　简 009　　　简 009 - 1　简 017

简 023　　　简 026　　　　　简 052　　　　　简 054　　　　　简 055

简 057　　简 067　　简 069　　简 068　　简 073

简 075　　简 079　　简 081　　简 084　　简 090　　简 091

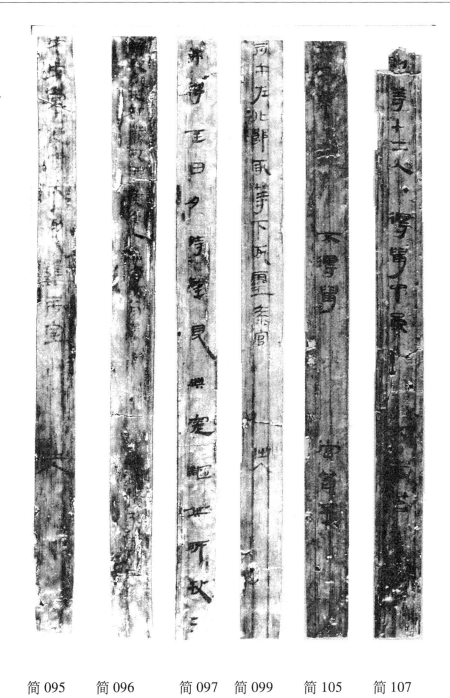

简 095　　简 096　　　简 097　简 099　　简 105　　简 107

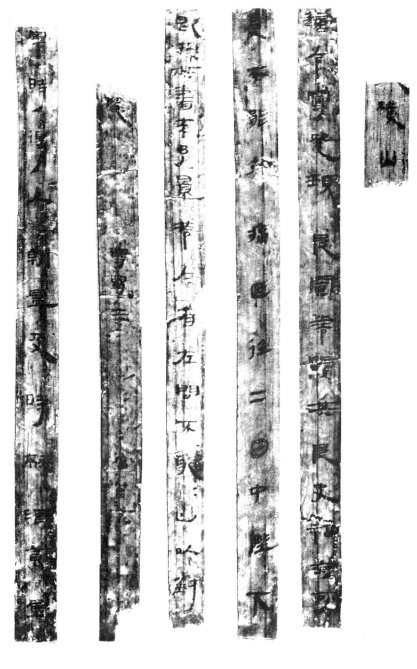

简 108　　　简 110　　　简 111　　　简 116　　　简 118　　　简 134

关于广州南越王墓的墓主问题

广州南越王墓发掘后，我们曾发表一个初步报告。① 在初步报告中，我们根据墓主身上出土的"文帝行玺"金印、"赵眜"玉印和有关出土物，肯定墓主是第二代南越王赵眜，即《史记》、《汉书》中的赵佗之孙赵胡。由于初步报告着重报道发掘情况，对墓主问题未作详细论证。随后，麦英豪和我分别在《广州研究》、《人文杂志》等刊物上进一步谈到这个问题。② 1986年1月，我应香港中文大学中国文化研究所的邀请，作《南越王墓发掘的主要收获》报告，又附带论及墓主问题。饶宗颐先生亲临讲堂，对我的看法给予肯定，随后又发表专文，做了有益的补充。③ 我以为墓主问题似乎可以到此定论，不必再费笔墨，孰料学术上的不同意见，往往是倡言者始料所不及的。不少学者提出多种不同意见，归结起来主要基于以下两点：一是墓主身上随葬的两枚"泰子"印，一金一玉，质料不同；钮式、印文、款式也有别，据此断定这2枚印玺不是一人之物，而是分属两个不同的主人。二是出土的玉印"赵眜"与史载第二代王赵胡的名字不符，认为眜与胡是父子关系或兄弟关系。换言之，墓主是继眜以后的赵胡，为南越第三代王。总的来说，争论的基因在于出土名章与史籍记载的名字不同，导致了对墓主所属世系的不同看法。下面我们再就这个问题从三方面进行考察分析。

第一，墓主身上的玺印及有关封泥（"眜"、"帝印"）、铭刻（"文帝九年"），其所有者都应是墓主本人，这是判断墓主是谁的不容争辩的内在物证。

① 广州象岗汉墓发掘队：《西汉南越王墓发掘初步报告》，《考古》1984年第3期。
② 麦英豪、黎金：《广州象岗南越王墓墓主考》，《广州研究》1984年第4期；又见《考古与文物》1986年第6期；黄展岳：《读史札记·赵佗年寿与第二代南越王》，《人文杂志》1984年第6期；又《关于广州南越王墓的墓主问题》，香港《明报月刊》1986年10月。
③ 饶宗颐：《南越王墓墓主及相关问题》，《明报月刊》1986年4月。

《史记》、《汉书》中《南越（粤）列传》所记述的南越国世系，则是我们的主要参考史料，又是我们结合物证立论的基础。《史记》、《汉书》两传都说南越王国"自尉佗王，凡五世九十三岁而亡"，如果没有十分可靠的证据足以修改两传中的这句话，我们不能轻易改变对两传的信从。这是讨论墓主是谁的前提条件。根据内在物证和对《史记》、《汉书》两传的信从，我们认为，"文帝行玺"金印与"赵眜"玉印同出，二者应是一人。《汉书·南粤传》记第三代南越王婴齐"藏其先武帝文帝玺"，证明文帝应是武帝的直接继承者。虽然，今本《史记》、《汉书》只记赵佗生前"自尊为南越武帝"而没有直接提到第二代"自尊为南越文帝"；今本《史记》也只有婴齐"藏其先武帝玺"，没有提到"文帝玺"。其实在《史记·西南夷列传》记唐蒙上汉武帝书中已明确提到赵胡（眜）"乘黄屋左纛"的事。另一方面，从汉廷追谥历代南越王的事例也可得到佐证。《史记》、《汉书》虽然没有提到第二代生前僭号文帝，但传文中有"胡薨，谥为文王"一语，由此反证其生前必效其祖故事而僭号"文帝"。清代梁玉绳早已洞察及此，他在《史记志疑》（卷34）中正确指出："《汉书》作武帝文帝玺，佗僭帝号有玺，宜也，岂其孙亦僭帝号乎，盖其居国中，两世窃如故号耳，则此（指《史记·南越列传》——引者注）缺'文帝'二字。""文帝行玺"金印的出土，说明《汉书》的记载和梁玉绳的考证是完全正确的。赵佗是在秦末战乱中建立起南越政权的。刘邦诛灭项羽后，并不愿意让他继续存在，但迫于形势，又不得不承认既成事实，追封赵佗为南越王。赵佗的本意是称帝，"乘黄旗左纛"，与汉廷相对抗，但限于实力，表面上又不得不向汉廷称臣。于是出现了赵佗生前自称武帝，而又向汉廷称臣奉贡职。依胡死，赐谥"文王"例，赵佗死，汉廷很可能是追谥他为"武王"的。

文帝病危，婴齐请归，可知文帝丧事是婴齐操办的。婴齐为了取得汉廷的信任，故意藏其先武帝文帝玺。藏到哪里？史书没有记载。发掘表明，墓中出土的这颗"文帝"金印，应是婴齐藏入的。

有的学者把藏印和葬印分开，认为婴齐在位时藏"文帝"玺，等到自己死时才把"文帝"玺放在自己墓中，从而推定此墓为婴齐墓。① 这是一

---

① 高伟云：《南越王墓发掘的主要收获——根据资料试论墓主是谁》，香港《华侨日报》1986年3月19日，《学文》副刊第55期。

种猜测。《说文》："葬，藏也。"可见藏印可以藏在密室中，也可以藏入墓中，实在没有理由加以区分。

第二，出土名章"赵眜"与史书"赵胡"不符，这点我们已考虑到，并在初步报告中作过解释。应该承认，历史上确实存在许多音义通假，一人多名，一名多字多号，以及传抄失实等事例。例如，史书"勾践"，出土铭刻为"鸠浅"；史书"勾吴"、"阖庐"、"阖闾"，出土的铭刻、简书作"攻敔"、"工䲧"、"盖庐"；《战国策》有"触詟"，出土帛书作"触龙言"；还有长沙马王堆2号墓墓主的名章是"利苍"，《史记》作"利仓"，《汉书》作"黎朱苍"，等等。中国地域辽阔，方言土语很多，眜、胡不符的原因还可能由于华语方言不同而出现不同写法。胡是华语标音写法，眜是方言标音写法。可惜南越方言今已无征，不可得其详。

还应看到，古代有许多少数民族首领，因仰慕华夏文明或出于政治上的考虑，往往使用两个名字，一个是本族名，另一个是华化名。吴王僚、吴公子光是两个典型例子。《左传》昭公二十年："员如吴，言伐楚之利于州于。公子光曰：'是宗为戮，而欲反其仇，不可从也。'"杜注："州于，吴子僚；光，吴公子阖庐也。"由是知州于、僚和阖庐、光是皆一人而兼有二名。州于、阖庐为原来的吴式名，僚、光为即位后通用的华化之名[1]。南越与吴，时代有先后，然皆为百越之支系，其语言风俗习惯与中原不同，人的名、号、谥也比较复杂。南越王有"汉人从越俗"的特点，又有仰慕汉朝的特点，所以有可能与吴越一样，一人而兼有越式名、华化名。如果推论可以成立，眜就应是原来的越式名，胡可能是即位后通用的汉化之名。在与汉朝交往的正式场合中用"胡"，在南越宫廷中用"眜"。

总之，眜、胡不符既为历史事实，其原因或出自传抄致误，或出自一人二名（一越名，一汉名），或出自名、字、号的歧异，或出于音义通假。虽然目前还不能找到最直接、最合理的解释，以后也可能永远无法究明，但都不能妨碍墓主赵眜即《史记》、《汉书》中的赵胡的结论。

墓主身上佩带的两枚"泰子"印，我们在发掘初步报告中曾说"泰子"印应是未及嗣位而亡的佗之子的遗物，被嗣位的佗之孙胡（眜）带

---

[1] 顾颉刚：《楚吴越王之名、号、谥》，《史林杂识》（初编），中华书局1963年版。

入墓内的，后来看到刘瑞、冯雷合写的《广州象岗南越王墓的墓主》一文，他们支持我们定南越王墓墓主是《史记》、《汉书》记载中的赵佗之孙赵胡，同时指出嗣位之皇孙（或王孙）亦可称太子。[①] 两说互较，刘、冯说庶几近是。由是，可以进一步推定，这两枚"泰子"印应是墓主赵眜（胡）被确立为嗣王时所拥有，死后自行佩带入墓，抑或由其子婴齐送入墓中。有的学者把两枚"泰子"印认定是分属赵胡、赵眜所有，并说二人都曾为太子，眜、胡是父子关系或兄弟关系，甚至说象岗南越王墓的墓主是赵胡，死时携其"文帝"金印及其父兄眜的私印入葬[②]，这实在令人费解。墓主既然随葬了自己的官印，却不随葬自己的私印，而把早已去世的父兄辈的私章入葬，实在于理欠通；再说墓中有"眜"字封泥同出，如果眜是墓主的父兄，这就无异于说，父兄生前已为子弟检封葬品了，这岂不成了天大笑话。

第三，墓主是南越二主还是三主，是赵佗之子还是赵佗之孙？除了上述因出土2枚"泰子"印和赵眜与史载赵胡不相符而引出不同的意见外，有些学者又从"赵佗年寿有问题"出发，坚持墓主赵眜是赵佗之子，进而武断赵佗之子曾继任王位。[③] 公平地说，这看法并不是新发明。晋人皇甫谧、清人王鸣盛和近代著名历史学家吕思勉先生都曾谈论过。《史记》本传《集解》引徐广曰："皇甫谧曰：越王赵佗以建元四年卒，尔时汉兴七十年，佗盖百岁矣。"从语气看，皇甫谧对赵佗年寿，似乎有点怀疑，但他未置肯否；至王鸣盛才加以具体化。《汉书》本传《补注》引王鸣盛曰："佗于文帝元年自称'老夫处粤四十九年'，历文帝二十三年，景帝十六年，至武帝建元四年，凡四十三年，即以二十余岁为龙川令，亦百十余岁矣。"王鸣盛表示怀疑，仍然没有公开否定。吕思勉根据王鸣盛对赵佗年寿的怀疑，进而对《史记》、《汉书》所载的"佗死孙继"表示怀疑。他发现《史记》本

---

① 刘瑞、冯雷：《广州象岗南越王墓的墓主》，《考古与文物》2002 年增刊"汉唐考古"。详参本书《南越王墓出土文字汇考》"泰子"条。

② 黄文宽：《南越文王的名字、卒年辨》，《岭南文史》1985 年第 2 期；又见余天炽等《古南越国史》，广西人民出版社 1988 年版，第 239—241 页。

③ 《南越王墓解开了千古之谜》，《历史大观园》1985 年创刊号；《南越文帝是谁？》，香港《华侨日报》，《学文》副刊第 51 期，1986 年 1 月 9 日。

传佗"至建元四年卒"而《汉书》无"卒"字，于是认定《汉书》无"卒"字是对的，说"《史记》盖本无卒字，如谵者亿（臆）补之也"。又以《史记》本传末断句作"自尉佗初王，后五世九十三岁而国亡焉"为证，断定"佗之子亦尝为王。佗卒子继之年不可知，其子卒而胡继则在建元四年。以事理推之，未始不可补'佗卒子继立'五字。然《史记》不可补者，古人之慎也"。① 口人泷川资言也持类似看法。他认为"史汉皆不书佗子，盖外藩事略"。② 这实实在在是一个常识性的失误。

南越国的世系和存在的年数，《史记》、《汉书》都说传"五世九十三岁而国亡焉"。吕思勉先生为了窜入"佗之子亦尝为王"的设想，把此句中的"后"字移下读，变成自尉佗以后还有五世93年。如果照吕氏断句理解，南越国就应该是共传六世160多年，这显然是与史实相忤的。至于赵佗的年寿，首倡"百十余岁"的是王鸣盛，而王氏计年的唯一依据是《汉书》记佗于文帝元年（公元前179年）上书时自称"老夫处粤四十九年"一语，依此年上溯，知佗处粤始于秦始皇十九年（公元前228年）。始皇十九年六国兼并正殷，楚国雄踞长江以南，真定（属赵）人赵佗怎能"处粤"？《史记·主父偃传》：秦灭六国后，"乃使蒙恬将兵以北攻胡……又使尉屠睢将楼船之士南攻百越，使监禄凿渠运粮，深入越……越人击之，秦兵大败。秦乃使尉佗将卒以戍越"。又《淮南子·人间训》：秦始皇"发卒五十万，使蒙公、杨翁子将，筑修城，西属流沙……又利越之犀角……乃使尉屠睢发卒五十万为五军……三年不解甲驰弩，使监禄无以转饷……（越人）夜攻秦人，大破之，杀尉屠睢，伏尸流血数十万。乃发适戍以备之"。二书说的是一回事。文中虽然没有具体说明"南攻百越"的年月，但史汉本传开首就明确说到了赵佗入越后"与越杂处十三岁"。从汉高祖元年往上推13年是始皇二十八年（公元前219年）。本此，赵佗在这年随屠睢南下，当屠睢被杀后"将卒成越"的时间和事件都相吻合。又据《史记·秦始皇本纪》、《南越列传》，始皇三十三年略定南越，置桂林、南海、象郡，时佗为龙川县令。说明从始皇二十八年，赵佗一直留居

---

① 吕思勉：《吕思勉读史札记》，上海古籍出版社1982年版，第620页。
② 泷川资言：《史记会注考证》第九册，文学古籍刊行社1955年版，第8页。

岭南。假定始皇二十八年时赵佗已 20 岁，至文帝元年相隔有 39 年；历文帝、景帝至武帝建元四年，又经 43 年，实足年寿应是 102 岁。逾百岁固然不多见，但是不能因为不多见而否定其存在。所以，我们认为《史记》记佗"至建元四年卒"一语不误。今本《汉书》记文帝元年佗上书自谓"处粤四十九年"之四十九"应是""三十九"之讹。汉代简书"四十"常作"卌"或"𠦜"；"三十"常作"卅"或"𠦄"，二者仅一笔之差。由此，我们颇疑今本《汉书》的讹误非始自班固，而极可能是后代的误抄。

以上论证墓主赵眜即《史记》、《汉书》《南越（粤）列传》中的第二代王赵胡，剩下的就是墓葬的年代了。《史记》、《汉书》对第二代南越王的在位年数没有明确记载，仅知第二代即位于建元四年（公元前 137 年），第三代到元鼎四年（公元前 113 年）已殁，这中间共 24 年，是为第二代、第三代在位年数的总和。《史记·南越列传》记赵佗"建元四年卒，佗孙胡为南越王……后十余岁，胡实病甚，太子婴齐请归。胡薨，谥为文王"。《汉书》夺"卒"字，余同。出土铜句鑃刻铭"文帝九年乐府工造"，说明《史记》、《汉书》记胡（眜）在位 10 余年当可信。由此推定，第二代南越王大约死于元朔末、元狩初，估定在公元前 122 年左右，入葬年代亦以死年或稍后一二年为宜。

对照墓主遗骸的鉴定研究，也有助于说明墓主与赵佗的祖孙关系。

墓主遗骸经鉴定，判断死亡年龄为 35—45 岁。[1] 今以 40 岁估算，知墓主约生于文帝末（公元前 162 年左右），是时赵佗应有八九十岁（照王鸣盛推算已近百岁）。耄耋之年生子，实为奇谈。故墓主绝非赵佗之子，甚明。把他看成是赵佗的孙子，则符合实际情况。从古代帝王早婚，祖孙（佗、眜）岁差又达八九十年这两个方面估算，墓主赵眜不会是赵佗的长孙，而应是赵佗的次孙中的一个。

（原载《先秦两汉考古与文化》，允晨文化出版公司 1999 年版。收入本书时，稍作修订）

---

① 广州市文管会等：《西汉南越王墓》附录一二，文物出版社 1991 年版。

关于贵县罗泊湾汉墓的墓主问题

　　两广的汉初南越国墓葬，截至目前，已发掘 300 多座。其中以 1983 年在广州发掘的南越王墓为最大，其次是 1976 年和 1979 年在广西贵县罗泊湾先后发掘的一号墓、二号墓。广州南越王墓内发现帝号印和名章，墓主身份姓名明确，而在罗泊湾一号墓、二号墓的出土物中，缺乏直接判断墓主的依据。有些同志曾对这两座墓的墓主身份和族属问题作了探讨。有的认为，一号墓的墓主是从中原南下的汉族将领，不是王侯，死时的身份是桂林郡的郡守或郡尉。[①] 有的认为，一号墓的墓主是南越国分封于当地的异姓诸侯，骆越人。[②] 二号墓的墓主是南越王国派驻本地的相当于王侯一级官吏的配偶。[③] 我们在广州南越王墓发掘的初步报告中曾附带提到罗泊湾一号墓、二号墓为西瓯君夫妇墓[④]，但没有具体论证。鉴于对这两座墓墓主身份及族属的认定，将有助于南越国史的深入研究，所以，准备就这个问题发表自己的一点看法。

　　我认为，罗泊湾一号墓应是受南越王赵佗册封的当地土著首领——西瓯君，册封的情况类似汉高祖承认赵佗为南越王一样。西瓯君的政治地位相当于汉初异姓诸侯王，性质与赵佗任命的地方一级监守不同。二号墓应是西瓯君夫人，她可能是一号墓墓主的夫人，也可能是稍后于一号墓墓主的嗣位西瓯君的夫人。

---

　　① 广西壮族自治区文物工作队等：《广西贵县罗泊湾一号墓发掘简报》，《文物》1978 年第 9 期；广西壮族自治区文管会：《广西出土文物》，文物出版社 1978 年版，第 4 页；蒋廷瑜：《贵县罗泊湾一号墓墓主族属的再分析》，《学术论坛》1987 年第 1 期。

　　② 蓝日勇：《试论罗泊湾一号墓墓主身份及族属》，《广西文物》1986 年第 1 期；又见《广西民族研究》1986 年第 2 期。

　　③ 广西壮族自治区文物工作队等：《广西贵县罗泊湾二号汉墓》，《考古》1982 年第 4 期。

　　④ 广州象岗汉墓发掘队：《西汉南越王墓发掘初步报告》，《考古》1984 年第 3 期。

下面分五个方面进行讨论。

一　墓葬形制

已发掘的南越国时期的墓葬，与长沙汉初墓相同，基本上都是采用战国时期楚国流行的长方形竖穴土坑木椁墓。其特点是有封土，带斜坡墓道，墓室周围填塞膏泥；椁室中部设棺室，棺室周围分隔若干边箱。因墓主身份高低不同，边箱设置数量也多少不等，少则一个，多至八个。例如寿县李三孤堆楚王墓[①]，是在椁室中部设一主棺室，棺室周围设八个边箱。信阳长台关楚墓（大夫级）[②] 和江陵天星观楚邸阳君（上卿级）墓[③]，是在椁室中部设一个主棺室，棺室周围设六个边箱。沿袭楚制的长沙马王堆一号汉墓（轪侯夫人），椁室中部设主棺室，棺室周围设四个边箱。[④] 广州南越王墓构筑在象岗山腹心深处，从外形看，似为模仿汉霸陵"依山为藏"的建制，但它采用大揭顶深挖墓圹，在距岗顶深 20 米的土圹中以大石板砌造墓室，南辟墓道。墓室内分七室，中间是主棺室，周围有前室、东西耳室、东西侧室和后藏室（图一，3）。显然也是从楚制椁室设头箱、足箱、左右边箱的形制演变而来的。罗泊湾一号墓、二号墓也不例外。两墓东西并列，相距一里余，一号墓在西边，二号墓在东边，墓上都有高大封土，墓道向南，墓室周围填塞膏泥。一号墓（图一，1）的椁室中部设棺室，置双层漆棺，棺室周围设八个边箱，形制与寿县李三孤堆楚王墓（图二，3）全同；比长台关楚墓（图二，1）和天星观楚墓（图二，2）多二个边箱。二号墓（图一，2）的椁室内中部设棺室，置三层棺；棺室周围设四个边箱，形制与马王堆一号汉墓（图二，4）全同。此外，这两座墓还在椁室前端增设前堂，在椁室底下增设殉人坑；一号墓的椁室底下又有器物坑，墓道东侧还增设车马坑。前堂的设置仿自汉初中原洞室墓的前室或甬道（南越王墓在墓道尽端的墓门前设椁室，置殉人，亦寓此制）；

---

① 郭德维：《关于寿县楚王墓椁室形制复原问题》，《江汉考古》1982 年第 1 期。
② 河南省文物研究所：《信阳楚墓》，文物出版社 1986 年版，第 16 页。
③ 荆州博物馆：《江陵天星观 1 号楚墓》，《考古学报》1982 年第 1 期。
④ 湖南省博物馆等：《长沙马王堆一号汉墓》上册，文物出版社 1973 年版，第 36 页。

殉人坑、器物坑和车马坑，则是沿袭中原殷周高级贵族墓的墓制。

由此可以看出，罗泊湾一号墓、二号的墓主身份应是侯王级的高级贵族，非王国派出的地方郡守所能及。

关于这两座墓的下葬年代，两篇发掘简报都推定在南越国时期，这是对的，但属于南越国时期的前半段还是后半段，似乎还需要进一步酌定。我认为最合适的对比材料应该是广州的南越墓材料，特别是年代明确的南越王墓材料，其次是长沙的汉初墓材料，最后才是江陵的汉初墓材料。一号墓发表的更具断代决定作用的材料（指附有线图或照片的器物），如陶质的瓮、罐、三足罐、盒、三足盒，铜质的越式盘口鼎、铜鼓改制的三足案、彩绘人物云气纹的筒形器、铜盆，以及牍文书体和棺盖刻文书体，据此分析，我倾向于定在赵佗即位的后期，即相当于汉文帝元年到武帝建元四年（公元前179—前137年）。二号墓的形制与一号墓相同，仅椁室边箱数量较少。出土的陶瓮、陶罐、陶三足盒、越式铜鼎、提筒等重要器物的器形亦近似，下葬时间应与一号墓相隔不久。

二　人殉制度

这两座墓都采用人殉制度。一号墓椁室内发现漆棺三具。一具双层漆棺，置椁室中部的棺室内，当为主棺。两具单层漆棺，一置中部的东侧室内；另一具已漂移到前室。根据南越王墓主棺室之东侧室为四夫人之藏看，这具漆棺原来肯定也是放置在中部东侧室的。可惜椁室早年被盗，棺内已空无一物，但从漆棺所在的位置与南越王墓极为相似分析，可以肯定，这两具漆棺的死者，当是墓主生前宠爱的姬妾。在椁室底板下又设殉葬坑七个，每坑有木棺一具，棺内各一人，尸体用竹席或草帘包裹，有的棺内有少量随葬品。尸骨经鉴定为一男六女。男性年约13岁，有铁剑随葬，身份似为墓主生前侍从；女性皆16—26岁青少年，有的随葬竹笛等乐器，身份似为墓主生前的乐舞伎。这七个殉葬人的体质特征属华南人类型，很可能是长期生活在当地的土著民族。① 二号墓也在椁室底板下设殉

---

① 彭书琳等：《广西贵县罗泊湾西汉墓殉葬人》，《考古》1986年第6期。

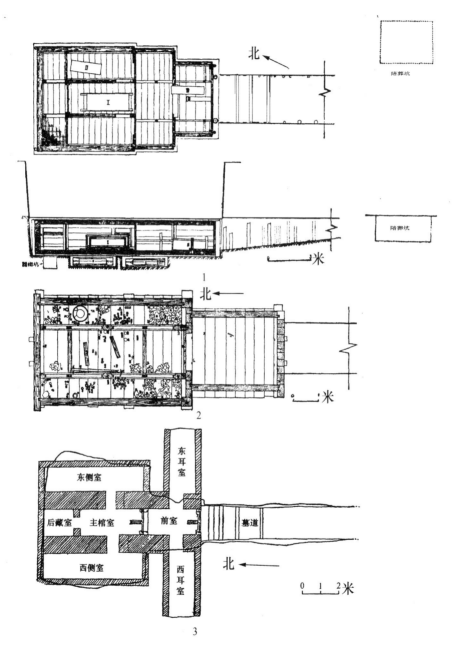

图一　罗泊湾汉墓和南越王墓

1. 贵县罗泊湾一号墓平剖面图　2. 贵县罗泊湾二号墓平面图　3. 广州南越王墓平面图

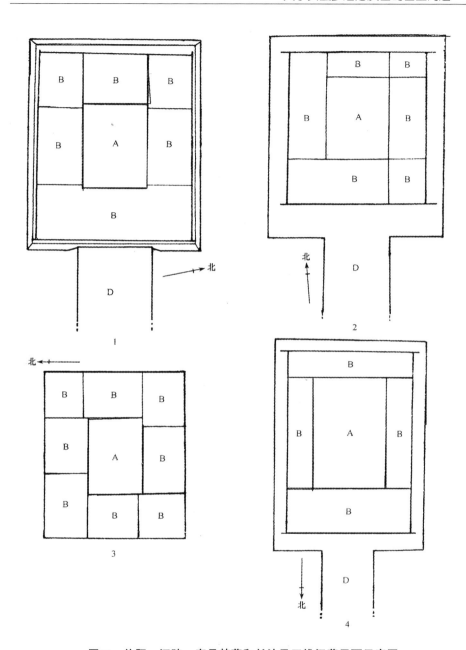

图二　信阳、江陵、寿县楚墓和长沙马王堆汉墓平面示意图

1. 信阳长台关楚墓　2. 江陵天星观楚墓　3. 寿县李三孤堆楚王墓　4. 长沙马王堆一号汉墓

（A 主棺室　B 边箱　D 墓道）

葬坑一个，仅存牙齿九颗，残朽的漆拐杖、漆奁、漆耳杯各一件。人牙经鉴定属一个个体，年龄约 20 岁左右，因尸骨已朽，性别不明，估计为墓主生前贴身侍婢。

中国人殉制盛行于殷周时代，至东周时期仍相当流行。考古发现的东周墓葬，保存较好，墓主身份大体可以认定的诸侯、封君、上卿、大夫墓，墓主一般都有殉人。西汉时期，人殉制基本消失，在已发掘的诸侯王、列侯墓中已经没有发现用人殉葬。《汉书》中有几起从死事件，属于特殊情况，不能作为常例。一般南越墓也没有发现用人殉葬。用人殉葬的南越墓只见于广州南越王墓和本文讨论的罗泊湾一号墓、二号墓。他们沿袭东周人殉制，而不用"汉法"，说明墓主身份特别高贵，绝非一般高级官吏所能办到。

三　文字资料

一号墓出土的许多漆耳杯上有"布山"、"市府草"烙印，在一件漆器木胎上有"私府"二字烙印。一部分铜器上有"布"、"布山"铭刻。

这种铭刻和烙印，大都是地方郡县市府（管理市井的机构）经营的制器作坊的标记。类似的烙印和铭刻，在长沙、江陵、云梦以及山东临淄、临沂等地的西汉前期墓中都有发现。

"布"是"布山"的省称。《汉书·地理志下》"郁林郡"下，原注："故秦桂林郡，属尉佗。"郁林郡辖县十二，布山居首，为郡治。旧说布山为武帝灭南越后更桂林郡为郁林郡时始置，罗泊湾一号墓"布山"烙印的发现，表明布山亦秦置，南越国时仍为桂林郡治所或西瓯国首府。标志"布山"、"市府草"的漆器和铜器，当为南越桂林郡或西瓯国市府经营的漆器手工业作坊或铜器手工业作坊所制作。能拥有郡国市府作坊制作的大量漆器和铜器，其身份当与掌治桂林郡或掌治西瓯国密切相关。

"私府"，据《汉书·百官公卿表上》："詹事，秦官，掌皇后、太子家，有丞。属官有……中长秋、私府、永巷、仓、厩、祠祀、食官令长丞。诸宦官皆属焉。"又《汉书·路温舒传》"迁广阳私府长"句下，颜注："藏钱之府，天子曰少府，诸侯曰私府。"可见私府是詹事属下为皇后、太子家或诸侯王家掌管钱财的职官。这件漆器上焰印"私府",表明它是皇后、太子家或诸侯王家的私府所掌管的器物,也可能表明这是为私府官署专门制作的用器。"私府"漆器出自罗泊湾一号墓,其来源有两种可能性:①南越国政权自比与汉廷等同,其分封于各地的侯王,当然也自比与汉朝的侯王相等,照"宫室百官,同制京师"例,南越国分封的侯王也可以有自己的百官建制。如是,则此焰印"私府"的漆器,应是当地侯王家私府所掌管的器物,或专为当地侯王私府制作的器物。②南越国虽然僭号称帝,其实质仅相当于汉廷诸侯王,其所分封的侯王,实质上仅相当于郡县令丞,不可能有自己的百官建制。如是,则此"私府"漆器应是南越王国赐予或赙赠罗泊湾一号墓墓主者。一号墓有汉式铜鼎一件同出。鼎上铭刻三处:"析,二斗大半升";"蕃,二斗二升";"布,一斗九升"。说明此鼎历经三地,并先后三次测定容量。此鼎先在析地,后入南越番禺,最后到达布山,归罗泊湾一号墓墓主所有。联系赵佗称帝时曾"财物赂遗闽越、西瓯、骆,役属焉"[1],这件铜鼎和"私府"漆器有可能都是南越国"赂遗"于罗泊湾一号墓墓主的。

可供说明二号墓墓主身份的文字资料有二,一是"夫人"玉印,另一是"家啬夫印"封泥。"夫人"玉印当为墓主封号印。墓中的"家啬夫印"封泥,表明二号墓的随葬器物是经过"家啬夫"检验缄封的。二者关系非常明确。

关于"夫人"和"家啬夫"的身份,简报已作了正确的论述。据《汉书·外戚传》,汉代皇帝的适配称皇后,妾皆称夫人;诸侯王之妻称王后,妾亦称夫人。另据《汉书·文帝纪》:"七年冬十月,令列侯太夫人、夫人……无得擅征捕。"颜注引如淳曰:"列侯之妻称夫人。"由此知二号墓墓主应是诸侯王之妾或列侯之妻。"家啬夫"指诸侯王或列侯的家臣。在汉代只有太子、公主、诸侯王、列侯的居处才能称"家"。"啬夫"一名,盛行于战国秦汉时代,多泛指主管民事诉讼和收取赋税的乡官。也有把县令称为"县啬夫"的。既称"家啬夫",当是主管墓主家事的家臣。据《续汉书·百官志五》,诸侯王、列侯"其家臣,置家丞、庶子各一

---

[1] 《史记·南越列传》。

人"。本注曰："主侍侯，使理家事。""家啬夫"名与"家丞"稍异，然其职司应相同。马王堆一号汉墓出土封泥作"轪侯家丞"[1]，阜阳汝阴侯墓出土封泥作"汝阴家丞"[2]，皆可证。

四　南越国的侯王

赵佗创建的南越国，表面上对汉朝"愿长为藩臣"，但"其居国窃如故号名"。设郡、县，置监、守，封侯、王；其朝廷百官如丞相、内史、中尉、太傅、校尉、司马，下至宫室名称、工官设置、礼乐丧葬制度，均"与中国侔"。[3]仅就"封侯、王"而言，赵佗亦照搬汉朝的模式。

汉朝分封侯王有三种情况。一种是汉朝直接分封的诸侯王、列侯，即高祖子弟及其嫡传子孙（同姓王，如楚王刘交），各地反秦首领（异姓王，如长沙王吴芮）及因臣功受封的侯（如平阳侯曹参）。另一种是新置郡县的民族地区，封其土著首领为侯王，如南越王赵佗、滇王当羌、夜郎侯多同。再一种是遥封外藩首领，如匈奴王、倭奴王。出土有"汉匈奴恶适尸逐王"印和"汉倭奴国王"印，可证。南越国赵氏政权也采用这三种方式。试各举一例为证。

1. 赵佗击并桂林郡后，以郡中物富民殷之地建苍梧国，封同姓赵光为苍梧王。《史记》、《汉书》南越传所载甚详，此不赘。

2. 赵佗攻破骆越，立其君安阳王之后为西于王。据《汉书·景武昭宣元成哀功臣表》："下鄜侯左将黄同，以故瓯骆左将，斩西于王功，侯七百户。"黄同原是南越命官，任"瓯骆左将"职，汉平南越时，他斩杀骆越首领西于王降汉，元封元年（公元前110年）受汉封为"下鄜侯左将"。据蒙文通先生和越南学者陶维英考证，西于王是安阳王的后裔。[4]由此推知，西于王应是赵佗并骆越后所立。

---

① 湖南省博物馆等：《长沙马王堆一号汉墓》上册，文物出版社1973年版，第112页。
② 安徽省文物工作队：《阜阳双古堆西汉汝阴侯墓发掘简报》，《文物》1978年第8期。
③ 《史记·南越列传》、《汉书·南粤传》。
④ 蒙文通：《越史丛考》，人民出版社1983年版，第77页；陶维英：《越南古代史》中译本，科学出版社1959年版。

3. 南越封外藩青蛉蛮首领为"归义青蛉长"。传世有"越归义青蛉长"印，旧说指为王莽所赐①，不确。蒙默同志认为，汉朝赐外藩首领印的首字均有"汉"字，赐国境内民族地区的土著首领印则无，此印首字作"越"，当为南越赐予青蛉君长者②，其说甚是。青蛉属益州，其地在今云南大姚、姚安一带，距南越番禺相去数千里。据《史记·西南夷列传》记载，在汉武帝开通西南夷以前，南越国曾"以财物役属夜郎，西至同师"。说明南越国与西南夷的关系是密切的。赵佗称霸南疆，以"蛮夷大长老"自居，采用汉朝对待外藩首领的办法，赐以印绶，授以官爵，赂以财物，是完全可能的。

由此类推，南越赵氏政权对于居住在国境内西部的西瓯（详下节）首领，当不会置若罔闻。《淮南子·人间》言秦军"杀西呕（瓯）君译吁宋，越人皆入丛薄中，与禽兽处，莫肯为秦虏。相置桀骏以为将，而夜攻秦人，大破之，杀尉屠睢，伏尸流血数十万，乃发谪戍以备之"。说明在南越国建国以前，西瓯已经有了"君长"，势力很强大。西瓯君译吁宋死后，又"相置桀骏以为将"，继续号令部族抗秦。《史记》、《汉书》南越传中提到高后死后，赵佗"以兵威边，财物赂遗闽越、西瓯、骆，役属焉"。又说汉平南越时，"越桂林监居翁谕瓯骆属汉"，都说明西瓯在南越国时期仍然是一支强大的部族。南越国既然在桂林郡置监守，当然也可以在桂林郡西瓯人聚居地划出西瓯国，封西瓯首领为侯王。我们蠡测罗泊湾一号墓墓主是受赵佗册封的西瓯君，就是从这个角度提出的。

五　瓯骆故地问题

瓯骆是百越中的重要支系，历代史家无异议，但它们是一个部族同居一地还是两个部族分居两地？却争论不休，相持未决。我们赞成已故蒙文通先生的意见。他认为，对待这个问题应以《史记·南越列传》为准。太史公是当时人，又是千古仰止的伟大史学家，较之后出的记载当然要可

---

① 陈直：《汉书新证》，天津人民出版社1979年版，第453页。
② 蒙默：《试论汉代"越巂"的"越"》，百越民族史研究会第四次年会论文，1984年。

靠。传载赵佗于高后死后，"以兵威边，财物赂遗闽越、西瓯、骆，役属焉"。传又载佗于文帝时上书言："其西瓯、骆、裸国亦称王。"传末太史公曰："瓯、骆相攻，南越动摇。"这三条记载皆以"瓯、骆"并举连言。证明"骆越之与西瓯，自民族言本为二族，自地域言本为二地，自政治组织言亦本二'国'"。①

西瓯、骆越的故地问题，亦以蒙文通先生的研究成果为可取。他据《淮南子·人间训》和《广州记》（《史记·南越列传·索隐》引）所载的地理方位，推定汉苍梧、郁林、合浦三郡为西瓯故地，汉交趾、九真二郡为骆越故地。② 当然，这仅指其大略而言，其间必有犬牙交错或两族混合聚居区；在郁林、合浦的南界和交趾北界一带，甚至彼此有"飞地"。现在要作详细划分，是不大可能的，但就罗泊湾所在的贵县而言，则是清楚的。《汉书·南粤传》载，汉平南越时，"苍梧王赵光，与越王同姓，闻汉兵至，降"。传又载，"越桂林监居翁谕告瓯、骆四十余万口降"。苍梧是秦军南下的首战之地。上引《淮南子·人间训》云，秦军在这里"杀西呕（瓯）君译吁宋"，后来西瓯大破秦军，"杀尉屠睢，伏尸流血数十万"，战争结束后，秦"乃发谪戍以备之"。充分说明这里是西瓯人的主要聚居区。秦平南越后，又有大批秦兵留戍在这里，成为瓯汉杂处之地。骆越人不太可能再杂处其间。由于这里的地理位置十分重要，所以赵佗决定在这里设置苍梧国，桂林监居翁统辖的地区便只有大约相当于汉郁林、合浦二郡地。在这两郡境内，有瓯、骆居民四十多万人，这四十多万人中，西瓯、骆越各占多少人，亦无从查考，不过，从上述瓯、骆故地的大体分区而言，桂林郡的居民，自应以西瓯人为主。贵县是秦桂林郡治布山故地，地濒浔江、郁江、黔江三江交汇处，紧邻苍梧，物富民殷，地理环境优越，它不但是南越国桂林郡的政治、经济、文化中心，必然也是西瓯人的主要聚居地，南越王赵佗分封西瓯首领为侯王，以领其民，自在情理中事。由于史文缺佚，封号不详，故不妨以西瓯君名之。

有同志据蒙文通先生引申《汉书·地理志》的瓯、骆人口比例，认为

① 蒙文通：《越史丛考》，人民出版社1983年版，第82页。
② 同上书，第76页。

贵县一带的主体居民是骆越，所以断定罗泊湾一号墓墓主为骆越人。这其实是误解。蒙先生据《汉书·地理志》所载瓯（郁林、合浦合十五万人）骆（交趾、九真合九十一万人）地区人数之比略为一比六，转而移用于"居翁谕告瓯、骆四十余万口"，说桂林郡内的瓯、骆人数之比也应该是略为一比六（即六万比三十六万），从而得出郁林、合浦二郡的骆越人远远超过西瓯人的结论。这不但同蒙先生自己推定的瓯骆故地的方位发生矛盾，同时也是违反历史真实的。假定蒙先生的这个结论可以成立，则西汉时期的骆越人应有一百二十七万（九十一万加三十六万），而西瓯人只有苍梧郡的十四万六千人（假定全是西瓯人），加上郁林、合浦二郡的六万人，即二十万有零！再就郁林、合浦二郡的人数看，汉平南越时（公元前111 年），这两郡有四十余万口，下距《地理志》所载的元始二年（公元2 年），仅存十五万口，相距一百一十二年，人口不但不增加，反而锐减！南海诸郡的人数也出现同样情况。看来《汉书·地理志》记载的汉平南越所置九郡的人口数的可靠程度也是值得怀疑的。蒙先生偶一失察，招致遗误。随文检出，不敢自信，求识者匡正。

（原载《南方民族考古》第二辑，四川科技出版社 1989 年版）

南越政权与赵佗

在中国南方，沿着广东省和广西壮族自治区的北界，有五座绵延起伏的大山岭，大致上呈东西走向，历来被统称为"五岭"。五岭以南的广大地区，自汉代以来就叫作"岭南"。汉高祖四年（公元前203年），岭南历史上出现了第一个真正的国家，史称南越国。南越国存在九十余年，在中国漫长的历史上只能说是昙花一现，可是它对岭南地区的历史发展却有着重要的意义，至今还在引发着历史考古学家的评说情趣。

岭南的开发与统一

岭南主要是丘陵山地，近海有冲积平原，属亚热带湿润季风气候。乔木参天，篁竹遍地；土地肥沃，物产富饶。

岭南先民历史

几万年以前，这里就有马坝人、柳江人等远古人类的足迹。两千多年前的先秦时期，在这片辽阔的土地上则居住着几支不同种姓的越人，习惯上称他们为南越、西瓯、骆越。他们和居住在江苏南部、浙江、福建、江西、湖南等地的吴越、闽越、于（干）越、扬越，被泛称为"百越"。大致上而言，南越人主要分布在今广东省境内；广西中部以北与湖南交界处主要是西瓯人的活动区；骆越人则散居在广西南部、西南部以及今越南北部的红河三角洲一带。他们世世代代在这片广袤的土地上生息繁衍，谱写着岭南古代史的第一章。

根据古书记载和考古资料的研究，先秦岭南地区还是九州之外的蛮荒之地，既不属于周朝版图，也不归任何诸侯国管辖。几支不同种姓的越人都靠农业生产为生，种植水稻兼及黍粟等旱地作物。捕捞、狩猎也是重要的生活来源。青铜制的斧钺类工具在社会生产中占有重要地位，对开发山林、编织竹制用品发挥很大的作用。但农业生产仍大量使用木、石、骨、蚌等工具，农耕水准则停留在"火耕水耨"、"耒耜而耕"的锄耕农业阶段。最常见的生活用器是一种拍印几何纹的陶器。他们断发纹身（即剪短头发，用针和颜料在身上刺涂出龙蛇的图案），穿麻织的贯头衣。崇拜鬼神，敬畏祖先，迷信鸡骨占卜。居住在木竹或茅草搭盖的高脚木（或竹）屋上（学名叫"干栏式建筑"）。光脚行走，遇江河水道则用独木舟。没有文字。说胶着音的越语。

从出土文物看，岭南越人与北边百越之间的联系已渐渐增多，和中原汉人也互有交往，而与东南亚某些地区可能也有原始的产品交换关系。考古工作至今尚未发现他们的城市遗址，也没有发现成片的聚落遗址。虽然他们较早学会炼铜技术，但进展速度极为缓慢，在生产上或社会结构上尚未引起重大的变革，看来岭南地区在先秦时期并未脱离原始社会阶段。[①]

秦平岭南

中原人早就知道岭南是个遥远而富庶的地方。秦始皇听说那里出产"犀牛、象齿、翡翠、珠玑"，于是在统一六国后，便决心征服这片土地。公元前220年，秦军进击闽越，并且顺利地取得胜利，遂于闽越所在地（今浙江省南部和福建省）设置闽中郡，为进军岭南建立第一个桥头堡。接着于公元前219年派遣将军屠睢统率五十万大军进兵岭南，真定（今河北正定）人赵佗亦为南下秦军将领之一。五十万大军兵分五路，其中三路进入今广东省境，迅速取胜，顺利抵达"番禺之都"；进入广西的两路，则遇到瓯越、骆越人的顽强抵抗。秦军"三年不解甲弛弩"，征战极其艰苦。

后来秦始皇派遣监御史禄率领兵民开凿灵渠，解决粮草、军械的运输问题，进而扭转战局，促使西瓯首领译吁宋被杀，越人大败。但瓯骆人不肯投降，逃入深山野林之中，继续推举勇猛善战的人出来领导，伺机伏

---

① 黄展岳：《两广先秦文化》，《文物与考古论集》，文物出版社1986年版。

击，夜袭秦军。秦军惨败，主帅屠睢亦于战役中被杀。秦始皇乃命任嚣继任，与据险坚守阵地的赵佗相互配合，终于打败瓯骆人，在岭南这片土地上设置南海、桂林、象郡三郡。时为秦始皇三十三年（公元前 214 年）。①

为有效地控制岭南，秦始皇把进入岭南的五十万大军就地留戍，随后又分三批从中原迁徙数万人到岭南，与越人杂处，共同开发岭南。

南越国的兴亡

秦平岭南之后，于番禺（今广州）置南海郡治，命任嚣为南海郡尉，并以赵佗为龙川县令，确实执行秦始皇的"汉越杂处"政策，使岭南的政局趋于平稳。未几，秦始皇于出巡途中病故，从此天下大乱。以陈胜、吴广为首的民众揭竿起义，昔日的六国军吏也趁机起兵反秦。

岭南第一政权的创建

当各地纷纷起义反秦之时，南海郡尉任嚣正逢身罹重病，自知不起，于是唤来最得意的下属赵佗，向他分析中原群雄争立的形势，以及岭南的有利地理条件，劝赵佗乘天下叛秦的机会，拥兵自守，立国称王。事未举而任嚣病死。这时秦朝已经土崩瓦解，临近灭亡，赵佗遂代行南海郡尉，传命各处守军严守关隘，切断通向中原的交通要道；同时移檄各县，诛杀不愿随他叛秦的秦官吏；向西扩展势力，兼并桂林和象郡，拥有岭南全境；以番禺为都城，自立为南越武王，成为岭南地区第一个出现的国家政权。时为公元前 203 年。②

公元前 202 年，汉高祖刘邦击败项羽，统一中原。虽不愿南越政权存在，但迫于中原民生凋敝，鞭长莫及，不得已于高祖十一年（公元前 196 年）遣陆贾出使南越，承认既成事实，册封赵佗为南越王，在诏书中称赞赵佗"居南方长治之，甚有文理"，愿意与之和解，开设关市，剖符通使；南越则和集百越，定期向汉廷进贡。双方关系和好。

---

① 《淮南子·人间训》；《汉书·严助传》。
② 《史记·南越列传》、《汉书·南粤传》。以下未注资料出处者，均见此二传。

汉高祖死后，其妻吕后掌权。吕后下令禁止向南越输出铁器和母畜。这对南越国经济是个致命的打击，迫使赵佗接连三次派大臣到长安上书陈请，但始终未得吕后解除禁令的允诺，因此激怒赵佗，公开与汉廷抗衡，并自立尊号为南越武帝。他以为汉越关系恶化，是长沙王阴谋吞并南越国，恶意向吕后进谗言所致，并以此为口实，发兵攻打长沙国边邑，趁机掳掠。吕后遂遣将军隆虑侯周竈前往征讨。时值酷暑，军中疫疾大作，大军未过五岭即因疫疾而折损不少，只得罢兵。1973 年发掘长沙马王堆三号墓时，墓中出土一幅《驻军图》，忠实地反映了当时双方军事部署的状况。[①] 赵佗趁击败汉军的威势，在通往岭北的关隘上加派重兵把守；同时以武力和财物慑服闽越、西瓯、骆越，加以控制。版图东西达万余里，使用与汉朝皇帝相同的礼仪制度，与汉廷公开抗衡。

汉文帝即位之后，推行休养生息政策，决心改善与南越国的关系。于是派人修葺保护赵佗在家乡的祖坟，封赏赵佗的同族兄弟。后来又派遣陆贾出使南越，说服赵佗撤销帝号。赵佗对此也有因应的措施，表示"愿长为藩臣，奉贡职"。双方关系恢复正常，汉景帝时，赵佗遣使朝请，再次表示称臣，但在国中仍用帝号。

武帝建元四年（公元前 137 年），赵佗死。在位期间达 67 年，年寿过百。他雄心勃勃，有所作为，对开发经营岭南贡献卓绝，是一位值得纪念的中国古代历史人物。

南越政权的覆灭

赵佗高寿，太子赵始未及嗣位即亡，王位由其孙赵胡（出土名章作"赵眜"）继任。

赵胡的才能远不及乃祖，而此时的汉天子正逢雄才大略的汉武帝。汉武帝握有强大的政治、经济和军事实力，他决心仿效秦始皇，北却匈奴，南平百越。这对僻处南疆的南越政权而言，无疑是最大的压力。

赵胡嗣位后，东邻的闽越王郢就派兵劫掠南越东境城邑。赵胡不敢出

---

① 湖南省博物馆等：《长沙马王堆二、三号汉墓发掘简报》，《文物》1974 年第 7 期；马王堆帛书整理小组：《长沙马王堆三号汉墓出土地图的整理》，《文物》1975 年第 2 期。

兵抵抗，上书汉廷请求主持公道。汉武帝嘉许赵胡守约，派遣将军王恢、韩安国出兵讨伐闽越。汉军尚未进入闽越，闽越内部已发生政变，闽越王郢为其弟余善所杀。余善表示愿意归顺汉朝，南越国也因此得以解围。但汉朝大军已于南越东北边界布防，汉武帝乃派遣大臣庄助告谕赵胡，要他到长安叩谢救援之恩。赵胡感激涕零，表示将亲往长安朝见。庄助走后，赵胡听信大臣劝阻，深恐此去长安为汉朝扣留，于是把太子婴齐送往长安当人质，为武帝当宿卫，自己则称病不朝，在国内僭号"南越文帝"，妄图偏安。

赵胡（眛）继位十余年后，病死，汉廷赐胡谥号"文王"。太子婴齐从长安赶回治丧、嗣位。

婴齐继位后，为表明一心归汉，遂废其祖、父之武帝、文帝僭号，遣子次公入长安宿卫，立他在长安时娶的邯郸女樛氏（《汉书》作"摎氏"）所生之子赵兴为太子。过了七八年，婴齐死，太子赵兴继位，樛氏为王太后。这时汉朝已积极准备征服南越国，派卫尉路博德将兵屯桂阳（今湖南省郴县），借以监视南越动态；另一方面又派樛氏在长安时的情夫安国少季到南越关说赵兴内属。赵兴以樛氏意，上书汉朝，请许与内地诸侯同制，三年一朝，废除边关。武帝允许所请，颁赐南越国丞相和内史、中尉、太傅印，其余官署则允许由南越自行设置，并废除南越国旧有的黥刑、劓刑，采用汉朝的法律。

原来在南越国统治集团中，以丞相吕嘉为首的一派地方势力，早有叛汉夺权的意图。赵兴、王太后决定内属，与吕嘉一派的矛盾更显激烈，反叛阴谋日益暴露。汉武帝对吕嘉的叛乱恶迹早有觉察，为保障南越国内属的顺利进行，派韩千秋、樛乐（王太后之弟）率兵二千入南越，吕嘉遂公开反叛。杀死赵兴、太后樛氏及汉使者；拥立赵婴齐与原配越女所生之子赵建德为王；诛杀韩千秋、樛乐。

汉武帝闻变，立即调拨十万大军，跨越五岭，对南越国进行全面征讨。封卫尉路博德为伏波将军，出桂阳、下汇水；主爵都尉杨仆为楼船将军，出豫章，下横浦；故归义越侯二人为戈船、下厉将军，出零陵，或下离水，或抵苍梧；使驰义侯因巴蜀罪人，发夜郎兵，下牂柯江，咸会番禺。南越国各地官吏纷纷归顺，南越国宗室苍梧王赵光投降，任桂林郡中监的越人居翁率骆越四十余万口属汉。汉军威大振。主力楼船、伏波两面夹击，长驱直入，先攻破南越国都城的北面要塞石门，截获越军粮船，再沿小北江水道抵达番禺城下，连夜攻城，天明城破，南越王宫一片火海，吕嘉、赵建德率其属数百人亡入海，南越国亡。时为元鼎六年（公元前111年）。

南越国一片混乱时，汉武帝正在北方各地出巡，抵河东郡左邑桐乡时，得知南越国已被攻破，遂改其地为闻喜县；到达河内郡汲县新中乡时，获悉吕嘉被擒，又改其地为获嘉县。南越国的破灭，为汉朝经略岭南铺平了道路，汉武帝的喜悦心情从改地名的行动中即已充分展现。

南越国灭亡后的第二年（元封元年，即公元前110年），汉武帝立即在南越国辖地设置南海、郁林、苍梧、合浦、儋耳、珠崖、交趾、九真、日南九郡，加强对南疆的统治。

南越国从赵佗僭越称帝到元鼎六年灭亡，共传五主九十三年（公元前203—前111年）。

赵佗平议

赵佗创建的南越国，是岭南历史上第一个割据政权，也是岭南历史上第一个真正的国家。南越国制定和推行的各项政策，以及对岭南历史的影响，皆与赵佗有关。所以，赵佗便成了研究南越国史的主要对象。

由于中原大一统封建王朝的历史偏见，历代史学家对南越国及其创建者赵佗的历史地位，往往采取贬多于褒的态度，特别是对赵佗的"割据"，表示深恶痛绝。有些历史学家虽然肯定赵佗对岭南的开发贡献，但同样不能容忍他的割据，如何看待赵佗的割据，便成了评价赵佗的主要关键。

中国历史上出现过无数次"割据"，但"割据"的性质不同，笼统地反对其存在是不正确的。若割据出现在统一的中央政权已经建立、并且起着进步作用的时候，如西汉的"七王之乱"、西晋的"八王之乱"以及唐代的"安史之乱"，对社会生产力造成严重的破坏，给人民带来灾难，对于这种割据，应持反对态度。但若割据出现在一个统一的王朝已经腐朽崩溃、新的统一政权尚未出现之时，如魏蜀吴三国、南北朝诸国、五代十国等，则应具体分析，不能简单地予以否定或肯定。

赵佗割据岭南是在秦王朝崩溃，豪杰并立，"中国扰乱，未知所安"（《史记·南越列传》）的形势下发生的。秦王朝的崩溃，是秦统治集团推行暴政造成的，与赵佗无关。秦灭亡后出现的割据局面是历史的必然，不经过这个阶段，统一的新王朝就难以产生。在这个时候，赵佗、项羽、刘邦各自代表一派反秦政治势力，他们的身份是一样的，都是未来新王朝竞争的对手，不存在谁该割据、谁不该割据的问题，也不存在谁该帮助谁、服从谁的问题。

那么，在刘邦建立西汉王朝以后，赵佗是不是就应该前去归顺臣服呢？一般地说，人民要求在一个统一的国家政权统治下生活，如果新王朝确实比尚处于割据状态的各种政治势力优越，人民要求统一的愿望就更强烈；如果新王朝并不比割据政权优越，双方又无法调和，那就暂时维持现状，各行其是。对人民来说，在专制王朝时代，只要统治措施有利于社会的安定和经济文化的发展，使老百姓的生活及生命多一点保障，即予以拥护；相反地，就有被推翻的可能性。

当秦灭亡时，刘邦击败项羽，建立新王朝，四方归顺，但社会一片凋敝，无力再战；而赵佗已经营岭南多年，社会安定，在这种情势下，刘邦显然不可能在击败项羽之后立即"调和"赵佗这股政治势力。双方僵持多年，有了妥协条件，于是出现高祖十一年刘邦派陆贾前往岭南会见赵佗的场面：刘邦"立佗为南越王，与剖符通使"；赵佗则"和集百越，毋为南边患害"（《史记·南越列传》）。如此一来，双方辖区内的老百姓都可以有暂时安定的环境。可说是符合历史实际的最佳决策。假如当时刘邦不顾客观存在的事实，于击败项羽后挥戈南下，其后果或将比秦屠睢更惨；岭南刚起步的微弱经济也必将遭到严重破坏。换个情况说，如果赵佗在刘、项争战时助刘攻项，事后安安稳稳地当异姓王，其后果也必定是卢绾、彭越、韩信、英布诸辈的下场。

无论是刘邦打赵佗，还是赵佗自动上钩，从历史发展的角度看，皆属下策。我们应该从客观的历史事实出发，全面衡量他在历史过程中到底起了促进作用还是遏阻作用，才能对他的历史地位作出公正的评价。如果事先画地自限，历史学必将回到封建王朝正统的窠臼，成为不可取的一环。

探寻赵佗墓

中国自古即有盗墓的风气，特别是帝王墓，每当改朝换代之后，前朝的帝王陵墓往往难逃被盗的厄运。南越国开国主赵佗，在位 67 年，奢僭一世，气盖南疆，他的墓葬自然也会受到觊觎。

第一个觊觎赵佗墓的是三国吴王孙权。据《水经注》引晋人王范《交广春秋》记载，黄武五年（公元 226 年），孙权命交州从事吕瑜率领几千名士兵到番禺，在今广州越秀山一带到处寻找赵佗墓，"凿山破石，费日损力，卒无所获"。南朝宋沈怀远《南越志》说，吕瑜虽然没有找到赵佗墓，却挖到三世赵婴齐墓。从赵婴齐墓中挖得"珠襦玉匣三具，金印三十六，一皇帝信玺，一皇帝行玺。又得印三钮，铜镜（应是剑——引者注）三枚，并烂若龙纹，其一刻曰'纯钩'，二曰'干将'，三曰'莫邪'，皆杂玉为匣"。这段记载虽属传闻，但亦并非虚构。

1983 年 5 月，广州市文物管理委员会在广州西村凤凰岗发掘一座南越国时期的竖穴土坑木椁墓。墓口长 13.8 米，宽 5.7 米，斜坡墓道宽 3.2 米。坑底置木椁墓室。仅存底板 24 根，两侧壁板 3 块，全是宽厚都是 0.44 米的方木构成。这是广州发现的南越国木椁中特大型的墓例。墓坑内全部填沙。此墓早年屡遭盗掘，出土时仅在椁室内发现劫余的玉器 22 件，残破陶器 7 件。玉器有璧、璜、环、蝉、舞人、组玉佩饰和玉具剑饰等，玉器的玉质、造型雕工，均与南越王墓所见近似（图一）。其中的一件玉舞人，形态端庄，额前秀发高耸，罗裙曳地，腰束丝带，左手上举扬袖，作翩翩起舞状。其体态和洛阳金村战国周墓出土的玉双舞人酷似。由墓内发现玉剑格、玉剑珌（图二），知墓主为男性，墓内扰土中又有东汉遗物，联想到沈怀远《南越志》的记载，故推测此墓很有可能就是孙权派遣吕瑜挖掘过的南越国第三代王赵婴齐之墓。[①]

南越国共传五世，四世赵兴为丞相吕嘉杀害，五世赵建德与吕嘉后来同时被汉军俘杀，因此很可能没有墓葬保存下来。1983 年发掘的广州象岗南越王墓可以确定为二世赵眜之墓，即《史记》、《汉书》中的赵佗之孙赵胡之墓，若广州西村的大墓确实是三世婴齐之墓，那么，南越王墓就只剩下一世赵佗的墓了。

---

① 广州市文管会：《广州西村凤凰岗西汉墓发掘简报》，《广州文物考古集》，文物出版社 1998 年版。

孙权想挖赵佗墓，千古引为趣谈。大概是出于迎合世俗人的好奇心理，在唐人传奇中居然出现书生崔炜迷途漫游赵佗地宫的趣闻。《崔炜传》故事跌宕曲折，扑朔迷离，读来有如身临其境。聊慰冥思则可，绝不可当真。明、清两代，有关赵佗墓地的传闻更是纷至沓来，令人如堕五里雾中。《南海古迹记》说："赵佗墓在南海，南自鸡笼岗，北至天井，连岗接岭。佗葬，辎车四出，棺坍无宅处。"《广州记》说："城北有尉佗墓。墓后有大岗，谓之马鞍岗。"《粤记》说，番山禺山"二山相属如长城，为灵穴所结，故佗墓营焉"。《番禺杂志》说得更是生龙活现："赵佗疑冢在县北二百步。相传佗死，营墓数处，及葬，丧车从四门出，故不知墓所在。"但志书所记，参考价值并不大。所谓疑冢，仅盛行于魏晋十六国时期，西汉初并未出现，赵佗绝不会想到这一招。

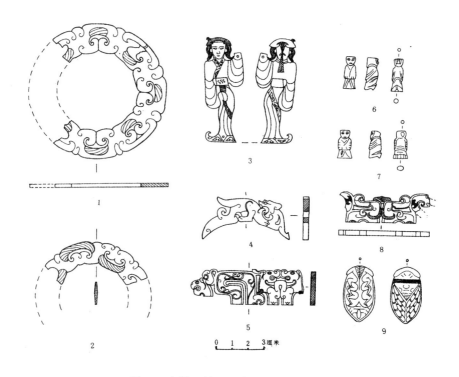

图一 广州西村凤凰岗汉墓出土玉器

1、2. 环 3. 舞人 4. 龙形佩饰 5. 虎形佩饰 6、7. 玉人 8. 佩饰 9. 蝉

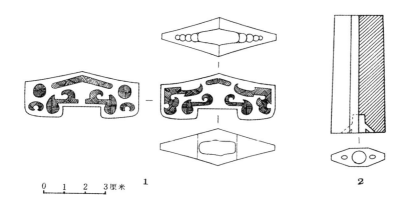

图二 广州西村凤凰岗汉墓出土玉具剑饰

1. 剑格 2. 剑珌

　　探寻赵佗墓，主要靠考古实践，并结合科学的论证。如果西村大型木椁墓确实是三世赵婴齐墓，方位在象岗二世赵眜墓之西，那么按照汉代帝王墓的排列方法，赵佗墓应在赵眜墓和赵婴齐墓的中间，或者在赵眜墓的东边。根据调查，赵眜墓的西边是著名的芝兰湖，不可能营建墓地，所以，赵佗墓应在赵眜墓的东边。又因帝王大多选择高峻的山岗为墓地，所以，赵佗墓很可能深藏于越秀山中。偌大的越秀山何处藏佗墓？这是考古工作者，特别是广州考古工作者面临的一项艰巨任务，但愿在"踏破铁鞋无觅处"时，来个出人意料，如同象岗墓之发现，"得来全不费工夫"。

　　（原载《中国考古文物之美（九）·广州南越王墓》，文物出版社、光复书局1994年版。收入本书时，补充广州西村凤凰岗汉墓发掘资料）

赵佗年寿与第二代南越王

关于第一代南越王赵佗的年寿，《史记·南越列传》"佗孙胡为南越王"句下《集解》引徐广曰："皇甫谧曰：'越王赵佗以建元四年卒，尔时汉兴七十年，佗盖百岁矣。'"《汉书·南粤传》"至武帝建元四年"句下《补注》引王鸣盛曰："佗于文帝元年已自称'老夫处粤四十九年'，历文帝二十三年，景帝十六年，至武帝建元四年凡四十三年，即以二十余岁为龙川令，亦百十余岁矣。"近人吕思勉对王鸣盛的推算未加追究，仅就佗能否享年"百余十岁"表示怀疑，进而对《史记》、《汉书》所载的"佗死孙继"表示怀疑。他发现《史记》本传作"至建元四年卒，佗孙胡为南越王"，而《汉书》无"卒"字，于是认定《汉书》无"卒"字是对的，说"《史记》盖本无卒字，如谥者亿（臆）补之也"。又以《史记》本传末断句作"自尉佗初王，后五世九十三岁而国亡焉"为证，断定"佗之子亦尝为王。佗卒子继之年不可知，其子卒而胡继则在建元四年。以事理推之，未始不可补'佗卒子继立'五字。然《史记》不可补者，古人之慎也"①。日人泷川资言也持类似看法。他认为"史汉皆不书佗子，盖外藩事略"②。综上诸家所论：赵佗不可能活到一百一十多岁，佗之子亦尝为王。《史记》佗"至建元四年卒"句中的"卒"字系皇甫谧臆补。"建元四年"应是佗子卒而孙胡继立之年。

最近发掘的广州南越王墓，启发了我对这个问题的兴趣。

广州南越王墓墓主玉衣上发现印章八枚。计"文帝行玺"龙钮金印、"泰子"龟钮金印、"泰子"覆斗钮玉印、"赵眜"覆斗钮玉印各一枚，另

---

① 吕思勉：《吕思勉读史札记》，上海古籍出版社1982年版，第620页。

② 泷川资言：《史记会注考证》第九册，文学古籍刊行社1955年版，第8页。

有素面无文字的玉印三枚。① 如果单从"赵眜"、"泰子"二印考虑。"佗之子亦尝为王"说,似可斟酌。因为《史记》、《汉书》本传均谓赵佗传孙胡,而发现的名章作"赵眜",又有"泰子"二印,与《史记》、《汉书》皆不合。但"赵眜"印与"文帝行玺"同出,说明这个赵眜只能是《史记》、《汉书》中的第二代南越王赵胡。《汉书》本传赵佗僭号为武帝,第三代南越王婴齐去僭号,而"藏其先武帝文帝玺",今本《史记》脱失"文帝"二字。"文帝行玺"的发现,证明《汉书》所载属实,佗之子并未为王。

《史记》篇末总结南越国的世系和存在年数,谓"自尉佗初王后五世九十三岁而国亡焉",分明是说南越国共传五世九十三年。吕思勉先生为了窜入"佗之子亦尝为王"的设想,把此句中的"后"字移下读,变成自尉佗以后还有五世九十三年。如果照吕氏断句理解,南越国就应该是共传六世一百六十多年,这显然是与史实相忤的。其实,吕氏在同书的《秦营南方下》一文中曾对这句话作过确切的断句和解释。原文是:"《尉佗传》云:'自尉佗初王后,五世,九十三岁,而国亡焉。'初王,谓佗自立为南越武王,别于汉十一年遣陆贾立佗为南越王言之也。"《汉书》本传篇末云:"自尉佗王凡五世九十三岁而亡",亦可证。

回头再来看看王鸣盛的推算。王氏计年的唯一依据是《汉书》记佗于文帝元年(前179年)上书时自称"老夫处粤四十九年",依此年上溯,知佗处粤始于秦始皇十九年(前228年)。始皇十九年六国兼并正殷,楚国雄踞长江以南,真定(属赵)人赵佗怎能"处粤"?《史记·主父偃传》,秦灭六国后,"乃使蒙恬将兵以北攻胡……又使尉屠睢将楼船之士南攻百越,使监禄凿渠运粮,深入越……越人击之,秦兵大败。秦乃使尉佗将卒以戍越"。又《淮南子·人间训》:秦始皇"发卒五十万使蒙公、杨翁子将,筑修城,西属流沙……又利越之犀角……乃使尉屠睢发卒五十万为五军……三年不解甲驰弩,使监禄无以转饷……(越人)夜攻秦人,大破之,杀尉屠睢,伏尸流血数十万。乃发适戍以备之。"二书说的是一回事。文中虽然没有具体说明南攻百越的年月,但从上下文分析,可以大致

① 广州象岗汉墓发掘队:《西汉南越王墓发掘初步报告》,《考古》1984年第3期。

推定在始皇二十八年（公元前 219 年）。赵佗有可能在这时随屠睢南下，也可能在屠睢被杀后"将卒戍越"。又据《史记·秦始皇本纪》、《南越列传》，始皇三十三年略定杨越，置桂林、南海、象郡，佗为龙川县令。说明从始皇二十八年或三十年稍后，赵佗一直留居岭南。假定始皇二十八年赵佗 20 岁，至文帝元年为时三十九年；历文帝、景帝至武帝建元四年，又经四十三年，实足年寿应是一百零二岁。逾百岁固然不多见，但是不能因为不多见而否定其存在。所以，我们认为《史记》记佗"至建元四年卒"一语不误。今本《汉书》记文帝元年佗上书自谓"处粤四十九年"之"四十九"应是"三十九"之讹。汉代简书"四十"常作"卌"或"ᔦ"；"三十"常作"卅"或"ᔦ"，二者仅一笔之差。由此，我颇疑今本《汉书》的讹误非始自班固，而极可能是后代的误抄。

（原载《人文杂志》1984 年第 6 期）

论两广出土的先秦青铜器

先秦时代，中国东南沿海和岭南一带，曾经是古代越人活动的地区，战国秦汉时期，统称为"百越"。《汉书·地理志》颜注引臣瓒曰："自交趾至会稽七八千里，百越杂处，各有种姓。"考古发现证实，这说法大体上是可以信从的。百越地区，统属于考古学上的几何印纹陶系统；因地域辽阔，支系众多，历史发展不平衡，文化面貌也有差异。依照习惯的说法，当时居住在今两湖地区的称扬越；居住在今皖南、苏南、浙北一带的称吴越；居住在浙南的叫东越（东瓯）；在今福建的叫闽越；在今江西的叫干（于）越；居住在岭南地区，即今广东省和广西壮族自治区的越人，因地处"南楚之南"，被称为"南越"。在"南越"一名未显之时，这里原是西瓯、骆越故地。这种区分，从考据学的角度说，并不十分准确。本文为了叙述上的方便，暂时沿用这个习惯说法。

百越种姓中，吴越人和扬越人发展较快，殷末周初时期，青铜文化已进入繁荣阶段；吴越人还以善铸铜剑著称，曾建立强大的吴国、越国。南越发展比较迟缓，这点似无争议，但什么时候进入青铜文化时代，其发展水平如何？学者们的看法颇有歧异。本文拟从出土的青铜器作一点考察，以期有助于两广青铜文化的研究。

一　出土概况

两广出土的先秦青铜器，遍布于所属的四十多个县市（图一），总数八百多件。发现这些青铜器的情况有所不同。有的是经过科学发掘取得，如曲江石峡遗址上文化层、四会鸟旦山1号墓、罗定背夫山1号墓。有的是墓葬遭到破坏，事后调查收集，材料齐全或略有散失，如清远1号墓、

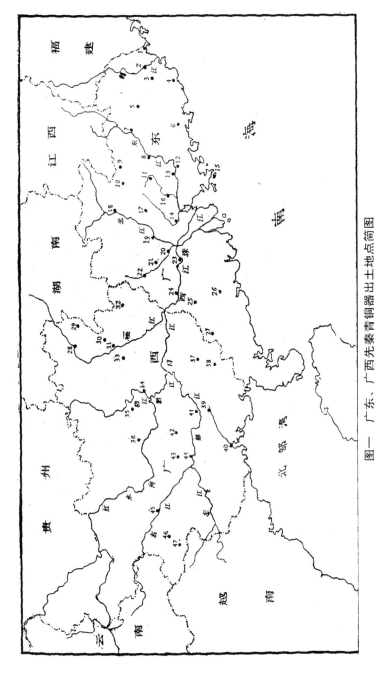

图一 广东、广西先秦青铜器出土地点简图

1.饶平 2.潮安 3.揭阳 4.惠来 5.五华 6.海丰 7.龙川 8.河源 9.连平 10.翁源 11.龙门 12.惠阳 13.博罗 14.广州 15.香港 16.增城 17.佛岗 18.曲江 19.清远 20.四会 21.广宁 22.怀集 23.肇庆 24.德庆 25.罗定 26.阳春 27.信宜 28.兴安 29.灌阳 30.恭城 31.平乐 32.贺县 33.荔浦 34.象州 35.柳江 36.忻城 37.北流 38.陆川 39.灵山 40.钦州 41.横县 42.宾阳 43.武鸣 44.南宁 45.田东 46.德保 47.靖西

2 号墓，德庆落雁山 1 号墓等。有的是零星发现，如惠阳鼎、连平錞于，等等。正式发掘和事后收集的青铜器，共得 776 件，具有较高研究价值，故作表一（见文末）。零星发现的青铜器，共得 143 件。一般是单个出土，缺乏共存物，缺乏明确的层次关系，研究价值较次。但这部分青铜器，一般铸工较精，且不乏珍品，同样不容忽视，故作表二（见文末）。

如图一和两个附表所示，两广出土的先秦青铜器遍及各地，而以珠江所属的三大干流沿岸较为密集。从器物年代学的角度考察，出土于先秦墓中的青铜器，少数可以早到春秋，多数属于战国时期，有的可能要迟到西汉。零星发现的青铜器，有不少是属于春秋以前的器物，但也有个别属于西汉或更晚时期的。

另外，有三批墓葬——平乐银山岭、肇庆松山、田东锅盖岭，原报告定在战国，看来是偏早了。考虑到物质文明的延续性，我们把它附录在表一后面，供研究参考。在本文末尾将附带写点讨论意见。零星发现的遗物中，也有明显属于西汉时期的，如柳州机场发现的滇式铜牛，容县龙井坤发现的羊角形鏊钮钟，仅在文末讨论中附带提及，而不收入表二中。

二　分析与讨论

两广出土的先秦青铜器，可分生活用器、乐器、武器、工具和杂器，共五大类。生活用器有鼎、鉴、卣、罍、缶、盂、盘等。乐器有铙、钟、钲、铎、铃。武器有戈、矛、剑、匕首、镞等。工具有斧、钺、凿、削、刮刀等。杂器有人首柱形器和半球形器等。此外还有少数器形不明、用途不明的青铜器。

两广先秦青铜器品类复杂，来源不一，包含有中原文化、楚文化系统的因素，百越文化系统的因素，以及别的文化系统的因素。中原文化系统的青铜器，人们比较熟悉，本文一般不作详细类此；个别也有省略的。百越文化系统和别的文化因素的器物，则稍有侧重。器形描述一律从简，读者除参照本文提供的必要插图外，尚希检寻引用的书刊。

下面按照分类顺序进行分析比较。

鼎　26件。其中有2件（罗定南门硐、恭城秧家）属楚式鼎；惠阳收集的一件，详下另议；其他23件属于以三撇足为主要特征的"越式鼎"系统。"越式鼎"造型简朴，铸工较粗，器身大多光素无纹饰。一般在立耳上饰绚纹，在长方形耳内侧饰几何纹。出土时，外底部大都有烟炱，说明它们是作为生活用器随葬的，而不是礼器。随葬的鼎数不一，没有一定规律，可以断定，当时不存在用鼎制度。大致可分四式（图二）：

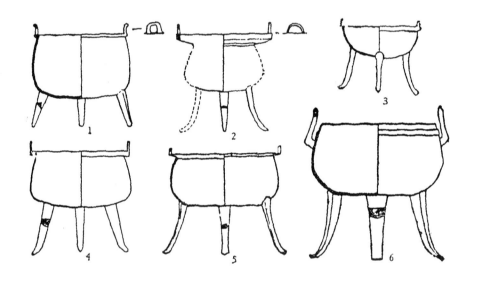

图二　两广出土"越式鼎"

1. I 式（德庆落雁山 M1 出土）　　2. III 式（宾阳韦坡村 M1 出土）
3. I 式（恭城秧家出土）　　　　　4. II 式（罗定背夫山 M1 出土）
5. II 式（广宁铜鼓岗 M16 出土）　6. IV 式（广宁铜鼓岗 M13 出土）

I 式　平沿较窄，小立耳，圜底，三足细长。腹部有浅有深，有同志据此细分为5个亚式。①

Ⅱ式　小盘口，口沿上有长方形立耳，平底，扁足外撇。

Ⅲ式　大盘口，口沿内壁竖立耳，束颈，腹部扁圆，圜底，三足较高。

Ⅳ式　敛口，腹上部附长方形耳，腹较深，圜底，三足外斜。有的有盖。

这四种越式鼎，在安徽屯溪西周墓②，江苏六合春秋墓③，以及湖南④、江西⑤的春秋至战国早期墓中都有发现。Ⅰ—Ⅲ式鼎的鼎耳，均竖立在口沿上，仅Ⅳ式鼎的鼎耳附着于腹上部。Ⅳ式鼎鼎耳的这种做法，应是受楚式鼎的影响，它在两广的出现时间可能是最晚的。

上面提到的惠阳鼎，为扁圆腹，三足直立略向里，内侧面有凹槽。经观察实物，器表纹饰以弦纹分隔为上下二组，上组饰饕餮纹和变形夔纹，下组饰三角云纹。足上饰饕餮纹。器形和主纹属中原系统，铸工和纹样则具地方特色，与湖南资兴旧市 M276:6 鼎⑥，长沙金井所出的Ⅱ式鼎⑦，极为近似。把它看成是受中原文化影响下的百越产品，可能是比较妥当的。此鼎发现于惠阳，很可能是从岭北资兴一带传入的。

盉　3件。器形、纹饰均属典型的中原文化作风。四会鸟旦山盉和罗

---

① 彭浩：《我国两周时期的越式鼎》，《湖南考古辑刊》第二集，岳麓书社1984年版，第136页。

② 安徽省文化局文物工作队：《安徽屯溪西周墓发掘报告》，《考古学报》1959年第4期，图版二，2。

③ 南京博物院等：《江苏六合程桥东周墓》，《考古》1965年第3期，图版二，6；又《江苏六合程桥二号东周墓》，《考古》1974年第2期，第117页；吴山菁：《江苏六合县和仁东周墓》，《考古》1977年第5期，第300页，图七，2。

④ 湖南省博物馆：《湖南衡南、湘潭发现春秋墓》，《考古》1978年第5期，第299页，图版五，2；张欣如：《湖南浏阳北岭发现青铜器》，《考古》1965年第7期，第374页，图一。

⑤ 彭适凡：《江西地区出土商周青铜器的分析与分期》，《中国考古学会第一次年会论文集》，文物出版社1980年版，第187页，图一，7、9。

⑥ 湖南省博物馆：《资兴旧市春秋墓》，《湖南考古辑刊》第一集，岳麓书社1982年版，图三，1，第27页。

⑦ 湖南省博物馆：《长沙县出土春秋时期越族青铜器》，《湖南考古辑刊》第二集，图版十二，1，第35页。

定南门垌盉，与淅川下寺 1 号楚墓①，固始侯古堆 1 号楚墓②，苏州③、吴县东周墓④，所出的盉，几乎全同。显然都是从中原传入的。

卣 2 件，分出广西武鸣⑤、兴安⑥。均作兽面纹，又有相同的"天"形铭刻，造型、纹饰繁简稍有不同，同属中原殷末西周器。

罍 5 件。器形略同，均直口，外折沿，高颈，圆腹，器表多饰羽状云纹⑦，与湖南楚墓所出相同⑧，应属楚国器。清远马头岗 1 号墓出土的铜罍，器身以双绳索纹分隔出 3 行 24 格，每格内饰羽状云纹⑨，与江苏丹徒谏壁东周墓⑩所出铜罍近似，足证皆来自楚国。

缶 2 件，分出清远马头岗 1 号墓⑪、罗定南门垌 1 号墓⑫。器形与淅川下寺 1 号墓⑬，江陵望山 2 号墓⑭，寿县蔡侯墓⑮所出全同，属楚文化系统。

尊 2 件，恭城秧家出土⑯。造型与陕西、河南西周中期墓所出相同，

---

① 河南省博物馆等：《河南淅川县下寺一号墓发掘简报》，《考古》1981 年第 2 期，图版七，4，第 119 页。

② 固始侯古堆一号墓发掘组：《河南固始侯古堆一号墓发掘简报》，《文物》1981 年第 1 期，图版二，30。

③ 苏州博物馆考古组：《苏州虎丘东周墓》，《文物》1981 年第 11 期，图四，第 52 页。

④ 吴县文管会：《江苏吴县何山东周墓》，《文物》1984 年第 5 期，图一一，第 20 页。

⑤ 广西壮族自治区文管会：《广西出土文物》，图版 34，文物出版社 1978 年版。

⑥ 同上书，图版 35，文物出版社 1978 年版。

⑦ 广东省博物馆：《广东清远的东周墓葬》，《考古》1964 年第 3 期，图二，第 139 页。

⑧ 湖南省博物馆：《湖南韶山灌区湘乡东周墓清理简报》，《文物》1977 年第 3 期，图五一，第 36、49 页。又见《文物》1977 年第 2 期，图版一，5，第 4 页。

⑨ 广东省文管会：《广东清远发现周代青铜器》，《考古》1963 年第 2 期，图七，图版二，4，第 59 页。

⑩ 镇江博物馆：《江苏丹徒出土东周铜器》，《考古》1981 年第 5 期，图版三，4，第 409 页。

⑪ 广东省文管会：《广东清远发现周代青铜器》，《考古》1963 年第 2 期，第 59 页。

⑫ 广东省博物馆：《广东罗定出土一批战国青铜器》，《考古》1983 年第 1 期，图二，7，第 44 页。

⑬ 河南省博物馆等：《河南淅川县下寺一号墓发掘简报》，《考古》1981 年第 2 期，图版七，1。

⑭ 湖北省文化局文物队：《湖北江陵三座楚墓出土大批重要文物》，《文物》1966 年第 5 期，图二五，右上，原作"壶"，第 53 页。

⑮ 安徽省文管会等：《寿县蔡侯墓出土遗物》，图版拾一，科学出版社 1956 年版。

⑯ 广西壮族自治区博物馆：《广西恭城县出土的青铜器》，《考古》1973 年第 1 期，图五，图版十，1，图版十一，4，第 32 页；又见广西壮族自治区文管会《广西出土文物》，图版 44，文物出版社 1978 年版。

但纹饰却具有南方特点。器形相同、纹饰相似的铜尊，在湖南衡山春秋战国之际墓中曾有发现。[①]

鉴　5件。器形略同，皆敞口，深腹，通体饰勾连云纹或蟠虺纹，器形与吴王光鉴、吴王夫差鉴基本上相同，而体型偏小。与韶山灌区东周早期墓所出铜鉴[②]、江西靖安水口和清江临江出土的徐国"盥盘"[③]，更为接近，似应依靖安徐器自铭，称为"盥盘"。[④]

铙　2件，一出曲江马鞍山[⑤]，另一出灌阳钟山[⑥]，均有旋有枚。曲江铙篆间饰云雷纹，隧上有两个对称的饕餮纹，枚平头柱状。灌阳铙旋上饰乳钉纹、窃曲纹，篆间饰细线雷纹，并以圈点纹框边，枚作尖锥状。这两件铙，造型纹饰均与湖南出土的有枚大铙十分相似，属南方铜铙发展序列中的晚期，时代约当西周早期。据学者研究，南方大铙多数出土于湖南，江苏、浙江、江西、福建也有零星出土。富有特色。它们很可能是南方本地铸造的。[⑦]曲江、灌阳地近湖南，大约都是从那里传入，传入时间难于究明。

钟　发掘出土23件，零星发现21件，全是甬钟。其中成套出土的有清远马头岗1号墓，出一套5件；马头岗2号墓，出一套7件；罗定南门垌1号墓，出一套6件；博罗县一坑埋一套7件；恭城秧家和宾阳韦坡2号墓各出2件。所出编钟，大小略有差，但皆杂凑成编，没有规律。不论发掘出土或零星发现，甬钟造型与湖南江浙原扬越、吴越地区所出完全一致，与中原所出亦相似。据甬钟年代学考察，这批甬钟跨越西周初至西汉初各个时期。两广所出，时代偏晚，看来多数是在上述地区普遍流行以后

---

① 周世荣：《蚕桑纹尊与武士靴形钺》，《考古》1979年第6期，图四，1，第567页。

② 湖南省博物馆：《湖南韶山灌区湘乡东周墓清理简报》，《文物》1977年第3期；又《文物》1977年2期，图八，图版一，3，第3页。

③ 江西省历史博物馆：《江西靖安出土春秋徐国铜器》，《文物》1980年第8期，图版二，1，第13页。

④ 彭适凡：《谈江西靖安徐器的名称问题》，《文物》1983年第6期，第66页。

⑤ 彭绍结、李良中：《马坝发现西周晚期铜铙》，《广东文博》1985年第1期。

⑥ 梁景津：《广西出土的青铜器》，《文物》1978年第10期。报告作"甬钟"，此据高至喜文改称铙。见高文《中国南方出土商周铜铙概论》，《湖南考古辑刊》（二），岳麓书社1984年版，第128页。

⑦ 同上高文。

传入的。有些甬钟的篆间、鼓部纹饰，看似脱胎于当地印纹硬陶。例如：
惠来华湖出土的曲线纹间云雷纹钟①（图三，1），博罗梅村出土的云雷纹
钟②，横县那桑出土的云雷纹附以浮雕饰物钟③，宾阳凉水坪出土的栉齿纹
钟④（图三，2），应是本地铸造。有学者认为，南方甬钟是从南方大铙直
接发展而来⑤，是正确的。

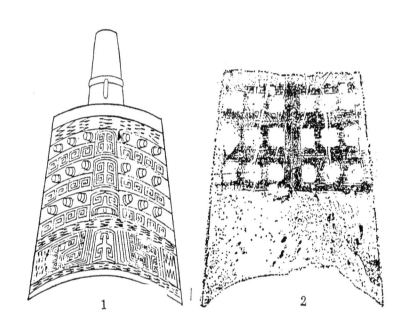

图三　铜甬钟

1. 惠来华湖出土　　　2. 宾阳凉水坪出土甬钟拓本

　　零星发现的甬钟，绝大多数是单个埋藏，口朝上，甬朝下，与南方大
铙和西南铜鼓的发现情况相同。大铙和铜鼓，分别是先秦越人和濮人举行
集会、号召军旅、祭祀山川的重器，庄重而神秘，用毕即秘埋土中。当代

① 广东省博物馆：《广东出土先秦文物》，香港中文大学文物馆1984年版，图二，第59页。
② 同上书，第48页。
③ 梁景津：《广西出土的青铜器》，《文物》1978年第10期，图二，第94页。
④ 同上书，图九、一〇、一四，第95、96页。
⑤ 高至喜：《中国南方出土商周铜铙概论》，《湖南考古辑刊》（二），第132页。

使用铜鼓的西南少数民族，至今仍有埋置铜鼓的习俗。两广甬钟源于南方大铙，其作用应与大铙相同，即主要用于集会、军旅和祭祀，使用后秘藏土中，所以大多单个出土。大约在秦汉之际，铜鼓由滇中东传，进入今广西西南部，原先使用甬钟的越人，转而改用铜鼓，甬钟遂趋衰落。大约到西汉末，两广甬钟就完全被铜鼓所取代。

　　錞于　1 件，出连平县彭山，与一甬钟并列埋置。① 器身上大下小，肩宽，肩以下内收。顶部虎形钮（已失），钮座饰斜格雷纹。肩部有一周绳纹、勾连纹和 26 组三角形纹。两侧鼓部饰虺纹，其余素面。关于錞于的发祥地问题，目前有二种看法：一种认为錞于的首创者应属于春秋时期居住在长江下游的越人②；另一种认为"山东半岛一些地区似为錞于的重要原生地，其主人可能即为东夷"③。连平錞于与湖南溆浦所出近似④，似同属战国巴人遗物，经由湘西传入的。

　　镈　1 件，出贺县桂岭，与云雷纹钟同出。造型、纹饰均与湘江沿岸所出的近似。⑤

　　钲　2 件，分别出土于清远马头岗 1 号墓，罗定南门垌 1 号墓。器形大小与徐冉钲、徐謚尹钮钲似。⑥ 徐器属春秋。

　　铎　3 件，分别出鸟旦山、落雁山、背夫山墓。器形大小与邵郢率铎、□外卒铎近似。⑦ 广东所出钲铎，应是吴越地区传入。

　　戈　发现 14 件，有 11 件与中原出土的完全相同，这里可略而不论。需要提出来讨论的有三件。

---

　　① 广东省博物馆：《广东出土先秦文物》，图版 59、60，香港中文大学文物馆 1984 年版，第 230—233 页。

　　② 熊传新：《我国古代錞于概论》，《中国考古学会第二次年会论文集》，文物出版社 1982 年版，第 80 页。

　　③ 徐中舒、唐嘉弘：《錞于与铜鼓》，《社会科学研究》1980 年第 5 期。罗勋章：《刘家店子春秋墓琐考》，《文物》1984 年第 9 期，第 12 页。

　　④ 熊传新：《湖南发现的古代巴人遗物》，《文物资料丛刊》（七），图二，1，文物出版社 1983 年版，第 31 页。

　　⑤ 贺县文管所：《广西贺县发现青铜镈钟》，《考古与文物》1982 年第 4 期。铜镈的器形与高至喜《论商周铜镈》一文中的 A 型Ⅵ式近似，时代为西周中期。其原产地应在湘水流域及其附近。见《湖南考古辑刊》第三集，第 213 页。

　　⑥ 李纯一：《无者俞器为钲说》，《考古》1986 年第 4 期。

　　⑦ 同上。

一件出于饶平县顶大埔山墓地。[①] 长窄援，隆脊有棱，两侧有刃，无胡，栏不明显。援部栏侧和内上各有一圆穿（图四，4）。铸作较粗糙，属原始型，与中原地区所出铜戈有别。根据铜戈的年代学研究，此戈似属商末周初。有学者从整个墓地的共存物考虑，认为此戈的时代应与夔纹陶类型文化相当，同属于春秋时期。[②] 笔者认为，在饶平采集的这件铜戈，有可能出在某一被破坏的墓中，虽然戈型似殷末周初物，但这毕竟是孤证，考虑到青铜器一经发明，应不断有所发现，不应存在长时期的脱节现象，在现有资料的基础上，把它看成与墓地共存物同一时期，恐怕是比较符合事实的。即便如此，此戈应视为两广目前已知的本地最早铸造的一件青铜武器。

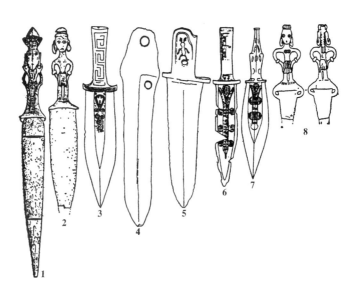

图四　铜戈、匕首

1. 匕首（越南靖化那山出土）　　2. 匕首（长沙树木岭战国墓出土）
3. 匕首（香港大屿山石壁出土）　　4. 戈（饶平顶大铺山采集）
5. 戈（海丰采集）　　　　　　　　6. 匕首（越南东山采集）
7. 匕首（广州暹岗采集）　　　　　8. 匕首（越南东山采集）

---

① 广东省博物馆等：《广东饶平县古墓发掘简报》，《文物资料丛刊》（八），图四，8，文物出版社 1983 年版，第 102 页；又见广东省博物馆《广东出土先秦文物》，图版 46，香港中文大学文物馆 1984 年版，第 204、205 页。

② 广东省博物馆等：《广东出土先秦文物》，香港中文大学文物馆 1984 年版，第 47、48 页。

另一件铜戈，是意大利传教士麦兆良（Fr. R. Maglioni）于20世纪30年代在海丰采集。此戈直援微弯，长方形内，后缘圆角，下角有刺，内近栏处有一穿。内后端有一插羽毛的人像纹（图四，5）。器形与关中所出的西周戈无别。问题是"插羽毛的人像纹"，因未见实物，无法了解此"人像纹"是与戈体同铸还是后刻。从著录的图像看，此戈甚精致，似非本地制造。"插羽毛的人像纹"如系后刻，则本地铸造说自可排除。如为原铸，也要具体分析。"人像"在殷周金文中多见，"头上的二支羽毛"，乍看似南方特点，但经仔细审察，却未发现有与此全同者，故以中原铸造为是。

又一件出自广州遑岗。戈直援较短，胡较宽，栏侧四穿，上一下三，长方形内，援内两面均饰回环曲折的云雷纹（图七，2）。可能是本地铸造。据铜戈年代学研究，此戈似属春秋。

矛　在正式发掘的38座先秦墓中，出铜矛的有27座，共出76件。其中罗定南门垌1号墓出15件，背夫山墓出9件。可以断定，铜矛在两广先秦青铜武器中占有重要地位，是当时成年男性墓必备的随葬品，也是当时成年男性随身必备的防卫武器。矛的型式多样，但不具明显的年代学意义，仅据其基本区别，分为三式。

Ⅰ式　双叶。刺较短较窄，骹较长，或有一直钮。骹端平齐，銎孔直透矛叶中脊。中脊两侧有的饰云雷纹，刃后端或有"王"字形符号（图五，8、10、13、14；图八，4）。

Ⅱ式　双叶。刺较宽，骹较短，或有一直钮。骹端偃月形。纹饰、符号与Ⅰ式同（图五，7、11）。

这两种双叶式矛，发现最多，应是当时所通用。器形与中原楚地所出无别，但直钮、云雷纹、"鬥"字形云纹和"王"字形符号（图五，17—19）等做法，则具地方特色。

Ⅲ式　矛身似宽叶形匕首，中脊两侧有变形雷纹，骹端平齐或呈偃月形。仅见于罗定南门垌墓和背夫山墓（图五，6、9），是一种比较典型的越式矛。

此外，背夫山墓还出土一件三叶式矛。矛身瘦长，三叶刃，骹部窄长，骹端平齐，甚为罕见，看来也是本地制造（图五，5）。

与戈、矛同出的往往有铜鐏（或作镦），大多作圆锥体，无纹饰。两广多山，不适于车战，所附木柲不会太长。参照随县曾侯乙墓①和江陵天星观1号墓②所出的戈矛木柲，两广套接木柲的戈矛长度，可推定为2米左右，主要用于徒步格斗。

剑 剑与矛同是两广先秦时代的重要武器，几乎各墓都有出土，连同短剑，共五十多件，一墓一般有2—4件。根据长短的不同，各分二式。

长剑 分二式：

Ⅰ式 圆柱茎，空心或半截空心，窄格，喇叭形首，一般长40—50厘米（图五，2）。

Ⅱ式 圆柱茎，实心（少数空心），茎上有二凸箍（少数有三凸箍，一凸箍或无凸箍），宽格，圆首，一般长50—60厘米（图五，1）。

短剑 分二式：

Ⅰ式 扁茎。茎上有一孔，无格。斜肩（少数）或折肩（多数）。中脊隆起，有的有剑首。中脊两旁常见对称的"鬥"字形云纹。一般长18—22厘米（图五，4、12；图八，5）。

Ⅱ式 形同Ⅱ式剑，但较短，一般长20—30厘米（图五，3）。

两广出土的先秦长短剑，器形与中原、楚地和吴越等地所出全同。据学者研究，Ⅰ式短剑出现最早，西周早期即流行于关中；Ⅰ式剑的祖型有可能最早出现于吴越地区。③ 两广所出，时代均偏晚，显然是在上述地区普遍流行以后传入两广或在本地仿造的。石峡上文化层和香港大屿山出土的Ⅰ式短剑④（图九，11、15），剑叶后部铸有人面纹，应是本地制作的实证。

匕首 4件，形式各异，均富有地方特色。其中2件出清远马头岗2号墓，匕身作锥凿形，刃宽仅1厘米许，把上饰立体人像⑤（图九，14），

---

① 随县擂鼓墩一号墓考古发掘队：《湖北随县曾侯乙墓发掘简报》，《文物》1979年第7期，第8、9页。

② 湖此省荆州地区博物馆：《江陵天星观1号楚墓》，《考古学报》1982年第1期，第84—87页。

③ 李伯谦：《东周式铜剑渊源初探》，《文物》1982年第1期。

④ 广东省博物馆：《广东出土先秦文物》，图十三，2，香港中文大学文物馆1984年版，第63页。

⑤ 广东省博物馆：《广东清远的东周墓葬》，《考古》1963年第2期，图四，8，图版九，6、7，第141页。

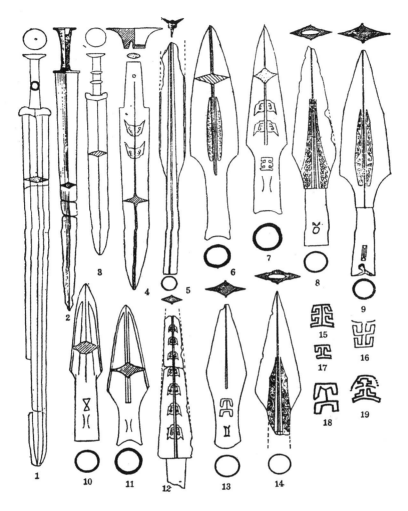

图五　铜剑、矛

1. Ⅱ式剑（四会高地园 M1 出土）
2. 1 式剑（四会高地园 M1 出土）
3. Ⅱ式短剑（罗定背夫山 M1 出土）
4. Ⅰ式短剑（罗定背夫山 M1 出土）
5. 三叶式矛（罗定背夫山 M1 出土）
6. Ⅲ式矛（罗定背夫山 M1 出土）
7. Ⅱ式矛（罗定背夫山 M1 出土）
8. Ⅰ式矛（罗定南门垌 M1 出土）

9. Ⅲ式矛（罗定南门垌 M1 出土）
10、11. Ⅰ、Ⅱ式矛（背夫山 M1 出土）
12. Ⅰ式短剑（罗定南门垌 M1 出土）
13、14. Ⅰ式矛（罗定南门垌 M1 出土）
15. 刮刀上的符号（罗定南门垌 M1 出土）
16. 斧上的符号（四会鸟旦山 M1 出土）
17—19. 矛上的符号（罗定南门垌 M1、2 出土）

有可能是锥凿工具，而非匕首。另 2 件分出香港大屿山和广州暹岗。[1] 匕身宽叶形，较薄，窄格，扁圆形茎，中空，叶中部和茎上均有纹饰，但纹样不同，茎体亦稍异（图四，3、7）。

把上饰立体人像的宽叶形匕首，在我国长沙树木岭战国墓[2]（图四，2）、越南清化省东山和那山等地[3]均有发现（图四，1、8）。越南清化东山出土的匕首（图四，8），把上的立体人像与我国长沙、清远所出近似（图四，2；图九，14）。又，1931 年法国人巴若特（L. Pajot）在东山发掘的一件匕首[4]，匕身上的纹饰与广州暹岗匕首基本相同，仅茎部稍有差异（图四，6、7）。这些都表明两广青铜文化和古交趾青铜文化的密切关系。

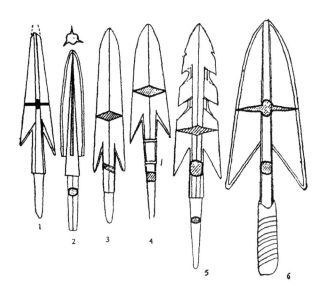

图六　铜镞

1. 广东罗定南门垌 M1 出土　2—6. 广东罗定背夫山战国墓出土

---

① 广东省博物馆：《广东出土先秦文物》，图二十，图版 62，第 234、235 页；又见广州市文物管理处《广州郊区暹岗古遗址调查》，《文物资料丛刊》（一），图一○，1，第 176 页。

② 湖南省博物馆：《长沙树木岭战国墓阿弥岭西汉墓》，《考古》1984 年第 9 期，图四，图版四，1—4，第 792 页。

③ 黎文兰等：《越南青铜时代的第一批遗迹》，越南科学院 1963 年版，梁志明译本，中国古代铜鼓研究会 1982 年编印，第 103 页，图 XV，9；第 105 页，图 XVI，1。原作短剑。

④ 同上书，第 103 页，图 XV，7。

镞　出土甚多，主要是双翼式，少数三翼式，个别三棱式。与中原所见的东周铜镞相同，应是本地仿制（图六）。

斧　器身皆为长方楔形，銎口断面长方形（个别为椭圆形）、双面刃（少数单面刃）。刃部两侧稍向外延伸，刃口呈弧形（少数刃口平直）。大小不一，长宽比例也稍有不同。一般长 8—10 厘米、刃宽 3.5—5 厘米。有的在銎口下有一道凸起的宽带，带下方有"王"字图形（图五，16；图八，2、3）。出土时銎口大多有木柄残存。属百越文化特征。

钺　两广所见似多作工具用，亦可概称为斧。比较大型的可兼作兵器。少数带有纹饰或器形特奇者，似为仪仗器。分四式。

Ⅰ式（对称形）形似斧，但器身较短，刃部较宽，外弧度较大如新月形。有的称此式钺为对称斧（图七，3）。

Ⅱ式（扇形）直柄，肩直线折出如扇形，刃部稍外弧。有的在柄两面饰云雷纹、"王"字形纹和垂三角形纹（图七，4；图八，1、6）。

Ⅲ式（双肩式）铲形，銎深至器身中部，两层肩，刃部外弧（图七，5）。

Ⅳ式（靴形）形似靴，或称靴形斧，靴形钺，不对称形钺（图七，6）。

Ⅰ、Ⅱ、Ⅲ式钺是两广比较典型的先秦青铜器。Ⅳ式钺在云南、四川、湖南和中南半岛都有发现①，而以我国云南和越南北部发现最多。各地所出的Ⅳ式钺，器形略有差异，从刃部的基本特征看，可区分为不对称新月形和不对称靴形两类。两广所出属靴形类，与越南所出比较接近，二者似有密切关系。

两广出土的先秦青铜器中，以斧、钺类工具为最多，在石峡上文化层以及正式发掘的 38 座墓中，几乎都有发现，随葬最多的是罗定南门垌 1 号墓，出Ⅱ式钺 43 件；其次是广宁铜鼓岗 16 号墓、21 号墓，各出斧 8 件。一般随葬斧、钺各一两件，并伴有砺石。平乐银山岭墓地也有类似情况。由此可以推定：青铜制作的斧钺类工具，在两广战国秦汉间的社会生产中占有重要地位。当时的男性劳动者，大都要随身携带矛剑和斧钺工具，并带上砥磨用的

---

① 参看汪宁生《试论不对称形铜钺》，《考古》1985 年第 5 期，第 466 页。四川铜钺见四川省文管会《四川犍为县巴蜀墓发掘简报》，《考古与文物》1984 年第 3 期，第 20 页，图三，4；又见四川省博物馆《四川船棺葬发掘报告》，图四十，7、8，文物出版社 1960 年版，第 42 页。

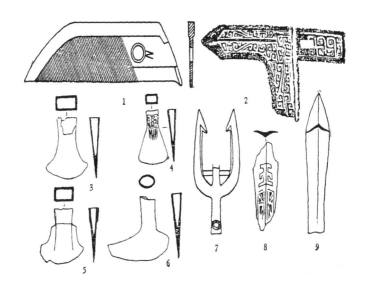

图七 镰、戈、钺、叉、刮刀

1. 镰（罗定背夫山 M1 出土） 2. 戈（广州遥岗采集） 3—6. Ⅰ—Ⅳ钺（广宁铜鼓岗战国墓出土） 7. 叉（罗定背夫山 M1 出土） 8、9. 刮刀（广宁铜鼓岗战国墓出土）

图八 斧钺矛短剑花纹拓本

1. Ⅱ式钺（罗定南门垌 M1 出土） 2. 斧（四会鸟旦山 M1 出土） 3. 斧（罗定背夫山 M1 出土） 4. 矛（四会鸟旦山 M1 出土） 5. Ⅰ式短剑（罗定南门垌 M1 出土） 6. Ⅱ式钺（罗定背夫山 M1 出土）

砺石。矛剑为狩猎和防卫武器，斧钺则用以开发丛林草莽，从事"火耕水耨"的农业劳动，这大概就是当时的社会生产风貌。

镰　1件。出背夫山墓。梳形，薄板状，一面光平，另一面有斜线形齿。镰背较厚，后端有一圆穿，用以捆缚木柄，应属稻禾收割器（图七，1）。与此相同的铜镰，在吴越地区经常发现，是百越青铜文化中典型的器物之一。

锯　仅背夫山出1件。长条形，单齿刃，背部纳入木柄凹槽中，只露出宽1.2厘米的刃缘。中原殷周时期已盛行这种铜锯。传入两广似在东周时，到汉代仍沿用，广州汉墓中曾有发现。

削　有环首（Ⅰ式）、直柄（Ⅱ式）两种，中原殷周时期已广泛流行，显然属于中原文化系统。只有广州暹岗出土的一件比较特殊，近背处有云雷纹带饰（图九，17），应属本地铸制。

刮刀　百越青铜文化典型器物之一。出土数量很多，或称篾刀、削、锐、刻刀。柳叶形，断面呈人字形。刃口在两侧，尖锋，个别锋尖上翘如钩。后端平直。正面有的饰"王"字形符号或云雷纹（图五，15；图七，8、9）。出土时，器身后半段往往留有绳索捆缚痕迹。有的还残存竹柄或木柄，由遗痕知系用竹片或木片上下夹持，再以绳索绑扎。是重要的竹编工具，间或用于修治竹简。两广汉墓中仍有出土，但多改用铁制。①

叉　10件，分三式。

Ⅰ式　5件。二长叉，叉断面扁圆形，秃锋。二叉下有纳柄的圆柱銎。器形与丹徒西周早期墓所出近似。丹徒叉附铜镦、木柲，全长约1.83米。② 似为叉装禾藁的用具。

Ⅱ式　4件。二短叉，稍弯如牛角，叉下有座，无銎。用途不明。

Ⅲ式　1件，出背夫山墓。形同Ⅰ式，但尖锋有倒刺，二叉间有支柱（顶端已残）、横梁③（图七，7）。从尖锋有倒刺看，此物应是捕鱼叉或武器。

人首柱形器　仅见于两广。四会鸟旦山1号墓（图九，16）、清远马头岗1

---

① 丰州：《考古札记·刮刀》，《考古与文物》1983年第5期，第110页。
② 镇江博物馆：《江苏丹徒大港母子墩西周铜器墓发掘简报》，《文物》1984年第5期，图一四，第5页。
③ 承广东省博物馆邱立诚同志盛意，笔者观看了实物，发现此叉的中间支柱较细，支柱顶端残断处似为帽饰，可能不会是另一支叉。

号墓（图九，9）、罗定南门垌1号墓（图九，10）、罗定背夫山墓和怀集栏马山墓各出一套4件（图9，3—6、13）。四会高地园墓出一套2件（图九，12）。另恭城秧家出一套2件，作兽首（图九，1、2）。柱体有中空，有实心，下端侧面有对穿的榫孔，横穿长条形插梢。也有不凿榫孔，而在柱体上凿出8个方孔的（出自高地园墓）。人首的形象各有一些差异（一套四件的人首柱形器，有的形制全同，有的分两种形制），一般通长30厘米左右。最长的40厘米，出高地园墓；最短的21厘米，出怀集栏马山墓。从出土时保存原来位置的背夫山墓看，四件人首柱形器系分两对，竖立在墓底两端，人面向外。

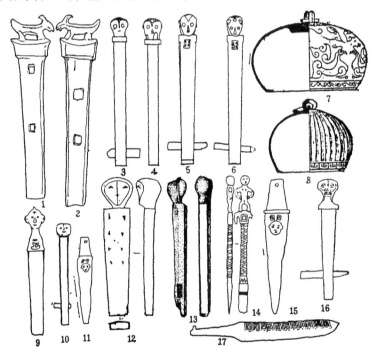

图九　柱形器、短剑、削

1、2. 兽首柱形器（恭城秧家出土）　12. 人首柱形器（四会高地园 M1 出土）　3—6. 人首柱形器（罗定背夫山 M1 出土）　13. 人首柱形器（怀集栏马山 M1 出土）　7. 半球形器（广宁铜鼓岗 M14 出土）　14. 匕首（清远马头岗 M2 出土）　8. 半球形器（四会高地园 M1 出土）　15. Ⅰ式短剑（曲江石峡遗址上文化层出土）　9. 人首柱形器（清远马头岗 M1 出土）　16. 人首柱形器（四会鸟旦山 M1 出土）　10. 人首柱形器（罗定南门垌 M1 出土）　17. 削（广州遥岗采集）　11. Ⅰ式短剑（香港大屿山东湾出土）

关于人首柱形器的用途，目前有两种看法。一种说它是出殡时的仪仗用具①，另一种说它是棺架上的柱头饰②。目前还无法论定。

半球形器　3件，出四会高地园和广宁铜鼓岗。器形相似，均为大半个圆球形，中空，顶上有半环钮，钮穿系环。器身纹饰各异（图九，7、8）。绍兴西施山出土一件，器形大小与此近似，饰 S 形纹，为原始青瓷制。③ 用途应相同。发掘者定名为权。目前亦不能论定。

三　几点看法

第一，两广青铜器时代什么时候开始，这是学术界关注的问题之一。有些学者曾为文探讨，但没有得到圆满解决。这个问题的关键，我认为有两个：一个是怎样看待两广发现的属于中原文化系统的青铜器；另一个是怎样理解"开始"二字的含义。

有些学者根据器物年代学的概念，把器物的断代作为两广与中原文化的接触时间。我不同意这种看法。截至目前，两广发现的殷商西周青铜器，大约有18件（详见表二），器类有卣、盉、罍、钟、戈五种，发现地点遍及十多个县，而且多数在交通不便的偏僻地方。这批青铜器，大都零星出土，缺乏明确的层次关系，何时进入两广或何时在两广仿造，都存在着问题，只依据器物的年代学时间，遂定为两广与中原文化的接触时间，显然是不合适的。两广发现的中原东周时器，也不能把两地的存在时间等同起来。

在中国岭南和西南地区，较晚的墓中保存较早的中原器物是常见的事。巴蜀式剑的形制与西周的所谓柳叶形剑很相似，但时间要晚得多；贵县罗泊湾1号西汉墓出土的羊角状鐎钮钟，与楚雄万家坝1号墓所出的同类钟，形制完全相同，时间差距几百年；西汉南越王墓出土秦国戈、楚国山字纹镜以及大批中原形制的战国玉器、铜器；成都青羊山172号秦墓和广东始兴赤土

---

①　广东省博物馆：《广东罗定背夫山战国墓》，《考古》1986年第3期，第219页。
②　广西壮族自治区博物馆：《近年来广西出土的先秦青铜器》，《考古》1984年第9期，第806页。
③　沈作霖：《绍兴出土的春秋战国文物》，《考古》1979年第5期，图二，8，第480页。

岭南坡 7 号东晋墓，竟出土典型的殷代铜戈；等等；皆可为证。①

要判断某一地区在某一历史时期内已达到某种文化水平，从考古学上考察，应该是这一地区在这一历史时期内已发现了一定数量的遗迹或遗物，足以说明它已达到某种文化水平为先决条件。到目前为止，我们还无法在两广境内举出一处从地层上可以证明在殷商西周时代，这里已达到青铜文化水平的遗迹或遗物。目前已知的最早的青铜文化遗迹，只有曲江石峡遗址上文化层。出土遗物以广东通常所谓的夔纹、云雷纹和方格纹组合的印纹硬陶，与少量的磨光石器、青铜器共存为特征。其年代，原报告定在西周晚期至春秋。②承发掘者杨式挺、朱非素二同志盛意，详细介绍了出土情况，并惠允参观出土物，得知石峡上文化层出土青铜器 23 件（见表一，序号 1）。他们认为，上文化层的时代定在春秋比较稳妥。如果地层判断不误，可据此作为两广青铜文化最早的物证。其起始时间，可以比石峡上文化层稍早一些。

第二，早在新石器时代，两广地区的先民和长江中下游的先民就有接触，在文化上表现了某些相似之处。例如，广东石峡文化的一些陶器，如三足外撇的鼎、盘、镂空带竹节纹的豆把；有肩穿孔石钺；以及玉琮、玉璧、玉笄，都与江浙良渚文化较多相似。说明两地先民这时已有一定联系。③两广进入青铜时代，与百越内部的这种联系密切相关。石峡上文化层出土的两广早期青铜器，可为这种联系的见证。但联系的进展速度可能是极为缓慢的。一般认为，吴越地区和扬越地区的青铜器，早在殷末周初就显示出那里的青铜冶铸业已达到较高的水平，但在一段相当长的时期内，它们对两广似乎并没有发生多少影响。造成这种情况的原因，我以为主要有两个：一个是五岭逶迤，南北阻隔，没有通道，岭北的青铜文明难于进入；二是两广当时

---

① 西周柳叶形剑，参看中国科学院考古研究所《沣西发掘报告》，图七六，3，文物出版社 1963 年版，第 118 页。巴蜀式剑参看四川省博物馆《四川船棺葬发掘报告》，图 37、38，文物出版社 1960 年版，第 36—39 页；卢连成、胡智生：《宝鸡茹家庄，竹园沟墓地出土兵器的初步研究——兼论蜀式兵器的渊源和发展》，《考古与文物》1983 年第 5 期，第 50—52 页，图一，11、12。贵县罗泊湾汉墓羊角状鎏钮钟，见《文物》1978 年第 9 期，图三，第 27 页。万家坝 1 号墓羊角状鎏钮钟，见《考古学报》1983 年第 3 期，图版拾陆，1。南越王墓出土中原战国时器，见《考古》1984 年第 3 期，第 222—230 页。成都青羊山 172 号秦墓出土殷代戈，见《考古学报》1956 年第 4 期，图版三，4。广东始兴晋墓出土殷代戈，见《考古学集刊》（二），图一三，1，第 120 页。

② 广东省博物馆：《广东曲江石峡墓葬发掘简报》，《文物》1978 年第 7 期，第 1 页。

③ 杨建芳：《浅谈广东新石器时代的几个问题》，香港《明报月刊》1985 年第 1 期。

处于新石器时代，生产力十分低下，很难设想这里的先民对远隔千里的青铜文明会有什么要求。只有当五岭的通道被打开以后，岭南才有可能大量接触青铜文明。

五岭通道的打开，可以从秦始皇进军岭南的记述中推定出来。据《淮南子·人间训》：秦始皇"乃使尉屠睢发卒五十万为五军：一军塞镡城之岭，一军守九嶷之塞，一军处番禺之都，一军守南野之界，一军结余干之水"。照现在的地理位置审察，这五路可概括为东中西三路：东路是"南野"、"余干"，即由南野（今江西南康）过大庾岭梅关，或由余干（今江西余干）集结，过福建，跨越由闽通粤必经之地的揭阳岭，进入粤东东江流域；西路是"镡城"、"九嶷"，即由湘桂走廊（越城岭和萌渚岭之间）进入广西桂江流域；中路大体是由湖南郴县、宜章之间的骑田岭南下，过岭后顺武水入北江，直抵番禺（今广州）。① 这三条通道当然不会是在秦兵南下时才被突然打开，而是秦兵利用了早已形成的沟通五岭南北的民间通道。通道的形成发展时间与楚人进逼岭南大体一致。楚人控制南岭以北地区，是在战国中期以后，这时长江以南原扬越、吴越故地已全归楚国，楚国南疆以五岭为界，其南界西侧还有可能越过南岭，占有广西东北部的漓江流域。② 在这种情势下，两广才有可能同外界取得较多的接触。

第三，五岭通道的打开，促进了两广青铜文化的发展。影响最大的是楚文化，并通过楚文化为中介，接受中原文化。有的同志在考察湘江中上游古文化遗存后认为，"本区（指湘江中上游——引者注）新石器文化，与粤北、桂东北、赣西南接连，是典型的古越族文化，土著居民大概不出南越和西瓯这两支。它通过湘江下游接受中原青铜文化的影响，到两周之际，开始出现本民族有特征的铜器，并以本区为桥梁，进而越过南岭，影响广东；通过湘江水道，影响广西"。③ 这种从考古实际出发的见解是有说服力的。冶金史学家曾对广东出土的 38 件东周青铜器（一件春秋，其余战国）进行科

---

① 参考梁国光、麦英豪《秦始皇统一岭南地区的历史作用》，《考古》1975 年第 4 期，第 206 页。

② 参考蒋廷瑜《楚国的南界和楚文化对岭南的影响》，《中国考古学会第二次年会论文集（1980年）》，文物出版社 1982 年版，第 70 页。

③ 何介钧：《湖南商周时期古文化的分区探索》，《湖南考古辑刊》（二），岳麓书社 1984 年版，第124 页。

学考察，证明广东的先秦青铜冶铸业是直接在中原地区特别是楚文化的影响下建立起来的。[①] 这又从科学技术的角度加深了对这个问题的认识。由此，我认为，中原青铜器在两广出现，最大的可能应是在楚国势力直接进逼岭南时传入，时间最早不超过春秋晚期，包括殷末西周器在内。两广越人仰慕中原文化，把中原的过时文物当宝贝，偶尔在庆典场合使用，用毕埋藏，秘不示人，行用数十、数百年是常有的事。出土的甬钟，我以为多半是这样保存下来的；个别精美的酒器，如卣、盉，还有可能是后代埋藏的。

富有南方特色的扬越、吴越青铜器，也在这个时期大量传入，或在本地仿造。由于这时的扬越、吴越文化已逐渐融合于楚文化之中，所以，两广发现的青铜器，有的难于辨认其文化属性。

还应提到的是，在广西郁江以西地区，原百越的一支——骆越人，与居住在今云贵高原和今越南北部的先民也早有接触，文化交往持续不断。两广青铜器从一开始就包含着许多文化因素，原因就在这里。

大体来说，两广出土的大部分青铜容器、乐器和兵器，例如卣、盉、罍、缶、鉴、甬钟、铎、戈、矛、剑、镞、削，以及三蹄足鼎，应是中原内地或楚地传入，有一部分可能是在本地仿制。具有地方色彩的青铜器有两种情况：一种是器形与中原基本相同，不同处仅表现在纹饰和铸工方面，如恭城秧家出土的双蛇斗蛙纹尊，尊的造型与中原西周中期的极其相似，双蛇斗蛙图形却完全是地方色彩；另一种则表现为南方百越文化系统所特有，这部分青铜器，以三撇足的"越式鼎"和带有"王"字标志的小件器物（大多铸于斧、钺、刮刀、矛上）为主要特征。关于"王"字符号（如果理解不误的话），起初可能是某地越人对当地部落首领的称号，并据以作为本部落的标志，以后逐渐成为百越文化的标志。两广所见的百越文化青铜器，在江苏、浙江的春秋吴越时期墓和湖南、江西境内的先秦墓中也经常被发现，而且时代大多早于两广所见。仅见于两广的，就目前所知，仅有人首柱形器和半球形器而已。

此外还有少量并见于百濮地区的器物，例如铜鼓、提筒、多种斧、钺

---

①　广东省博物馆：《广东出土先秦文物》，香港中文大学文物馆1984年版，第53页。

类工具，等等。两广见到的这部分器物，大多已到了秦汉时代。

由于两广先秦青铜器具有多种文化因素，目前的发现资料又比较贫乏，要想说明每种青铜器的来源及其自身的演变规律，或者想对两广青铜文化遗迹划分出不同的发展阶段，看来条件都还不成熟；对目前认定的先秦墓及其出土的青铜器断代，都有待于进一步研究。

第四，两广至今未发现先秦城市遗址，可能当时尚未出现城市。代表先进生产水平的先秦青铜器都是实用器，具有地方色彩的器物，绝大多数是小型武器和工具，除个别制作较精外，铸造大多粗糙，形体薄小，一般没有纹饰或只有简单纹饰，显示独特的南越文化风格的青铜器不多，标志独特的铸造工艺水平的重器更少。两广有铜矿资源，先秦越人较早学会炼铜技术是可能的，但青铜冶铸技术并没有在生产上或社会结构上引起重大变革。所以，我认为，两广先秦的制铜业和制铜术是不发达的。

青铜制的斧钺类工具在社会生产中占有重要地位，它对开发山林、编制竹木用品，能够发挥很大的作用，这点应予肯定。但是，也应看到，这些青铜工具大多与石器并存，没有铜犁，甚至连铜锄、铜臿也很罕见。①表明当时的农业生产仍大量使用木石工具，农耕水平看来还停留在"火耕水耨"、"耒耜而耕"的锄耕农业阶段。

青铜制的武器很多，特别是矛、剑、镞，反映了两广先秦越人好相攻击，血族报仇的剽悍性格。不少同志认为，两广先秦青铜武器特别发达，与这一时代的社会状况和战争冲突、掠夺和占有奴隶密切相关，它的后果将是导致奴隶制的出现。遗憾的是，我们从两广考古发现中无法确认有把战俘转变为奴隶的实例。比较合理的推测应是，两广先秦青铜武器的发达，造成相当一部分男人脱离生产，从事掠夺，破坏经济，灭人家口，延缓社会发展进程。当他们还来不及把战俘转变为奴隶的时候，历史的发展——秦平岭南和南越国的建立，便中断了这种进程。

---

① 铜犁未见报道。铜锄、铜臿见广东省博物馆《广东广宁铜鼓岗战国墓》，《考古学集刊》（一），中国社会科学出版社1981年版，第114、115、118页。承广东省博物馆盛意，让我看了原物。标明"锄"的原物，刃部弧形弯曲呈瓦状，无法装曲柄松土。标明"臿"的原物，仅剩刃部，应是长条形的斧斤，不是凹字形臿。

我的这个看法，还可以在已发掘的两广先秦墓中得到证实。两广先秦墓全是长方形的土坑竖穴墓，没有墓道，没有封土。墓坑大小区别不大，随葬器物以青铜器为主，一般地说，较大的墓大多随葬铜容器、铜兵器和铜工具，小型墓随葬兵器、工具，但无铜容器。不论大墓小墓，随葬的器物似乎没有一定的规律，类似中原的那一套"礼器制度"尚未出现，中原传入的精美酒器，也不是作为礼器随葬。从中看不出显著的贫富分化，看不出象征权杖、祭器等表示特殊身份的器物，当然也无从据以判断墓中死者的身份。由此推测，两广先秦社会尚未最后脱离原始社会的范畴。

第五，最后附带讨论平乐银山岭、肇庆松山和田东锅盖岭三批墓葬的时代问题。

银山岭有 110 座墓被定为战国时期。[①] 这批墓葬出土各类青铜器 377件，铁器 181 件，陶器 360 件，玉玦 40 件。把它们拿来同广州[②]、贺县[③]的西汉早期墓作比较，不但墓葬形制相同，出土器物也基本一致。特别是陶器，无论器形、纹饰作风以及刻划符号，大都类同，甚至胎质、硬度、制法、煅烧、火候等方面也是一致的。出土铁器占有相当大的比例，器类、器形及出土情况，均与广州、贺县西汉早期墓所见没有区别，而在收入本文的先秦墓中却未发现。这似可表明，这批铁器是在秦平岭南期间从中原带来的。值得注意的还在于，这 110 座墓与 12 座西汉早期墓[④]同一墓地，彼此交错在一起，墓制相同，出土物又相似，看来应是同属于一个时期的墓葬，即同属于秦平岭南期间或南越国早期的墓葬。

肇庆松山是一座竖穴土坑木椁墓[⑤]，椁底有垫木，墓底有圆形土坑，木棺的前后左右置器物室（似为边箱——引者注），随葬器物 139 件，其中青铜器 108 件，陶器 21 件，另有玉石、玻璃器、漆器。简报认为，随葬器物比较复杂，有似中原春秋时期的编钟；有战国特点的鼎、三足盘、

---

① 广西壮族自治区文物工作队等：《平乐银山岭战国墓》，《考古学报》1978 年第 2 期。

② 广州市文管会等：《广州汉墓》，文物出版社 1981 年版。麦英豪同志在《广州汉墓》结语中也认为银山岭战国墓"似应定为西汉早期"（见该书第 472 页）。

③ 广西壮族自治区文物工作队：《广西贺县河东高寨西汉墓》，《文物资料丛刊》（四），文物出版社 1981 年版。

④ 广西壮族自治区文物工作队：《平乐银山岭汉墓》，《考古学报》1978 年第 4 期。

⑤ 广东省博物馆等：《广东肇庆市北岭松山古墓发掘简报》，《文物》1974 年第 11 期。

提梁壶、错银铜罍；又有同于广州秦墓和西汉早期墓出土的提筒和各种陶器。这样分析是正确的，但断代的主要依据出了偏差，以致造成失误。南越王墓的出土情况与之相类似，可以作为比较参考。南越王墓的随葬器物也很复杂，编钟、编磬、铜镜、带钩，以及各种玉饰品的造型和雕刻艺术，在中原东周墓和两湖楚墓中经常能够见到，鼎、壶、钫、方炉等大型铜器的器形和器表装饰的蟠螭纹、蟠龙纹和勾连云纹，也是中原战国时器的特点。可见岭南较晚的墓中保存较早的中原器物是常见的事。抓住变化最大的陶器标型，同时考虑同一器形在不同地区出现的时间差距，所得出的断代结论才可能比较符合实际。所以，我倾向于把肇庆松山墓的时代改定在南越国时期。

　　田东锅盖岭两座墓出土器物相似，时代应相同。器物分属中原文化和滇文化系统。戈、矛属中原文化，传到这里不会太早。其他属滇文化系统。铜鼓属石寨山式，鼓面纹饰与石寨山 M14：1 鼓几乎完全一样，胴部纹饰已趋简化。短剑与石寨山 M13：172 剑近似，与贵州清镇 18 号西汉晚期墓所出也相同。内缘突棱的玉环更接近于石寨山的 M6：128 和 M14：12 玉环。① 周缘带花牙的玉玦，在银山岭墓中曾有大量发现，其渊源似可追溯到曲江石峡文化。② 斧钺类工具并见于滇、越文化。从田东所处的地理位置看，属滇文化的可能性似乎更大些。

　　我认为，石寨山滇墓的分期仍应以原报告为准。石寨山滇墓共分四种类型，代表着战国末至西汉初、西汉中期至晚期、西汉末至东汉初三个阶段。与锅盖岭同型式的铜鼓和短剑，出土于石寨山Ⅰ、Ⅱ类墓，原报告定为战国末至西汉中期是恰当的。从发祥地东传至锅盖岭所在地的右江流域，要有一段时间。有学者认为，广西发现的这类铜鼓，其流传的上下限，大致是从秦到西汉末。③ 推论是正确的。锅盖岭两座墓的时代应改定

---

　　① 石寨山 M14：1 铜鼓见《云南晋宁石寨山古墓葬发掘报告》，图版六一，2，一二五，一二六。石寨山 M13：172 短剑见上书第 44 页，图 8、9，图版二六。石寨山 M6：128 和 M14：12 突棱玉环见上书图版一一二，6、7。贵州清镇 18 号汉墓出土短剑，见《考古学报》1959 年第 1 期，第 98 页，图一三（原作"铜矛"）。

　　② 广东省博物馆：《广东曲江石峡墓葬发掘简报》，《文物》1978 年第 7 期，第 9 页，图一八。

　　③ 童恩正：《试论早期铜鼓》，《考古学报》1983 年第 3 期，第 313 页。

在西汉，墓主有可能属于百濮族系。

柳州发现的铜牛①，造型与石寨山滇墓所出全同，东传至柳州，最早只能在秦汉之际。容县和浦北发现的羊角状錾钮钟，时代更不可能早到战国。这8件羊角状錾钮钟的造型与西林普驮铜鼓墓和贵县罗泊湾汉墓所出的同类器极为近似；钟面饰菱形云雷纹，在北流型铜鼓上也常见这种纹饰，所以，它们的时代应定在西汉，或者还要晚一些。②

表一　　　　　　　　两广先秦遗址和先秦墓中出土的青铜器

序号	出土地点、墓号	件数	出土青铜器	说明	参考书目
1	曲江石峡遗址上文化层	23	短剑 I，矛 I，镞 I 5，钺 II，刮刀 6，锥 3，残块 6		广东省博物馆：《广东曲江石峡墓葬发掘简报》，《文物》1978年第7期
2	清远马头岗 M1	25	鼎 I、II，簋（?），罍、缶，钟 5，钲，短剑 I 2，矛 I，戚，镦，钺 II、III，人首柱形器 4	尚有部分器物散失。短剑原报告作匕首，人首柱形器原作车饰具	广东省文物管理委员会：《广东清远发现周代青铜器》，《考古》1963年第2期
3	清远马头岗 M2	39	罍，钟 7，短剑 I，匕首 2，矛 II，镦，镞 I 21、II，斧 2，钺 II、III	短剑原作 I 式匕首	广东省博物馆：《广东清远的东周墓葬》，《考古》1964年第3期
4	四会鸟旦山 M1	59	鼎 I 2、III，盂，铎，戈，矛 I、II 6，剑 I，镞 I 28，镦（?），镈 2，斧 3，钺 III，凿，削 I 2，刮刀 2，人首柱形器 4		广东省博物馆：《广东四会鸟旦山战国墓》，《考古》1975年第2期
5	四会高地园 M1	14	鼎 I、III，鉴、洗，斧，削 I 2，环，人首柱形 2，半球形器 2	鉴、洗、环已残碎	何纪生：《广东发现的几座东周墓葬》，《考古》1985年第4期
6	四会高地园 M2	3	鼎，短剑 II 2	遗物尚有散失；鼎残，型式不明	同上
7	德庆落雁山 M1	15	鼎 I，铎，矛 II，剑 I、II，镞 I，镦，斧 4，钺 III、IV，凿，刮刀	铎原作铃，钺 III 原作镈（?）钺 IV 原作靴形刀，刮刀原作穿刀	广东省博物馆等：《广东德庆发现战国墓》，《文物》1973年第9期

---

① 广西壮族自治区博物馆：《近年来广西出土的先秦青铜器》，《考古》1984年第9期。

② 容县和浦北县发现的8件羊角錾钮钟，蒋廷瑜同志在《羊角钮钟初论》（《文物》1984年第5期，第67页）文中定为西汉，后来在《近年来广西出土的先秦青铜器》（《考古》1984年第9期，第803页）一文中改定为战国。我看定西汉是对的，或者还要晚一些。

序号	出土地点、墓号	件数	出土青铜器	说明	参考书目
8	罗定南门垌 M1	136	楚式鼎、鼎Ⅳ 2，缶，鉴 2，盉，钟 6，钲，戈，矛Ⅰ 4、Ⅱ 6、Ⅲ 5，剑Ⅰ 2，短剑Ⅰ，镞Ⅰ 53，镦 2，斧，钺Ⅱ 43，人首柱形器 4		广东省博物馆：《广东罗定出土一批战国青铜器》，《考古》1983 年第 1 期
9	罗定南门垌 M2	4	剑Ⅱ，短剑Ⅰ，秦式矛，刮刀		同上
10	罗定南门垌 M3	1	剑	仅存剑锋	同上
11	罗定背夫山 M1	98	鼎Ⅱ、Ⅲ，鉴 2，铎，戈 2，矛Ⅰ、Ⅱ 6、Ⅲ，三翼矛，剑Ⅰ，短剑Ⅰ 3，镞Ⅰ 48、Ⅲ 4，镦 2，镰，凿，锯，叉Ⅲ，削Ⅰ，刮刀 3，人首柱形器 4，三棱器		广东省博物馆：《广东罗定背夫山战国墓》，《考古》1986 年第 3 期
12	怀集栏马山 M1	7	鼎Ⅰ，斧 2，人首柱形器 4	破坏后收集，遗物有散失	何纪生：《广东发现的几座东周墓葬》，《考古》1985 年第 4 期
13	佛岗旗岭山 M1	3	矛Ⅰ，剑Ⅱ，小铜条	破坏后收集，遗物有散失	同上
14	龙门黄岗岭 M1	4	矛，剑Ⅰ，斧，削	遗物有散失。矛削残碎，型式不明	同上
15	广宁铜鼓岗 M8	3	斧，削Ⅱ，刮刀		广东省博物馆：《广东广宁县铜鼓岗战国墓》，《考古学集刊》（一），中国社会科学出版社 1981 年版
16	广宁铜鼓岗 M10	8	剑Ⅱ，削Ⅱ 5，刮刀 2		同上
17	广宁铜鼓岗 M11	4	矛Ⅱ，剑Ⅱ，斧 2		同上
18	广宁铜鼓岗 M12	1	钺Ⅱ		同上
19	广宁铜鼓岗 M13	8	鼎Ⅳ，短剑Ⅱ，镞Ⅰ，削Ⅰ，刮刀 4		同上
20	广宁铜鼓岗 M14	31	矛Ⅰ 2、Ⅱ，剑Ⅱ，短剑Ⅰ、Ⅱ，镦，镞Ⅰ 5，斧 7，凿，削Ⅰ 2，刮刀 8，半球形器		同上
21	广宁铜鼓岗 M15	6	剑Ⅰ，钺Ⅱ，斧 2，刮刀 3		同上

续表

序号	出土地点、墓号	件数	出土青铜器	说明	参考书目
22	广宁铜鼓岗 M16	35	鼎Ⅱ，盘2，矛Ⅱ3，剑Ⅱ，短剑Ⅰ，镈，斧8，凿，削Ⅰ4，Ⅱ，刮刀Ⅰ2		同上
23	广宁铜鼓岗 M17	8	矛Ⅱ，剑Ⅱ，斧2，刮刀4		同上
24	广宁铜鼓岗 M18	11	镞Ⅰ，斧3，削Ⅱ2，刮刀5		同上
25	广宁铜鼓岗 M19	18	矛Ⅱ2，镈，镞Ⅰ6、斧2，凿，削Ⅰ2，刮刀4		同上
26	广宁铜鼓岗 M20	2	矛Ⅱ，剑Ⅰ		同上
27	广宁铜鼓岗 M21	28	矛Ⅱ7，剑Ⅱ，镈，斧8，凿，削Ⅰ4，刮刀6		同上
28	广宁铜鼓岗 M22	12	矛Ⅱ，剑Ⅰ，斧6，钺Ⅱ，锄（?），刮刀2	锄（?），经检视原物，系斧钺之类	同上
29	广宁铜鼓岗 M2—7、M9	119	鼎Ⅱ、Ⅳ，矛Ⅰ、Ⅱ17，剑Ⅰ4、Ⅱ7，短剑Ⅰ，镈5，镞Ⅰ6，斧31，钺Ⅰ、Ⅱ、Ⅲ、Ⅳ，凿3，锄（?），臿（?），削Ⅰ7，Ⅱ6，刮刀21，丁字形器2	这八墓被破坏，器物系事后收集，未能按墓号分出，遗物有散失，锄（?）臿（?）经检视原物，系斧钺之类	广东省博物馆：《广东广宁县铜鼓岗战国墓》，《考古学集刊》（一），中国社会科学出版社 1981 年版
30	恭城秧家	31	楚式鼎，鼎Ⅰ4，罍，尊2，钟2，戈，短剑Ⅰ3、Ⅱ，镞Ⅰ5，斧4，钺Ⅳ2，凿3，兽首柱形器2	似出一墓，事后收集，有散失。兽首柱形器原作车饰、尖状器	广西壮族自治区博物馆：《广西恭城县出土的青铜器》，《考古》1973 年第 1 期
31	宾阳韦坡村 M1	16	鼎Ⅲ，钟，矛Ⅰ、Ⅱ，短剑Ⅰ2，斧2，钺Ⅱ，叉Ⅰ5，刮刀2	遗物有散失。钺Ⅱ原作斧	广西壮族自治区文物工作队：《广西宾阳县发现战国墓葬》，《考古》1983 年第 2 期
32	宾阳韦坡村 M2	4	钟2，短剑Ⅰ，叉Ⅱ	遗物有散失	同上

续表

序号	出土地点、墓号	件数	出土青铜器	说明	参考书目
33	平乐银山岭110 座墓	377	楚式鼎，鼎Ⅱ10、Ⅳ，盆7，钵2，勺18，戈，矛Ⅰ25、Ⅱ12，剑Ⅱ7，短剑Ⅰ37、Ⅱ2，戚2，镞Ⅰ168，三棱镞2，条形镞，镦18，矩，斧7，钺Ⅰ4、Ⅲ2，凿2，钻头，削Ⅰ9，刮刀Ⅰ5，铃，带钩，杖头饰6，盖弓帽8，T形器（另有铜铁合制的汉式鼎2，铁铤铜三棱镞8，铜首铁削Ⅰ）	戚原作钺Ⅳ	广西壮族自治区文物工作队：《平乐银山岭战国墓》，《考古学报》1978 年第2 期
34	肇庆松山 M1	108	鼎Ⅱ2、Ⅳ3，锅，罍2，三足圆盘，长方盘，提梁壶，提筒，铲形器，编钟6，矛Ⅰ，剑Ⅱ2，镞Ⅰ20，斧，锛2，镢形器12，刻刀10，削Ⅰ15，素镜，兽头饰，圆管，圆箍，圆柱饰，器盖，铺首长方板8，环4，人首柱形4，方形器4		广东省博物馆等：《广东肇庆市北岭松山古墓发掘简报》，《文物》1974 年第11 期
35	田东锅盖岭 M1	8	鼓，戈，矛，镦，滇式短剑，短剑Ⅰ，钺Ⅰ，叉Ⅱ	铁Ⅰ原作Ⅰ式斧	广西壮族自治区文物工作队：《广西田东发现战国墓葬》，《考古》1979 年第6 期
36	田东锅盖岭 M2	6	矛，斧3，叉Ⅱ2		同上

说明：1. 罗马数字表示式别，阿拉伯数字表示件数，未注件数者为1 件。
　　　2. 器名和分式，经调整规范，与原报告略有出入。

表二　　　　　　　　　　**两广零星发现的先秦青铜器**

序号	发现地点	器名（报道者断代）	参考书目
1	饶平县顶大埔山	戈1（殷末）	广东省博物馆等：《广东饶平县古墓发掘简报》，《文物资料丛刊》（八），文物出版社1983 年版
2	潮安县匏鞍子山松林	带环耳镞1（战国）斧1（战国）	杨豪：《介绍广东近年发现的几件青铜器》，《考古》1961 年第11 期
3	揭阳县新西河关爷坑	斧1（战国）斧1（西周）	杨豪：《介绍广东近年发现的几件青铜器》，《考古》1961 年第11 期。邱立诚、吴道跃《广东揭阳华美沙丘遗址调查》，《考古》1985 年第8 期

续表

序号	发现地点	器名（报道者断代）	参考书目
4	惠来县华湖	云雷纹钟 1（春秋）	广东省博物馆：《广东出土先秦文物》，香港中文大学文物馆 1984 年版
5	海丰县	戈 1（商周之际）	广东省博物馆：《广东出土先秦文物》，香港中文大学文物馆 1984 年版。Maglioni, Raphael, Archaeological Discovery in Eastern Guangdong, *Journal Monograph* Ⅱ, Hong Kong Archaeological Society, Hong Kong, 1975
6	五华县紫金山东山	Ⅰ式矛 1（战国）斧 1（战国）	杨豪：《介绍广东近年发现的几件青铜器》，《考古》1961 年第 11 期
7	龙川县大江村	Ⅱ式矛 1，镦 1，斧 1（战国）	同上
8	翁源县鸡含背山	斧 1（战国）	同上
9	曲江县马鞍山	铙 1（西周晚）	彭绍结、李良中：《马坝发现西周晚期铜铙》，《广东文博》1985 年第 1 期
10	河源县圆墩岭	斧 1（战国）	杨豪：《介绍广东近年发现的几件青铜器》，《考古》1961 年第 11 期
11	连平县彭山	三乳丁纹钟 1，虺纹镈于 1（春秋）	广东省博物馆：《广东出土先秦文物》，香港中文大学文物馆 1984 年版
12	惠阳县花树下村金足布村	窃曲纹鼎 1（春秋）斧 1（战国）	杨豪：《介绍广东近年发现的几件青铜器》，《考古》1961 年第 11 期
13	博罗县梅村近郊	勾连云雷纹钟 3（春秋）勾连云雷纹钟 7（春秋）	广东省博物馆：《广东出土先秦文物》，香港中文大学文物馆 1984 年版。杨春南、赖大荫：《广东出土一组七口罕见的春秋编钟》，《人民日报》1985 年 6 月 21 日
14	增城县西瓜岭	刮刀 1（战国）	广东省文物管理委员会等：《广东增城、始兴的战国遗址》，《考古》1964 年第 3 期
15	广州市飞鹅岭逼岗	斧 1（战国）戈 1，匕首 1，Ⅱ式削 1，饰物 2（战国）	杨豪：《介绍广东近年发现的几件青铜器》，《考古》1961 年第 11 期
16	香港欠屿山南丫岛	戈 2，Ⅰ式短剑 1，人面纹匕首 1，斧 1（大斧陶范 1），刮刀 2，鱼钩 1，环 1（以上东湾出土，周汉）。斧 1，刮刀 1，鱼钩 3（又鱼钩陶范 2）（以上沙岗背出土，周汉）戈 1，Ⅰ式短剑 1，镞 7，（斧陶范 1），刮刀 2，铃 13，钉 4，残片若干（周汉）	广东省博物馆：《广东出土先秦文物》，香港中文大学文物馆 1984 年版。陈公哲：《香港考古发掘》，《考古学报》1957 年第 4 期。Schofield, Walter, An Archaeological Site at Shek pik, *Journal Monograph* Ⅰ, Hong Kong Archaeological Society, Hong Kong, 1975. Meacham, William (ed.), Sham Wan, Lamma Island, An Archaeological Site Study, *Journal Monograph* Ⅲ, Hong Kong Archaeological Society, Hong Kong, 1978

序号	发现地点	器名（报道者断代）	参考书目
17	阳春县岗北	I 式钺 1，铜锭 1（战国）	广东省博物馆：《广东出土先秦文物》，香港中文大学文物馆 1984 年版
18	信宜县光头岭	盉 1（西周）	徐恒彬：《广东信宜出土西周铜盉》，《文物》1975 年第 11 期
19	兴安县	"天父乙"铭兽面纹卣 1（殷代），斧 1（战国）	梁景津：《广西出土的青铜器》，《文物》1978 年第 10 期。广西壮族自治区博物馆：《近年来广西出土的先秦青铜器》，《考古》1984 年第 9 期。广西壮族自治区文物管理委员会：《广西出土文物》，文物出版社 1978 年版
20	灌阳县钟山新街	勾连云雷纹铙 1（西周中期）戈 1（西周）	同上
21	忻城县大塘后山	乳丁纹钟 1（西周中期）	梁景津：《广西出土的青铜器》，《文物》1978 年第 10 期。广西壮族自治区文物管理委员会：《广西出土文物》，文物出版社 1978 年版
22	贺县铺门桂岭	斧 14，I、II、III、IV 式钺各 1，I 式镞 2（战国）连弧纹镈 1，云雷纹钟 1（西周晚至春秋）	梁景津：《广西出土的青铜器》，《文物》1978 年第 10 期。广西贺县文物工作队：《广西壮族自治区贺县出土一批战国铜器》，《考古》1984 年第 9 期。贺县文管所：《广西贺县发现青铜铸钟》，《考古与文物》1982 年第 4 期
23	荔浦县马蹄塘	兽耳三角形夔纹罍 1（春秋早期）	广西壮族自治区博物馆：《近年来广西出土的先秦青铜器》，《考古》1984 年第 9 期
24	柳江县白露村	I 式矛 1，戚 1，I 式镞 2（战国）	同上
25	象州县下那曹村	II 式矛 1，I 式钺 2，人首柱形器 1（战国）	同上
26	北流县	兽面纹钟 1（西周中晚期）	同上
27	陆川县塘城	兽耳三角形夔纹罍 1（春秋早期）	同上
28	灵山县龙武	斧 1（战国）	杨豪：《介绍广东近年发现的几件青铜器》，《考古》1961 年第 11 期
29	钦县青塘	I 式矛 1，II 式短剑 1（战国）	同上
30	横县那桑村南乡	窃曲纹钟 1（西周）云雷纹钟 1（春秋）	梁景津：《广西出土的青铜器》，《文物》1978 年第 10 期。广西壮族自治区博物馆：《近年来广西出土的先秦青铜器》，《考古》1984 年第 9 期
31	宾阳县凉水坪芦圩木荣村	栉齿纹钟 1，残剑 1，铜片 1（春秋）素钟 1（春秋）兽耳三角形夔纹罍 1，兽面纹钟 1（西周中晚期）	同上

续表

序号	发现地点	器名（报道者断代）	参考书目
32	武鸣县全苏兔岭敢猪岩	有铭兽面纹卣 1，残戈 1（殷末或西周初）戈 1（殷末）	同上
33	南宁市苏盘村	窃曲纹钟 1（春秋）	梁景津：《广西出土的青铜器》，《文物》1978 年第 10 期
34	德保县那甲村	斧 1（战国）	广西壮族自治区博物馆：《近年来广西出土的先秦青铜器》，《考古》1984 年第 9 期
35	靖西县岳圩	短剑 1（战国）	广西壮族自治区博物馆：《近年来广西出土的先秦青铜器》，《考古》1984 年第 9 期

（原载《考古学报》1986 年第 4 期）

两广先秦文化

一 "两广"、"先秦"的时空范围和考古发现

两广指中国的广东省和广西壮族自治区。这两个省区，地处五岭以南，所以又泛称"岭南"。

先秦，这里主要指春秋战国到秦统一岭南，前后五百多年间（前770—前214年）。这个时期，两广处于青铜文化时代。从考古发现的资料看，我认为，本地区的青铜文化是在楚国势力向南扩展，进逼岭南，在楚文化的影响下产生和发展起来的。这时间大约在春秋后半叶。战国中期以后，两广青铜文化有了进一步发展；秦统一岭南前后，本地区开始出现铁器，从而进入铁器时代。由于这个时期两广省区的考古学文化特点十分接近，西汉初年，在这里曾建立南越国，所以，两广地区的先秦文化有时又称为南越文化。

截至目前，两广地区没有发现过先秦城市遗址，也没有成片的聚落遗址。发现的居住遗址，绝大部分是采集地面遗物，缺乏科学发掘。作过小规模试掘的只有广东增城西瓜岭和始兴白石坪二处残窑址。[①] 此外，曲江石峡[②]、香港大屿山石壁和南丫岛深湾[③]的新石器时代遗址中发现有青铜时代的文化层堆积。具有科学研究价值的主要是墓葬。已

---

① 莫稚：《广东始兴白石坪山战国遗址》，《考古》1963年第4期；广东省文物管理委员会等：《广东增城、始兴的战国遗址》，《考古》1964年第3期。

② 广东省博物馆：《广东曲江石峡墓葬发掘简报》，《文物》1978年第7期。

③ Meacham, William, *Archaeology in Hong Kong*, Hong Kong, 1980.

发表的先秦墓，资料齐全和比较齐全的有 38 座。它们是：广东清远 2 座①，罗定 4 座②，四会 3 座③，广宁 22 座④，德庆⑤、怀集、佛岗、龙门⑥，各 1 座；广西恭城 1 座⑦，宾阳 2 座⑧。共出土青铜器七百多件、陶器一百多件、玉石饰品 8 件。这些重要的先秦墓，除个别可以早到春秋晚期以外，大多数属于战国晚期至西汉初期。此外，广东的潮安、惠阳⑨、广州⑩、阳春⑪、香港⑫，广西的贺县⑬、宾阳、象州⑭等二十多个县市，也有这个时期的青铜器被零星发现。从发掘的墓葬和发现青铜器的地点看，分布范围遍及两广各地，而以珠江三大干流及其支流沿岸较多。

另外，还有三处比较重要的墓葬。一处是广西平乐县银山岭发现的 110 座⑮；另一处是广东肇庆市北岭松山发现的一座大墓⑯；第三处是广西田东县锅盖岭发现的 2 座墓⑰。发掘报告把这三批墓葬定为战国晚期。根

①　广东省文管会：《广东清远发现周代青铜器》，《考古》1963 年第 2 期；广东省博物馆：《广东清远的东周墓葬》，《考古》1964 年第 3 期。

②　广东省博物馆：《广东罗定出土一批战国青铜器》，《考古》1983 年第 1 期；又《广东罗定背夫山战国墓》，《考古》1986 年第 3 期。

③　广东省博物馆：《广东四会鸟旦山战国墓》，《考古》1975 年第 2 期；何纪生：《广东发现的几座东周墓葬》，《考古》1985 年第 4 期。

④　广东省博物馆：《广东广宁县铜鼓岗战国墓》，《考古学集刊》（一），中国社会科学出版社 1981 年版。

⑤　广东省博物馆等：《广东德庆发现战国墓》，《文物》1973 年第 9 期。

⑥　见注③，何纪生文。

⑦　广西壮族自治区博物馆：《广西恭城县出土的青铜器》，《考古》1973 年第 1 期。

⑧　广西壮族自治区文物工作队：《广西宾阳县发现战国墓葬》，《考古》1983 年第 2 期。

⑨　杨豪：《介绍广东近年发现的几件青铜器》，《考古》1961 年第 11 期。

⑩　广州市文物管理处：《广州郊区暹岗古遗址调查》，《文物资料丛刊》（一），文物出版社 1977 年版。

⑪　广东省博物馆：《广东出土先秦文物》香港中文大学文物馆 1984 年版，第 53 页。

⑫　广东省博物馆：《广东出土先秦文物》，香港中文大学文物馆 1984 年版；陈公哲：《香港考古发掘》，《考古学报》1957 年第 4 期；何纪生：《香港的考古发掘和需要探讨的几个问题》，《学术研究》1983 年第 6 期。

⑬　广西贺县文物工作队：《广西壮族自治区贺县出土一批战国铜器》，《考古》1984 年第 9 期。

⑭　广西壮族自治区博物馆：《近年来广西出土的先秦青铜器》，《考古》1984 年第 9 期。

⑮　广西壮族自治区文物工作队：《平乐银山岭战国墓》，《考古学报》1978 年第 2 期。

⑯　广东省博物馆等：《广东肇庆市北岭松山古墓发掘简报》，《文物》1974 年第 11 期。

⑰　广西壮族自治区文物工作队：《广西田东发现战国墓葬》，《考古》1979 年第 6 期。

据墓中的随葬器物，我把它们改定在西汉早期，约相当于南越国的前段。① 考虑到物质文明的延续性，把它列为研究先秦文化的辅助资料。

已发现的属于春秋以前的青铜器有十多件，大都是盉、卣、钟、戈，发现于广东饶平②、海丰③、信宜④、广西兴安、灌阳、忻城、武鸣、宾阳、横县、北流⑤等十多个地点。器形与中原所出的殷末西周的同类器相同。有些同志根据器物年代学的概念，把器物断代作为两广与中原文化接触的物证。我未敢苟同。因为同一器形在不同地区的出现往往有先后，边境地区使用中原早已过时的文物，在考古工作中是常见的事。这批青铜器，大都是单个埋藏，缺乏明确的层位关系，它们什么时候进入两广，或者什么时候在两广仿造，都是个问题。从当时的历史情况分析，我认为，这批殷周青铜器多数是以楚地为媒介，在楚国势力直接影响到岭南时传入的。传入时间最早不超过春秋晚期，个别器物还有可能是后代埋藏的。尽管如此，我认为也应给予适当的重视。

二　文化特征

两广先秦考古主要是墓葬，能提供说明文化特征的，主要靠墓葬资料，所以，有必要先从两广先秦墓葬说起。

两广发现的先秦墓葬全是长方形的土坑竖穴墓。没有墓道，没有封土。有的墓坑底部分出前低后高的两个墓室。前室放葬具；后室放随葬器物。前后室之间似无间隔。有的墓底挖腰坑，坑内埋放一件陶器。也有的墓底铺一层河卵石。葬具、骨架大都腐朽不存，从遗留下来的痕迹判定，当时实行单人葬，以木棺为葬具。

随葬器物大都是实用器。以青铜器为主。常见的炊具是鼎，酒器是罍（或盉、缶、尊），水器是鉴，乐器是编钟、铎（或钲、铃），兵器有剑、短

---

① 黄展岳：《论两广出土的先秦青铜器》，《考古学报》1986 年第 4 期。

② 广东省博物馆等：《广东饶平县古墓发掘简报》，《文物资料丛刊》（八），文物出版社1983 年版。

③ 广东省博物馆：《广东出土先秦文物》，香港中文大学文物馆1984 年版，第 109 页，图 53。

④ 徐恒彬：《广东信宜出土西周铜盉》，《文物》1975 年第 11 期。

⑤ 梁景津：《广西出土的青铜器》，《文物》1978 年第 10 期。

剑（或匕首）、戈、矛、镞，工具有斧、钺、叉、镰、削、刮刀；还有一种人首柱形器。每墓一般出其中的几种或几件，而且多有一件或数件砺石伴出。陶器不多，常见的有瓮、罐、瓿、盒、豆、碗、纺轮。大多是印纹硬陶，也有釉陶和泥质软陶。装饰品很少，偶尔有玉玦随葬，未见金银器。

两广发现的先秦墓，大小略有区别。最大的是四会鸟旦山1号墓，墓坑长5.7米、宽3.5米。分前后室，有腰坑，坑内埋一陶罐，随葬青铜器59件、砺石三块。最小的是广宁铜鼓岗12号墓，墓坑长2.7米、宽0.7米，随葬铜钺陶罐各一件。一般地说，较大的墓大多随葬铜容器、铜兵器和铜工具；小型墓有兵器、工具，但无铜容器。不论大墓小墓，随葬的器物似乎没有一定的规律，也无从据以判断墓中死者的身份。基本上可以辨明的是性别：男性墓大多随葬兵器和工具；女性墓大多随葬陶纺轮或刮刀，不葬兵器。

两广所见的先秦青铜器可分两大类：一类是与中原内地和楚地相同或相似的；另一类是具有鲜明地方色彩的。

与中原和楚地相同或相似的青铜器，约占铜器总数的三分之一。出土的大部分容器、乐器和一部分兵器、工具均属之。例如，罍、盉、尊、鉴、甬钟、铎（或钲、铃）、戈、镞、环首削刀以及深腹圜底蹄足鼎和实圆茎宽格有二箍的剑，等等。这些青铜器，在湖南楚墓、安徽寿县蔡侯墓、湖北随县曾侯乙墓以及中原东周墓中经常发现，时代大多早于两广所见。它们应是中原内地或楚地传入，但不排除有一部分在本地仿制的可能性。

具有地方色彩的青铜器，约占铜器总数的三分之二。这类青铜器有两种形式：一种是器形类似中原或楚地所出，纹饰和铸工却具地方特色；另一种是器形、纹饰均为南方百越文化系统所特有。

前一种青铜器可举几个实例说明。例如，恭城出土的双蛇斗蛙纹尊，尊的造型与中原西周中期的极其相似，双蛇斗蛙的图形却完全是地方色彩。[1] 宾阳新宾出土的栉齿纹钟，器形与中原春秋钟近似，但钟的两面分别施以栉齿纹、叶脉纹，分明是本地硬陶印纹的移植。[2] 又如扁茎短剑和一部

---

① 广西壮族自治区博物馆：《广西恭城县出土的青铜器》，《考古》1973年第1期，第32页，图五。又见广西壮族自治区文管会《广西出土文物》图版44，文物出版社1978年版。

② 梁景津：《广西出土的青铜器》，《文物》1978年第10期。又见广西壮族自治区文管会《广西出土文物》图版39。

分铜矛，器形与中原同类器相近，但中脊两侧往往加铸云雷纹、勾连纹，后端又饰以"王"字形符号（图一，1、3—6）。这部分青铜器是吸收中原文化和楚文化而有所创新的铸件，应视为本地青铜文化的重要组成部分。

器形、纹饰均为南方百越文化系统所特有的青铜器，以三撇足的"越式鼎"为主要特征，其他多属小件的兵器和工具。例如，空圆茎窄格剑、人物把匕首、直钮矛、对称钺、扇形钺、双肩钺、刮刀，以及人首柱形器，等等（图一，2；图二）。除人首柱形器仅见于两广以外，皆非两广所独有。它们在江苏、浙江的春秋吴越时期墓和湖南、江西境内的先秦墓中经常发现，而且时代大多早于两广所见。①

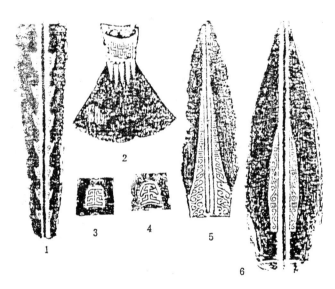

图一　罗定南门垌 M1 铜器上的花纹拓本
1. 短剑　2. 钺　3、4. 矛上的"王"字形符号　5、6. 矛

①　安徽省文化局文物工作队：《安徽屯溪西周墓发掘报告》，《考古学报》1959 年第 4 期。又《安徽舒城出土的铜器》，《考古》1964 年第 10 期；南京博物院等：《江苏六合程桥东周墓》，《考古》1965 年第 3 期。又《江苏六合程桥二号东周墓》，《考古》1974 年第 2 期。又《江苏六合县和仁东周墓》，《考古》1977 年第 5 期；苏州博物馆考古组：《苏州虎丘东周墓》，《文物》1981 年第 11 期；沈作霖：《绍兴出土的春秋战国文物》，《考古》1979 年第 5 期；彭适凡：《江西地区出土商周青铜器的分析与分期》，《中国考古学会第一次年会论文集》1980 年；湖南省博物馆：《湖南衡南、湘潭发现春秋墓》，《考古》1978 年第 5 期。又《资兴旧市春秋墓》，《湖南考古辑刊》（一），1982 年；高至喜：《湖南发现的几种越族风格的文物》，《文物》1980 年第 12 期；熊传新、吴铭生：《湖南古越族青铜概论》，《中国考古学会第四次年会论文集》，文物出版社 1985 年版。

此外，还有少量器物，并见于百濮地区和越南北部，例如，铜鼓、提筒、多种斧钺类工具，等等。

由此可见，两广先秦青铜器所反映的文化关系是相当复杂的。要具体说明每种青铜器的来源及其自身的演变规律，还存在着不少困难。

但有一点是明确的，即两广所见的先秦青铜器都是实用器，类似中原的那一套"礼器制度"尚未出现。具有地方色彩的青铜器，绝大多数是兵器和工具，除个别制作较精外，铸造大多粗糙，形体薄小，一般没有纹饰或只有简单纹饰。显示独特的南越文化风格的青铜器不多，标志独特的铸造工艺水平的重器更少。出土的"越式鼎"，鼎底大多遗留烟炱痕迹，说明它们是作为生活用器随葬的，而不是礼器。随葬的鼎数不一，多寡悬殊，可以断定，当时不存在用鼎制度，即便是中原式的鼎和其他珍贵的酒器，也不是作为礼器随葬的。

青铜工具和青铜武器都比较发达，在社会生活中占有重要地位。从它们在墓中的陈放位置考察，当时的男性劳动者，一般要随身携带一两件斧钺工具，并带上砥磨工具的砺石；有的还手执长矛，佩带长短剑和弓箭。女性则从事纺织和竹木器编织。不论男女，皆"断发文身"，一般不佩戴装饰品，仅有少数戴玉石玦或手镯。

斧钺类工具可用于开发山林，编制竹木器，在社会生产中应是发挥了重大作用的。但在两广考古工作中，至今未见铜犁，甚至连铜锄、铜耜也很罕见。[①] 与青铜斧钺共存的，往往是石器和印纹硬陶[②]，表明当时的农业生产仍大量使用木石工具，青铜斧钺类工具并没有在生产上或社会结构上引起重大变革。

青铜武器成为男性墓的主要随葬品，反映了两广先秦越人血族复仇、好相攻击的落后意识和剽悍性格，造成一部分男人脱离生产，从

① 广宁铜鼓岗战国墓发掘简报中有铜锄2件，铜耜1件。见广东省博物馆《广东罗定出土一批战国青铜器》，《考古学集刊》（一），中国社会科学出版社1981年版。承广东省博物馆盛意，让我检视原物。证明标注"锄"的原物，确系简报中所说的"弧形弯曲呈瓦状"，但无法理解此物可以装曲柄松土。标注"耜"的原物，仅剩刃部，推测是长条形的斧斤，不是凹字形耜。

② 广东省博物馆：《广东曲江石峡墓葬发掘简报》，《文物》1978年第7期；杨豪：《介绍广东近年发现的几件青铜器》，《考古》1961年第11期。

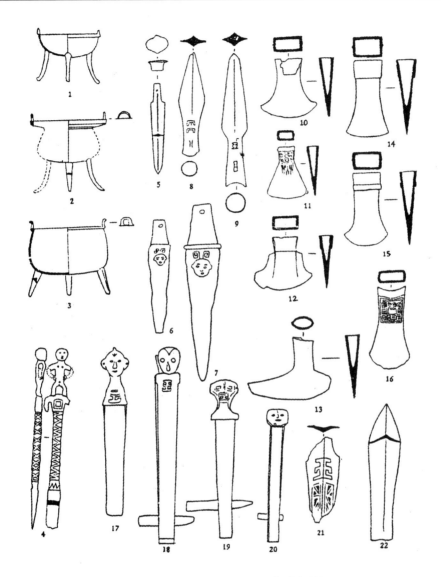

图二　两广出土的"越式"青铜器

1. 鼎（恭城秧家）　2. 鼎（宾阳韦坡村 M1）　3. 鼎（德庆落雁山 M1）　4. 匕首（清远马头岗 M2）　5. 短剑（广宁铜鼓岗 M14）　6. 短剑（香港南丫岛大湾）　7. 短剑（曲江石峡上文化层）　8. 矛（罗定南门垌 M1）　9. 矛（广宁铜鼓岗 M16）　10—13. 钺（广宁铜鼓岗）　14、15. （广宁铜鼓岗）　16. 斧（清远马头岗 M2）　17—20. 人首柱形器（分别出自清远马头岗 M1、罗定背夫山 M1、四会鸟旦山 M1、罗定南门垌 M1）　21、22. 刮刀（广宁铜鼓岗 M17、M21）

事掠夺，灭人家口，破坏或延缓社会发展的结局。有学者赞颂两广先秦武器创造出奴隶制，但我们从考古发现中还无法看到这种实例。也许当他们还来不及把战俘转变为奴隶的时候，历史的发展便中断了这种过程。

在两广先秦文化中，富有代表性的器物，我认为不是青铜器，而是几何形印纹硬陶器。

几何形印纹硬陶是中国南方古越人的最富有特色的器物，所以，南方先秦文化，有时又被称为"印纹硬陶文化"。① 两广新石器时代遗址中就有许多制作精美的印纹硬陶出土。春秋时期，几何形印纹硬陶达到鼎盛阶段。主要器形是瓮、罐，其次是匏壶、罍、瓿、钵、盂、碗、盆、盘、盒、杯、盏等，大多作圜底或平底。造型匀称精美。器形大小悬殊，大的如陶瓮，高达50厘米以上，而杯、盏之类，仅高3—4厘米。器表普遍使用组合花纹，一般以拍印的夔纹、米字形纹或方格纹为主纹，以拍印的云雷纹、圆圈纹、圆涡纹或刻划的水波纹、条纹、栉齿纹、叶脉纹作为陪衬。此外，有一部分硬陶器器表施釉，釉色以黄绿、青绿为多，基本上属于青釉系统。②

几何形印纹硬陶是两广青铜文化的重要组成部分，是当时两广人的日常必需品，对后来的秦汉制陶工艺，曾产生过很大的影响。

三　文化渊源

在上述的文化特征中，我们不难发现，两广先秦文化的内涵是相当复杂的。既有传统的文化因素，又有外来的文化因素。所谓传统文化因素，主要是指本地区的和百越内部的传统文化。所谓外来文化因素，主要是指中原殷周青铜文化和长江中游的楚文化。

根据调查发掘资料，广东发现的数百处古文化遗址，绝大多数属于几何印纹陶系统，从石峡遗址下文化层到秦汉之际，可以排出先后连续的四个发展阶段，即曲折纹陶、夔纹陶、米字纹陶和方格纹加戳印陶。这四种

---

① 苏秉琦：《关于"几何印纹陶"》，《文物集刊》（三），文物出版社1981年版。
② 广东省博物馆：《广东出土先秦文物》，香港中文大学文物馆1984年版，第46、47页。

陶器花纹具有典型性，基本上可作为分期和断代的依据。① 广西的工作较少，除广西西部不甚明确外，东部和东北部的几何印纹陶发展序列与广东北部和湖南南部基本一致。② 本地区新石器时代遗址中经常发现的石器以及各种印纹硬陶器，几乎都可以在先秦青铜文化中找到它们的因袭演变关系。例如，双肩铜钺和三撇足的盘口鼎、釜形鼎，显然源于新石器时代的双肩石斧和三撇足的鼎、盘器；印纹硬陶上的曲折纹、云雷纹、栉齿纹、勾连纹，往往成为青铜器的移植纹样。可见两广的青铜文化，是以本地区的新石器时代文化为基础的。

其次是百越内部的传统文化。先秦时代，我国东南沿海和岭南一带，曾经是古代越人的活动地区，战国秦汉时期，统称为"百越"。《汉书·地理志》颜注引臣瓒曰："自交趾至会稽七八千里，百越杂处，各有种姓。"考古发现证实，这说法大体是可信的。百越地区，统属于考古学上的几何印纹陶系统。但因地域辽阔，支系众多，历史发展有先后，文化面貌也有所差异。大体说，居住在江浙地区的吴越人和居住在两湖的杨（扬）越人发展较快，大约在殷末周初，他们便进入青铜文化繁荣时期；吴越人还以善铸铜剑著称，曾建立强大的吴国、越国。这两支越人对两广青铜文化的酝酿形成有过一定影响。早在新石器时代，两广地区的先民与长江中下游的先越人就有接触，在文化上表现了某些相似之处。例如，广东石峡文化的一些陶器（如三足外撇的鼎、盘、镂空或竹节形的豆把等）、石器（有肩穿孔石钺）以及玉琮、玉璧、玉笄，都与江浙良渚文化相似。说明两地先民这时已有一定联系。③ 殷周时期，粤东与闽西南的出土陶器、石器完全相同，文化特征一致，则又表明殷周时期百越内部的联系进一步密切。

春秋时期，原居住在长江中游的楚国积极向外扩展，先是向北延伸，问鼎中原；到了战国之时，大力向南发展，沿湘江南下，同那里的扬越文

① 何纪生：《略论广东东周时期的青铜文化及其与几何印纹陶的关系》，《文物集刊》（三），文物出版社1981年版。
② 广西文物工作队：《广西几何印纹陶的分布概况》，《文物集刊》，（三），文物出版社1981年版。
③ 杨建芳：《浅谈广东新石器时代的几个问题》，香港《明报月刊》1985年第1期。

化融合；随后又向东扩展，到达长江下游，同那里的吴越文化融合。楚文化成为长江流域及其以南地区的最先进文化。战国中晚期，楚国的势力已控制南岭以北地区，南界西侧可能已越过南岭，占有广西东北部的漓江流域，对两广造成直接的威胁。[①] 在楚人南进过程中，以输入中原青铜器和楚国青铜器为起点，在中原青铜文化、楚文化的强烈影响下，两广青铜器文化才得到较大发展。冶金史学家曾对广东出土的 38 件东周青铜器（春秋一件，余为战国）进行科学考察，认为广东的先秦青铜冶铸业是直接在中原地区特别是楚文化的影响下建立起来的。某些器物的形制、花纹以及工艺处理，虽然有地区特色，其技术手法和工艺形式则和中原地区、楚文化相一致。[②]

值得注意的是，楚人占有吴越、扬越地区以后，那里的固有文化便迅速消失，唯独在楚人进逼岭南后，南越的固有文化并没有融合于楚文化之中，而是顽强地延续到秦平岭南，赵佗建立南越国以后。这是一个饶有兴味的问题。这种情况的出现，我以为主要是由两个方面的原因造成的。

一个原因是，秦汉以前，楚国的政治统治势力从来没有进入岭南。史称春秋时"南海臣服于楚"；战国时，楚将吴起"南平百越"。论者颇有主张包括岭南在内的。看来都与岭南无关。以考古工作为证：直到目前为止，两广尚未发现过一座楚墓，就是最容易发现的楚国钱币——金郢爰、铜蚁鼻钱，甚至经常被作为随葬品的泥质楚币，也从未在两广见过，这绝不是偶然的现象，而是岭南一直孤悬域外，没有正式列入楚国版图的见证。[③] 楚国政治势力没有进入岭南，它对岭南只能施以文化影响，而不能采用文化融合。这是两广的传统文化得到较长期地保存下来的一个原因。

另一个原因是，楚人南进，迫使部分吴越人、扬越人进入岭南，与当地的南越人一起，共同发展两广的南越文化。这点可举当时湖南省境楚越关系的变动来说明：

据不完全统计，湖南省境内发现有随葬越式器物的墓葬，属于春秋时

① 蒋廷瑜：《楚国的南界和楚文化对岭南的影响》，《中国考古学会第二次年会论文集》（1980年），文物出版社 1982 年版。
② 广东省博物馆：《广东出土先秦文物》，香港中文大学文物馆 1984 年版，第 53 页。
③ 广州博物馆：《穗港汉墓出土文物》，香港中文大学文物馆 1983 年版，第 8 页。

期的大约有七十座，遍布于湘江流域沿岸；而春秋时期的楚文化遗址和楚墓，则大多分布于湖北和澧水流域。可见春秋时期的楚人主要活动于湘北一带，整个湘江流域，主要是扬越人的居住区。到了战国时期，楚文化遗址和楚墓遍布湖南省境内，而越式器物大减，且局限于南岭北侧一带。说明这时湖南省境已归楚有，原有的扬越文化已融合于楚文化之中。这种变化，反映了楚人在湖南的活动是由北向南逐渐扩展，并且逐渐融合了百越文化，而不愿接受楚国统治的扬越人，则不断被迫向南迁徙。春秋晚期，被迫南迁的部分扬越人可能已入居岭南，但比较成批进入岭南的时间，似应在战国中期以后。把湘北发现的春秋墓和两广发现的战国晚期墓比较一下，我们不难发现，尽管两地相距千百里，时间跨越四百年，但两地反映出来的墓制、葬俗以及器物造型，几乎是一样的。两地都流行长方形竖穴土坑墓，只是墓坑的长宽比例稍有不同。湘北春秋早期墓多作狭长形，长宽比例大约为4—5米：1米；两广战国晚期墓多作长方形，长宽比例大约为2—3米：1米。两地随葬同形式的越式器物，全是实用器，而且都以青铜器为主，缺乏变化。由此说明，扬越人对南越文化的发展起了很大的作用。同时反映了百越内部的传统文化基本一致，缺乏变革，发展缓慢①。

最后还要提一下两广先秦文化和百濮文化的关系。

早在新石器时代，居住在今两广和云贵的先民就有接触，云贵地区不断发现富有古越人文化特征的有肩石斧和有段石锛。以创造高度青铜文明著称的百濮的一支——滇人，在其向东向南的扩展过程中，与居住在今广西境内的百越的一支——西瓯、骆越人的文化交往更加频繁。广西田东锅盖岭发现的铜鼓、窄格剑和内缘凸起的玉环，容县发现的羊角形錾钮钟，柳州发现的铜牛，无疑是来自云南的滇国器。传入的时间，应在南越国时期。两地都有出土的提筒和各种斧钺类工具，情况则较为复杂，双肩钺、对称斧，可能始创于两广越人，提筒和靴形钺（或称"不对称形钺"），则可能始创于滇人或红河流域的骆越人。经常交往的时间，主要也是在南越国时期。

---

① 参见高至喜《湖南春秋战国时期的越楚文化》，湖南省考古学会第二次学术讨论会，1984 年。

四　小结

第一，两广先秦文化的研究，主要靠两广发掘 38 座先秦墓葬资料来说明。这些墓葬，除个别可早到春秋晚期外，绝大多数属于战国时期，尤以战国晚期为多，零星发现的中原类型的殷末西周青铜器，多数是在楚国势力进逼岭南时传入，个别器物有可能是后代埋藏的。

第二，两广所见的先秦青铜器，绝大多数在中原内地、楚地以及长江以南原越人居住区都有发现。还有少量青铜器并见于西南百濮地区。呈现了相当复杂的文化关系。具有独特的南越文化作风的青铜器很少，制作水平一般不高。可以炫耀的是富有地方特色的高水平的几何形印纹硬陶器。

第三，两广先秦文化是以本地区的新石器时代文化为基础，在百越内部的扬越、吴越文化推动下，以及楚文化和中原青铜文化诸因素的强烈影响下形成发展起来的。它是一种包含有中原作风，又具有地方特色，并间杂滇文化因素的地方土著文化。

第四，两广先秦文化大约形成于春秋时期或稍早，至战国晚期发展到鼎盛阶段。随着秦统一岭南，南越政权的建立，中原铁器的大量输入，两广先秦文化便迅速被新的历史文化所取代。

（原载《文物与考古论文集》，文物出版社成立三十周年纪念，文物出版社 1986 年版）

南越、闽越和夷洲的比较研究

一　引言

闽越，指汉初割据今福建（建元三年以后又拥有今浙南之原东瓯地）的闽越国。南越，指汉初割据岭南（今两广）的南越国。夷洲，指秦汉间的台湾岛，时属闽越之地。

闽越、南越地理位置连成一片，自然条件大致相仿，先秦时期同属于以印纹硬陶为特征的百越文化，社会结构和生产水平大体相当。秦平百越后，在岭南置南海、桂林、象郡；在福建（包括浙南）置闽中郡。汉高五年立无诸为闽越王，孝惠三年又立摇为东海（东瓯）王，共王闽中故地。汉高十一年，承认赵佗为南越王，王岭南。建元三年，东瓯亡，其地为闽越所并。[①]武帝元鼎六年灭南越国，以其地析为八郡[②]；元封元年灭闽越，以其地入会稽郡。两国存亡兴废的轨迹基本一致。南越五世九十三年，闽越三世九十二年。按照一般事物的发展规律，两地的历史进程应该是同步的，然而，在闽越、南越立国的近百年间，两国的社会发展并不一样，终西汉之世，两地仍存在较大差距。以南越国都城番禺（今广州）为中心的岭南地区，已进入一个新的历史发展阶段，闽越则变化缓慢，与南越相比，至少落后几十年。

---

① 《汉书·严助传》"余善以成其谋"句下王先谦《补注》："东瓯地遂为闽越所并"
② 武帝灭南越国后置十郡，其中南海、苍梧、郁林、合浦、象郡五郡地约当秦置南海、桂林、象郡三郡地，范围大体与今两广相当（据《中国历史地图集》第二册，中华地图学社1975年版）。交趾、九真、日南三郡地，辖地约当赵佗"令二使者典主交趾、九真二郡"地。据《水经注·叶榆河》引《交州外域记》、《史记·南越列传》索隐引《广州记》。至于儋耳、珠崖二郡，位于今海南岛，武帝新拓，非南越国旧地。故本文采"武帝灭南越国以其地析为八郡"之说。

夷洲隔台湾海峡与闽越相望。据台湾地区考古学者研究，在距今三百万年至一万年前，即更新世冰河期间，台湾曾数次与华南大陆相连。华南的哺乳动物群源源不绝移往台湾。代表台湾旧石器时代晚期的长滨文化和"左镇人"，大约是在距今五万年至五千年前从华南追随着动物群移居来到台湾的①。到了新石器时代，台湾和福建、浙南基本上属于同一文化系统②。春秋战国时期，台湾属闽越之地，秦属闽中郡。汉武帝撤销闽中郡，台湾遂亦并入会稽郡。台湾与大陆仅一水之隔，但开发很晚，直到明朝末期，闽粤沿海人民大量移居台湾，大陆的社会制度和经济文化才在台湾岛上建立起来。

本文拟利用考古发现和文献史料，试论秦汉间这三个地区的社会发展进程，进而探索造成这三个地区发展不平衡的原因。

二 南越

主要的参考文献是《史记·南越列传》和《汉书·南粤传》。③ 考古资料较多，重要的城址资料有汉番禺城的勘察，南越国宫室走道遗存的发掘④，粤东五华汉城址⑤、桂北秦灵渠遗迹⑥、兴安秦城址、全州和贺县汉城址的调查⑦。此外还有 1976 年在广州市区发掘属于秦汉之际的造船工场遗址一处。⑧ 南越国墓葬大多发现于广州，已发掘 300 座左右⑨，其中以 1983 年发掘的第二代南越王墓最为重要⑩。其次是 1972 年肇庆松山发掘

---

① 宋文薰：《史前时期的台湾》，《历史》1989 年第 10 期（总 21 期），第 68—70 页。

② 张光直：《新石器时代的台湾海峡》，《考古》1989 年第 6 期。

③ 本文论述南越的引文，凡未注出处者，皆引自《史记》、《汉书》本传。

④ 麦英豪：《广州城始建年代及其他》，《中国考古学会第五次年会论文集》，文物出版社 1988 年版，第 79 页。

⑤ 朱非素：《近年来广东考古发掘新收获》，《广东省博物馆馆刊》1988 年第 1 期（创刊号）。

⑥ 黄增庆：《广西兴安县灵渠陡堤调查》，《文物参考资料》1958 年第 12 期。

⑦ 广西壮族自治区文物工作队等：《广西兴安县秦城遗址埋圩王城的勘探与发掘》，《考古》1998 年第 11 期。

⑧ 广州市文物管理处：《广州秦汉造船工场遗址试掘》，《文物》1977 年第 4 期。

⑨ 广州市文管会等：《广州汉墓》，文物出版社 1981 年版，第 23—183 页。广州市文物管理处：《广州淘金坑西汉墓》，《考古学报》1974 年第 1 期。黄森章：《广州瑶台柳园岗西汉墓群发掘纪要》，《穗港汉墓出土文物》，香港中文大学文物馆 1983 年版，第 248 页。

⑩ 象岗汉墓发掘队：《西汉南越王墓发掘初步报告》，《考古》1984 年第 3 期。

的南越国初期大墓。① 在广西壮族自治区，主要有 1974 年发掘的平乐银山岭南越西瓯戍卒墓 123 座。② 1976 年贵县罗泊湾西瓯君夫妇墓。③ 随后又在贺县河东高寨、金钟发掘南越国墓 6 座。④ 此外，广东的曲江、南海和广西的灌阳、兴安等地也有零星发现。⑤ 粗略统计，出土陶器数万件，铜器 900 多件，铁器 600 多件，还有大批玉石器、竹木器、漆器、丝织衣物和粮食瓜果介壳类食物。

据史汉本传记载，南越开国主赵佗是北方真定人，原是秦始皇略定扬越时的秦军将领。秦平岭南后，赵佗任南海郡龙川县令。秦二世覆灭时，赵佗趁机击并桂林、象郡，自立为南越武王。汉高十一年，正式册封赵佗为南越王。作为这个政权支柱的是留戍岭南的五十万秦兵和随后徙置的数万北方汉人。可见南越国是北方汉人建立，"颇有中国人相辅"的地方政权。南越政权与汉初诸侯王一样，设郡、县，置监、守，封侯、王，"宫室百官同制京师"。汉番禺城的勘查和王国宫室走道遗存的发掘，说明它很可能是秦南海尉任嚣始建，后为赵佗利用的南越国都城。虽然对它的全貌已经不容易搞清楚，但都城的规模和城中的宫殿官署位置，基本上是清楚的。⑥ 出土的筒瓦、板瓦、瓦当和铺地砖，宽大厚实，质地坚硬，砖瓦上的花纹和瓦当上的文字书体，与西汉长安城出土的基本相同。推测南越国都城的规划和宫殿布局，建筑形式，很可能是慕仿汉长安建制的，当然规模要小一些。南越王墓和其他南越国时期墓的发掘，进一步证实南越国通行汉字，佩带汉式印，使用汉朝统一铸造的钱币，宫室名号、工官设置、度量衡制度、礼乐丧葬制度，也都是仿效汉朝的。

作为衡量社会生产水平的冶铸业，已取得长足进展。大约在两周之际，

---

① 广东省博物馆等：《广东肇庆市北岭松山古墓发掘简报》，《文物》1974 年第 11 期。

② 广西壮族自治区文物工作队：《平乐银山岭战国墓》，《考古学报》1978 年第 2 期；又《平乐银山岭汉墓》，《考古学报》1978 年第 4 期。

③ 广西壮族自治区博物馆：《广西贵县罗泊湾汉墓》，文物出版社 1988 年版。

④ 广西壮族自治区文物工作队：《广西贺县河东高寨西汉墓》，《文物资料丛刊》（四），文物出版社 1981 年版。又《广西贺县金钟一号汉墓》，《考古》1986 年第 3 期。

⑤ 文物编辑委员会编：《文物考古工作三十年》，文物出版社 1979 年版，第 331、343 页。

⑥ 麦英豪：《广州城始建年代及其他》，《中国考古学会第五次年会论文集》，文物出版社 1988 年版。广州市文物管理处：《广州秦汉造船工场遗址试掘》，《文物》1977 年第 4 期。

岭南地区开始学会原始铸铜技术，但在秦平岭南以前，青铜器始终没有在社会生产中占居主要地位。秦平岭南后，本地区的青铜冶铸业才得到大发展。南越王墓出土的五百多件青铜器和罗泊湾一号墓出土的二百多件青铜器，除少数青铜器可能来自中原以外，绝大多数应是南越国自行冶铸。它们是南越国青铜冶铸技术最高水平的标志。

岭南使用铁器为时较晚。基本上可以认定的最早记录是始兴白石坪战国晚期窑址中出土的一臿、一斧。秦平岭南后，铁器才大量在岭南出现。最常见的农具是锄、臿；手工业工具是斧、锛、凿、刮刀、削；武器是剑、戟、矛、铠甲和铁铤铜镞：炊具杂器有鼎、釜、三足架、镊、锥，等等。可见社会经济的主要部门已普遍使用铁器。虽然目前还无法确定南越国是否有自己的冶铁业，但南越国已充分掌握锻铸技术则毋庸置疑。

农业以种植稻谷为主。人工培植的蔬菜、瓜果已普遍出现。主要由王国工官和市府管理生产的造船业、制陶业、纺织业、漆器制造业、玻璃制造业和玉器工艺，都具有相当规模。内河交通便利，海洋交通也初具规模。在陆地交通方面，赵氏政权十分重视与汉朝的关市贸易，充分利用秦军统一岭南时开辟的"新道"，大量引进"金铁田器牛马羊"，促进岭南的经济发展。到汉武帝灭南越国时，南越国都城、郡县所在地，以及西江两岸和河网交错的平原地区，已得到充分开发。人烟稠密，经济繁荣，文化也不低，其发展水平已接近中原内地。王国统治阶级、一部分南下汉人和汉化越人的经济文化生活，与中原内地的同阶层相比较，几乎不存在差异。到西汉末年，番禺已成为海外贸易的集散地，跃居当时全国十九个著名的都会之一，这不能不说是南越国打下的基础。但是，也应该看到，除了上述地区以外，岭南广大山区罕见南越国遗迹，南越国时期墓葬也很少发现，这似乎表明，赵氏政权对岭南的开发是不平衡的、有限的，山区的土著越人，可能还停留在初民社会阶段。[1]

---

[1]　本文对南越国史的论述主要采自笔者与麦英豪合写的《从南越国墓葬看南越国》一文，载《庆祝苏秉琦先生考古五十五周年纪念论文集》，文物出版社1989年版。

三 闽越

主要的参考文献是《史记·东越列传》和《汉书·东粤传》①。这两篇本传和南越的两篇本传，内容详略大体相当，但闽越的考古资料则远远不及南越。已发掘的闽越城址有崇安汉城②，已发掘的闽越墓有闽侯庄边山9座③和崇安汉城附近数座④。此外，曾对浦城、邵武、建阳境内几座汉城址进行过调查。⑤ 在光泽和闽江口附近零星发现过几座汉墓。⑥ 东瓯考古资料也不多，可注意的城址有两处。一处是温岭县大溪镇塘山的所谓"徐偃王"故城。故城有夯筑墙垣残存，城址中有东周至汉代陶片，还有汉陶水管道。此地原属黄岩，地当汉之永宁，疑为东瓯都城遗址。⑦ 另一处在临海市章安镇灵江口北岸，也有汉瓦堆积，疑与西汉回浦县故城有关。东瓯时期墓未发现，仅丽水、温州地区有零星汉代陶器出土。⑧

闽越立国与南越国不同。据史汉本传，公元前4世纪末，楚灭越，当时有大批原来居住在今浙北、苏南的越国臣民流徙到今浙南、闽北一带。在这片新土地上，"诸族子争立，或为王，或为君"，各自建立部族，没有形成统一的政权。不久，秦并天下，这时，他们之中有两支最大的部族，其首领

---

① 本文论述闽越的引文，凡未注出处者，皆引自《史记》、《汉书》本传。

② 福建省博物馆：《崇安城村汉城探掘简报》，《文物》1985年第11期；又《福建崇安城村遗址试掘》，《考古》1960年第10期。

③ 福建省文管会：《闽侯庄边山新石器时代遗址试掘简报》，《考古》1961年第1期；又《闽侯庄边山遗址1982—1983年考古发掘简况》，《福建文博》1984年第2期。

④ 福建省博物馆：《1980—1981年崇安城村汉城遗址考古主要收获》，《福建文博》1983年第1期。

⑤ 林忠干：《从考古发现看秦汉闽越族文化的历史特点》，《东南文化》1987年第2期。

⑥ 黄汉杰：《福建荆溪庙后山古墓清理》，《考古》1959年第6期。曾凡：《南福铁路过程中福州附近的考古发现》，《考古通讯》1958年第1期。林忠干：《浅谈西汉闽越的墓葬及陶器》，《福建文博》1984年第2期。

⑦ 金祖明：《关于东海王国故址的探讨》，《台州史学》1981年第1期。《史记·东越列传》集解引徐广曰：东瓯，"今之永宁也"。索隐引姚氏云："瓯，水名。永嘉记：水出永宁山，行三十余里，去郡城五里入江，昔有东瓯王都城，有亭，积石为道，今犹在也。"《汉书·东粤传》补注引"沈钦韩曰：元和志，东瓯，今温州永嘉县是也。后以瓯地即回浦县，永嘉县即汉回浦县之东瓯乡。纪要：东瓯城在建宁府东南十里"。是东瓯都城应在温州市境内。温州至今未发现汉城址，或因考古工作不多耳。浙江同志定"徐偃王"故城为东瓯城，尚有待考古发掘验证。

⑧ 资料由浙江省社会科学院历史研究所林华东先生提供。

是自号闽越王的无诸和自号东海王的摇。秦废除他们的王号，降为"君长"，把这片土地置为闽中郡。秦朝大概还来不及派官置史、建立郡县行政机构，便灭亡了。汉高五年和孝惠三年，先后恢复无诸、摇的王号。无诸都东冶（《汉书》作"冶都"，约今福州市），领有今福建境地；摇都东瓯（约今温州市），领有今浙江南部。闽越、东瓯统治集团大约都是原越国的宗支后裔，居民除有部分土著民以外，大部分应是随同流徙的原越国遗民。

原居住在浙南闽北的土著民叫"闽"或叫"古越"人，已难于查考。我认为不妨依考古学命名，称其为"昙石山上层文化（青铜文化）"的居民。浙南闽北山峦重叠，外临大海，人口稀少。越国遗民南下时，同这里的部分土著民融合，成为后来的闽越国民；不愿与越国遗民融合的土著民，有一部分被迫徙居浙南闽北沿海及岛屿上，成为后来三国吴人沈莹《临海水土异物志》记录的安家民；另有一部分土著民东渡海岛，成为后来沈志记录的夷洲民。这后面两部分土著民，一直保留原有的生产生活习俗，到了三国时代仍未改变（详下）。

闽越国建立前后的原越国遗民文化，可以从闽侯边庄山9座墓葬资料中得到反映。这9座墓葬，发掘于1960年和1982年。墓中随葬有楚文化特征的陶鼎豆盒壶和玉石璧，又有越式特征的瓮瓿匏壶香熏。论者或定为战国末楚墓①，或定为汉初闽越人墓②，各自成说。我看目前资料还比较缺乏，不妨把时代定得宽一点，说它们是战国秦汉间墓。至于墓主，既要考虑特定的历史背景，又要考虑楚越文化交流的历史传统。战国秦汉间，楚文化对南方越人居住区影响很深，到处流行楚式墓制，使用楚式用器，这已成为考古学上的常识。楚灭越后，越国遗民"滨于江南海上，朝服于楚"，秦灭楚，有楚遗民亡命闽中，这是可能的，1988年浙南仙居县曾发现楚国布币和蚁鼻钱③，也可为物证。所以，战国秦汉间在浙南闽北发现楚式墓并不奇怪。墓主可以是徙居于此地的楚国人及其后裔，也可以是南下的越国遗民及其后裔。我们似不必为它们的属性争论不休。我以为庄边

---

① 欧潭生、卢美松：《楚文化入闽的考古证据》，《中国考古学学会第七次会议论文集》，文物出版社1992年版。

② 林忠干：《论福建地区出土的汉代陶器》，《考古》1987年第1期。

③ 金祖明：《仙居发现窖藏青铜器》，《中国文物报》1988年8月12日。

山 9 座墓葬资料的主要学术价值在于，它使我们了解在战国秦汉间闽江口一带确实居住着一批保留楚文化遗制的越人或楚人的后裔。他们的经济文化水平，并不低于当时王朝直接统治下的编户齐民。闽江口一带应是闽越国时期发达的地区之一。闽越国境内目前已知的西汉末东汉墓，除一座东汉墓见于光泽外，其他均见于距离庄边山不远的庙后山和金鸡山，也可作为闽越灭亡后闽江下游的经济文化持续发展的一个旁证。

比较全面揭示闽越国文化的考古资料，首推崇安城村汉城的发掘。根据发掘报道，汉城城垣依山势夯筑，平面近似长方形，南北长约 860 米、东西宽约 550 米。已探明东西城门各一座。在三个城垣角隅上都有军事防护设施。城内中部偏南处有一组大型宫殿官署建筑群基址，由大门、庭院、主殿、侧殿、厢房、天井、回廊等组成。以庭院主殿为中轴线，仿汉左右对称的"四合院"式传统格局，在内部结构中使用"干栏式"建筑。城内有排水设施。城外有制铁遗址、制陶遗址、砖瓦窑遗址和墓地。出土砖瓦、陶器、铁器、铜器共数千件。不少学者根据城址和中心主体建筑的规模、建筑布局、砖瓦造型，以及同出器物的标型学断代，推定崇安汉城是汉初闽越人筑造的一座"王城"，汉灭闽越后，这里仍有人居住活动，大约到王莽时完全废弃。看法是审慎可靠的。① 林忠干先生的一篇文章中还明确提出它很可能是闽越后期东越王余善的都城。② 看法又前进了一步。但他把论证重点放在"冶"都上，我对此稍有异议。我认为崇安汉城是余善所都的主要依据可以在《史记·东越列传》（《汉书》本传略同）中的一段文字上找到答案。这段文字是：

> 建元六年，闽越击南越……上遣大行王恢出豫章，大农韩安国出会稽，皆为将军。兵未逾岭，闽越王郢发兵距险。其弟余善乃与相、宗族谋……即纵杀王，使使奉其头致大行。大行……乃以便宜案兵告大农军，而使使奉王头驰报天子。诏罢两将兵，曰："郢等首恶，独无诸孙

① 福建省博物馆：《崇安城村汉城探掘简报》，《文物》1985 年第 11 期。福建省文管会：《福建崇安城村汉城遗址试掘》，《考古》1960 年第 10 期。

② 林忠干：《崇安汉城遗址年代与性质之初探》，《考古》1990 年第 12 期。

繇君丑不与谋焉。"乃使郎中将立丑为越繇王，奉闽越先祭祀。余善已杀郢，盛行于国，国民多属，窃自立为王。繇王不能矫其众持正。天子闻之，为余善不足复兴师，曰："余善数与郢谋乱，而后首诛郢，师得不劳。"因立余善为东越王，与繇王并处。

由上引文可以推定：王恢、韩安国出兵，闽越王郢"距险"，其地必在武夷山、仙霞岭沿线；王恢出豫章，余善杀郢，奉其头致王恢，知杀郢当在武夷山附近。郢被杀后，武帝封"丑为越繇王"，随后又封余善为东越王，与"繇王共处"。在哪里共处？上引传文虽然没有交代，但可以从上下文义推定：武帝封"丑为越繇王，奉闽越先祭祀"，知丑之王都必定在无诸所都的东冶。余善封东越王，不可能到东冶与丑"共处"，而最大的可能性应在余善"距险"、"杀郢"处，即今武夷山附近。现在发现的崇安汉城，地处崇阳溪西岸，距离武夷山仅十余公里。城垣城门气势雄伟，宫殿官署布置井然，余善杀郢以前，这里的建筑或已初具规模，杀郢封王后再事营建增饰是很可能的。在闽西北还没有发现比崇安汉城更具规模的闽越国城址以前，我以为把它看成是余善所都当不会大错。

至于余善是否把崇安汉城叫"冶"？这里涉及东冶和冶是一个地名还是两个地名的问题。五十多年前，劳干写《汉晋间闽中郡建置考》①，论定东冶即冶，地约在今福州市。时人魏嵩山重申是说②，所论甚是。不过，我并不排除余善所都处亦称"冶"的可能性。这是因为在中国古代，确有新地沿用旧地名的传统。例如成汤至盘庚，商王朝曾五迁其都，所迁之地皆曰亳。东晋南渡后的侨置州郡县，均沿用北方原地名等。余善自视为闽越国正统，其所都仍以"冶"名，这是很可能的。但这仅是推测，而无实证。

崇安汉城的性质及其使用年限的确定，为进一步研究闽越国提供了科学依据。根据城址中出土的铁器，我认为大体上可以定为闽越国时期的农具有镬、畲、五齿耙、镰，手工业工具有斧、锛、凿、削、刮刀，兵器有剑、钺、矛，说明铁器在闽越社会生产中已占优势。从闽越灭亡后，福建铁器发

---

① 劳干：《汉晋间闽中郡建置考》，《中央研究院历史语言研究所集刊》第五本，1935年版。

② 魏嵩山：《汉闽越王无诸冶都考》，《厦门大学学报》1980年第3期。

现不多这一点逆推，闽越国大约还没有冶铁业，使用的铁器大部分应是从外地输入，或从外地输入铁材，再在本地加工锻铸。青铜器不发达，崇安汉城和闽西北零星发现的青铜器，大约也是外地输入的。陶器有鼎、釜、甑、瓮、罐、瓿、提筒、匏壶等二十多种，质量很高，器形纹饰与南越国所见基本相同，富有地方色彩，说明闽越国有发达的制陶业，与南越国属同一文化系统。出土的建筑砖瓦，形同汉长安城所出，应属王国专营的制陶作坊生产。从出土的部分陶文和戳印看，也可以证明王国中设有工官。[①]《史记》、《汉书》记闽越国有相侯、将，如越衍侯、建成侯、吞汉将军、徇北将军，似亦表明闽越慕效汉朝的百官建制。但所见侯将，大多是临时封号，则又透露闽越的百官建制可能是很不完备的。

除崇安汉城以外，浦城有汉阳城址、越王山遗址、金鸡山遗址，邵武有越王台遗址，建阳有平山遗址，福州有浮村遗址，虽然目前我们还无法确定它们都属于闽越国时期，但从出土的遗物看，说它们是汉代城址或聚落，当不致大误。这些城址和聚落，大都集中在闽西北地区，形象地说明这里和闽江流域应是闽越国政治经济文化的中心。如果同南越作比较，这里的开发程度大约已接近于西江流域。

浙南的情况不太清楚。如果上述的东瓯城址和西汉回浦县址可以确定，则不妨承认其所在地（今灵江流域）应是东瓯的发达地区。其开发程度，也许同闽越的闽江流域差不多。

需要指出的是，闽越国的社会发展是很不平衡的。除了闽江流域、闽西北地区，可能还有瓯江、灵江流域有较大的开发。此外，浙江南部山区和闽中、闽南地区，至今未发现汉代城邑聚落遗址，连汉墓亦甚罕见，似乎反映了这些地方当时仍是地旷人稀的未开发地域。

四　夷洲

可供参考的文献记载和考古资料均极贫乏。闽越、南越立国期间，东南沿海与台湾是否有交往，当时台湾住民情况怎样？中国古代文献没有留下可

---

① 张其海、林忠干：《福建崇安汉城遗址出土文字符号》，《考古与文物》1988年第4期。

供直接证明的文字。有人认为《禹贡》上的"岛夷"和《汉书·地理志》会稽郡下提到的"东鳀"就是指的台湾，但多数学者不敢认可。[①] 比较可靠的记录只能追溯到三国吴人沈莹撰写的《临海水土异物志》。此书早佚，时人张崇根据各家辑本，重新辑补，写成《辑校》本行世。[②] 虽然此书记录的是公元3世纪间居住在今台湾岛上夷洲民的生产知识和生活状况，但在社会进化非常缓慢的初民时代，仍不失是极为重要的参考资料。现将辑校本中"夷洲"录文移录于下：

　　　　夷州在临海东南，去郡二千里，土地无霜雪，草木不死。四面是山［谿］。众山夷所居。山顶有越王射的，正白，乃是石也。此夷各号为王，分画土地人民，各自别异。人皆髡头穿耳，女人不穿耳。作室居，种荆为［藩障］。土地饶沃，既生五谷，又多鱼肉。舅姑子妇男女卧息，共一大床，交会之时，各不相避。能作细布，亦作［斑］文布，刻画其内有文章，以为饰好也。其地亦出铜铁，唯用鹿骼［为］矛以战斗耳。磨砺青石以作矢镞刃斧，镮贯珠珰，饮食不洁。取生鱼肉杂贮大［瓦］器中，以［盐］卤之，历［月余日］乃啖食之，以为上肴。呼民人为"弥麟"，如有所召，取大空材，材十余丈，以着中庭。又以大杵旁舂之，闻四、五里如鼓。民人闻之，皆往驰赴会。饮食皆踞相对，凿床作器如稀槽状，以鱼肉腥臊安中，十十五五共食之。以粟为酒，木槽贮之，用大竹筒长七寸许饮之。歌似大［噪］，以相娱乐。得人头，斫去脑，驳其面肉，留置骨，取犬毛染之以作髯眉发编，具齿以作口，自临战斗时用之，如假面状。此是夷王所服。战，得头，着首还。于中庭建一大材，高十余丈，以所得头差次挂之，历年不下，彰示其功。又甲家有女，乙家有男，乃委父母，往就之居，与作夫妻，同牢而食。女以嫁皆［缺］去前上一齿。

────────────

　　① 吴壮远：《台湾的开发》，科学出版社1958年版，第1—4页；又《琉球与中国》，1948年版；张胜彦：《台湾古名考》，载《台湾史研究》，台北华世出版社1981年版；陈碧笙：《台湾地方史》，中国社会科学出版社1982年版，第7页；陈国强等：《百越民族史》，中国社会科学出版社1988年版，第258—263页。

　　② 张崇根：《临海水土异物志辑校》，农业出版社1981年版。

　　录文一开始就指明夷洲的地理位置、气候地形，使我们有理由相信所指确系今之我国台湾。接着，作者称夷洲民为山夷，说众山夷所居处的山顶上有一块大白石，相传是越王在此射箭的遗迹，暗示夷洲民是古越族的一支。之后，作者以十分熟悉的语言叙述了当地的风土民情，用现代科学概念理解，即当时夷洲民还处在原始社会母系氏族公社阶段。在社会生活中没有统一的组织，以氏族公社为单位从事生产和生活。氏族成员居住在四周围绕荆棘的聚落中，以种植五谷为生，兼营渔猎，使用石器、骨角器，生产力十分低下。这里虽然有铜铁矿，但不知利用。实行从妻居的对偶婚制，行缺齿礼。能制盐酿酒，喜食腌制的鱼，使用木鼓，有猎首祭谷习俗。语言与古汉语不同。除以上的生活文化习俗以外，同书还提到安家民的生活习俗与夷洲民相似。联系上引录文"山顶有越王射的"句，表明他们的祖先很可能都是原来居住在浙南闽北的古越人。当楚灭越，越国遗民大批南下时，他们才被迫徙居浙南闽北沿海一带或东渡海岛。由于他们原是一族之人，虽分处大陆、海岛，却往来无间。以后经历数百年，并分别被称为安家民、夷洲民，但是，他们的生产知识和生活习俗仍基本一致，保留固有的文化传统。

　　海峡两岸考古学者大多认为，台湾西海岸中南部的新石器时代文化与大陆东南沿海的史前文化密切相关，且为台湾现存若干原住民族群的祖先文化。[1] 楚灭越的年代，浙南福建处于昙石山上层文化末期，台湾属凤鼻头贝丘文化阶段。昙石山上层文化大多发现在闽江下游及近海处，闽南的南安、永春和浙南的温州、台州也有零星发现。重要的发掘遗址有昙石山、庄边山、怀安、浮村、东张和黄土仑。[2] 台湾凤鼻头贝丘文化大多发现于西海岸中南部，重要的遗址有台中县营埔、南投县大马璘、台南市牛稠子贝丘，以及高雄的桃子园贝丘、大明贝丘和凤鼻头贝丘。[3] 昙石山与凤鼻头均以贝丘为显著特征。以凤鼻头贝丘文化为代

---

　　① 林惠祥：《台湾石器时代遗物的研究》，《厦门大学学报》1955 年第 3 期。张光直：《新石器时代的台湾海峡》，《考古》1989 年第 6 期。

　　② 陈存洗、陈龙：《闽侯昙石山遗址发掘新收获》，《福建文博》1983 年第 1 期。福建省博物馆：《闽侯昙石山遗址第六次发掘报告》，《考古学报》1976 年第 1 期。

　　③ 韩起：《台湾省原始社会考古概述》，《考古》1979 年第 3 期。

表的黑、灰、彩陶文化，与昙石山遗址上层出土的遗物最为相像。凤鼻头贝丘的印纹橙黄色陶相当于昙石山上层文化以橙黄色和灰色为主要特征的几何印纹硬陶；凤鼻头贝丘的泥质磨光黑陶和彩陶也与昙石山上层文化出土的相似。器形以圜底钵、盆和凹底罐为主，其次是浅盘缕孔豆、敞口碗和圆锥形足鼎。两地先民均以种植稻谷，从事渔猎，采集介壳类海产品为生。生产工具有有段石锛、石镰、石矛、骨矛、陶拍、陶纺轮和陶网坠，以及牡蛎壳制成的铲形器和刀形器，器形亦基本相同。反映了海峡两岸具有鲜明的地方特点和独特的艺术风格。

根据文献记载和考古学研究成果，与台湾土著各族进行比较研究，我认为近代平埔人很可能是古代大陆移民的后裔。[1] 重要的证据有三。①沈志所记的夷洲民情风俗和凤鼻头贝丘文化的分布地域主要在平埔人的居住区内。②沈志夷洲"呼民人为"弥麟"，与台湾平埔族之一的巴则海族称男人为Mamalung，其声母 m 与 l 和"弥麟"基本上相似。[2]《正韵》："闽，弥麟切"，"弥鳞"缓读即闽，可证夷洲民自称为闽越人。[3] ③《隋书·流求传》和明清时人的闻见录，例如明代陈第的《东番记》、张燮的《东西洋考·东番考》，清代黄叔璥的《台湾使槎录·番俗考》和郁永河的《裨海纪游》，所记台湾中南部土著居民状况，与沈志"夷洲"所记极相类似，不少内容可与近代平埔人交相印证。

五 结语

上面分别对南越、闽越、夷洲三个地区作了比较，显而易见，南越的社会发展高于闽越，闽越的社会发展高于夷洲。闽越与南越的存亡兴废轨迹基本一致，在长达近百年的并存共处期间，历史进程本来是可以取得同步发展的，可是，闽越落后了。造成落后的原因很多，主要有三点。

第一，两国统治集团来源不同，文化素质不同：南越全面仿效汉朝制

---

① 李亦园：《从文献资料看台湾平埔族》，《大陆杂志》第 10 卷第 9 期，1955 年。

② 《台湾土著族的文化语言分类研究》，《民族学研究专刊》之二十七，1969 年版，第 174 页。此处转引自韩起《台湾省原始社会考古概述》，《考古》1979 年第 3 期。

③ 辛土成：《古闽地钩稽》，《厦门大学学报》1987 年第 1 期。

度，重视开发生产；闽越因循旧制，缺乏经略大计。详情已在上述比较中提及，这里无需重复。

第二，南越统治者十分重视"和集百越"，实行了有利于促进民族团结和文化融合的政策。赵佗带头"从越俗"，"魋结箕倨"，以"蛮夷大长"自居，提倡南下的汉人"同其风俗"，互相婚配，与越人"杂处"。在王国中任用原越人首领，有的还委以高位。在南越统治集团内部，没有发生过篡杀叛逆事件（末期除外）。从实际出发，对汉朝一直采取"划岭而守"的政策，即使在与汉廷关系紧张的吕后时期，也不敢逾岭出击。对周边邻国，"赂以财物"，互通盟好。对闽越的侵扰，采取"守天子约，不敢擅发兵"的宽容态度。这些都为南越社会的长期稳定、岭南地区的积极开发创造有利条件。

闽越在无诸执政时期，政局尚称平稳，自无诸死后，统治集团陷入长期内讧，互相残杀，"所为甚多不义"。先是余善杀兄郢自立，继而又发生繇王居股杀余善降汉，人力物力大量内耗。与汉廷和周边邻国的关系，长期处于紧张状态，"数举兵侵陵百越，并兼邻国，以为暴强"。建元三年，发兵围东瓯；建元六年，击南越，又发兵距汉道，杀汉三校尉，与汉朝长期对抗，最后还发展到"欲招会稽之地以践勾践之迹"①的复辟活动。沉重的军事负担，必然削弱社会财富的累积，延缓经济文化的发展。闽越统治集团对闽越地区不会有经略大计自在情理之中。

第三，汉朝重南越轻闽越政策，也是延缓闽越发展的一个原因。赵佗"居南方长治之，甚有文理"的业绩，一开始便受到汉朝的重视，虽然南越长期采取"愿长为藩臣"，然"其居国窃如故号名"的政策，使得汉朝从不放松对赵佗的严密监视。南越国后期，汉廷积极插手南越内政，派遣与南越有关系的安国少季、终军、魏臣等人到南越国搞策反，鼓动南越"附汉"。平灭南越后，汉朝立即开边拓土，置九郡，为巩固南疆进行更大规模的经营。东汉时期，岭南大部分地区已汉化，社会发展进程与中原内地无别。

汉朝对待闽越则是另一种态度。在汉朝决策大臣的眼里，闽越是"不居之地，不牧之民"，主张让它内部互相攻杀，自生自灭，"不足以烦中国"

---

① 本段引文均见《汉书·严助传》。

的废弃政策。建元三年，迁东瓯民于江淮之间；元封元年灭闽越，又"将其民徙江淮间，东越地遂虚"。自闽越灭亡后至东汉末年，汉朝一直坚持这种"虚其地"的错误政策。孙吴两晋时期，闽越地区才开始受到重视，社会经济从此发生较大变化。这一点，可以从本地区的郡县设置演变中得到充分证明。[①]

闽越与夷洲的关系又是另一种情况。在楚灭越以前，两地文化有颇多相同之处。楚灭越后，越遗民南迁闽越地，对闽越北部（浙南闽北）进行开发，海峡两岸开始出现差异。随着时间的推移，发展的不平衡状态日益拉开距离。直到明代后期，闽粤沿海居民大批移入台湾西部，特别是西南滨海平原区，从事农业和渔业、商业活动，原住土著平埔人大多数被同化，这里成为台湾第一个与闽粤沿海无别的封建农业地区。居住在山区的其他土著各族，则一直延续到日据后期才开始变化。[②] 造成这种历史现象的原因，我看也有三点：

第一，大陆封建王朝始终不注意对台湾的经营。闽越政权与夷洲是否发生接触，已无从查考。据史书记载[③]，吴黄龙二年（公元230年）、隋大业六年（公元610年），大陆封建王朝曾先后出师东渡夷洲，谋求政治接触，但都是为时短暂的经略行动，随着军事活动的结束，由大陆人民组成的庞大武装队伍就离开台湾，海峡两岸又被海洋隔离着。唐宋至明代前期，大陆先与澎湖后与台湾有了较多的经济贸易活动，有时还在台湾设官征税，但没有大批移民长期定居，因此对台湾的开发并不起直接的促进作用。

第二，在明末大批移民以前，东渡海岛始终限于民间的零星自发行动。

---

① 据《汉书·地理志》、《续汉书·郡国志》、《晋书·地理志》、《宋书·州郡志》的记载和后人的考证，秦以闽越、东瓯地置闽中郡，未置县。汉武帝灭东瓯、闽越后，其地入会稽郡，设回浦、冶县。西汉回浦为南部都尉治，辖地约当今浙南之温、台、处三州。东汉章和、永和年间，回浦分立为章安、永宁二县，仍隶属会稽郡。吴孙亮大平二年，以章安、永宁二县地置临海郡，统县八。东晋明帝太宁元年，析临海郡为临海、永宁二郡，各领县五。西汉冶县治约当今福州市，领有今福建省地。东汉时改冶县为东部侯官，仍隶会稽郡，吴孙休永安三年分会稽南部都尉立为建安郡，统县七。西晋太康三年，析建安为建安、晋安二郡。据《晋书·地理志》：建安统县七，晋安统县八。《宋书·州郡志》作"建安领县七，晋安领县五"。郡县的增置，标志着当地生口滋多，社会经济日趋于繁荣，已受到封建统治者的重视。

② 卫惠林：《从台湾土著族的社会制度看中国古代社会史》，《大陆杂志》第10卷第6期，1955年。

③ 《三国志·吴书·孙权传》、《隋书·流求传》。

入居台湾的大陆移民，绝大多数是逃荒避难的贫民或犯罪亡命之徒。他们或驾扁舟，或划竹筏，或泅水横渡。到达台湾岛后，人地生疏，无法融入当地土著中，即使少数人进入土著住地，也因势单力薄，只能随夷俗活命。大陆移民的先进生产技术和科学文化无法发挥作用，当然更谈不上可以对台湾社会实行变革。

第三，台湾孤悬海中，地理闭塞，岛上土著民与外界接触极少。历史上长期形成的原始的经济文化的高封闭状态和排他心理素质，使他们很难接受外来的科学文化和生产生活方式。同当代国内外原始民族一样，如果没有在本族内部真正出现经济上的大发展，科学文化教育的大提高，而仅仅依靠外界异族经济文化的影响或强加于他们头上的政治措施，都是难以奏效的①。

（原载《福建文博》1990 年增刊《闽台古文化论文集》）

---

①　宋文薰、莫方明先生认为："新石器时代以后，与今日台湾土著密切相关的先民分三批从中国大陆越海而来，第一批在新石器时代早期，第二批在新石器时代盛期，第三批在公元前后铁器时期。但这种联系以后并没有持续，直到十七八世纪汉人大量移民，台湾才脱离史前阶段，进入历史时期。造成台湾长期停留在史前时期的因素，一般有三种推测：一是黑水沟的阻碍。二是在汉人移入以前，岛上已布满土著，汉人因土著的抵抗，无法久居。三是台湾不在当时的贸易路线上。宋、莫二位同意第二种推测，而不同意第一、第三种推测。他们认为，华南地区在史前时代属非汉人系统，中原文化对南方的渗透是逐步而来，因为长江是地理上的天堑，历经几个分裂时代的南方政权的经营，如三国之东吴、南宋，才完成对南方的实质统治。这种拒斥异文化的现象也可能发生在台湾先民身上。他们与华南文化近似，语言系统完全与汉人相异，对汉人也会严重排斥。而在汉人进入台湾之前，他们早已完全布满整个台湾。外族一登陆，易遭击退。除非汉人有计划、大规模地移民台湾，否则很难落户。这也许是汉人在唐朝晚期已到澎湖，却未进一步来台湾的原因之一。如此，土著固然保存了完整的生存空间，但孤立也促使文化发生停滞。"见莫方明《台湾为什么长期停留在史前时期》，《历史》1989 年第 10 期。宋、莫二先生的意见，可与本文的三点看法互为补充。因原文在大陆不易见到，故摘引之以供读者参考。

附录：黄展岳考古学著作目录

一 独著、合著

1. 《洛阳烧沟汉墓·陶器》，科学出版社 1959 年 12 月版。

2. 《长沙马王堆一号汉墓发掘简报》（合著），文物出版社 1972 年 7 月版。

3. 《长沙马王堆一号汉墓》（合著），文物出版社 1973 年 10 月版。日文版，关野雄、林巳奈夫等译，东京平凡社 1976 年 4 月版。

4. 《新中国的考古收获·秦汉》，文物出版社 1961 年 12 月版。

5. 《新中国的考古发现和研究》第四章十篇，文物出版社 1984 年 5 月版。中国社会科学出版社 2004 年版。

6. 《中国大百科全书·考古学卷》条目十二条，中国大百科全书出版社 1986 年 8 月版。

7. 《中国古代的人牲人殉》，文物出版社 1990 年 2 月版。日文版，佐藤三千夫译，改题《中国古代の殉葬习俗——"人间牺牲"（人牲·人殉）の研究》，东京第一书房 2000 年 3 月版。

8. 《西汉南越王墓》（合著、合主编），文物出版社 1991 年 10 月版。

9. 《中国考古文物之美（九）·广州南越王墓》（合著），文物出版社、光复书局 1994 年 12 月版。

10. 《中国通史·秦汉·考古材料》（白寿彝主编），第五卷第二章，上海人民出版社 1995 年 11 月版。

11. 《中国通史·三国两晋南北朝·考古材料》（白寿彝主编），第七卷第二章，上海人民出版社 1995 年 12 月版。

12. 《考古纪原》，四川教育出版社 1998 年 7 月版。2012 年 12 月再版。

13. 《先秦两汉考古与文化》，台北允晨文化公司 1999 年 8 月版。

14. 《西汉礼制建筑遗址》，文物出版社 2003 年 12 月版。

15. 《古代人牲人殉通论》，文物出版社 2004 年 12 月版。韩文版，金荣晟译，首尔学缘文化社 2011 年 9 月版。

16. 《先秦两汉考古论丛》，科学出版社 2008 年 6 月版。

17. 《南越国考古学研究》，中国社会科学出版社 2015 年版。

二　论文

1. 《近年来出土的战国两汉铁器》，《考古学报》1957 年第 3 期。

2. 《汉长安城南郊礼制建筑的位置及其有关问题》，《考古》1960 年第 9 期。

3. 《西安三桥高窑村西汉铜器群铭文考释》，《考古》1963 年第 4 期。

4. 《我国古代的人牲与人殉》，《考古》1974 年第 3 期。

5. 《关于中国开始冶铁和使用铁器的问题》，《文物》1976 年第 8 期。

6. 《斥"四人帮"在秦汉史上的反动谬论》，《考古》1978 年第 3 期。署名"詹越"。

7. 《关于武威雷台汉墓的墓主问题》，《考古》1979 年第 6 期。

8. 《陨铁制器与人工炼铁》，《历史教学》1979 年第 12 期。

9. 《云梦秦律简论》，《考古学报》1980 年第 1 期。收入《中国法制史考证》，中国社会科学出版社 2003 年版。

10. 《关于秦汉人的食粮计量问题》，《考古与文物》1980 年第 4 期。

11. 《当前铜鼓研究中的几点意见》，《广西民族学院学报》1980 年第 4 期。

12. 《古代农具统一定名小议》，《农业考古》1981 年第 1 期。

13. 《记凉台东汉画像石上的"髡笞图"》，《文物》1981 年第 10 期。

14. 《中国西安、洛阳汉唐陵墓的调查与发掘》，《考古》1981 年第 6 期。又见《日中古代文化の接点を探る》，东京山川出版社 1982 年版。

15. 《汉代人的饮食生活》，《农业考古》1982 年第 1 期；《补记》见该刊 1982 年第 2 期。

16. 《汉茂陵"阳信家"铜器所有者的问题》，《文物》1983 年第 6 期。署名"丰州"。

17.《殷商墓葬中人殉人牲的再考察》,《考古》1983 年第 10 期。

18.《试论楚国铁器》,《湖南考古辑刊》(二) 岳麓书社 1984 年版。

19.《读史札记·赵佗年寿与第二代南越王》,《人文杂志》1984 年第 6 期。

20.《西汉齐王墓器物坑出土器铭考释》,《中国考古学研究——夏鼐先生考古工作五十年论文集》,文物出版社 1986 年版。

21.《关于广州南越王墓的墓主问题》,《明报月刊》1986 年 10 月号。

22.《论两广出土的先秦青铜器》,《考古学报》1986 年第 4 期。

23.《两广先秦文化》,《文物与考古论文集》(文物出版社成立三十周年纪念),文物出版社 1986 年版。

24.《中国古代人牲人殉问题》,《考古》1987 年第 2 期。

25.《中国史前期人牲人殉的考察》,《文物》1987 年第 11 期。收入王仁湘主编《中国考古人类学百年文选》,知识产权出版社 2008 年版。

26.《明清皇室宫妃殉葬制》,《故宫博物院院刊》1988 年第 1 期。

27.《关于王莽九庙问题——汉长安城南郊一组礼制建筑的定名》,《考古》1989 年第 3 期。

28.《铜提筒考略》,《考古》1989 年第 9 期。

29.《从南越墓看南越国》,《庆祝苏秉琦考古五十五年论文集》,文物出版社 1989 年版。

30.《再论汉茂陵“阳信家”铜器所有者的问题》,《考古与文物》1989 年第 6 期。署名“丰州”。

31. Human Sacrifice and Ancient Chinese Society, *Archaeological Review from Cambridge*, 8∶1, 1989. (《人牲人殉与中国古代社会》,《剑桥大学考古学评论》1989 年第 8 卷第 1 期。)

32.《关于贵县罗泊湾汉墓的墓主问题》,《南方民族考古》第二辑,四川科技出版社 1990 年版。

33.《广州汉代考古和海交史研究》,《海交史研究》1989 年第 2 期。

34.《闽越、南越和夷洲的比较研究》,《福建文博》1990 年增刊《闽台古文化论文集》。

35.《秦汉简牍述略》,《史学史研究》1991 年第 3 期。

36.《人牲人殉与中国古代社会》,《华侨日报》1991 年 8 月 20 日(学文双周刊 117 期）。

37. 《丝缕玉衣和组玉佩》，《南越王墓玉器》，香港两木出版社 1991 年版。

38. 《南越王墓出土的肉食品及其烹调法的研究》，《首届中国饮食文化国际研讨会论文集》，1991 年 7 月。又见《中国烹饪》1992 年第 9 期。

39. 《从出土遗物看南越王的饮食》，《文物天地》1993 年第 1 期。

40. 《泉州南朝以前的历史考古问题》，《福建历史文化与博物馆学研究》，福建教育出版社 1993 年版。

41. 《汉代南方牛耕和火耕水耨》，《中国考古学论丛》（中国社会科学院考古研究所建所 40 年纪念），科学出版社 1993 年版。

42. 《"朱庐执刲"印和"劳邑执刲"印——兼论南越国自镌官印》，《考古》1993 年第 11 期。

43. 《论南越国出土的青铜器》，《铜鼓和青铜文化的新探索——中国南方及东南亚地区古代铜鼓和青铜文化第二次国际学术讨论会论文集》，广西民族出版社 1993 年版。

44. 《早期墓志的一些问题》，《文物》1995 年第 12 期。

45. 《南越国出土铁器的初步考察》，《考古》1996 年第 3 期。

46. 《关于两广出土北方动物纹牌饰问题》，《考古与文物》1996 年第 2 期。

47. 《汉代的亵器》，《文物天地》1996 年第 3 期。

48. 《汉代诸侯王墓论述》，《考古学报》1998 年第 1 期。

49. 《秦汉陵寝》，《文物》1998 年第 4 期。

50. 《关于伏虎形器和"虎子"问题》，《香港考古学会刊》1998 年第 14 期。

51. 《闽越东冶汉冶县的治所问题》，《大陆杂志》1998 年 6 月号（第 96 卷第 6 期）。

52. 《论南越王墓出土的玉璧》，《远望集》下册，陕西美术出版社 1998 年版。

53. 《闽越国出土铁农具初步考察》，《福建文博》1999 年第 1 期。

54. 《关于西安大土门遗址的定名问题》，《陕西历史博物馆馆刊》第八辑，2001 年 8 月。

55. 《摩尼教在泉州》，《泉州港与海上丝绸之路》第二辑，中国社会科学出版社 2003 年版。

56.《俞大猷、戚继光抗倭业绩比较研究》,《泉州学林》2003 年第 4 期。

57.《西汉陵墓研究中的两个问题》,《文物》2005 年第 4 期。

58.《浅议郑和"踪迹建文"——兼论印尼巴眼亚比出土明代文物》,《泉州港与海上丝绸之路》第三辑,中国社会科学出版社 2005 年版。

59.《武夷山城村赵林李三姓源流》《福建文博》2005 年第 3 期。

60.《长沙望城坡西汉"渔阳"墓墓王推考》,《汉长安城考古与汉文化》,科学出版社 2008 年版。

61.《东瓯故都所在地问题》,《温州学刊》2007 年第 10 期。

62.《民间信仰与宗教信仰》,《关岳文化与民间信仰研究》,厦门大学出版社 2008 年版。

63.《重温〈北京大葆台汉墓〉》,《汉代文明国际学术研讨会论文集》,燕山出版社 2009 年版。

64.《里耶秦简"传送委输"者的身份》,《里耶古城·秦简与秦文化研究》,科学出版社 2009 年版。

65.《释"隐官"》,《湖南省博物馆馆刊》第七辑,岳麓书社 2011 年版。

66.《肥致碑及相关问题》,《考古》2012 年第 5 期。

三　考古报告

1.《洛阳汉河南县城东区发掘报告》,《考古学报》1956 年第 4 期。

2.《四川广元县皇泽寺调查记》,《考古》1960 年第 7 期。收入《武则天讨论集》,中华书局 1962 年版。

3.《云南滇池东岸新石器时代遗址调查记》,《考古》1959 年第 4 期。

4.《汉长安城南郊礼制建筑遗址群发掘简报》,《考古》1960 年第 7 期。

5.《云南土法炼铁的调查》,《考古》1962 年第 7 期。

6.《中国古代制铜技术》,《人民中国》1978 年第 6 期。署名"詹越"。又见日文版。

7.《西汉南越王墓发掘初步报告》,《考古》1984 年第 3 期。

四　考古札记

1. 《略谈"四曲文钱"》,《考古》1959 年第 12 期。署名"左丘"。

2. 《由秦律"渎职罪"想到的》,《人民日报》1980 年 7 月 31 日。

3. 《说坟》,《文物》1981 年第 2 期。

4. 《从秦律看秦代对官吏玩忽职守的处分》,《光明日报》1981 年 6 月 8 日。

5. 《神判法与獬豸决讼——漫谈法的起源》,《文史知识》1983 年第 5 期。

6. 《考古杂记》（一）：一、说钺，二、最早的马镫，三、西汉长沙国王室墓地问题。《考古与文物》1983 年第 1 期。署名"丰州"。

7. 《考古杂记》（二）：四、西安洛阳汉唐时代的外国人、外族人墓葬，五、嘉祥宋山汉安国墓祠题记释读，六、汉画"升鼎图"，七、南阳两座早期汉画像石墓的年代问题，八、利用汉画像石另建新墓的事例。《考古与文物》1983 年第 3 期。署名"丰州"。

8. 《考古杂记》（三）：九、饭含的源流，十、刮刀，十一、读秦律"以其罪罪之"。《考古与文物》1983 年第 5 期。署名"丰州"。

9. 《南越"文帝"金印小考》,《广东文博》1984 年第 2 期。

10. 《"文帝行玺"小议》,《华侨日报》1986 年 4 月 22 日。

11. 《关于中国早期铁器》,《中国文物报》1988 年 6 月 10 日。

12. 《九龙李郑屋村古墓小议》,《明报月刊》1989 年 4 月号。

13. 《新发现的南越国虎节》,台北《故宫文物》1991 年第 1 期（总第 94 期）。

14. 《九鼎的真象》,《中国文物报》1991 年 4 月 14 日第 3 版。

15. 《组玉佩考略》,台北《故宫文物》1992 年第 6 期（总第 111 期）。

16. 《玉衣概说》,台北《故宫文物》1992 年第 7 期（总第 112 期）。

17. 《南方青铜器上的羽人船图像》,《中国文物报》1992 年 11 月 1 日。

18. 《释"便房"》,《中国文物报》1993 年 6 月 20 日。

19. 《贝币探源》,《中国文物报》1993 年 10 月 31 日。

20. 《张家山汉墓不会是张苍墓》,《中国文物报》1994 年 5 月 1 日。

21. 《双重文化形态和文化滞后的思考》,《中国文物报》1994 年 6 月 26 日。

22. 《考古纪原（七则）》，《东南考古研究》第一辑，厦门大学出版社1996年版。

23. 《东周俑葬与人殉》，《文物天地》1997年第5期。

24. 《丧葬用璧小议》，《文物天地》1999年第2期。

25. 《肥致碑碑额"参"字释读平议》，《中国文物报》2010年1月20日。

26. 《释"便廯具室"》，《中国文物报》2011年3月2日。

五　历史考古知识

1. 《古都洛阳》，《旅行家》1955年第5期。

2. 《游纵极广的司马迁》，《旅行家》1956年第2期。

3. 《关于镜子》，《人民日报》1957年4月21日。

4. 《中国墓葬的演变》，《中国新闻》1959年第12期。

5. 《汉长安城遗址》，《第一批全国重点文物保护单位之一》，1963年3月。

6. 《神秘的铜鼓》，《百科知识》1982年第5期。

7. 《秦汉至明清考古（1981）》，《中国历史学年鉴》，人民出版社1982年版。

8. 《秦汉至明清考古（1982）》，《中国历史学年鉴》，人民出版社1983年版。

9. 《秦汉至明清考古（1984）》，《中国历史学年鉴》，人民出版社1985年版。

10. 《从南越王墓看南越王国》，《文史知识》1984年第4期。

11. 《日の目を见に二千年前おの南越王国文化》（《南越王国文化宝库的初公开》），《人民中国》日文版，1985年第2期。又见中文版。

12. 《南越王金印之谜》，《人民中国》1985年第2期。又见日文版。

13. 《巫蛊之祸》，《历史知识》1985年第2期。

14. 《探寻南越王墓琐记》，《华侨日报》1988年4月28日（学文双周刊第88期）。

15. 《明清人殉知多少?》，《华侨日报》1988年6月15日（学文双周刊第90期）。

16. 《中国历史上最大的一次巫蛊之祸》，台北《历史》月刊 1988 年第 12 期。署名"丰州"。

17. 《陵寝》，《中国文化概览》，东方出版社 1988 年版。收入《影响中国的 100 种文化》，广西人民出版社 1993 年版。

18. 《割据南疆的赵佗》，台北《历史》月刊 1990 年第 8 期。

19. 《南越国六夫人印》，《文物天地》1993 年第 2 期。

20. 《秦汉至明清考古（1989）》《中国历史学年鉴》，生活·读书·新知三联书店 1990 年版。

21. 《秦汉至明清考古（1991）》《中国历史学年鉴》，生活·读书·新知三联书店 1991 年版。

22. 《秦汉至明清考古（1993）》《中国历史学年鉴》，生活·读书·新知三联书店 1994 年版。

23. 《古代泉州的开发和郡望堂号的流传》，《泉州文博》第二辑 1996 年版。

24. 《角形玉杯赏析》，《收藏》2002 年第 11 期。

25. 《高足玉杯赏析》，《收藏》2002 年第 12 期。

26. 《南越王墓·岭南汉代文物库》，《收藏》2003 年第 1—3 期连载。

六　书评、书序

1. 《吴文良著〈泉州宗教石刻〉》，《考古通讯》1958 年第 1 期。

2. 《〈云南考古〉评介》，《考古》1982 年第 2 期。署名"丰州"。

3. 《泉州出土外国银币的重量应重新计算》，《考古》1982 年第 5 期。署名"丰州"。

4. 《〈东亚初期铁器文化〉简介》，《国外社会科学》1983 年第 9 期。

5. 《辛勤与欣慰——为〈农业考古〉创刊四周年而作》，《农业考古》1984 年第 2 期。

6. 《〈中国古兵器论丛〉（增订本）评介》，《考古》1987 年第 2 期。

7. 《"共饭不择手"辩》，《中国文物报》1991 年 9 月 15 日。

8. 《饮食考古初集·序》，《中国烹饪》1992 年第 6 期。收入王仁湘《饮食考古初集》，中国商业出版社 1994 年版。

9. 《读〈饮食考古初集〉》，《中国文物报》1994 年 12 月 11 日。

10. 《〈中国农业考古图录〉评介》，《中国文物报》1995 年 11 月 12 日。署名"丰州"。

11. 《读〈汉代物质文化图说〉》，《文物》1995 年第 5 期。

12. 《迟到的楚墓报告——喜读〈江陵望山沙冢楚墓〉、〈望山楚简〉》，《中国文物报》1996 年 8 月 25 日。

13. 《读〈汉长安城未央宫〉》，《考古》1997 年第 8 期。

14. 《闽越国都城考古研究·序》，厦门大学出版社 1999 年版。

15. 《〈西汉南越王墓〉简介》，《首届国家社会科学基金项目优秀成果评奖获奖成果简介》，中国社会科学出版社 2000 年版。

16. 《〈铜绿山古矿冶遗址〉出版后记》，《文物天地》2000 年第 4 期。

17. 《闽越源流考略·序》，海潮摄影艺术出版社 2002 年版。

18. 《日本学者吉村怜和他的论文集》，《中国文物报》2002 年 3 月 22 日。

19. 《泉州稽古集·序》，中国文联出版社 2004 年版。

20. 《了却一桩心事——〈西汉礼制建筑遗址〉出版后记》，《中国文物报》2004 年 3 月 17 日。

21. 《〈长沙马王堆二、三号汉墓（一）〉读后记》，《中国文物报》2005 年 5 月 18 日。

22. 《泉州宗教石刻（增订本）·序》，科学出版社 2005 年版。

23. 《岭南地区出土青铜器研究·序》，文物出版社 2006 年版。

24. 《桂岭考古论文集·序》，科学出版社 2009 年版。

25. 《西汉诸侯王陵墓制度研究·序》，中国社会科学出版社 2010 年版。

26. 《叩开楚王陵——我的考古之路·序》，文物出版社 2014 年版。

27. 《安平桥志·序》，厦门大学出版社 2014 年版。

七 其他

1. 《汉长安城南郊发现"王莽九庙"建筑遗址》，中国科学院《科学报》1959 年 6 月 10 日。

2. 《十年抒怀——写在〈中国文物报〉创刊十周年》，《中国文物报》1997

年 10 月 26 日。

3. 《西汉礼制建筑遗址群发掘追记》，《中国文物报》1998 年 11 月 1 日、11
   月 8 日、11 月 12 日连载。收入陕西政协、陕西文物局编《三秦六十年重
   大考古亲历记》，三秦出版社 2010 年版。

4. 《台湾访古》，《中国文物报》1999 年 8 月 22 日、9 月 5 日、9 月 8 日
   连载。

5. 《唐初泉州乃今之福州》，《文博》2004 年第 5 期。

6. 《在参加修订马王堆一号汉墓发掘报告的日子里》，《中国文物报》2005
   年 6 月 22 日。

7. 《汉长安城考古五十周年笔谈》，《考古》2006 年第 10 期。

8. 《难忘的往事——纪念夏鼐先生诞生一百周年》，《夏鼐先生纪念文集》，
   科学出版社 2009 年版。

9. 《我与北大考古专业》，《记忆——北大考古口述史（一）》，北京大学出
   版社 2012 年版。